WENHUAFAZHI
JIBENLILUNYANJIU

文化法治
基本理论研究

谢 晖 余 地 高中意
刘方圆 武 暾 张利利 著

中国法制出版社
CHINA LEGAL PUBLISHING HOUSE

序：法律文化研究的多维面向

在近40年我国的法律学术中，法律文化（广义）研究格外引人注目。其中法律文化（狭义）、法律与文化以及新近颇受关注的文化的法律规制（文化法律或文化法治）等话题，构成该研究的三个主要面向。这一研究，也是这40年来我国更值得关注，也更具有一定原创性的法学学术领域之一，无论是从文化——人类学视角出发的研究，还是从语言——符号学视角出发的研究，无论是从法理学视角出发的研究，还是从法律史或比较法视角出发的研究，也无论是理论上的爬梳剔抉，还是实践中的洒扫应对，法律文化研究都是当下我国法律学术中特别值得回味的学术领域。作为这本书的序言，我想就我国法律文化研究的如上三个方面，稍作回顾，并简要说明这一研究直入人性，也直入法律之根的个人主张。

一、法律文化研究

20世纪80年代中后期，因为对外开放的机缘，我国掀起了一场声势浩大的文化研究热潮。对此，彼时法学界并未缺席。特别是有的学者关于该话题的系列研究，极大地提升了整个法学在文化热潮中的发言权。加之法律史学界和法理学界的共同努力，当我国整个学术界在关注文化及文化比较研究时，法学界在比较法和法文化领域展开了较为深入的法律文化研究。

可尽管如此，对法学界的法律文化研究，学者之间仍有不同见解。我因为曾经研究回族法文化这一话题，与一位文学教授和一位自身才华横溢的分配到某校任教大概两年的历史学硕士分别谈及。其中前者生疑道：“小谢，法律还有文化啊？”这分明是说，法律和文化有什么关联？后者则更加干脆：“法律就法律，文化就文化，还什么法律文化！你们学法律的，真会蹭热度。”尽管我对这两位的说法不以为意，也深信不过是外行对法律的严重误解罢了，毕竟彼时人们把法律这种“以绳绳绑人”① 的东西，排除于文化之外②。

但这种因学科隔膜所致的不解和误解，并没有挡住法学界有识之士对法律文化锲而不舍的研究。不但如此，而且由于这一研究之内容愈益广泛，见解愈益深刻，不能不说它是我国当代法学研究中最为浓墨重彩的一页；加之法律和法治建设在日常人们交往生活中的影响日益广泛，如今尽管法律文化这一话题未必能得到所有学者的理解和接受，但公然把法律排除于文化研究之外的想法和做法大概销声匿迹了。即便还会有些许存在，人们也只能笑话把法律排除于文化研究之外的那些学者，而不会再对法律文化研究者投来不解甚至嘲讽的眼光和说辞。

如前所述，法律文化研究可分为狭义和广义。这里叙述的是其狭义。在此意义上的法律文化，乃是法律内在的文化属性和文化品性。无论是法规范、法观念、法组织、法行为、法设施，还是法监督（反馈），都构成一种文化现象，一个有机的文化体系，成为人类文化最重要的组成部分——制度文化，法律及法制，不但属于制度文化，而且是最能彰显制度文化的部分。制度文化与物质（器物）文化、精神文化一道，构成人类文化的三个相互关联，又互有区别的文化领域。甚至在很大程度上，由于它对物质文化和精神文化的涵盖性和规范性，使它成为沟通物质文化和精神文化的梁架，是物质文化和精神文化的规范表达。由此足见法律文化在人类文化体系中的意义。但这种对法律文化的体系性研究，显然还可以更加深入。

---

① 谢晖：《从“绳绳绑人”到“治国之才”》，载《象牙塔上放哨》，法律出版社 2003 年版，第 24~27 页。

② 想想直到如今，还不时能见诸报端，也不时能见诸要人要论中的“公检法”“刀把子”论吧。今且如此，何况30年前乎！因之，把法律结构在人们日常的文化交往和文化生活中，甚至以法律为规范标准重塑人们的文化交往和文化生活，尚是何其任重而道远的事。

二、法律与文化研究

如果说法律文化这一命题旨在探讨法律本身的文化属性，以及法律所内含的文化内容的话，那么，法律与文化的命题却是一个关系性概念。它表明，一方面，法律不是一种凌架于文化之上，游离于文化之外的存在，毋宁说它一定是文化的产物。不同的文化性状，决定了不同的法律形式，甚至也决定法律之内容——“法律制度存在于一种文化之中……”① 因此，才有所谓法律史上的“五大法系”之说。在一些国家共求法治的同时，在文化上显然有别的法律体系。但另一方面，法律又不是屈居于文化之下，包含于文化之内的存在，毋宁说它对一定文化具有极强的塑造能力和创新能力。甚至像有人所说：“法律的历史教导我们，社会没有法理学就不可能有进步，而法理学不是少数者而是人类群体的杰作，不是立法者或某个伟人的杰作，而是那些默默无闻的亿万大众持续地、勤恳地建造起来的，虽然‘这些亿万大众的生活无人喝彩，最终安息的坟墓中无人拜谒’。”②

因此，德国法学家萨维尼早在200多年前，就提出了所谓法律的“民族精神说”，被后人称为“历史法学”③。在这方面，人们耳熟能详的孟德斯鸠、梅因以及当下遍布世界各国的法律人类学者、法律社会学者，大致都赞同这样的观点④。其实，这种情形，在我们熟知的“入国问禁、入乡随俗”的传

---

① ［美］E.A. 霍贝尔：《初民的法律：法的动态比较研究》，周勇译，中国社会科学出版社1993年版，第17页。

② ［美］约翰·梅西·赞恩：《法律的故事》，孙运申译，中国盲文出版社2002年版，第16页。

③ ［德］弗里德里希·卡尔·冯·萨维尼：《历史法学派的基本思想（1814~1840）》，郑永流译，法律出版社2009年版，第5~78页。

④ 参见［法］孟德斯鸠：《论法的精神》（上册），张雁深译，商务印书馆1961年版，第1~129页、第303~329页；（下册）第138~173页、第286~414页。［英］梅因：《古代法》，沈景一译，商务印书馆1959年版，第1~224页。［美］E.A. 霍贝尔：《初民的法律：法的动态比较研究》，周勇译，中国社会科学出版社1993年版，第3~71页、第289~374页。［美］克利福德·格尔兹：《地方性知识——阐释人类学论文集》，王海龙等译，中央编译出版社2000年版，第222~322页。［美］劳伦斯·罗森：《法律与文化——一位法律人类学家的邀请》，彭艳崇译，法律出版社2011年版，第129~150页。［英］保罗·维诺格拉多夫：《历史法学导论》，徐震宇译，中国政法大学出版社2012年版，第115~179页等。

统说法中，即能品味一二；而商鞅所强调的“礼法以时而定，制令各顺其宜”①，表面看上去是为其变法寻求一种可靠有效的根据，但其背后也预示着必须关注法律的文化基础。这样，法律与文化的关系，就一直被解释为互动的。这种观点，尽管不错，但还不够。

说其不错，在于法律与文化之间确实存在一种互动关系。其大致表现为文化样态决定法律样态，与此同时，法律样态又反作用于文化样态。在这里，文化是决定性因素，法律是被决定的因素。法律反作用于文化，进而或者为文化增色，或者令文化蒙羞。这种观点，尽管不否定法律与文化的关系，甚至承认“法律文化”，但其仍然把法律与文化作为两种对象、两个系统，从而寻求其内部的互动关系。其逻辑前提必定是文化就是文化，法律就是法律，因此，不能模糊两者的界限，只能在两者界限清晰的条件预设下探讨两者的关系。毫无疑问，这种观点拉近了法律与文化之间的距离，也拉近了“读书人”和“读律人”之间的距离，不至于“读书不读律”②，也不至于像改革开放之初的不少学人一样，普遍持法律与文化相对立、法律与文化无关的态度。

说其不够，则在于法律不仅因应文化的要求而亦步亦趋，它还在或者加工文化，或者创造文化。前者是指法律乃是在文化基础上的精度加工和复杂加工，如果说文化的基本表现是符号，那么，法律则是“符号的符号”。因此，它不是也不可能是对文化的复制。如果是那样，人类的交往行为就直接交由文化符号规制，而无须再耗时费工，制定法律了。但问题是，一方面，文化不能胜任对人类行为的规制；另一方面，人类又需要一套规范体系调整其日常交往行为。故在文化基础上运用文化符号，特别是运用文字符号来创制更高层次的社会（法律）规范，显然是对文字等文化符号的复杂加工，但

① 《商君书·更法》，载高亨撰：《商君书注译》（第1册），中华书局1974年版，第13页。

② 古人尚“读书不读律”。苏轼似乎反其意而用之，规劝乃弟子由曰：“读书万卷不读律，致君尧舜知无术。”［苏轼：《戏子由》，载《苏东坡全集》（上），中国书店1986年版，第64页］。

它一从文字符号加工生成，就具有独特的文化地位。后者是指法律一旦产生，既意味着一种文化类型——制度文化经由人类心智创造而生，也意味着法律作为文化的创生机制，再创造新的文化。例如，经由法律而涵化新的观念、创生新的组织、规范新的行为以及形成新的反馈机制，从而，以法律为前提，不但结构着制度文化，而且形塑着日常交往中的文化。在此意义上，法律明显发挥着所谓“移风易俗”、再造文化的功能。用孟德斯鸠的话说，“民族的风俗习惯同它的法律也有密切的关系”①；用前述赞恩的观点，则法律——法理学决定着社会的进步！

三、文化的法律规制——文化法律研究

无论是法律文化研究，还是法律与文化研究，皆钟情于学理问题。即使后者从法律史、比较法视角出发时，明显具有关注法律如何作用于文化的面向，但仍然关注的是其一般性话题。这不同于文化的法律规制研究。

文化的法律规制研究，所关注的是如何把林林总总、形形色色的文化生活和文化活动（而不是具体的文化标本）结构在法律所规划的规则体系中，因此，它应当是一种文化的法律教义学。我们知道，人类的交往和生活，不仅是物质性的，而且更是文化—精神性的。甚至在一定意义上，文化—精神性的交往，才真正决定了人之所以为人的本质。因此，诸如言论及其自由，文字及其保障，文物的管理和保护，非物质文化遗产的经营与发展，图书馆、博物馆、文化馆等公共文化设施的营造及推广，著作权、专利权及其他知识产权的激励和运用，文化事业（教育、电影、电视、新闻、出版等）的培育和完善，以及和文化生活息息相关的事业，如卫生、环境、社会公共服务等的设计和规范等，都需要纳入法律范围，接受法律调整，使法律的规制全面地作用于人类文化生活和交往中，使人类的文化生活和交往，因为法律的调

① 参见［法］孟德斯鸠：《论法的精神》（上册），张雁深译，商务印书馆1961年版，第320页。

整和滋养而发扬光大、茁壮成长。

这种研究，也概纳为“文化法”或者“文化法治”。有些学者在和我私下交流时，对此颇不以为然，认为文化向来是自由的领域，“文化法”或“文化法治”之说，将会给这一自由领域戴上无形的镣铐。显然，这种观点仍站在法律刑罚观的立场上，从而没有在权利保障、义务规范、交往和谐的立场上去看待法律。它所透漏出的问题，恰恰是一些学者把法律与文化对立起来的观点。因此，问题不在于文化的法律规制研究，而在于在学者中还存有此种匪夷所思的对法律的看法。

毫无疑问，人们的文化交往和文化生活，需要法律之规制，这正如人们的经济交往和经济生活需要法律规制一个道理。① 人类的交往与生活，大致可两分为物质领域和文化领域。物质领域的法律规制众所周知，以所有权和债权为核心的近、现代私法制度，其基本功能就是调整和规范人们物质的生活交往关系。但是，只有物质生活交往领域有规范保障，而精神（文化）生活交往放任自流，不仅无益于提升人们的精神生活，无益于人们精神文化的成长，也无益于提升人们物质生活的质量，因为随着时移世易，人类的物质生活，也往往要彰显文化的因素。特别是现代服务业的内容，主要是提供人们在精神需要前提下的物质消费。

因之，把人类生活交往所需要的所有精神—文化现象悉数纳入可预期的法律规范世界，不仅无害于精神文化的成长，而且只要法律规范得当，内容恰当，它还是人类精神文化得以成长的关键因素。在这个意义上，法律不仅作为制度文化的核心在成长，而且它还助力物质文化（以物质产权方面的法律为主）和精神文化（以精神产权方面的法律为主）的成长。

本书是受熊文钊教授之邀，由我主持的国家社会科学基金重大项目“文

---

① 广义地说，经济（民事）法律所规制的，就是人们的物质文化与生活；而文化法律所规制的，则是人们的精神文化与生活。但应当厘清的是，所谓精神文化与生活，在纳入法律调整时，每每具有被物化，从而可度量的基本前提。否则，一种精神生活不表现为外在的行为，不能换算为可度量的物质内容，则被法律所调整的意义也就无从谈起——因为它无法做权利义务的分界和分配。

化法治体系建设研究”（项目批准号：14ZDC024）之子课题——“文化法治的基础理论”之最终成果。熊文钊教授的总课题，主要是一份文化的法律规制研究，在接到熊文钊教授的邀请后，出于我本人多年来对相关问题的兴趣和思考，不但愉快地答应了，而且设计了一份“很理论化”的写作提纲。对于这份写作提纲，我曾在课题组于北京召开的多次会议上予以阐释，得到了多位教授的肯定和支持。

在我看来，尽管文钊教授的总课题是研究文化的法律规制的，但这种偏重教义学视角的研究话题，必须寻求更为紧要和基础的法理根据。只有阐释清楚人的文化属性和文化使命，并进而由此探寻文化的表现形式——语言符号和法律符号本身的规范性，并自然地把人的文化属性和文化使命代入法律中，才算完成了文化的法律规制这一教义学研究的基础工作。本书就以这样的思路设计并展开研究。原拟自己单独完成写作任务的，但因平时杂务缠身，无暇一人完成这一课题，故约请我指导的博士研究生余地、武暾、刘方圆、高中意和张利利诸位与我共同完成这一任务。

事前，我要求执笔人尽量贯彻我在该问题上的想法。结果是尽管不同的作者及其表达手法有一定差异，但大都贯彻了我已经表达在提纲里，并且事先与各位学生交流过的观点。本书也是我第一次组织集体撰写的一部专书，尽管之前也约请其他学者，两人合写过教材和专著，但任务分工后，基本上是各写各的，没有就行文要表达谁的观点提出要求，因之，交稿后我最多只做一个行文审查、基础知识把关以及逻辑提炼方面的统稿者。可这次合作完全不一样，各位作者在分工写作时，所要表达的是我的观点。可见这对其他作者而言，有多难！好在执笔者都是我指导的学生，即便不完全了解我在该领域的想法和既有观点，也耳濡目染。这或许正是本书的结果令我较为满意的缘由。

感谢熊文钊教授约我主持他重大课题中作为基础部分的这个子课题；感谢参与本书写作的我指导的几位博士生——他们中，三位已经或即将获得博士学位，两位还在为此而艰苦努力。这是一次师生之间颇有意义、颇感愉快的合作，也是师生之间教学相长、智慧相助的合作。

是为序。

谢晖

2023 年 1 月 31 日

目录
Contents

第一章　人类的文化—精神性存在

一切制度，皆以人及其需要而展开。离开人类需要的制度设计，可以作为玩家的爱好，但无法作为人们交往行为中切实依凭并操行的规范根据。所以，对制度问题的深入探究，不能不从人的本质规定性中求解。而对“文化法治”的理论探索，更需要从人的本质规定性中予以解答。尽管在孟子看来，“人之所以异于禽兽者几希”，但就是如此稀罕的内容，决定了人之所以异于禽兽的所在，因此，对之“庶民去之，君子存之”①，成就了完全不同的人。既然一切制度皆因人的需要而展开，自然，人“异于禽兽”的那些内容，或者人之所以为人的那些特征，人独特的存在样态就是我们研究制度（法律）的基本前提和出发点，也是本书具体展开的出发点。

第一节　既有人性观的制度表达及其效果

古人在谈到人时，不无赞美地说：“水火有气而无生，草木有生而无知，禽兽有知而无义；人有气、有生、有知，亦且有义，故最为天下贵也。”② 这种赞美，已经包含着对人区别于山川、草木、禽兽的外观界定，这便是人是讲信求义的存在。那么，究竟什么是人？他是一种什么样的存在？这并不存

① 《孟子·离娄章句上》，载杨伯峻译注：《孟子译注》，中华书局1960年版，第191页。

② 《荀子·王制》，载梁启雄：《荀子简释》，中华书局1983年版，第109页。

在定于一尊的回答。因此，苏格拉底一生在强调要“认识你自己”，孔门弟子曾子不仅“吾日三省吾身”[①]，而且被孔子作为教导别人的格言。

人是什么？这是一个古老而恒久的话题，兴许，也是永无终结，难有共识的话题。在学术史上，我们知道，这是个众说纷纭的问题——人们往往在不同视角上，阐释人的本质，且其分歧，有时几乎是针尖对麦芒。其中有一种分析视角，人们耳熟能详，即把人置诸道德评价体系，观察和阐述人究竟是什么[②]。为什么选取道德这一评价体系？大概是因为道德之于人的本质意义——人是世间唯一的道德主体，除了人之外，其他一切动物都不是道德主体，被人类顶礼膜拜的神圣，也构不成道德主体——因为他是绝对的，因而是人类只能遵从无法模范的对象。而人，既是德性的动物，也是需要道德的动物。哪怕对人背反德性的行为，也需借助德性的手段予以解决。但究竟何谓“德性的手段”？这一问题，一如人们对人性、对德性的看法，不尽相同。如上种种问题的种种观点，叠合交织、莫衷一是，导致在因应人性，处理社会问题上，常常也是对策各异。

---

① 《论语·学而》，载（宋）朱熹撰：《四书章句集注》，中华书局1983年版，第48页。

② 众所周知，在我国先秦学术史上，每从这一视角出发，在一分为三的立场上来理解人、界定人，即（1）“人性善”——“孟子道性善，言必称尧舜”（《孟子·滕文公章句上》，载杨伯峻译注：《孟子译注》，中华书局1960年版，第112页）。“人性之善也，犹水之就下也；人无有不善，水无有不下。”（《孟子·告子章句上》，载杨伯峻译注：《孟子译注》，中华书局1960年版，第254页）。（2）“人性恶”——“人之性恶，其善者伪也”（《荀子·性恶》，载梁启雄：《荀子简释》，中华书局1983年版，第327页）。（3）“好利恶害”——“今人之性，生而有好利焉，顺是，故争夺生而辞让亡焉……”（《荀况·性恶》，载梁启雄：《荀子简释》，中华书局1983年版，第327页）。“夫安利者就之，危害者去之，此人之情也。”（《韩非子·奸劫弑臣》，载梁启雄：《韩子浅解》，中华书局1960年版，第103页）。到了西汉，董仲舒不再从一般意义上谈论人性，而是“具体问题具体分析”，把芸芸众生在人性视角分为“三品”，即“圣人”“中民”和“斗筲”——“名性，不以上，不以下，以其中名之”[（西汉）董仲舒：《春秋繁露·深察名号》）。“圣人之性，不可以名性，斗筲之性，又不可以名性。名性者，中民之性。”]（西汉）董仲舒：《春秋繁露·实性》，以上引文，皆载《二十二子》，上海古籍出版社1986年版，第792页]。而在古希腊，柏拉图和亚里士多德的人性论，以及基于其人性观而展开的制度对策——“哲学王政治”的“人治论”和规则至上的“法治论”，也分别秉持的是对人性的独特论断：或正义、节制、勇敢、智慧（参见［古希腊］柏拉图：《理想国》，郭斌和等译，商务印书馆1986年版，第132~176页），或“政治动物”——“城邦动物”的道德标准（参见［古希腊］亚里士多德：《政治学》，吴寿彭译，商务印书馆1965年版，第4~9页）。

一、“性善论”的人性观及其制度效果

“性善论”的人性观，基于对人之天生慧根、善缘的充分信任，强调最好的社会—国家治理方式，就是唤起人们内心对善良的认同和尊重，“己所不欲，勿施于人”，以不忍人之心对待他人、对待社会甚至对待世界——因为善的本性不是人类自有的灵根，而是上苍赋予人类的灵性——所谓“上天好德”，不违规矩，春夏秋冬，四时循环：春生夏长，秋收冬储。如此反复不断，成为规矩，也成为“上苍好德”之事实根据，因此，人间的规范应对，也应遵循此种上苍的安排。特别是在行刑（生命刑）的问题上，除了受刑人罪大恶极，决不能违逆上苍所安排的道德秩序——不能在春天万物复苏时行刑，这有违春生的自然规定和上苍安排；也不能在夏天欣欣向荣时行刑，这有违夏长的自然规定和上苍安排。可以在秋日万物凋零时行刑，这符合秋日草木萧疏、蚊虫亦绝的自然规定和上苍安排。从而缔造了一种符合“人法地、地法天、天法道、道法自然①”的由“上苍安排”的人世“自然法”②。

同时，性善论的人性观也充分相信，当人们的行为违背性善的天然质素时，是通过后天的引导和教育，即通过圣人、贤者、哲学家这些保持了高贵性善品质的人，对世人多加引导，世人根据其天然的性善质素，会改恶从善的，进而社会治理的任务，自然就由他们来完成。在这里，就出现了完全不

① 《道德经·二五章》，载《二十二子》，上海古籍出版社1986年版，第3页。

② 这种“自然法”，和我们所熟悉的西方哲学史、法学史和政治学史上的自然法是两码事。对此，有些学者称其为“法自然”，以与基于价值预设的“自然法”相区别。在笔者看来，所谓“法自然”理论，也是赋予了其价值预设和理想的，只是自然法最终依靠人定法贯彻其价值，而“法自然”则把价值问题直接投射到大自然的规定中去了。在这个意义上，可以说“法自然”是一种更为彻底的自然法，而自然法呢？必须是向人定法“投降”之后才可兑现的自然法。

同于自然法、神法一类的另一种“法上法”① ——伦理法。显然，这是一种具有浓厚理想主义色彩的法律观念，在根本上，他们所主张的并不是如今学界人云亦云的所谓“人治”，而是将理想的圣人人格一般化、普遍化和规范化。因此，它是一种以圣人道德为标准，企望提升所有普通人道德标准，以便实现善良治理的理论追求。

然而，问题在于这种圣人的善良道德标准，究竟是否存在？或者所谓健全道德人格者，究竟以谁为标准？我们知道，孔子一生推许他的仁人理想，期待统治者都是仁人志士，能够“子帅以正，孰敢不正”② 实现那“道之以德，齐之以礼，有耻且格”③ 的理想。然而，终其一生，这样美妙的理想终究只是空中楼阁、海市蜃楼。故当其理想追求到处碰壁时，只能感而叹之：“道不行，乘桴浮于海。”④ 与孔子类似，柏拉图曾经一门心思所追寻的“哲学王”，在经历了三次叙拉古之行的惨痛教训后⑤，不得不对过于理想的“哲学王”论提出修正，在“第一等好的政治”无法兑现时，转而求其次，寻求第二等好的政治——法治的统治⑥。

回过头来再想，假设（尽管很多事情特别是社会历史是不能假设的）让主张仁政和哲学王统治的孔子等主持一国的政事，就一定能实现自己理想的统治吗？就一定能以纯粹高尚的道德和哲学家的伟大修养风化社会，安靖天下吗？或者进言之，如果理想道德人格能解决一切现实政治的统治问题，那

---

① “法上法”的说法，笔者借用的是俞荣根的概念。俞氏针对儒家学说的法律观，强调其主张的是一种“法上法”，在儒家学者们看来，不是要“法上法”屈从于国家法或世俗法，相反，国家法和世俗法应遵从“法上法”[参见俞荣根：《儒家法思想通论（修订本）》，商务印书馆 2016 年版，第 150 页]。问题是如果依循对法的社会根据的追究，即使商鞅、韩非们赤裸裸地强调君主独制的“法治”，也在涉及法的社会—人性基础时，有所谓“法上法”的论述。在此意义上，“法上法”这一说法，大概不仅适用于儒家，而且大半也适用于诸子百家。

② 《论语·颜渊第十二》，载（宋）朱熹撰：《四书章句集注》，中华书局 1983 年版，第 137 页。

③ 《论语·为政第二》，载（宋）朱熹撰：《四书章句集注》，中华书局 1983 年版，第 54 页。

④ 《论语·公冶长第五》，载（宋）朱熹撰：《四书章句集注》，中华书局 1983 年版，第 77 页。

⑤ 参见《柏拉图书简·第七封信》，彭磊译，华夏出版社 2018 年版，第 52~120 页；[古希腊]第欧根尼·拉尔修：《名哲言行录》，徐开来等译，广西师范大学出版社 2010 年版，第 136~174 页。

⑥ 立法者制定法律“看起来终究无法达到理想的范畴”，但“它恰恰是我们别无选择的事物之一”。[古希腊] 柏拉图：《法律篇》，张智仁等译，上海人民出版社 2011 年版，第 6 页。

么，何以孔子一生周游列国，其道德人格终然没感化任何一位君王（反倒是那位一生鼓吹“法、术、势”的韩非，受到了一心“扫六合”的秦王的竭诚赞美与渴慕：“嗟乎，寡人得见此人与之游，死不恨矣！”① ）？何以柏拉图不怕旅路艰难、环境险恶，三下叙拉古，终然没有以其哲学家的热诚和坚韧，感化狄奥尼修斯父子，反倒让自己几乎落难在外，惶惶如丧家之犬？更值得追问的是：被学者们或者言说者们赋予了高尚道德，从而拥有所谓高尚人格的圣人们，是否真的如其所言，时时处处都那么高尚？这些，一旦验诸事实，恐怕更是言人人殊、莫衷一是的问题。

由此足见以圣人德性为立基的政治统治方案，看似满足了政治统治对政治动物之德性本质的要求，实则对人的过于崇高的道德要求，不但难以如其所愿地实现所谓仁政或哲学王统治，反倒会因为对人的不当之道德要求和过分教化，遏制人的自然本性，使人不成为人，也不可能成为那并不靠谱的“神”。

二、“性恶论”的人性观及其制度效果

与“性善论”的人性观针锋相对，在中外学术史上，还有学者强调人性在本质上是恶的。“人之性恶，其善者伪也”②，这是有关“性恶论”的公开的、大无畏的宣言。在我国，荀况不但强调性恶论，而且以这一立论为基础，奠定并展开了与他有关社会治理的逻辑前提和基础。这一治理即因循规则的治理。所谓“治之经，礼与刑，君子以修百姓宁。明德慎罚，国家既治、四海平”③，所讲的就是规则之治，无论是教人通过规则而从善的礼，还是对一切违反善德的行为予以惩罚的刑，归根结底都是规则，按现代法律观，甚至

① （西汉）司马迁：《史记·老子韩非列传》，中华书局1959年版，第2155页。
② 《荀子·性恶》，载梁启雄：《荀子简释》，中华书局1983年版，第327页。
③ 《荀子·成相》，载梁启雄：《荀子简释》，中华书局1983年版，第346页。

都是法律[①]，因此都是教人循规蹈矩的治理事业。

亚里士多德倡导的“法治论”，强调“法律之治优于一人之治”，其判断的人性根据，乃出于对任何个人的怀疑和不信任，因此实质上他所坚持的是一种“性恶论”的人性观。

这样看来，性善论虽然迎合了人们对人性的美好期待，但究其实质，一方面，并不能更好地杜绝人类的恶行；另一方面，却把修正人类恶行的方案寄托在圣人贤者身上，寄托在不可避免地也存在缺陷的仁人、哲人身上。这正是其种种举措不但不能完全矫正人类的恶行，而且秉有了高贵道德品质的那些矫正者要么面对作恶者束手无策，要么自己也在历史上卷入作恶行列，从而不断证伪了所谓性善的主张和道德人格高尚、健全的假说。

反倒是那种听起来多少有些逆耳的性恶论，以及建立在性恶基础之上的制度主张，每每成为人类制度发展的有效理论推助。亚里士多德的理论，不但帮助其弟子亚历山大统一了希腊，而且其帝国化的文明扩张模式，统一了横跨欧亚非的、区域广大的地域范围，开创了影响巨大的所谓“希腊化时代”。可以认为，这一理论及其制度价值，一方面，致使西方政治发展模式从小国寡民的城邦时代，迈向了对外扩张的帝国时代；另一方面，西人建立的帝国，无论是世俗化的帝国，还是神权化的帝国，都明显地以法律作为架通帝国、建构秩序的基础。这种流风遗韵，成为保障人类权利，维护交往秩序

---

① 辙以为，古代中国的法律，除刑法外，其他便无从谈起，也无法谈及。连一些非常知名的法学家都这样认为：“除了刑法史的法制史，便觉空洞无物”（蔡枢衡：《中国刑法史·序》，广西人民出版社 1983 年版，第 4 页）。对此笔者不能苟同。且不说仅仅从流传至今的法典而言，古代中国不但有发达的刑法典，而且也有发达的行政管理法典，仅从社会治理的规范根据而言，“周公制礼”及其对此后中国国家形式和国民交往方式的巨大影响，可谓不可估量。所以，如果从国家治理的历史事实出发，至少可以发现古代中国治理中的规范根据有四，第一，宪，即以规范帝王统治以及和此相关的帝王和群臣关系，帝王和宫内、外关系，各中央机构间的关系以及央地关系，地方和地方的关系等；第二，政，即规定中央各机构和中央与地方进行社会管理的模式、权限以及对一定的社会自治（自我管理）的法律对策的制度；第三，礼，规定社会乃至政治交往中人们的相互管理和自我管理的规范；第四，刑，对严重违反上述规范体系，构成犯罪行为的国家惩罚规范。上述四个方面的有机统一，才构成古代中国法律之全貌，才有助于我们整体地看待古代中国的法（参见谢晖：《法律至上与国家治理》，载《比较法研究》2020 年第 1 期）。

不可或缺的、难以替代的、最为有效的工具——它既是一种工具，也是一种艺术。诚如杰尔苏所言："法是善良和公正的艺术。"[①] 举凡善良、公正、正义、自由、秩序、博爱、和谐等价值，如果不经由法律的通道，则只能可望而不可即，可诉而不可期。

这种对法律和法治的信赖与期待，不但塑造了西方世界的制度性格，而且潜移默化，塑造了西方世界精于逻辑的思维性格。哪怕是对有关修辞一类的诗性话题，也要结构在逻辑的思维框架中作出理论阐述。从亚里士多德的修辞学说，一直到当代西方国家的诗性哲学，无不昭示之。不但如此，随着近代以来西方对全球的文明渗透、文化殖民、制度移植，以及在此过程中对法律智慧的高度信赖、期待和推广，法治已然成为一种全球化思潮，更成为全球交往的基本理念。

回过头来再看中国。古代中国国家治理的成功，在很大程度上不是儒家教化理论的成功，乃是荀况以及受其直接影响的法家思想的成功。众所周知，荀况属于儒家学派的一个支派——孙氏之儒，为孔子之后儒家学派的八大流派之一[②]。但荀况赓续的，主要是孔子思想中对礼这种社会规范的强调。荀况不但前接儒家，而且后续法家，强调"隆礼重法""礼刑并用""治之经，礼与刑"。因此，说荀况是儒家学派的代表人物，自无不可，但说其在一定程度上奠定了法家学派，亦无不可（当然，除荀况外，还有管仲，但管仲的学术影响，远不及其事功影响，也不能与荀况的学术影响相提并论）。在我国历史上，立言和事功最有成就的两位法家学派的代表人物，都出自稷下学宫荀况门下，这绝不是偶然的，应是荀况思想的直接遗绪。在荀况性恶论基础上建立的后世"礼法并用""德礼为政教之本，刑罚为政教之用""礼主刑辅"的制度架构，

---

① ［意］桑德罗·斯奇巴尼选编：《正义和法》，黄风译，中国政法大学出版社 1992 年版，第 36 页。

② 参见郭沫若：《十批判书·儒家八派的批判》，载《郭沫若全集》（历史编 2），人民出版社 1982 年版，第 126~154 页。

被人径直称为“阴法阳儒”①。由此不难断定，性恶论的理论及其制度设计，在实践中所取得的巨大成功，稍加考究则不难发现，荀况无论是在生前②，还是身后，在中国制度建设上的巨大功绩，都是“独尊儒术”之后。这正是前引谭嗣同在评价并批判两千年来中国的传统时，才能斩钉截铁得出结论说：“两千年来之政，秦政也……两千年来之学，荀学也……”的缘由吧？

何以并不受人待见的性恶论，反倒比更契合人们善良愿望的性善论在制度实践中所获得的功效更大？这不得不涉及如下三个问题：其一是性恶论所持的对人作为道德主体的深刻省思和批判精神。人固然是世间唯一的道德主体，但这绝不意味着人一定是天然良善的道德主体。人性恶构成其作为道德主体的基本样式，正因为人性恶，因此，人人都有接受、服从并运用统一的规则治理的道德使命，这是人类由恶向善的逻辑前提。其二是既然人性是恶的，那么，人类作恶乃是几乎无法禁绝的，所以，对人类的恶行必须要有良好的防范机制。这种防范机制就是表现为规则（法律）的契约。从人性恶，到人不受制约必然会作恶，再到通过规则满足人性之恶的要求，防治人性过恶的要求和举措，在逻辑上就是一以贯之的。其三是对付人性恶的手段，不是圣人贤者哲翁们居高临下的示范——因为他们也秉有性恶的属性，而是借

① 比如，秦晖就认为，儒、法两家在制度（吏治）上的基本区别是：“儒、法两家的吏治思想几乎是两个极端，即儒家的吏治观建立在性善基础上，以伦理中心主义为原则，主张行政正义优先。而法家的吏治观则建立在性恶基础上，以权力中心主义为原则，主张行政安全优先。”而古代中国的传统，是“儒表”而“法里”的：“从秦至清的整体看，中国吏治传统的主流是‘儒表法里’，即说的是儒家政治，行的是法家政治；讲的是性善论，行的是性恶论；说的是四维八德，玩的是‘法、术、势’；纸上的伦理中心主义，行为上的权力中心主义。”并强调先秦之后，秦代以还，世间只有“法儒”“道儒”，而很少出现真正的儒家“纯儒”——除了黄宗羲、谭嗣同等为数不多的几位（参见秦晖：《西儒会融，解构“法道互补”——典籍与行为中的文化史悖论及中国现代化之路》，载氏：《传统十论：本土社会的制度、文化及其变革》，复旦大学出版社2004年版，第167~248页）。

② 笔者以为，荀况生前的事功，一是在学术研究和教育上，特别是在稷下学宫兴办教育、广播学术，影响深远；二是在治理理念与实践上，尤其当齐国内乱时，受楚王邀请，南下兰陵，任兰陵令期间，大刀阔斧，礼刑并用，整治地方秩序。在任八年，使一个平时民风彪悍、秩序败坏的地方很快井然有序、礼兴而刑措。至今在兰陵一代采访，并拜谒荀况墓园，当地研究者仍会津津乐道荀况当年在那里的治理杰出贡献。

助“法者，天下之至道，圣君之实用”[①] 的宣教，实际上赋予法律一种超人格但又能够通过使用之而抑制人性之恶、诱致人们向善的地位和使命。这就完全免除了人们对圣人人格和德性的或怀疑，或期待。正是在这里，我们不难领略人性恶及其制度设计的功能所在。

三、好利恶害的人性观及其制度效果

如果说前述针尖对麦芒的性善论和性恶论，在很大程度上带有明显的对有关人性的价值好恶和评价的话，那么，还有一种人性观，则不太在意这种价值评价，而专事在事实视角，即人的自然本性视角观察和对待人性。说到底，人不过是自然的产物，其喜怒哀乐、吃喝拉撒无不表现着大自然对这种物种的赋予，因此，无须过高地看待人，把人当成天地间最为贵的唯一道德主体。人在其自然本质上，不过是利益主体，或者首先是利益主体。人作为利益主体的属性是原生的，而其作为道德主体的属性是派生的。正因如此，这一人性学说，可以被称为基于人的自然本性之上的“好利恶害”学说。对此，韩非曾不断地强调：“利之所在民归之，名之所彰士死之”，“皆挟自为心也”[②]；“好利恶害，夫人之所有也……喜利畏罪，人莫不然”[③]。这是古代中国在自然本性视角观察人性的典型论述。不难看出，这种人性观所在乎的，并不是那种建立在“社会人性”基础上的人性观，从而不是如何对人性进行善恶的道德评价，相反，它更加关注作为自然界的一部分的人，其内在本质究竟是什么。或许在强调“人之所以异于禽兽者几希；庶民去之，君子存之”的孟轲们看来，这样看待人性，简直是大逆不道，是把人性当成了禽兽之性，从而以自设的道德制高点——圣人之性视角批判、鞭挞之，但韩非们

---

① 《管子·任法》，载《二十二子》，上海古籍出版社 1986 年版，第 152 页。
② 《韩非子·外诸说左上》，载梁启雄：《韩子浅解》，中华书局 1960 年版，第 270、281 页。
③ 《韩非子·难二》，载梁启雄：《韩子浅解》，中华书局 1960 年版，第 367~368 页。

却对作为“五蠹”[①] 之一的儒者及其观点嗤之以鼻，坚持人的自然本性，并根据这一本性预设、推进教人趋利避害，权利义务得兼的制度。

而在其他国家，无论是哲学界，还是经济学界有关“理性人”的假设，都首先把人界定为好利恶害，且能趋利避害的理性动物[②]。在经济学领域，这一假设与稀缺性假设、自利假设一起，号称三大假设[③]。理性动物在趋利避害时的基本特点是竭尽全力以最小的代价获得最大的产出，即成本最小，收益最大。众所周知，法律自来被视为理性或理性的产物。法律、法律人（特别是法官、律师）每每被作为理性的象征和化身。理性的脸谱就是法官的脸谱，就是律师的脸谱。理性的文献就是作为契约的法律文献。尽管法律所表达的是集体理性，因此和理性人假设意义上侧重于个体理性的情形有所差别，但无论是个体理性还是集体（公共）理性，在所表达的基本意涵上相去未远，它们都是尽量以最小的代价，获取最大的收益。只是经济学上的理性人假设更强调个体收益，而法律理性之假设，所强调的一定是公共收益——不只是可见的物质收益，而且是看不见的精神收益，是有关安全、有序、正义、自由的感觉或收益。

所以，经济学上的理性人假设命题，已经超出了经济学假设的范围，成为政治哲学、法哲学乃至整个社会科学观察人时，都不能忽视更不能无视的

---

① 参见《韩非子·五蠹》，载梁启雄：《韩子浅解》，中华书局1960年版，第465~490页。

② 政治哲学中有关“理性人”的论述，参见［美］曼瑟尔·奥尔森：《集体行动的逻辑》，陈郁等译，上海人民出版社1995年版，第1~208页，以及其国内学者的研究著作，高春芽：《理性的人与非理性的社会——奥尔森集体行动理论研究》，中国社会科学出版社2009年版，第53~59页等。另外，也有学者专门就理性人概念在政治哲学上的运用——“政治理性人”展开论述，参见汪波：《政治学基本人性假设的再探讨——论“政治理性人”的基本逻辑》，载《浙江社会科学》2007年第6期，第52~58页；《“政治理性人”的基本逻辑——政治学基本人性假设的新思路》，载《海南大学学报》2008年第1期，第12~16页；张群梅：《“经济人”：经济学人性假设走向政治学的可能与贫困》，载《河南师范大学学报》2011年第2期，第71~74页等。经济学上有关理性人（或目的行为）的论述，参见［奥地利］穆雷·N. 罗斯巴德：《人，经济与国家》（上册），董子云等译，浙江大学出版社2015年版，第99~162页等。

③ ［美］劳埃德·雷诺兹：《微观经济学——分析和政策》，马宾译，商务印书馆1982年版，第13~25页。

假说。关键之处还在于，按照这种假说所设计的现代法律制度，特别是以强调财产所有为特征的现代产权制度，以强调财产参与为特征的现代股份制度，以强调财产流转为特征的现代交易（债权）制度，以强调财产处置为特征的现代消费制度以及与此息息相关的民事主体制度，在一定程度上都以“理性人假设”为前提。这种假设不但成为作为私法的民商法之理论基础，而且成为作为公法的组织法、程序法、行政法的基础。即便理性人假说是有缺陷的①，它不能照顾到人们之间理性能力的不平衡性，但对那些理性能力欠缺的人，在现代法律的对策上仍然主要采取了一种一视同仁的理性态度——任何人都可能成为弱者，因此，法律上对弱者的优先保护，是一种趋于人性之公平的保护，也是充分彰显了人类理性算计的保护②。特别是随着现代风险社会的来临，人类理性能力本身随时面临着种种风险，因此，对弱者的优先保护不是法律对理性的懈怠、无视，反倒是在另一视角上对理性的认真、持重。

综上所述，无论是中国固有的好利恶害理论，还是有些国家盛行的理性人假说，其制度都收到了出乎意料的良好效果，他们都通过对人之好利恶害本性的把握，在法律上尽量以利益机制调控人们的行为。对合乎作为理性象征的法律的所有行为，其基本机制是奖励；反之，对违背它的行为，其基本机制是惩罚。这样一来，重赏峻罚就成为调动人们利害行为的简单的但又十分有效的两种基本法律手段。所以，在商鞅、韩非的笔下，“壹赏壹刑”“赏

① 基于此，有学者提出了“有限度的理性人假设”，强调理性人不是完全的，修正了既有的理性人假说（参见［美］切斯特·巴纳德：《经理人员的职能》，王永贵译，机械工业出版社 2013 年版，第 7~52 页）。

② 当然，也有绝对的不具有流动性的理性能力不平衡，这主要体现在天生智慧残障人与普通人的理性差别上。现代法律一旦遇到此种情形，则应采取绝对优先的保护原则，这也是现代法律对弱者人权保护的主要措施，体现的是理性精神之外的人文关怀和人道考量。

罚分明”是其一以贯之的“法治”理念[①]。正是在这里，林语堂一反“半部论语治天下”的传统说法，得出“半部《韩非》治天下”[②] 的新说。而基于“好利恶害”人性观（“理性人”假设）的近、现代法治，以权利义务作为最基本的规范类型，调整人们交往行为中的利害得失。

综上所述，人类学术史上对人性的不同界定及其在制度史上的不同回应，不但在多元视角解释着人的本性，而且在实践视角相互验证不同学说各自的利弊得失。在已经检讨了有代表性人性观及其实践效果的基础上，继续检讨不同人性观[③]各自的问题所在，提出更为切合制度建设，特别是文化法治建设的人性理论，是下文的任务。

第二节　既有人性观及其制度表达之反思

前述广受关注、广为认可的几种既有人性观，虽都或多或少地论述并参与设计、影响，或者至少透过理论，印证了人类的制度预设及其运行，并且很明显，不同的人性观念，还直接或间接地影响了人类制度从古至今的发展样式。但如果进而反思这些人性理念及其对人类制度的影响方向和程度，我

---

① 众所周知，商鞅为了表明其改革决心的坚定不移，树立人们对法律的信任，采取了著名的“南门徙木”的举措。[参见（西汉）司马迁：《史记·老子韩非列传》，中华书局 1959 年版，第 2231 页]。他决绝地强调：“故立法明分，中程者赏之，毁公者诛之。”（《商君书·修权》，载《二十二子》，上海古籍出版社 1986 年版，第 1109 页）的重要性。而韩非更是强调：“赏莫如厚而信，使民利之；罚莫如重而必，使民畏之。”“明其法禁，赏其必罚”（《韩非子·五蠹》，载梁启雄：《韩子浅解》，中华书局 1960 年版，第 474、487 页）。

② 林语堂：《半部〈韩非〉治天下》，载《我行我素：林语堂作品集》，群言出版社 2010 年版，第 293~294 页。

③ 值得一提的是，如上对人性观的介绍，只基于德性这一视角。在其他视角上，人性的理论问题形形色色，不一而足。西方世界的相关理论介绍，参见［英］莱斯利·史蒂文森：《人性七论》，袁荣生等译，商务印书馆 1999 年版，第 23~157 页；对东、西方人性论都有涉及的介绍，参见姜国柱、朱葵菊：《论人·人性》，海洋出版社 1988 年版，第 1~524 页。

们能否发现其中的问题所在？能否发现它们对现实制度所带来的不当影响？进而能否在既有人性观之外，总结、提炼全新的人性观，并借以作为更新制度发展的人性基础？对此，笔者将从如下诸多方面予以论述。

一、性善论与教化的制度压制

前文已经指出，性善论者并不是不关注制度，反之，他们十分关注制度。只是在制度和个人的关系上，他们更强调个人对制度的能动性。根据人的现实表现，如果把人一分为三：坏人、中民和好人的话，那么，在逻辑上也可以根据现实中这三种人的类型设计制度的类型。这三种类型的制度，按照性善论的人性标准衡量，逻辑上只有一种符合其要求。

其一，如果制度根据坏人的标准制定，那么，它显然不能表达和彰显人作为道德主体的善良本性。因此，无论如何，不能根据坏人的道德标准制定法律，即不能按照坏人的道德标准对社会施加指令和教化。如果是这样，那么制度只能降低对人的要求，而不能提升人，不能经由规则，教人寻求高尚，弃恶从善，相反，它只能教人寻求低俗，弃善从恶。显然，这无论如何都不是性善论者的制度追求。因为性善论所崇尚的，是赋予人以“愿望的道德”①。要实现这种对人的要求，就必须在规则—制度上保障“愿望的道德”得以实现的条件，即把这种道德标准制度化、规范化、义务化。而坏人标准的法律，与之反其道而行之。

这样一来，坏人标准的法律一定是性善论者所竭力拒绝、反对的事体。这样的法律，不但无法让坏人变好，而且可能导致或者好人无法做好事，或

① “愿望的道德”相对于“义务的道德”，是法学家富勒道德理论中对“内在道德”的再分类。他指出：“……法律的内在道德也呈现出所有这些面向。它也包含着一种义务的道德和一种愿望的道德。它同样使我们面对这样一些问题：要知道在哪里划出一条分界线，在其下，人们将因失败而受谴责，却不会因成功而受褒扬；在其上，人们会因成功而受嘉许，而失败却顶多会导致怜悯。”（［美］朗·富勒：《法律的道德性》，郑戈译，商务印书馆2005年版，第50~51页）。在这里，笔者愿意借用之而稍加改变原有意涵：强调“愿望的道德”是规范内部高标准的道德要求，而“义务的道德”是规范内部基本的道德要求。

者好人不得已而变坏。在这一点上，性善论的主张是有道理的，因为毕竟任何制度，都不能以坏人的道德标准为标准，否则，制度所呈现的，不但是拉低人的道德标准，而且把不德拟制为德，把不法宣布为法。就如明清之际黄宗羲批判中国固有法时所强调的那样，其结果只能是把“一家之法”，推行为“天下之法”①，这样一来，制度的推行，只能是以不德败坏道德，以不法破坏法律。

其二，如果制度根据“中人”的标准制定，那么，它尽管能够表达人的一般需求，但这种需求在一定意义上只是人的自然需求，是对人的自然本性的规范表达。它使得法律制度尽管具有世俗的现实性，但缺乏社会的道德理想。它不是性善论者所欲追求的“法上法”，最多只是世俗法。它只能让人的道德水平，维持在生物标准状态，而不是理想的社会标准所要求的状态。因此，之于性善论者对人之高尚的德性要求而言，“中人”标准的制度设计，也只能使人的道德境界平庸化、生物化，不可能借此而达到人人皆可以为尧舜的圣人道德境界。

所以，对这种“中人”标准的制度和规则，尽管性善论者不能也无力出面坚决反对，但也不会出面全力支持。反之，他们要竭尽全力设法以“法上法”以及圣人道德来影响现实的法律，使得现实法律尽量多地打上性善论的烙印，或者以高尚的道德标准引导、改造中民标准的法律。以我国为例，这种标准，就是所谓“伦理法”，或者“法律的儒家化”②。尽管现实的以“中人”为标准的法律未被圣人伦理完全取代，但法律执行圣人伦理的事实，即“伦理法”“法律的儒家化”或者“德主刑辅”等却是一个不争的事实。

---

① 黄宗羲认为，在一以贯之的中国皇权之下，“所谓法者，一家之法，而非天下之法也”。其所理想的治理，常人相反：“论者谓有治人无治法，吾以谓有治法而后有治人。”（明）黄宗羲：《明夷待访录·原法》，载《黄宗羲全集》（第1册），浙江古籍出版社1986年版，第6、7页。

② 参见瞿同祖：《中国法律之儒家化》，载氏《瞿同祖法学论著集》，中国政法大学出版社1998年版，第361~381页。笔者曾经专门论及儒家伦理与现代法律的冲突，在一定程度上也是对我国古典之伦理化、儒家化的法律与现代法律冲突的总结（参见谢晖：《论儒家伦理与现代法律的冲突》，载《学习与探索》1993年第3期，第86~94页）。

其三，如果制度根据“圣人”标准制定，乃是最符合性善论者的主张和要求的。尽管揆诸古今，放眼中外，完全按照性善论的标准，在立法上坚持圣人道德标准的立法，是无法实证的。但这种追求，有时来得确实很现实。例如，在古典中国的理论主张和实践中，所谓“春秋决狱”①，就典型地表达了在司法和法制中对圣人标准的依赖，或者就是要求以“圣人”的德性标准为人类立法，并司法。其实，这种立法中对“圣人”的依赖，在西人的学说中也持续有之，柏拉图的“哲学王”论②，阿奎那及一切学者的“神灵”立法论，启蒙思想家们的那种神明般的“理性者”论③，以及一直到德沃金，再次强调哲学家应肩负立法使命④等，都在一定程度上是按照“圣人”，甚至“神圣”的标准为人类立法的。

毫无疑问，这一主张的旨意，是要以圣人之德、神圣之灵，提升一切普罗大众的道德水准，使道德既不下沉，也不平流，而是上扬。但问题是，一旦按照这一标准立法，无论是对“中民”而言，还是对“坏人（斗筲）”而言，都是一种德性的压制、善良的压制。当“中民”或“坏人”的道德水准难以达到“圣人”“神圣”的道德要求时，制度每每以强制教化为手段，辅之以刑罚

① “春秋决狱”的要旨是“原心论罪”，其规范根据是儒家经典，如《诗》《书》《礼》《易》《春秋》等。它的倡导者董仲舒强调：“《春秋》之听狱也，必本其事而原其志。志邪者，不待成；首恶者，罪特重；本直者，其论轻……”［（汉）董仲舒：《春秋繁露·精华》，载《二十二子》，上海古籍出版社1986年版，第774页］。类似的说法还有：“《春秋》之治狱，论心定罪。志善而违于法者免，志恶而合于法者诛。”［（汉）宽桓：《盐铁论·刑德第五十五》，载马非百注释：《盐铁论简注》，中华书局1984年版，第393页］。在有汉一代，董仲舒的这种倡导及“春秋决狱”的事（案）例，曾被编辑成册，影响了当时的司法活动，夷陵至后来，到了隋唐之际，立法，特别是刑事立法本身已经贯彻了“德礼为政教之本，刑罚为政教之用”［（唐）长孙无忌等撰：《唐律疏议》，刘俊文点校，中华书局1983年版，第3页］的儒家原则。

② 柏拉图的“哲学王”理论，不应仅仅被视作是由一位大智大慧、全知全能的哲学王行使统治，而毋宁说是具有“哲学王”天赋的人，为人类制定交往行为的规则（参见［古希腊］柏拉图：《理想国》，郭斌和等译，商务印书馆1986年版，第177~227页）。

③ 立法者乃是“能够洞察人类的全部感情而又不受任何感情所支配的最高的智慧……要为人类制定法律，简直是需要神明”（［法］卢梭：《社会契约论》，何兆武译，商务印书馆1980年版，第53页）。

④ 参见［美］德沃金：《法律帝国》，李常青译，中国大百科全书出版社1996年版，第361~367页。

强制，形成所谓的“教化压制”。因此，归根结底，以“圣人”之德为标准为人类立法，其自身蕴含着“良善专制”“道德奴役”和“教化压制”。它在实质上仍然是身份化的，而不是契约化的，它只能导致人们交往的单向不平等，而不是双向（互向）平等。这正是此种人性论及其制度预设所无法克服的问题所在。

二、性恶论与惩罚的制度压制

性恶论的人性预设，与性善论的人性预设一样不完美。除了它们都过于看重在社会道德视角评判、评价和评论人性这一缺陷之外，实践中，它们都是压制倾向的，只不过压制的方式，以及压制所作用的领域不一样而已。性善论的压制方式是教化，其作用领域直接深入人们的灵魂，因此，在这里，“灵魂深处闹革命”“思想政治”“统一思想”，进而“原心论罪”“腹诽”定罪以及“非所宜言”定罪等①，乃性善论命题下制度的应有之义。而性恶论的压制方式则是赤裸裸的严刑峻法、暴力镇压，其作用领域主要是人们的行为。

这就涉及性恶论的基本制度预设。可以说，性恶论者在理论主张上比性善论者要更为彻底，他们根本不相信人，不只不相信普罗大众，而且也不相信圣人贤者，因此，他们能够提出并推行一种逆人性而为的“负方向”的公平——制度对所有人都保有一种恐惧，它就是所有人头上都悬着的“达摩克

① “腹诽罪”，众所周知，来自汉朝的史实记载，典型的两例，一是田蚡对魏其侯和灌夫的定性：“……魏其、灌夫日夜招聚天下豪杰壮士与论议，腹诽而心谤，不仰视天而俯画地，辟睨两宫间，幸天下有变，而欲有大功。臣乃不知魏其等所为？”（注13引司马迁书，第2851页）。二是酷吏张汤对和皇帝有意见分歧，与自己素有矛盾的大司农颜异的量身定做：“异与客语，客语初令下有不便者，异不应，微反唇。汤奏当异九卿见令不便，不入言而腹诽，论死。自是之后，有腹诽之法比……”（注13引司马迁书，第1433~1434页）。由此可见，自汉武以来，腹诽罪就经由“判例”创造，而被比为法。其后，更有南朝齐国谢超宗因言获罪，被论定为：“讪贬朝政，必声凶言。腹诽口谤，莫此之甚。不敬不讳，罕与为二”（《南齐书·列传第十七·谢超宗 刘祥》，载诗词名句网，http：//www.shicimingju.com/book/nanqishu/36.html，最后访问时间：2020年3月27日）的典型案例。从此，腹诽口谤，就不但是一条罪名，而且是一个成语。而“非所宜言罪”这种言论治罪，则最早来自秦朝法律，“汉承秦制”，故汉代刑律一并继承了这一罪名。

利斯之剑”①。这样的制度，拒绝以说教的温情软化刚硬的惩罚，所以，对于仁义道德的种种说教，他们总是嗤之以鼻。

由此不难发现，既然人性本恶，那么制度对策不是“纵恶”，而是“控恶”。“控恶”的基本方式，是“以恶制（止、去）恶”。显然，性恶论的制度对策，乃是逆着其所预设的人性而来的。他们选择（强力矫正）其所强调的性恶，即通过惩罚高压的方式，遏制人类之恶，所以，刑罚高压本身就是一种教育，是导恶从善的方式。这种方式的作用是明显的，至今我们考察中外史上文明的进化，尽管仅仅惩罚，很难说是种文明，但可以肯定，离开惩罚，文明也便不再。所以，惩罚出文明，已经是一种被证成的事实。当今新加坡的文明成就，在一定程度上就是罚出来的；当今一些发达国家的文明成就，没有言必信、行必果的惩罚相伴，是不能想象的；当今中国汽车驾驶文明的明显改善，与严格的禁驾，特别是酒后禁驾及违反后严格惩罚的规定及行动息息相关……

但与此同时，不能不强调的是，如果一种人性主张，在制度对策上只会严刑峻法，只能高举镇压大棒，除此之外束手无策，那么，即便其所针对人性之恶而遏抑之，但其失当之处也是昭然若揭。因为一方面，当人性果真为恶时，这种与人性对着干的制度举措，使得制度与所有的人为敌、对抗，因此，制度很难甚至无法获得人类一般本性的支持。这样，所有人都会成为制度的解构力量、破坏力量，而不是建构力量、维护力量。在此种情形下，只能导致“徒法不能以自行”② 的可悲结果。另一方面，期望通过此种方式实现“以恶制恶”，导恶为善，其理想也许是可以嘉许的，但其效果是无论在逻辑上，还是实践中都是不尽如人意的：既然人性在本质上是恶的，那即使

① 这则古希腊著名的故事，虽呈现着多方面的隐喻，但在笔者看来，其中隐喻之一，是“公平的恐惧”。不仅对普罗大众是如此，即便对拥有权杖的人，也是如此。

② 众所周知，这句话的原文是：“徒善不足以为政，徒法不能以自行”（《孟子·离娄章句上》，载杨伯峻译注：《孟子译注》，中华书局1960年版，第163页）。笔者在此不是在原意上，而是在引申意上使用这句话的。

通过惩罚而暂时向善，不也一样是“伪善”吗？“伪善”的背后在逻辑上不还是恶吗？难道制度预设的目的，就是通过强力惩罚，维系此种整个社会的“伪善”局面吗？进而，就算真是如此，那么，这种“伪善”的维系，乃是一个永无停歇、永无止境地按照高压惩罚原理运作的过程。纵使人们能够或者习惯于接受此种高压惩罚，但高压惩罚的运用，却不是一种无须成本的举措，反之，它是一种成本极其昂贵的治理方式。这样一来，究竟需要多大的人力、物力、财力，才能维系一个毫无破绽的惩罚体系，把芸芸众生都禁锢在这一惩罚体系中，让他们只能循规蹈矩，不能乱说乱动；只能“一心为公”，不能“私字一闪念”？显然，这种高压的成本实在是性恶论及其制度应对难以承受之重。

当然，我们也可以假设性恶论的制度对策不以遏制人性为取向，而以尊重人性、因势利导、弘扬性恶为取向，从而对所有的自私自利行为都报以或放任或奖励的机制，那可以肯定，这种“对策”，等于没有对策，充其量，只是性恶论者遵循了所谓弱肉强食、优胜劣汰的“丛林法则”[①] 而已。进化论者、社会达尔文主义者，所崇尚的就是此种物竞天择、适者生存的“丛林法则”。这对自然界的进化而言，几乎能够证成，但对人类社会而言，特别是迈向“文明时代”[②] 的人类社会而言，它不但无济于事，而且是人类文明的反动者。

这一点，想必很具有现实使命感的性恶论者，自然是明白的，所以，前述假设的制度对策对性恶论者而言，是不可理喻的。因此，一位纯粹的性恶论者，所能采取的制度对策只有高举惩罚大棒，通过“公平”的制度对付芸芸众生。借此不难发现，这种人性观及其制度应对，和人性善的制度应对一样，对于社会主体而言，都采取的是制度压制措施，不过性恶论者所擅长的，

---

① 参见程继隆：《丛林法则》，中国经济出版社2013年版，第15~29页。

② 本文所谓“文明时代”，是用摩尔根的观点：“始于标音字母的使用和文献记载的出现”（[美]路易斯·亨利·摩尔根：《古代社会（上）》，杨东莼等译，商务印书馆1977年版，第11页），因此，它是和“蒙昧时代”“野蛮时代”相对应的概念。这里特意说明，旨在使读者免将这个概念混同于近、现代文明的概念。

是惩罚的制度压制。因为温情脉脉的教育对性恶这一结论而言，无论是当下，还是长远，都无济于事。但强制惩罚这一措施，即便在终极上对性恶也无济于事，但至少就当下而言，可以收到纾一时之困、解当下之忧的效果。此种情形，诚如春秋时郑子产给晋叔向的复书中所言："若吾子之言，侨不才，不能及子孙，吾以救世也。"①

三、好利恶害论与制度理性的冷漠

如前所述，在如上人性理论中，好利恶害理论诚如前述，避开了性善论和性恶论所带来的极端对立，以及根据这些人性观在制度设计上必然带来的困顿。它能够更为客观地把握人的需要，既不像性善论者为了达到善，罔顾人的利益需要，也不像性恶论者为了遏制恶，而罔顾人的善良愿望。如果说执于一端的性善论和性恶论，机械地看待人性，且机械地预设制度的话，那么，好利恶害的人性论，则更能有机地分析人性、预设制度。

也许在这里，我们看到了某种在近、现代法学中常见的把人们的行为与法律的权利义务相结合、相适应的法律思想，即把人类行为结构在法律规范体系中。这样的思想，在我国古代思想家那里，主要体现在他们对人们行为之法律调整方式的设计上，这就是前文提到的赏罚观念——壹赏壹罚（以及壹教）。在西方主张好利恶害人性观的学者那里，则是在法律上直接设计、规划人们权利义务的规范体系，并把人们的行为纳入之。

对后者，因为与现代法律之观念息息相关，无须多言。这里想着重检讨壹赏壹罚背后所蕴含的权利义务观念。现在看上去，这是一种稀松平常的思想和制度设计，但在古代社会里，这却是一种相当了不起的思想成就和制度成就。一方面，它把人们复杂的、形形色色的需求，简化为权利和义务两种规范；另一方面，在壹赏壹罚这种国家行为之外，也把人们纷繁复杂的行为简化

① 《左传·昭公六年》，载宋元人注：《四书五经·礼记集说》，中国书店1985年版，第426页。

为“可以”的放任行为和“不得”（应当、必须）的禁止（必行）[1] 行为。

第一，在“可以”的权利选择领域，人们的利益得失，完全靠每个人自身根据法律的劳动。所谓多劳多得，少劳少得，不劳不得。这种对人们利益行为的放任，不但刺激了每个人争取财富和利益的积极性，而且推动了人类物质文明的极大进步。对此，似乎古人并未特别强调，但在商鞅和韩非的论述中，除壹赏壹刑这种硬性的规范外，在更广泛的领域，则是人们自主决定的。而古代中国大量的契约遗存[2]，更证明了实践中人们对权利的自治性处置。

第二，在权利自治之外，针对禁止性的“不得”和必行性的“应当”或“必须”这些义务规范，在国家层面设置了两种基本调整对策，其一是当人们的行为违反必为或必不为时，需要以国家的名义给行为人科以额外的义务，这种义务就是惩罚，就是在一般义务之外，再加特殊义务——接受惩罚的义务。其二是当人们的行为模范地遵循了有关法律的禁止性规定和必行性规定，即模范地完成了义务行为时，则以国家的名义给行为人以奖励，从而使行为人在法定的或实践中的一般权利之外，额外地获得一种权利，即获得国家奖赏的权利。

由此可见，壹赏壹刑所针对的对象虽然都是人们面对义务时的行为状态，但这两种调整机制本身内含着权利和义务的法律分配这种规范事实。这既是理解壹赏壹刑的新视角，也是对法学界所长期流行的“前资本主义法是义务

---

① 对法律中的“可以”“不得”“应当”“必须”等关键词的研究，分别参见喻中：《论授权规则——以“可以”一词为视角》，山东人民出版社 2008 年版；魏治勋：《禁止性法律规范的概念》，山东人民出版社 2008 年版；周赟：《“应当”一词的法哲学研究》，山东人民出版社 2008 年版；钱锦宇：《法体系的规范性根基——基本必为性规范研究》，山东人民出版社 2011 年版。

② 可以说，古代中国是一个契约极其发达的国家。就笔者的调查、收集和研究，其中敦煌契约、徽州契约、清水江契约、江浙契约、自贡盐业契约等，不但内容极为丰富，而且充满了权利思想或观念，可以看作中国古人权利观念相当发达的重要凭证。参见张传玺主编：《中国历代契约汇编考释》（上、中、下册），北京大学出版社 1995 年版等，也表明当下一些法律学者观念的僵化和对古人实际生活的背离。

本位法”[①] 这种人云亦云的说法之否证。更重要的是，它也表明好利恶害这种人性观念更好地揭示了人性之事实，更说明按照这种人性观所预设的制度，能够顺着人性——好利恶害而施展调整功能，通过奖赏满足人们权利要求，也通过惩罚满足人们秩序要求——法律的功能，既不是通过教化的压制让人们改恶从善；也不是通过惩罚的强制教人们改变本性，而是因着好利恶害之本性，施展趋利避害之手段。

与此同时，我们还能从好利恶害的人性观及其制度预设中，清楚地看出这种人性论者有关公平的法律思想。如下名言或许对读者们而言，都是耳熟能详的：“法不阿贵，绳不挠曲。法之所加，智者弗能辞，勇者弗敢争。刑过不避大臣，赏善不遗匹夫”[②]；“王子犯法，与庶民同罪”（从而刑上大夫——王子之师[③]）；“君臣上下贵贱皆从法，此谓为大治”[④]。这些历史名言的核心宗旨，一言以蔽之，曰法律公平。由此可见，法律公平的理念，并不是西方才有的，也不是近代以来才有的。相反，在古代中国，这种思想观念源远流长，并且还成为人们重大行动的理由[⑤]。进言之，只要主张、承认人的本质是好利恶害，那么，其在法律对策上，只能高举法律公平的旗帜。否则，就无法顺应这种人性，而只能或者忽略其“恶害”而专励其“好利”，其结果一样是蹈入“丛林法则”；或者忽略“好利”而专治其“恶害”，那结果与性恶论的人性观及其制度预设一样，也只能陷入“惩罚的制度压制”。

---

① 参见张文显：《从义务本位到权利本位是法的发展规律》，载《社会科学战线》1990年第3期。

② 《韩非子·有度》，载梁启雄：《韩子浅解》，中华书局1960年版，第41页。

③ 参见（西汉）司马迁：《史记·老子韩非列传》，中华书局1959年版，第2229~2231页。

④ 《管子·任法》，载《二十二子》，上海古籍出版社1986年版，第152页。

⑤ 对此，只要我们回忆一下自陈胜、吴广起义以来，历代农民起义领袖所标举的口号——“王侯将相、宁有种乎”；“均平”；“均平富、等贵贱”；“无处不均匀，无人不饱暖”；“天下多男子，尽是兄弟之辈；天下多女子，尽是姊妹之群”等，就不难发现这种朴素的“公平”观念对我国古人的深刻影响，这种影响，夷陵千百年，一直到了现代——如今我们的公平观，依然如之。在这方面，电影《秋菊打官司》给我们提供了一份很好的隐喻——尽管此种“公平”观相较于近、现代的公平观念，差距不可以道里计。

尽管好利恶害的人性观及其制度预设具有明显切合实际，并符合制度实践要求的特征，但这种过于迁就人的自然属性的人性观，所透出的只能是“冰冷的理性”。权利与义务在法律上的分配，绝不意味着照着它就能完全获得公平，就能够给现实生活中有交往行为的人一种皆大欢喜的制度交代。因为好利恶害的人性观及其制度设计，在准确地指出了生物意义上的人性，并按照这一人性理念设计制度之后，并没有考虑到现实生活中的人，本身是不公平的，且越是强调人的自然属性，这一特点就越明显，进而严重忽视了人性中本应有的道德维度。这或许是这种人性观及其制度设计的代价，但毕竟面对一个更加复杂、多样、多变的社会，一旦忽略本身不公平的人，就会导致另一种不公平。

总体而言，好利恶害的人性观及其制度设计，一般所遵循的是“物竞天择、适者生存”的生物主义原则。但问题是，人类社会的建构，除了生物主义的一面之外，更应体现道德主义的一面。因为人类交往的事实，业已摆脱了机械的生物性进化，而选择了能动的道德性进化。这种道德选择性的进化，总体上不可能因为某些人、某些人群或某些族群是弱者，就对其虐待甚至消灭，反之，不要说现代国家彰显权利保护的法律，即使是在古代社会的理想及相关法律规定中，保护弱者或者弱者权利优先，都是制度特别关注的事体。

例如，在法律规定上，我国在周朝开始，即强调“明德慎罚”，使“耄”（八十以上的老者）与“悼”（七岁以下的孩子）即使有犯罪行为，也免予刑事处罚①。而在理念追求上，曾吸引无数人为之奋斗的“大同理想”，就充满了同情、保护弱者的德性追求：

“大道之行也，天下为公，选贤与能，讲信修睦。故人不独亲其亲，不独子其子，使老有所终，壮有所用，幼有所长，矜、寡、孤、独、废疾者皆有所

① “八十、九十曰耄，七年曰悼。耄与悼，虽有罪，不加刑焉。”（《礼记·曲礼上第一》，载宋元人注：《四书五经·礼记集说》，中国书店1985年版，第3页）。这之后，我国古代的刑法典就大体在用刑上都基本坚持着这一原则。

养。男有分，女有归。货恶其弃于地也，不必藏于己；力恶其不出于身也，不必为己。是故谋闭而不兴，盗窃乱贼而不作，故外户而不闭，是谓大同。”①

在这段言简意赅、惜字如金的论述中，在涉及对主体的“待遇”部分，有关对老、幼、矜、寡、孤、独、废疾者加以优先照顾的内容，就占去了全部文字的一半以上，这足以说明彼时中国传统中对德性的追求。这种追求和近现代以来，特别是“二战”以后在世界各国纷纷兴起，并在法律上予以特别强调的“弱者优先”“福利保障”等对公平原则的权变处置，何其相似乃尔。这都表明古今法律制度史上，不仅关注人的生物属性，也不得不关注人之“不忍人之心”的道德属性，对此视而不见，只能是人性观及其制度设计的冰冷、冷漠。

好利恶害的人性观及其制度设计，美则美矣，但它就是这种“冰冷的理性”。在这种人性观及其制度设计中，上述照顾老幼孤寡的制度追求皆不必要，也多此一举——因为它是对物竞天择、适者生存的人的生物原则的一种反动。正是在这里，不难发现此种人性观及其制度设计本身存在的巨大缺陷——冷漠待人、缺乏温情。

综上所述，如上三种人性观及其制度预设均存在不可克服的严重缺陷。鉴于此，如何另辟蹊径，再寻观照人性的视角，使人性观既能表达其生物属性，更能表现其社会——道德属性，并借此构建人类交往的制度体系？这是一个富有挑战但又充满意义的话题。

第三节　人因文化—精神而在

按照如上的标准，则对人性的探求，需要符合两个基本标准：其一是

① 《礼记·礼运第九》，载宋元人注：《四书五经·礼记集说》，中国书店1985年版，第120页。

能够准确反映人的生物属性；其二是能够表达人的社会属性。人的生物属性不是说其完全与生物界之鸟兽鱼虫等契合的属性，相反，它必须萃取和生物界其他物种并不相同的属性，并且人的社会属性也经由这一生物属性而派生——一旦派生出来，又构成人的主要属性。那么，这一属性究竟是什么呢？在具体展开阐述我的观点之前，不妨再理解一下前文提及的孟轲那个著名观点："人之所以异于禽兽者几希。"确实，如果从生物意义上讲，人与所有其他生物一样，都不过是碳水化合物。但毕竟人不是一般的碳水化合物，所以，我们不妨再引荀况的那句名言：

"水火有气而无生，草木有生而无知，禽兽有知而无义，人有气、有生、有知，亦且有义，故最为天下贵也。"①

在这段论述中，可以发现世间万事万物所具有的，人类都具有，但人类所具有的，世间万事万物却不具有，这便是所谓"义"。什么是"义"？这怕是言人人殊的问题。故墨子曰：

"古者民始生，未有刑政之时，盖其语，人异义。是以一人则一义，二人则二义，十人则十义。其人兹众，其所谓义者亦兹众。是以人是其义，以非人之义，故交相非也。"②

尽管墨子所讲的，是他假设的"古代"的情形，但历史夷陵至今，此种"一人则一义，二人则二义，十人则十义"的状况不但未曾改变，反而有过之而无不及，以致在制度设计上，无论是日常交往中的商业或民事谈判，还是政治生活中的公开论辩，甚至是司法活动中的论辩原则等，都以遵循并保障"义"的多元性为其旨。所以，这里只能笼统地探讨什么是"义"。并在此基础上，需要进一步关心的话题是："义"这种人区别于世间万事万物的现象，它建立的生物学基础是什么？它又是如何让人区别于其他万事万物的？

---

① 《荀子·王制》，载梁启雄：《荀子简释》，中华书局1983年版，第109页。
② 《墨子·尚同上》，载《二十二子》，上海古籍出版社1986年版，第232页。

一、经由“义”来观视文化及其特征

“义”是什么？它或者是正义、或者是情义、或者是信义、或者是道义、甚至，或者是意义……因而我们大体上可以对这个概念作这样的理解：它既是一个内容宽泛的事实范畴，也是一个蕴含深远的道德范畴。作为一种事实范畴，它强调为人做事要“合宜而动”，不能无视事实，莽撞从事。不能把握时事，逆时代潮流而动的行为，自然也不符合义。作为一个道德范畴，它强调人们的所虑所行，应当坚持内在的良心标准和要求，举止要正、行为要信、处事要公，要“从心所欲不逾矩”。所以，义既牵连人身处于自然规定的生物学面向，也相关人交往于社会关系的道德—价值面向。在笔者看来，这两个面向都和文化相关。

什么是文化？这又是一个言人人殊的重要话题①，但笔者认为，这虽是一个难以用语言表述，但不难心领神会的概念——任何一位有一定文化教育和文化素养的人，都不会把盗窃、劫掠等现象归于文化之列，同样，他们也不会把斗拱式、哥特式、宝塔式建筑，唐诗宋词元曲、柏拉图、亚里士多德、康德、海德格尔……抛除于文化之外。因此，笔者不准备在这里纠缠于有关文化的具体定义，只想首先强调人区别于万事万物的“义”，在实质上表达的就是人类建立在生物性之上的文化属性。它表明人的文化本性，同时也表

① 文化现象如此复杂，涉及社会的物质、精神、制度等各个领域。所以，人类学家泰勒在谈及文化时开宗明义地指出：“文化或文明，就其广泛的民族学意义来说，是包括全部的知识、信仰、艺术、道德、法律、风俗以及作为社会成员的人所掌握和接受的任何其他的才能和习惯的复合体。”（［英］爱德华·泰勒：《原始文化——神话、哲学、语言、艺术和习俗发展之研究》，连树声译，上海文艺出版社 2012 年版，第 1 页），这也是笔者所欣赏的一个文化定义。但牵涉面如此广的一个话题，学术界在对它试图下定义时也就视角纷繁、对象多元，定义自然也多种多样、五花八门。“……1952 年，美国文化人类学家克鲁伯和克鲁克亨在合著的《文化：关于概念和定义的检讨》一书中，列举了西方学术界从 1871 年到 1951 年 80 年间出现的各种‘文化’定义有 164 余种。1965 年，法国心理学家莫尔斯在《文化的社会进程》一书中又提供了一组统计数据，他发现在 20 世纪 70 年代以前，世界思想文献中已出现的文化定义已达到了 250 余种。之后，俄罗斯学者克尔特曼在从事文化定义的对比研究时，发现文化的定义已逾 400 种。我国学者季羡林认为，世界上给文化下的定义有 500 多个，胡潇认为，文化定义已经超过了 10000 种以上。”（吴桂韩：《文化及其相关概念阐释与辨析》，载《江苏社会主义学院学报》2013 年第 3 期）。

达人的文化使命。

因此完全可以说，文化，归根结底就是思维肌体——大脑面对世界时的精细化、条理化、类型化和体系化。因为文化自来针对的是野蛮或者蛮化。摩尔根把野蛮时代作为文明时代的对称，就是在这个意义上强调文明或文化①的。

一个人处事粗暴野蛮、说话蛮横无理，那肯定和文化不相干，反倒是蛮化的典型表现；一个人处事精致细腻、说话温文尔雅，则相反，和蛮化毫不相干，反倒是文化的典型表现。所以，文化就是人类行为和语言的精细化。把所有会飞的统称为鸟，而不加细微分别；把所有有干长冠的皆称为树，也不加细微区别，毫无疑问，这已经是人们有文化的表现，但并不能说文化程度高，因为其对事物划分的精细化程度还不够。由此可见，人们思想、言论、行为的精细化程度和文化的程度成正比：精细化程度越低，文化程度也越低；精细化程度越高，文化程度相应地也越高。精细化的基本表现是人们能够用语言对对象作出精致而又确切的命名并借此进行交流，能对事物加以命名是人类文化的基本前提。所以，《道德经》开宗明义地讲："道，可道，非常道；名，可名，非常名。无名，天地之始，有名，万物之母。"② 而亚里士多德在论及人的特点时，特别强调了言语这种命名工具：

"照我们的理论，自然不造无用的事物；而在各种动物中，独有人类具有言语的机能。声音可以表白悲欢，一般动物都具有发声的机能：它们凭这种机能可将各自的哀乐相互传达，至于一事物是否有利或有害，以及事物的

① 可以肯定，文化和文明是两个不同的词汇，所表达的也是两种并不相同的事实，前者是一种动态的或流动的事实，后者则相对是一种静态的或凝固的（定型化的）事实；前者是伴随人类社会而俱来的事实，但后者却是文化发展的产物或集中表现，是文化积累到一定程度的"文化事实"；前者纯粹属意于事实判断，因此，表达人类文化行为之整体；而后者还有价值判断的况味，因此，展示的一定是文化中"好"的方面和内容；文化未必一定导致文明，但文明一定奠定在文化基础上，是文化的精华所在。有关文化与文明关系的论述，因为对两个概念认识的差异，也不是铁板一块的，也存在一些不同意见（参见刘修水：《"文化"涵义辨析——兼论文化与文明的关系》，载《人文杂志》1987年第3期）。

② 《道德经·一章》，载《二十二子》，上海古籍出版社1986年版，第1页。这里采用朱谦之的句读（参见朱谦之撰：《老子校释》，中华书局1984年版，第3~5页）。

是否合乎正义或不合正义，这就得凭借言语来为之说明。人类所不同于其他动物的特性就在于他对善恶和是否合乎正义以及其他类似观念的辨认（这些都由言语为之互相传达）……”①

人们无论思维，还是举事，用言语有条理、有思路、有逻辑地表达、交流，才是有文化的标志。条分缕析，才能事清理明。反之，叙事烦琐、说理混乱、条理不明，无论如何，也不是一个人有文化的表现，推而广之，如果一个族群是这样，不是其有文化的表现。由此可见，条理化本身是文化的一种应有特征，甚至是文化最重要的表现方式。条理化有有形的，也有无形的。前者如人们绘一幅画，写一份报告或论文，陈述一个故事，建造一项建筑等，都会把条理表现为有形，人们通过图画、文章、故事、建筑等自然会直接看见、发现其中的条理。后者则主要通过人们的语言（说话）来表现。尽管随着录音技术的发展，一个人讲话、聊天是否有条理，可以通过录音的方式记载下来，使其日渐成为有形的。但在绝大多数情形下，人们的说话不会被录音，人们只能在交谈中通过声音这种现象领会一个人言论的条理状态。除此之外，某一行为在行为当时，可能是一种有形的条理，但如果未对行为录像，仅仅靠人们意识深处的“图像”和回忆，它只能被称为无形的。条理化的基本形式是通过句子表达事物。

正因为文化是条理化的，所以，人们可以从中总结出文化的脉络，开发出和文化相关的一般理论，如语音学、语言学、语义学、语法学、修辞学、逻辑学、阐释学、对话理论等，也因之，才能把日常生活事实带入一般规范的事实中，形成蔚为大观的“规则治理的事业”②。

① 参见［古希腊］亚里士多德：《政治学》，吴寿彭译，商务印书馆 1965 年版，第 8 页。

② 这是富勒对“法治”的描述，法律和法治是一种事业，“是使人类的行为服从于规则之治的事业”（［美］朗·富勒：《法律的道德性》，郑戈译，商务印书馆 2005 年版，第 124~125 页）。进言之，规则治理的事业究竟源自何处？除了源自人类面对的对象本身具有规定性之外，还在于人类对一切对象——自然对象、行为（社会）对象、心理对象等，都能通过文化的或条理化的方式表达出来。否则，规则不存，焉有规则之治？

条理化的进一步深化是类型化，这也是文化十分重要的特征。类型化，乃是人们在对每种事物命名，并能对某种现象通过句式表达的基础上，进一步对纷繁复杂的事物按照“家族类似”① 所作的分门别类的再命名。这样，人们对万事万物都可以按照一定的标准做类型化处理，如对植物，先按照门、纲、目、科、族、属、组、系、种……的纵向分类体系，再进行横向的分类，从而帮助人们深化对事物的理解。类型化是文化的高级表现形式，它表明人类对对象的认知，已经走出“只知树木，不见森林”“只知麻雀，不见鸟类”的经验表面性和单向性。类型化可以增进人们对事物的充分联想，即便人们并不掌握相关的直接经验、直接知识，也能够通过类型化的联想，进展到对事物的间接经验和间接认知。显然，这可极大地拓展人们对事物的认知渠道——无须事必躬亲，就可以通过类型想象而坐知天下。

当文化在类型化基础上进一步凝聚并逻辑化地展开，这就是文化的体系化。可以说，当一种文化能够在一切领域——自然、心理、社会，进而经济、精神、制度上形成分门别类，有内在逻辑一致的体系时，这种文化，就是文明——就是文化的结晶和精华。当一种文化能够积累成为一种逻辑化、体系化、精致化的文明，那么，在世界文化行程中，就会较为永固地留下这种文明的印迹。所以，文化的体系化，乃是文化在精细化、条理（纹）化、类型化基础之上最高的也是最重要的特征。

前面经由对“义”的展开，而对文化特征的如上归纳和理解，旨在进而寻求人与文化的关系，或者说寻求人作为高级灵长类动物的独特属性——文化属性。在具体论述这一属性之前，笔者想在下文进一步就文化这一概念中

① 众所周知，“家族类似”或“家族相似”，是维特根斯坦在晚年分析语言问题时提出的著名观点，旨在否定自己及他人寻求语言的一般本质的徒劳，强调语言游戏只有家族相似性，没有共同本质（参见［英］维特根斯坦：《哲学研究》，汤潮等译，生活·读书·新知三联书店 1992 年版，第 43~50 页）。笔者在此运用此概念，显然不完全是在维特根斯坦原意视角讲的，而是进行了引申——在类型学（分类根据）视角上运用这一概念。

所透出的两个方面——文化的自然—环境—生物本性和文化的社会—交流—精神属性予以阐释，并进而为人类本质的探寻打下基础。

二、文化与人的“生物—自然属性”

经由前述对文化的简单认识，已经不难查见：一方面，文化所内涵的，绝不仅仅是抛开了生物—自然属性的精神—社会属性，文化本身也包含人的生物—自然属性；另一方面，文化不是仅仅停留在其生物—自然属性上，反之，文化只有进一步升华为具有精神—社会属性的事体时，才能真正彰显其和人的关联，彰显它属于人的独特性。因此，文化既表现着其生物—自然属性的一面，也表现着其精神—社会属性的一面，进而在这两个方向上，共同表现人之为人的本质。先来看第一个向度——文化的生物—自然向度。

文化的生物—自然属性导源于人本身的生物—自然属性。在《文化与个人》这部名著中，作为人类学家的克鲁克洪总结了人类文化的八个方面的特征①，其中第二个方面和第八个方面分别是：“文化是由构成人类存在的生物学成分、环境科学成分、心理学成分以及历史学成分衍生而来的”；“文化是个人适应其环境之工具，是表达其创造性的手段。”

在如上结论中可明显地看出论者对文化的生物—自然属性的洞察。这种生物—自然属性，仔细分来，仍可进一步分为生物的方面和自然的方面。前者是指人类自身作为生物体之于文化及其特征的作用，后者是指人类生活的自然环境之于文化及其特征的作用。人类虽然是天地间万物之灵，不过这一看法仍基于人类对自身的认识，它既不是也不可能是上帝指令的结果，同时

① 这八个方面分别是：（1）文化是习得的；（2）文化是由构成人类存在的生物学成分、环境科学成分、心理学成分以及历史学成分衍生而来的；（3）文化是结构化的；（4）文化具有类型化，可被分为各部分；（5）文化是动态的；（6）文化具有可变性；（7）文化具有内在规定性，是可认知的，只要方法得当；（8）文化是个人适应其环境之工具，是表达其创造性的手段（参见曾小华：《关于文化的定义》，载《学习时报》2004年2月23日。更详细的论述，参见［美］克莱德·克鲁克洪等：《文化与个人》，高佳等译，浙江人民出版社1986年版，第5~32页）。

不是也不可能是其他动物公认的结果，它只是人类的一种自我判断。

但可以肯定，这一判断并非人类的自吹自擂，而是人类作为世间唯一的文化动物，对其他一切动物不但能够驱除、征服、驯养，而且能够对其发号施令的事实使然。所以，在荀况的笔下，曾这样描述人类在生物本质上对其他动物的优势：

“力不若牛，走不若马，而牛马为用，何也？曰：人能群，彼不能群也。人何以能群？曰：分。”①

荀况强调人能战胜力大无比的牛、迅疾无比的马，多在于人能够群，即人能够合作。但事实上，能够合作的动物，不止是人类。随着人类对动物界越来越多的认知，我们知道，蜜蜂能够合作，蚂蚁能够合作，狼群能够合作，狮群能够合作，鲸群能够合作，雁群能够合作……能够合作的动物，不仅遍及陆地，而且下入海洋，上到云霄。但问题是，这些照例会合作的动物，仍可以被人类驯服和利用。这说明，仅仅一般性地看到人能群，并把这作为人类战胜一切自然对象的根据，作为“最为天下贵”的缘由，虽然看到了问题所在，但并没有进一步深入其堂奥。那么，这一堂奥是什么呢？

它就是文化。人类对其他一切高级物种的胜利，表象上是人能群的优势使然，实际上是“能群”背后的文化力量使然。人不但能群，而且是透过文化的力量来结群。例如，人类可以勒石刻符，以给别人留下记号或信号；人类也可以点燃火把，以光亮或烽烟给他人传递信号……这样一些并不复杂的结群信号，除人类外的任何动物界都是望尘莫及、力难胜任的。我们知道，很多动物会通过鸣叫、体液等传递信号，以便或结群，或交偶。但它们都没有学会通过书写符号或者运用身体本能之外的其他工具来传递信号。迄今为止，能够书写符号，通过精细、条理、类型、体系化的符号表达其意义指向，促进结群与合作的，只有人类。并且这种结群的方式，其规模和效力是任何

① 《荀子·王制》，载梁启雄：《荀子简释》，中华书局1983年版，第109页。

其他动物的结群机制都无法相提并论的。它的规模，已然在当今世界，让全人类都被结构在一种人为的、文化的规则体系下；它的效力，可登天揽月，可入海捉鳖。甚至这种文化的结构能力，让人类自身都陷入深深的被结构的困惑中。此一困惑即所谓“异化”① 现象。但无论如何，人类仍然在这条“异化”的路上一往无前地前行——“一条路走到黑”。那么，其中的缘由究竟是什么？我们不得不说，其中缘由，就出自人类天性好争、尚利、好强的生物本性。没有任何现象能够遏制人的这一生物本性——除了大自然的报复。

借此，我们不能不提及文化的自然属性。从广义上说，前述文化的生物属性乃是其自然属性的一个方面，但因为人作为文化的创造者、享有者，即他作为文化主体，其自然的生物特征太过明显，因此前文不能不单独提及。但无论如何，人是自然的产物。人类文化的状况，也最终受制于人所生活的自然状况。

进化论告诉我们，人类及人类文明，既不是上帝的创造，也并非天外来客，而是大自然长期进化的结果，是大自然进化的一部分②。此种对人类的理解，似乎是对这种精神动物的不敬，进而是对人们曾经深信不疑的造物主的不敬，但这种学说从提出至今，已获得了广泛的认同。在解释包括人类在

① 我们知道，“异化”这一概念由来已久，最早在《庄子》中就明确提出“因物异性”“以物殉身”这样的观念，并坚决反对之：“自三代以下者，天下莫不以物易其性矣。小人则以身殉利，士则以身殉名，大夫则以身殉家，圣人则以身殉天下。故此数子者，事业不同，名声异号，其于伤性以身为殉，一也。”[（战国）庄周：《庄子·外篇·骈拇》，载（清）郭庆藩辑：《庄子集释》，中华书局 1961 年版，第 323 页]。在西方，异化观念自从黑格尔提出：“自然界是自我异化的精神。精神在自然界里一味开怀嬉戏，是一位放荡不羁的酒神。在自然界里隐藏着概念的统一性。”（参见［德］黑格尔：《自然哲学》，梁志学等译，商务印书馆 1980 年版，第 21 页），经过了曲折的发展，观点也五花八门，但人们所谈的异化，核心的内容所指，是在社会政治领域里，人类往往反受制于自己所创造的制度的束缚：“劳动对工人来说是外在的东西，也就是说，不属于他的本质；因此，他在自己的劳动中不是肯定自己，而是否定自己，不是感到幸福，而是感到不幸，不是自由地发挥自己的体力和智力，而是使自己的肉体受折磨、精神遭摧残。”[《马克思恩格斯文集》（第 1 卷），人民出版社 2016 年版，第 159 页]。这种异化情形，到当下这个“人工智能”越来越多地主宰人类的时代，人们的感受或许更为明晰、深刻、彻痛。

② 参见［英］达尔文：《物种起源》，舒德干等译，陕西人民出版社 2006 年版，第 93~540 页。

内的一切生物现象的起源上，迄今为止没有任何一种理论能够取代进化论。由此可见，人类及其文化现象，是人作为自然现象长期、缓慢进化的结果。在这个意义上，文化也是自然的一部分。

从人类不同文明讲，人类的文明，如同维特根斯坦所谓的那种家族相似一样，只具有家族相似性，不存在所有文明源于一统的情形。虽然在学术界，至今仍存在人类在源头上的一元论和多元论的分歧①，不过退一步讲，即便人类在起源上是一元的，可一元的人类迁徙到不同的地理环境中时，分别创造了完全不同的文化和文明。这种情形，被有些学者称为“地理环境决定论”，另一些学者称为文明的自然环境因素②。无论如何界定，都说明在不同自然环境下所创造的文化和文明是不一样的，是故才有大陆文明、海洋文明、黄土文明、山地文明、走廊文明、雪域文明等和地理—自然环境相关之文明的命名。

上述事实，已然说明人类文化尽管是人所创造的，一方面，它是基于人的生物本性所创造的，因之，不可避免地含有其生物属性；另一方面，它也是受人生活和生存的自然环境所制约的，因之，不可避免地具有自然属性。它们合称为文化的“生物—自然属性”。接着笔者将继续论述第二个向度，文化的“精神—社会向度”。

三、文化与人的“精神—社会属性”

尽管前文提及“文化是自然的一部分”，但文化一旦从自然中分化出来，就又是和自然对应的存在，文化对原本生物的人和人的自然存在环境，亦具

① 前者强调人类源出于一个地方，如“非洲起源论”，后者则强调人类的源头是多元的（参见高虹：《人类起源问题及其两次大争论》，载《生物学通报》1997年第7期）。

② 参见［瑞士］许靖华：《气候创造历史》，甘锡安译，生活·读书·新知三联书店2014年版，第6~266页；［美］布莱恩·费根：《小冰河时代（气候如何改变历史1300-1850）》，苏静涛译，浙江大学出版社2013年版，第3~256页；曾昭璇等：《人类地理学概论》，科学出版社1999年版，第5~74页等。

有异化和矫正功能。这种异化和矫正，不同于前文所谓异化。如果把异化从主体视角一般性地理解为：人类创造了对象，对象又反过来控制人类，从而使人不成为人，或者使主体的人对象化、客体化、依附化、被奴役化，那么，这里的异化，却换了一种观察视角，即从客体视角观察之：

本来人及其文化是大自然长期发展、长期进化的产物，但这种结果一旦产生，文化以及借由文化所构建的社会，反倒对自然产生了能动性，有时甚至超越了自然的规定性而通过文化行为改变自然的规定性。在我国古代，尽管有很多学者强调天人感应——“唯人独能偶天地”[①]“顺天应人”[②] 万物齐一、因任自然的“齐物论”[③] 等观念皆是，但也有学者倡言“人定胜天”，不过有些学者强调要利用天地的规定性而用之，从而人定胜天[④]，而有些学者则异想天开，逆规律而动，借助神灵以人定胜天[⑤]。且无论哪种“人定胜天”的学说，其结果都会导致前述人类文化对自然的异化。

这种情形，在古代社会大量存在。恩格斯在其《自然辩证法》中，就针对美索不达米亚、希腊、小亚细亚等地森林破坏、草原消失的现象，强调其乃是人类过度对自然的“胜利”所导致的大自然对人类的报复。[⑥] 而现代机器工业的发展所带来的日益严重的气候变化，迫使人类必须通过国际条约的方式解决气候变化问题，即借由自然环境和人的生物本性而生成的人类文明，

---

① 参见［汉］董仲舒：《春秋繁露·人副天数第五十六》，载《二十二子》，上海古籍出版社1986年版，第797页。

② 《易·革》谓：“天地革而四时成，汤武革命，顺乎天而应乎人，革之时大矣哉”［（魏）王弼撰：《周易注》，楼宇烈校释，中华书局2011年版，第267页；（魏）阮籍撰：《易通论》云：“入而说之，说而教之，顺天应人。”］

③ 参见（战国）庄周：《庄子·齐物论》，载（清）郭庆藩：《庄子集释》，中华书局1961年版，第43~114页。

④ 比如，荀况，一方面强调“天行有常，不为尧存，不为桀亡。应之以治则吉，应之以乱则凶”；另一方面又主张“大天而思之，孰与物畜而制之！从天而颂之，孰与制天命而用之！”（《荀子·天论》，载梁启雄：《荀子简释》，中华书局1983年版，第220、229页）。

⑤ 比如，著名的《愚公移山》的故事：“帝感其诚，命夸娥氏二子负二山，一厝朔东，一厝雍南。自此，冀之南，汉之阴，无陇断焉。”［（战国）列御寇：《列子·汤问》，载《二十二子》，上海古籍出版社1986年版，第210页］。

⑥ “……我们不要过分陶醉于我们对自然界的胜利。对于每一次这样的胜利，自然界都报复了我们。”（《马克思恩格斯选集》，人民出版社1972年版，第517页）。

一旦其成为一种社会现象，脱离开人类本性和自然环境的制约，就成为自然的异化者。当然，这里列举的是那种极端的异化，笔者把它称为“恶性异化”。既有“恶性异化”，也就有“良性异化”①。这里强调文化的“精神—社会属性”，是想探讨后者——因应自然的文化对于作为自然产儿的主体（人）的价值，以及对于作为自然的客体的价值。

在一定意义上，自文化产生以来，尽管纯然客观的自然仍在最终意义上支配着人类，但人类的生活和生存本身，却主要在“人化自然”领域。这种所谓“人化自然”，有两种情形：其一是文化点缀自然；其二是文化创造自然。

文化点缀自然，乃指人类通过其长期的文化努力，使人类生存期中的自然环境，经过文化的改造、影响和刻画，被赋予了深厚的文化内涵。例如，泰山、黄山、五台山、庐山、峨眉山、普陀山、西湖等名胜，不但是自然遗产，也是文化遗产。这些著名的风景名胜，起初和其他自然界一样，是纯自然现象，是长期以来，地球地壳、空气、雨水……运动的结果，但人类对这些名胜的精耕细作，使其在自然名胜之外，秉有了深厚的人文意蕴——已经从原初的自然，发展成为“自然的人（文）化”。今天，我们游览这些名胜古迹，固然是为了一览壮美的自然景观，但当我们穿梭其中时，不能不被或悠久、或苍凉，或厚重、或华美的人文景观所吸引——从而，文化赋予自然以精神—社会品格，自然借由文化的点缀，获得了精神—社会属性。这种属性，即自然中的灵性动物——人的属性。

如果说文化点缀自然，仍然是以自然为主，赋予自然以人文内容，从而体现了“人（文）化的自然”② 这一特征的话，那么，文化创造自然，则更

① 有关“良性异化”和“恶性异化”的论述，参见谢晖：《法学范畴的矛盾辨思》，法律出版社 2017 年版，第 370~375 页。

② 在笔者看来，“自然的人（文）化”和“人（文）化的自然”，应是两码事，不应对之混淆。前者仍以自然为主，文化或者人的影响只是一种“点缀”，是给大自然锦上添花。而后者却转而以文化（人）为主，它以人为的力量、文化的力量改变了自然性状，或者用文化来缔造一种“新自然”现象。随着人类高科技的迅猛发展，我们生活的世界，越来越主要成为“人（文）化的自然”世界，辅之以“自然的人（文）化”。

胜一筹，它完全是人类通过其文化的努力，或者完全改变自然的面貌，或者重新创造了一种自然现象。前者诸如都江堰、大运河、云上梯田、坎儿井、三峡大坝等，就把桀骜不驯的河流、危艰陡峭的山峦……通过人们的利导活动，化成为人类所用的工程，改变了自然原本的行程和状貌。后者则通过科学技术手段，使自然的不可能因为文化而变成可能。例如，杂交水稻，使自然状态下无论如何也达不到每亩千斤的水稻，现在要达到这个数字，已是司空见惯、稀松平常；小麦盐碱地栽培，在自然状态下不可想象，但现在也已经成为事实；而被一些人拍手叫好，被另一些人深恶痛绝的转基因物种，更是改变了生物原先的自然特性，成为人化自然的结果。除了科学技术所带来的这类“人化的自然”以外，还存在完全按照人类的审美情趣、价值理念、道德信仰所造就的“人（文）化的自然”，最典型的，如苏州拙政园、北京颐和园等，它们都巧妙地把人类的所思所想，通过“人（文）化的自然”的方式，赋予园林建筑中。由此可见，这种种“人（文）化的自然”，把源自自然，但又凌架而独立于自然之外的文化对自然的“良性异化”表现得淋漓尽致，由此也彰显了文化除其“生物—自然属性”外，更有“精神—社会属性”。

在一定意义上讲，和其“生物—自然属性”相较，文化的“精神—社会属性”对文化而言是更主要、更重要的。因为前者表明的是文化生成的根据，后者却表明文化生成后的成长性状和作用方向。借用生物学上的概念，前者可以称为文化的隐性基因，而后者却是文化的显性基因。无论何种文化，都能通过其“精神—社会属性”得以彰显。所以，在这个意义上，说人类生活在自然世界中是没错的，但人类更直接、更明显地生活在“人（文）化的自然”世界中。并且这种对“人（文）化的自然”之依赖，随着人类文化的不断成长和进化，愈益明显，进而人类文化的“精神—社会性”程度也越来越高。由此可见，人类文化之“精神—社会性”程度，与文化发展的程度成正比。这种情形导致到了如今，人类可以不生活在纯然自然的世界，但人类每时每刻都离不开高度的“人（文）化自然”世界。这意味着：文化的“精神—社会属性”对人类的直接影响，远迈于文化的“生物—自然属性”对人类的影响。

这种影响体现为：人类作为文化的动物，固然无法脱去其“生物—自然”的基因，但更主要且重要的，他是“精神—社会”的动物。因此，人类的文化属性固然要关注人的“生物—自然属性”的一面，但更要关注人的“精神—社会属性”的一面。在一定意义上说，所谓人是文化的动物，所指的就是人是“精神—社会”的动物，而不是指人是“生物—自然”的动物。这正如卡西尔所言：

“人不再生活在一个单纯的物理宇宙之中，而是生活在一个符号宇宙之中。语言、神话、艺术和宗教则是这个符号宇宙的各部分，它们是织成符号之网的不同丝线，是人类经验的交织之网。人类在思想和经验之中取得的一切进步都使这符号之网更为精巧和牢固……人的符号活动能力……进展多少，物理实在似乎也就相应地退却多少。在某种意义上说，人是在不断地与自身打交道而不是在应付事物本身。”①

对人类本性的这种理解，是克服既有人性观在制度设计上或偏于一端（性善论、性恶论）、或顾此失彼（好利恶害论）之误区的良方。特别是针对资本自由竞争以来制度设计中人情冷漠的缺陷，更好地保护人权，克服、平衡“强者更强、弱者更弱”的“马太效应”，就更需要站在文化之“精神—社会属性”的立场上，强调人的道德主体的身份，强化国家和社会两个层面的慈善福利制度和其他救济制度，坚持弱者人权优先保护之原则，实现前述“大同”理想所设想的那种境界。事实上，只要我们回想人类历史，就会发现曾经在文明的各处，都有过这样的制度实验——我国起自西周的“什

① ［德］恩斯特·卡西尔：《人论》，甘阳译，上海译文出版社2004年版，第33页。

一税”①，其目的之一，就是接济穷人。但是，在人的“精神—社会属性”基础上，建立起一种严格稳定有效的慈善制度、福利制度、弱者优先制度，却是近代以来的事体。它的人性根据，诚如前述，就是在人的文化性基础上，凸显其“精神—文化属性”。

借此，我们得出了一个有关“人性”的基本结论，人是文化的动物。在这一本性中，既包含了人的“生物—自然属性”，也包含了人的“精神—社会属性”。但其核心，乃是后者。人的“生物—自然属性”决定了人是能够创造文化的作为生物的人，而人的“精神—社会属性”决定了人不但会创造文化，还会在自然基础上与自然分庭抗礼，并由此设定人类完全不同于其他生物世界的交往规则。这就进一步涉及人的文化—精神属性在显性层面（语言符号和法政制度）是如何表现的这一话题。这也是下文笔者将要进一步阐述的内容。

第四节　文化—精神动物的符号还原

“人是文化—精神的动物”这一结论，是对既有的以理性②作为基点的人

① 在我国历史上，从孔子开始，大多数思想家都主张“什一税”，如孔子云：“哀公问于有若曰：‘年饥，用不足，如之何？’有若对曰：‘盍彻乎？’”（《论语·颜渊第十二》，载（宋）朱熹撰：《四书章句集注》，中华书局1983年版，第135页），孟轲更是指出三代皆“什一”的事实：“夏后氏五十而贡，殷人七十而助，周人百亩而彻：其实皆什一也。”（《孟子·滕文公章句上》，载杨伯峻译注：《孟子译注》，中华书局1960年版，第118页）。

② 当然，究竟何谓理性？这又是一个颇费思量的话题，这个在西方哲学史上几乎占据了主题词地位的概念，被赋予了完全不同的意义。站在建构主义视角的理性和站在经验主义视角的理性大相径庭，但人们都称之为理性（陈修斋：《欧洲哲学史上的理性主义和经验主义》，人民出版社1986年版，第29~418页）。无论人们对理性有如何不同的理解，前文所叙述的三种人性观，在总体上是符合“理性”之思路的，因此，论者给出的人性观，都可谓是理性的。理性尽管属于文化的范畴，但文化的范围又远远超出之，故说人是理性的动物（性善论、性恶论、好利恶害论等）和说人是文化的动物就明显有别。

性观的矫正，它不否定理性，但它强调仅仅有理性还远远不够，因此，需要借助包含了理性，但又比理性范围更广远、历史更久长、意义更深邃的文化概念替代之。在这个意义上，说人是文化—精神的动物，就显然超出了以往对人的“理性”界定。它有点类似于庞蒂所谓建立在“无限的无限”基础上的“大理性主义”①。人本质的文化—精神属性，既是人作为人的内在规定性使然，也必须表现为外在的可直观感知，还可为深化研究的符号体系。甚至在一定意义上，这种符号体系比人的内在规定还要重要，因为它们就是文化的直观和日常事实。下文笔者将就这些问题一一展开说明。

一、人的内质：文化动物，抑或符号动物

人是文化的动物，在以往学者的论述中就早已得出。卡西尔在《人论》一书中，就强调了人的文化属性，不过他首先是用符号一词来描述和界定人的，当然，他所谓的符号，不但通向文化之路，而且就是文化之载体：

“我们应当把人定义为符号的动物……来取代把人定义为理性的动物。只有这样，我们才能指明人的独特之处，也才能理解对人开放的新路——通向文化之路。”②

在这里，符号是文化基本的、外在的表现工具，但文化却是符号工具表现的对象和内容。在此意义上，文化和符号尚是两个有别的概念。固然，符号一定具有文化蕴含，但一方面，它并不能完全替代文化；另一方面，并不是所有文化都以符号显现，譬如人们的道德修养、内心思想等，自然可以通过符号表现出来，但也可以不用符号加以表现。无论是否表现为符号，都不能否认它的文化属性。这样看来，把符号大体等同于文化，把符号的动物大体等同为文化的动物，是存在一定问题的。因此，还是卡西尔对其本人的观点表达得更加准

① ［法］莫里斯·梅洛-庞蒂：《符号》，姜志辉译，商务印书馆2003年版，第181~196页。

② ［德］恩斯特·卡西尔：《人论》，甘阳译，上海译文出版社2004年版，第34页。

确，把人理解为符号的动物，有助于更深入地理解人类是如何“通向文化之路”的，因为文化经常是（但并不总是）经由符号所创造的。

那么，究竟“文化的动物”和“符号的动物”这两个有关人之本质的结论哪个更为妥贴呢？这是个值得认真辨析的话题。直观地来看，“人是符号的动物”这一结论，更能够完整地概括人性，因为符号作为工具，是一切文化的创生者，举凡语言、文字、法律、道德、艺术、科学、历史、建筑等，都是符号的产物，所以，林林总总的文化现象，只有用符号这一术语，才能统合起来，概括其一般特征——甚至用本雅明的说法：“思想存在基本上是在语言之中而非通过语言传达自身……只要思想存在能够传达，它就与语言存在是同一的。”① 但再加细考，问题就又来了：符号本身作为文化现象，是如何产生的？在符号创生之前，人类是不是文化的？有些文化现象，如人们行为中的合作，来自人的本能，能说它是符号创生的吗？如果是，那么，这种符号又表现为什么？对这些问题不加深究，就无以更好地回答前面的问题。

对上述第一个问题的分析，需要回到对符号本身的探究上。然而，符号又是个极其复杂的话题。对此，巴尔特写道：

“符号……一词，由于在截然不同的词汇系统（从神学到医学）中都有所出现并有着悠久的历史（从《福音书》到控制论）反倒变得模糊不清……事实上，符号一词，随作者们的意愿而被置于一系列既相似又相异的词项之中：信号……征象……象符……象征……及寓象……，它们是符号一词的主要竞争对手。”②

符号意义的如此繁难，让人们面对之而无所适从。人是符号的动物吗？如何理解符号？

其中首先令人生疑的是：人的行为是不是符号，在什么意义上它是符号，

① 《本雅明文选》，陈永国等译，中国社会科学出版社1999年版，第264页。
② ［法］罗兰·巴特尔：《符号学原理》，生活·读书·新知三联书店1999年版，第25页。

在什么意义上它又不是符号？我们知道，人类的许多文化现象，直接来自人不具有声音、文字表达的行为（当然，在广义上讲，所有发声现象、文字书写现象都是行为——说话行为、书写行为①，但除此之外，更常见的行为是狭义的或纯粹的行为，即无须语言、文字符号表达的纯粹的肢体行为或肢体运用工具的行为）。我们知道，在舞蹈艺术、行为艺术、体育比赛行为、信号提示、时空指向等表意行为中，毫无疑问，行为即符号，在这里，行为即创造着文化。但在日常生活中，那些被称为无意义的行为，是否就是符号？如果不是符号，又如何判定它“无意义”，如果是符号，它和动物行为间又有什么区别？

接着还可生疑的是：人的发声是不是符号？或者在什么意义上它是符号，什么意义上又不是符号？是不是说所有人的声音现象，都是符号？或者说声音只有在和文化相勾连，创造文化成果时才是符号？例如，在歌唱、相声、话剧、播音、说书等艺术形式中，声音肯定是其主要的符号表达形式，但在梦呓、自言自语、日常对话、欢鸣、哀叫等情形下，声音未必创造文化，它只是人的一种自然的生理活动——那么，这种声音还是符号吗？如果不是符号，它为什么能唤起生活的意义？如果是符号，那么，它与动物行为间有何区别？

即便对于刻画符号，最典型的如文字、绘画等，也可以生发出类似的疑问。毫无疑问，文字符号以及建立在文字符号基础上的绘画等，既是文化的直接展示，也是创造文化，特别是表达情感、思想、教育、审美等的工具—符号。但是，是不是由人刻画的一切痕迹，都可称为符号？儿童在家中白壁上的胡刻乱画，是不是儿童符号行动的展示？先民在游牧中于石壁上随意所为的刻写，是不是符号，是不是在创造文化？旅游者在风景点上用文

① 这种情形，在格尔兹笔下，被称为“符号行动”：“一旦我们将人类行为看成符号行动……它就像言语中的发音、绘画中的颜料、文字的线条、音乐的声音一样，是具有重要意义的行动——关于文化是模式化的行为，还是一种心灵的框架或二者混合的问题，也就失去了意义。”（［美］克利福德·格尔兹：《文化的解释》，纳日碧力戈等译，上海人民出版社1999年版，第12页）。

字符号乱刻乱画，大煞风景，从而运用符号破坏文化，这类的符号运用，是不是反文化？这些，都是人们在追问究竟何谓符号，并定义符号时不能不深入探究的问题。在这个意义上，如果不对符号本身予以申论，“人是符号的动物”这一结论就令人难以领会，也无所适从。

这里其实涉及符号认定的标准问题，同时也涉及符号作为文化现象，自身又是通过什么工具（抑或人的本能?）产生的问题。当然，更涉及究竟符号工具在先还是人类文化在先的问题，因而也涉及符号作为文化的重要组成部分，是通过什么工具产生的问题。尽管笔者对这些问题没有、也不可能有一个确切的回答，但还是愿意在这里贡献这些令人疑惑的问题，供感兴趣者继续探究。不过可以肯定的是，上述一连串的问题，都指向了一个终极的问题：符号产生之前，有没有文化？进而符号产生之前，“人是符号的动物”吗？

或许在一定意义上讲，这样的问题，最终必然会陷入鸡生蛋还是蛋生鸡这种无解的“循环性难题”中，但有没有解是一码事，问题存在不存在是另一码事。这些问题的存在，显然使“人是符号的动物”这一命题增加了疑问，也使相关论者担负了更重的论证难题和论证使命——我们不可能斩钉截铁地说这一结论不妥，但是完全可以说，这一结论在逻辑上有破绽，在论证和证据上需要补强。

尽管自索绪尔以来，语言学乃至符号学通过所指（一种事物的“心理再现”）、能指（事物本身）和意指（所指和能指的意义关联过程）这样的概念，既说明了符号的创生过程，也从功能—过程视角界定了什么是符号（包括物品、行为、语言等）①，但符号这一话题，无论是从其内涵讲，还是从其外延讲，都是亟待继续探索和圆润的。在符号这一概念本身莫衷一是且因为

① 参见［瑞士］费尔迪南·德·索绪尔：《普通语言学教程》，高明凯译，商务印书馆 1990 年版，第 100~106 页；［法］罗兰·巴特尔：《符号学原理》，李幼燕译，生活·读书·新知三联书店 1999 年版，第 28~43 页。

这一概念的过于专业化、学究化，人们对其不易形成感性、直观认知的情形下，界定“人是符号的动物”，自然会存在不少犹疑和难题。

这明显不同于对文化的理解。尽管如前所述，人们对文化的理解、界定也是五花八门、凌乱芜杂的，一种所谓理性的、统一的、被人所公认的文化概念，至今尚未形成，甚至永远不会达成，但在直观和感性的层面，文化就在人们的日常生活中，“典型的人类学方法，是通过极其广泛地了解鸡毛蒜皮的小事，来着手进行这种广泛的阐释和比较抽象的分析”①，因为人就生活在文化事物中，人类学研究不能脱离文化事物。因之，文化完全是任何人都可以感受的，它不仅可以意会，而且能够随时言传。在这个意义上，文化几乎是与人所与生俱来的。人自从来到世间，就带着其灵性的近乎先验的特质——文化特质。所以，说“人是文化的动物”，更能在逻辑上弥合“人是符号的动物”这一结论的破绽。当然，在一个文化已经发达到人们必须通过各种表意符号来表达，不如此表达则无法完成意义交往和传递的时代，以“人是符号的动物”来替代“人是文化的动物”这一结论，似无不可。但即使如此，仍不能解决符号只是文化的工具形式，且不是文化唯一的工具形式。因此，文化的表达，除符号这种工具形式，还存在完全不经由符号所表达的工具形式，如并没有表现为符号的人类精神或情绪症状：出离愤怒、痛苦挣扎、内心狂喜、缜密腹稿、奇思妙想等纯粹停留于主观世界的文化现象。

基于如上论述，我认为以“人是符号的动物”这一结论来概括人的属性尽管有其道理，但与“人是文化的动物”这个概括相比，相形见绌。故而笔者更愿意强调“人是文化的动物”，这一结论，它能更好地勾连人作为“生物—自然动物”和作为“精神—社会动物”这两个方面的共同特质；也能够更好地解释人类的一切制度设计，总是围绕着文化的人——“生物—自然属性的动物”和“精神—社会属性的动物”而展开的事实。可以说“人

① ［美］克利福德·格尔兹：《文化的解释》，纳日碧力戈等译，上海人民出版社 1999 年版，第 24 页。

是文化的动物”所表达的是人内质，而“人是符号的动物”却表达的是此种内质的外显。

二、内质外显的语言符号表达

当卡西尔自信地界定“人是符号的动物”之后，他又以人类（而不是人——具体的个人）文化为依据，给出了一个有关功能视角的人的界定或说明（而非定义）：

“如果有什么关于人的本性或‘本质’的定义的话，那么这种定义只能被理解为一种功能性的定义，而不能是一种实体性的定义。我们不能以任何构成人的形而上学本质的内在原则来给人下定义；我们也不能以可以靠经验的观察来确定的天生能力或本能给人下定义。人的突出特征，人与众不同的标志，既不是他的形而上学本性也不是他的物理本性，而是人的劳作……正是这种劳作，正是这种人类活动的体系，规定和划定了‘人性’的圆周。语言、神话、宗教、艺术、科学、历史，都是这个圆的组成部分和各个扇面。因此，一种‘人的哲学’一定是这样一种哲学：它能使我们洞见这些人类活动各自的基本结构，同时又能使我们把这些活动理解为一个有机整体。语言、艺术、神话、宗教绝不是互不相干的任意创造。它们是被一个共同的纽带结合在一起的。但是这个纽带不是一种实体的纽带……而是一种功能的纽带。”①

那么，卡西尔所说的这种“功能的纽带”究竟是指什么？对此，仍要回到卡西尔有关“人是符号的动物”这一基本立场上。因为在他看来，神话、语言、艺术、历史、科学等都是“符号形式”，或者是人类文化的不同发展阶段。在这种发展中，无论个体性和整体性之间存在何种张力、何种冲突，乃至在此种张力与冲突间达至动态的和谐——“对立造成和谐，正如弓与六弦琴”②，但人类的文化本质总是要借助于其符号本质，即通过符号形式表现

① ［德］恩斯特·卡西尔：《人论》，甘阳译，上海译文出版社2004年版，第87页。
② ［德］恩斯特·卡西尔：《人论》，甘阳译，上海译文出版社2004年版，第288页。

其文化内质。所以，林林总总的所有符号，乃是人们文化内质的表达形式。符号形式就是文化形式，就是人的文化本质的表达形式。如果文化内质得不到符号表达，则它永远是个体的，不可能是社会的。进而个体人也就无法参与到社会活动和社会交往中来，他既不能影响社会，也不能从社会中获益——他与社会是脱节的。这样一来，个体人的境遇就比“小国寡民，民至老死不相往来”还要孤悬。但这是不可能的，因为毕竟形势比人强：“社会生活的基本状况影响着个体，而社会生活却很少受到个体的影响，即使有影响也只在一定程度上存在。”① 由此可见，符号形式有对于拥有文化内质的人的之社会参与和存在的决定价值。

在各种各样的符号形式中，语言（语音和文字）符号是基础的，无论是神话、艺术，还是历史、科学、法律，归根结底都立基于语言，所以，语言是一切社会符号的根基。或以为，不是语言，而是运动或行为才构成符号的基础。卡西尔称规定或划定人性范围的，是人的“劳作”，阿德勒则称决定生物体精神成就的，是其“自由的运动”：

“精神仅属于有生命、能自由活动的生物体……

在精神生活的发展演化中……一切都与运动相关联。与环境的变化相关联的一切困难都要求精神能够预知未来，积累经验，发展记忆，以使生物体更适于生存……可以确信，精神生活的发展是与运动密不可分的，精神所成就的一切发展进步都以此生物体的自由的可运动性为先决条件。”②

诚然，劳作或运动是独特的符号，这种独特的符号甚至在现代习惯、宗教和法律上都还具有重要的意义，最典型的如各种仪式行为。但毕竟劳作或运动只是一种人之为人的纯粹自然符号。它要成为社会符号，就必须表达在人们相互的交往关系中。而在社会符号中，显然，语言比纯粹的行为更进了一步，因为它可增强记忆、提供指向，也容易导向共识，并借此发出对未知事物的预知，

① ［奥］艾·阿德勒：《理解人性》，陈刚等译，贵州人民出版社1991年版，第10页。
② ［奥］艾·阿德勒：《理解人性》，陈刚等译，贵州人民出版社1991年版，第3页。

最终实现对与人类相关的一切事物——无论自然现象、社会现象、心理现象进行统一的、具有特定指向的、可反复适用的和可传导与习得的规范与命名。

在此意义上，语言符号不仅重要，而且是人内在的文化本质外化并社会化的基本手段。一般来说，符号是用来给对象命名的，它命名并规范人们的认识和行动对象。具体来说，这些对象有三个方面，即自然对象、社会对象和心理对象。符号命名自然对象，使得与人类相关的自然对象获得了认知前提，也使得与人类既相亲又隔膜的大千世界，能够更为顺利地内化为人们的思想意识世界或者内在精神事实。符号命名社会对象，使得由人的交往而生成的各类事实——爱情的、交易的、和平的、战争的、政治的、文化的……获得了整体认知的前提，同时也给人们的交往交流提供了方便的规范条件和行为指向。而符号对人们心理现象的命名，把世间最神秘的现象——人类心理现象外在化，从而使得“万物皆备于我”“反求诸己”“认知你自己”“存在就是被感知”“我思故我在”等这些古今命题有了更加深化的认识基础，增强了人的自我认知能力。

显然，通过这样的命名，人类不但节约了交往行为的成本，获得了更多更大的交往产出，而且促成了人的社会化——人的规范性生活和生存。所有语言符号，其功能归根结底是种规范。语言符号规范着人们对世界的认知，把既有认知通过语言符号积累保存，既作为人类对既有认知的记忆，也作为人类进一步拓展、开发新认知的符号基础。语言符号还规范着人们的交往行为。人类的交往行为，有了符号的表达指示，便可以事半功倍，缺少了符号的记忆和指示，则只能事倍功半，有时候还会形成“狗熊掰苞谷”现象。我们常见的路标符号，能最典型、最直观地说明这里的问题。语言符号，更提供给人们克服恐惧、实现安全、安排预期的保障，因为有了符号，人们就有了判断和行动的标准，就会克服“一抹黑”所带来的恐惧和不安。所以，语言符号不但是人的文化内质的外在表达，而且把人类的生命/生活紧紧地结构其中。在此意义上，完全可以说语言符号乃是人类最大的创造，这是神一般的创造。

一方面，它直接使个人有了方便地参与和通往社会的规范条件。这正如阿德勒所言：

“语言在人类灵魂的发展过程中有着极其重要的价值。有了语言这个前提，逻辑思维才成为可能；语言使我们得以建立概念并理解价值的异同；概念的形成并非个人的私事，而是关涉到整个社会。只有在普遍实用的前提下，我们的思想和情感才成为可能；我们对于美的喜悦，也是基于对于美的承认、理解和感受的普遍性。因此顺理成章的是，思想和概念也像理性、知性、逻辑、道德和审美一样，起源于人类社会生活；同时它们又是所有旨在防止文明崩溃解体的个人之间的联系纽带。”①

另一方面，它促成了人类的权利伸展和义务制约，成为社会中的主体。

语言符号作为个体的人认知并参与社会的条件，导致了它成为个体与个体、个体与群体直至个体与社会联系的纽带和桥梁，那么，它是通过什么机制实现这种功能的？这不得不论及语言符号的规范性。一切符号，都通过一定的说明和指向，给人们供给着规范。说明即语言符号的概念性表达，一个概念，命名一种事实，无论它是自然事实、社会事实还是心理事实；而指向，则提供一种规范（行动）判断，无论是许可的判断、禁止的判断还是强行的判断。在这里，语言符号已然供给人们权利伸展和义务制约的规范事实。在此意义上，语言符号就是一种制度——即便一个国家没有明文宣布一种语言符号是其外在的、正式的制度，但人们对语言符号的运用，在实践层面展示了它对人们认知和行为的规范价值。这导致人不再是孤零零的自我存在，而是以语言符号为纽带，通过符号行动而结构在社会中的存在。

再一方面，它是文化的人之规范实现方式，进而使人成为“规范的动物”。

“文化的人”这一界定，指向人的内在本质，其外显形态是“符号的人”。符号供给人们的主要功能，就是让人规范地、有秩序地、理性地生活于社会，

① ［奥］艾·阿德勒：《理解人性》，陈刚等译，贵州人民出版社 1991 年版，第 14 页。

从而语言符号决定了人不仅是“符号的动物”，而且是“规范的动物”。说人是规范的动物，比说人是符号的动物更进一步。借此，人实现了其社会化的转化，而不仅是纯粹孤立的个体。纯粹孤立的个体只有生物学意义，并不具有社会学意义——尽管社会学意义的人，来自其生物性。经由“规范的动物”这样的界定和描述，则对人的理解，也就不再拘囿于纯粹个体，而只能是整体——社会体系中的个体。不能结构在社会中观察、比照和理解的个体存在，或者不能参与社会，被社会所悬置的个体，大体上也是无意义的①。因此，只有把人的生命/生活结构在语言符号中，并进而推而广之，由语言符号之纽带表现在社会交往中，个体的生命意义和生活价值才能得以真正展现。

古人云：“天不生仲尼，万古如长夜”，我们可以将这一结论稍加篡改：“人不造符号，万古如长夜。”符号，特别是语言符号，尤其是文字符号，尽管是人造的事实，但完全可以说得上是鬼斧神工。古人云：“昔者仓颉作书，而天雨粟、鬼夜哭。”对此，尽管高诱解释为“苍颉始视鸟迹之文造书契，则诈伪萌生，诈伪萌生则去本趋末、弃耕作之业而务锥刀之利。天知其将饿，故为雨粟”②，但这种基于农本学末的观念，在今天看来，理应得到改造的认

① 我们知道，在我国古代的传说中，有所谓与世隔离的“陈抟老祖”“鬼谷子”等世外高人；也有主张与世隔绝、“绝圣弃智”的老庄之流，但是如果他们没有给后世贡献那些千古流传的符号化的著作，或者如果他们的言行没有被后人通过口耳相传的方式流传、记忆，则毫无疑问，他们的存在，不过是过眼云烟，既不会在历史长河中留下任何痕迹，也毫无意义可言。

② 《淮南子·本经训》，载《二十二子》，上海古籍出版社 1986 年版，第 1239 页。当然，透过高诱此注，也可发现国史上，道德家们对说——符号的贬抑。古人云：“君子欲讷于言敏于行”（《论语·里人第四》，载康有为：《论语注》，中华书局 1984 年版，第 54 页）；又云：“言之非难，行之为难”（《盐铁论·非鞅第七》，载马非百注释：《盐铁论简注》，中华书局 1984 年版，第 57 页）。到了邵康节，就公开贬言而尚行，对言行实行两分：“夫天下将治，则人必尚行也。天下将乱，则人必尚言也。尚行则笃实之风行焉，尚言则诡谲之风行焉。天下将治，则人必尚义也。天下将乱，则人必尚利也。尚义则谦让之风行焉，尚利则攘夺之风行焉。三王尚行者也，五伯尚言者也。尚行者必入于义也；尚言者必入于利也。义利之相去，一何远之如是耶？是知言之于口，不若行之于身，行之于身，不若尽之于心。言之于口，人得而闻之；行之于身，（人）得而见之。尽之于心，神得而知之。人之聪明犹不可欺，况神之聪明乎？是知无愧于口，不若无愧于身。无愧于身，不若无愧于心。无口过易，无心过难。既无心过，何难之学（有）？吁，安得无心过之人，而与之语心哉！是知圣人所以能立于无过之地者，谓其善事于心者也。”［（宋）邵雍：《皇极经世书》，卫绍生校注，中州古籍出版社 2007 年版，第 499 页］。

识。更何况即便如此，文字创造本身也是一件惊天地、泣鬼神的事。有了这样的语言符号，不仅提供了人们交往中对事、对人、对思的规范，使人作为文化的动物外在化、规范化，而且以此为基础，人类展开了更高层次的制度建构，从而文化内质通过制度符号在更高层面上得以表达和外显。

三、内质外显的制度符号表达

人的文化内质之外显不仅运用日常语言符号，还运用制度符号。尽管任何制度符号都需要借助或行为、或语音、或文字的符号表达[①]，但它毕竟不同于零散的、个性化和个别化的日常语言符号，毋宁是日常语言符号的高层次的升华——这种符号要比日常语言符号更能够表达人作为文化动物这一人的内质之一般性特征，即表达人的生命/生活意义。

人的内质——人是文化的动物，其实质指向人的文化生存和生活。这种生存与生活，实质上是人具有目的性的社会生活，进言之，所谓目的性，就是指人们追求内在善的生活。实践中对内在善的追求，既是个体心理的，也是社会心理的。这或许不为人们所理解：日常交往中的人是好利恶害的，因之，每每是趋向性恶的，怎么还以善作为其追求？事实上，正是人性之趋利避害，甚至人性之恶，所以，人们要通过善的交往方式和条件，尽量借助一种可普遍化且具有一定内在和外在的力量来保护落实的符号满足人通往其所追求的利益，截断其所痛恨的祸端——因为人们深悉，纯粹的每个人为每个人而战的恶，就像“狼对狼一样”，只会蹈入所谓“丛林法则”下“人人相互为战的战争状态”，而不会导向一个德化的“寻求和平、信守和平”的“契约”世界[②]，从而也无法实现人们趋利避害的一般要求，无法实现普遍善——人们普遍的利益追求。

---

① 参见谢晖：《法律的意义追问——诠释学视野中的法哲学》，商务印书馆2003年版，第324~399页。

② 参见［英］霍布斯：《利维坦》，黎思复等译，商务印书馆1985年版，第92~108页。

这种所谓善，在另层意义上，无异于说就是恶——一种“普遍的恶”，即人们经常所说的“以恶制恶”——把人们普遍的恶之要求带入一个能够共存的条件框架中去，因此，其出发点是人性之好利恶害的恶，而其过程和结果，却以普遍的、人人可以享有的利益为目的，即实现和满足所有人“恶的”内心要求。这样一来，这里所谓的善，无疑可以说是通过一定介质导恶向善——满足人的利益需要这一“恶的”要求，就是社会最大的善。这种情形，所表达的不正是我们所熟悉的那条正义原则：“各尽所能、按劳分配”的吗？那么，究竟如何才能把人的文化内质转化为人们按此交往行为的普遍的文化生存和生活？这一转化的介质就是以法律（规范）为前提的制度。

法律是人类本质的规范表达，也是人类需要的规范表达。在这个意义上，法律不仅是一套形式理性的规范体系，而且它直接关联着人们的生命/生活。阿甘本在论及本雅明评论卡夫卡小说中对紧急状态下法律的描述时写道：

“根据本雅明的看法，这个法律——或者，毋宁说，这个法·力——不再是法律，而是生命/生活。如同那在卡夫卡的小说中‘活在城堡所在之山丘底下村落中的生活’……卡夫卡最独特的姿态，不在于保持一部不再具有任何法律内容的法律……而在于显示出它不再是法律，而在每一点上都与生命/生活无从区分。”①

尽管本雅明、卡夫卡通过文学的意象所表现的，是对紧急状态下法律的看法，但笔者更愿意将其看作对所有法律的看法，法律本来是人们文化生命/生活的规范表达，并且是人类生命/生活的典型表达。这也取决于人的文化本质。这一本质决定了必须把其生命意志和生活方式透过法律这种反映人类普遍性要求的规范形式表现出来。如果这种生命意志和生活方式得不到法律的规范表达，则意味着人类仍处于前述“丛林法则”的世界，

① ［意］阿甘本：《例外状态——〈神圣之人〉二之一》，薛熙平译，西北大学出版社2015年版，第99页。

其基本状态不是人与人相互合作的互利，而是“人人相互为战”的互害。由此可见，说法律“在每一点上都与生命/生活无从区分”，并非对法律的一种过分的溢美之词，而是恰当地表明了人类文化本质与法律规范表达之间的内生关系。

人类的文化本质一旦通过法律规范这种符号表达出来，就表明其被代入到一种制度结构中了。如前所述，本来一切语言符号，在一定意义上都构成规范性的制度结构。例如，当人们无论是用声音，还是用文字表述“花”时，脑海中会联想到各种各样的花：梅花、兰花、桃花、杏花……也会联想到和花一样美丽的存在，如浪花、心花、美貌如花等，但无论如何，都不会把一只杯子联想为花，也不会把一头老牛联想为花。于是，“花”这个词就对所有“家族相似”的花卉家族或者如花一般美好的事物予以规范。但是这种语言符号尚不足以形成一种制度结构，毋宁说是一种“自然语言”，还没有经由高度的社会性的整合与加工。

但人类文化本质一旦外显为法律则不一样，它意味着语言这种自然符号已经转化成强有力的社会—制度符号了。法律是制度的规范形式，它为制度——外在制度①奠定前提。在笔者看来，一种外在制度，实质上是一个由法律构造的制度结构——它是以法律规范为前提而构造的。它由五个要素构成，即作为前提的规范（法律）要素，作为保障的观念（与法律契合或不反对的理念）要素，作为动力的主体（自然人以及法人、非法人团体、国家机关等组织②）要素，作为实践的行为（权利行为、义务行为、权力行为、

---

① 经济学家把制度一分为二，即内在制度（可再分为非正式与正式的内在制度，违反前者不受有组织的惩罚，而只受自我内心惩罚或他人躲避或排斥的惩罚；违反后者则受有组织的惩罚）和外在制度。其中外在制度主要是法律（［德］柯武刚等：《制度经济学——社会秩序与公共政策》，韩朝华译，商务印书馆 2000 年版，第 119~140 页）。

② 有学者强调：“组织不是制度”，“但某些制度需要组织的支持”（［德］柯武刚等：《制度经济学——社会秩序与公共政策》，韩朝华译，商务印书馆 2000 年版，第 117 页）。这一结论，在内在的非正式制度中或许可以理解，但之于外在制度，之于法律制度，则完全不能成立。在法律制度中，所有组织，都被法律规范所结构，其设立、变更和消灭，都是法律规范指令的结果。出乎法律规范之外的组织，不具有合法性，不但不受法律保护，还受法律排斥。

责任行为）要素和作为监督、验证和修正机制的反馈（专门监督、社会监督）要素[①]，法治就是这五个要素的有机统一。法律规范只提供了制度的形式要件或者框架图纸，它与其余四个要素一起，共塑了法治的面貌。缺少其中任何一个要素，都不是完整的法律制度（法治）。由此足见人类的文化本质一旦外显为法律这种制度符号，就意味着其生命/生活被法律所结构。何以如此？

这必须要回返理性——一种文化的理性，而非“科学的理性”。这是因为以法律为前提的制度符号，表达着普遍化的理性追求——制度理性。理性这一概念，尽管在学术界有完全不同的界定，但有一种理性观点，却是人们都愿意接受的。因为它表达了人们生活的常识，这就是“两害相权取其轻，两利相权取其重”的权衡思维。理性就是人们权衡利害的产物，这种理性，即经济学意义上的理性，也能够更为准确地表达人的文化本性和文化关怀。透过制度的明晰性和可预测性，不但能够获致人们之间的文化性的信任，而且必然导致人们之间文化性的合作。即便交往行为的主体不信任交往中的对方，但也必须信任制度，因为制度确立了人们一旦在交往行为中有失信行为，就一定会在制度上受到公正的惩罚和处置。是以制度促成了人们的信任，也促成了每个拥有“主权”的个体最大限度地与他人合作。显然，这也就避免了所谓的“囚徒困境”[②]，不但在制度上保障人与人的交往能够有法律这个信用凭证，而且在观念上塑造用法护法守法的意识。最终把人们的生命/生活普遍安顿在其足以信任的制度符号体系中。在这里，显然又与本雅明的“法·力”不同，法律在任何情形下，都不会被悬置，而是被结构在人的生命/生活中。

那么，是不是说没有以法律为前提的国家制度（外部制度、正式制度），人的文化内质就无以普遍化地外显？如前所述，人的文化内质，除了通过制

① 有关制度及其要素的论述，谢晖：《制度修辞论》，法律出版社 2017 年版，第 205~234 页。
② 参见王家辉：《博弈论中的“囚徒困境”模型》，载《统计与决策》2005 年第 8 期。

度符号表达，还可以借由语言符号表达，且语言符号的表达，不排除其在一定时空范围内的普遍性共识。所以一定时空范围内文字语言的接近，对使用相同语言文字者的规范性以及由此产生的安全感和秩序感。逃出这一时空，这种安全感和秩序感就不复存在——诚所谓“语言是存在之家”；“语言是最切近人的本质的”①。但法律却不同，它甚至超乎语言，因为它是建立在语言特别是文字基础上的，是“符号的符号”，它在语言规范性方面和普通语言相较，明显获得了“后发的”优越性，更兼之它所采行的价值普遍立基于人类交往的一般需要，因此，其普适性就更胜于其他语言符号。而在人类交往越来越具有跨国界的特征，即在全球化的“地球村”时代，法律制度（所谓法律全球化、世界化）的这一特征势必更为明显。因此，完全可以说，只有制度化的符号，对人们才具有更普遍的规范意义。

最后，不得不继续论及的是，由前述人是符号的动物和人是规范的动物的论述，再回过头来看，似乎完全能够再证人类的文化—精神性存在，这样，本节的论述没有承接前三节的写作模式和思路，可谓经历了一次绕道和循环。绕道是笔者没有再走前三节那种笔直地通往人的文化—精神性存在这一问题的捷径，而是透过人的内质的符号外显，并把符号——无论是更具有自然性的语言符号，还是更具有社会性的制度符号，都作为人的精神性存在，或者作为人的文化内质之符号外显，进而说明，这种外显典型地表征了人是文化的动物，归根结底“人是符号的动物”。这似乎又回到了卡西尔那里。但我想继续说的是，这还不够。

由于符号的基本功用在于其规范性，人们运用符号也是为了实现行为的统一和规范，因此，说人是符号的动物，大体上可以说“人是规范的动物”。这样一来，人的文化—精神性存在这一结论，就可以外显为人是规范性的存在，或者人是通过规范而进一步巩固其文化—精神性存在的。如前所述，符

① ［德］海德格尔：《路标》，孙周兴译，商务印书馆2000年版，第366页；《在通向语言的途中》，孙周兴译，商务印书馆1999年版，第1页。

号和符号还有所不同。自然语言和法律制度尽管都是符号，但无论是从规范强度、普适程度还是正式高度上讲，法律制度皆是更为重要的符号类型。因为它把在法律调整下的所有主体、所有对象、所有利益关系都纳入一个可度量、可预期的规范体系中了，从而人们的理念、行为都围绕着可度量、可预期的规范而安全地、有序地、有效地展开。在此意义上讲，人是规范的动物这一结论，更体现在制度符号上。因为制度符号更能表现人的规范性生存和生活，从而也在更高层次上彰显人的文化—精神性存在——它不但肯定了每位个体的文化—精神本位，而且巧妙地通过法律制度的穿针引线，把个体的文化—精神存在表现为群体的、交往中的文化—精神存在，从而避免个体借助自然语言的文化—精神性存在来表达时，可能对交往群体的不利影响，使人们平等地身处法律制度统一、普遍、有效、互利地调整的文化—精神世界。从而，不仅人的文化—精神性生存决定理性法律制度，而且法律的制度理性放大、巩固和进一步涵化人的文化—精神性生存，把人的生命/生活结构在法律制度的文化—精神图式中。

卡西尔曾在谈到柏拉图的观点时这样总结说："人的本性是以大写的字母写在国家的本性上的。"① 如果这个结论成立，那么，大致上也可以这么说：法律就是写在国家本性中的人性之大写字母。

① ［德］恩斯特·卡西尔：《人论》，甘阳译，上海译文出版社2004年版，第81页。

第二章　人类文化—精神领域为何需要法律调整

法律作为一项重要的制度事实，勾连着人的物质世界与精神世界，它通过权利义务机制发挥作用，实现对这两重世界的正当化调控。人既然是一种文化—精神性存在，那么法律是否有必要将之结构于其中？对它调整与否的不同路径的选择对人类是否会产生以及会产生怎样不同的影响？如果我们认为法律对这一领域有调整的必要，那么法律应如何对之加以调整？对这一系列问题的回答，将全面揭示法律与文化—精神领域的关联所在。

第一节　法律是否调整文化—精神领域的事项

一、对法律不调整人类文化—精神领域的观点的反驳

对于法的应然调整域，学者们将其定位在人的行为上。“只是由于我表现自己，只是由于踏入现实的领域，我才进入受立法者支配的范围。对于法律来说，除了我的行为之外，我是根本不存在的。我根本不是法律的对象。”① 这一经典论断将法的调整域清晰地界定出来，即人的外在行为。换句

① 《马克思恩格斯全集》（第 1 卷），中央编译局编译，人民出版社 1956 年版，第 16~17 页。

话说，在马克思看来，法律不应涉足人的内在精神。这种内在的精神当然地表现为人存乎于世的文化性定在——思想。法治与思想自由的关系在于“在比较成熟的法治社会中，理想状态应该是让不同言论在思想市场中展开自由竞争，市场本身也就可以通过自由竞争形成净化机制”。[①] 而思想自由权，可以被看作一种背景性权利：“它是公民某些其他人身权、政治权的基础，其他一些权利被承认、被规范必须以思想自由权的存在作为前提。”[②] 换句话说，抛开思想自由带来的功利性目的——文化资源的共享等，它源自人的文化—精神属性，而文化—精神性乃是人的存在意义。而思想的自由延伸出的重要维度在于思想表达的自由——言论自由。孟德斯鸠就曾说：“要享受自由的话，就应该使每个人能够想什么就说什么；要保全自由的话，也应该使每个人能够想说什么就说什么。”[③] 密尔在他的代表作《论自由》中也着力强调了言论自由的重要性，其指向之一也正是人的精神性表达：“假若大家都已感到个性的自由发展乃是福祉的首要要素之一……自由就不会有被低估的危险。”[④] 人们更多的是从言论自由与人性的精神层面的关联为其张目。美国宪法第一修正案和我国《宪法》第 35 条对言论自由的制度表达自不待言，焚烧国旗案的判决、公众人物隐私权的限制、基于新闻自由而提出的第四权理论也都从微观层面体现了思想自由。而从人类发展史的角度出发，人们因言获罪的情形比比皆是。苏格拉底的悲剧使后人扼腕，西方教会对主张其他教义者的大肆屠戮为中世纪打上了野蛮的烙印，当然，言论自由只是思想自由的维度之一，“信仰自由、学术自由、出版自由等”也都是思想自由的组成部分，[⑤] 它们也和言论自由一样经历了高压之下的抑制。好在文艺复兴运

① 李晟：《修辞视角中的“思想自由市场”及其影响》，载《华东政法大学学报》2014 年第 2 期。

② 戴涛：《论思想自由的基本理念》，载《法学》2004 年第 12 期。

③ ［法］孟德斯鸠：《论法的精神》（下册），张雁深译，商务印书馆 1963 年版，第 587 页。

④ ［英］斯图亚特·密尔：《论自由》，许宝骙译，商务印书馆 1982 年版，第 60 页。

⑤ 《中国人权百科全书》，中国大百科全书出版社 1998 年版，第 551 页。

动对人性的释放、制度改革乃至被鲜血浸染的暴力革命都大力完善了人类精神—文化之维。恩格斯认为“人不仅为生存而斗争，而且为享受、为增加自己的享受而斗争”①。因而人们将从制度层面反思制度对文化—精神事项的关系。反思的结果就在于，许多观点认为法律不应涉足对文化—精神世界的调整。

然而，我们对这一观点是需要反思的。反思的关键在于对“调整”一词的理解。“调整”指的是调控规整，在自然科学领域，它强调人对自然事物——如物理器械——的调适，使之符合人的需求。而在社会科学领域，它旨在说明社会规则对社会事实的调控，使社会事实的运作符合人的需求。“在社会发展过程中，社会的行为规则体系以其特有的方式影响着社会的生存和发展。社会与社会行为规则体系之间的关系，就构成了社会调整。”② 规则对社会的结构化推动无疑体现出“调整”的意蕴，这也是学者们对“法律调整”的主流化解读③。我们对法律调整的原理的审视必然要从这几条路径入手：“其一是法律对事实世界的可规范性，它所表达的基本上是法律中‘真’的问题；其二是人们对法律内容的接受性，它所反映的基本上是法律中‘善’的问题。”④ 其实跳出“法律调整”这一领域，我们也不难发现，从法的宏观意义上看，法“既承载着人类所认知到的事物的法的规定性，也表达着主体的法的需求”⑤。换言之，我们应确定法律对待调整的事实具有“可规范性”且法律在调整上表达的内容具有“可接受性”时，法律调整即应“出场”。而针对人的文化—精神世界，法律与之的关联首先能从“真”

---

① 《马克思恩格斯选集》（第 34 卷），中央编译局编译，人民出版社 1972 年版，第 163 页。

② 公丕祥：《传统东方社会的法律调整机理——马克思的阐释》，载《江苏社会科学》2001 年第 5 期。

③ 他们大多使用“赋予”“施加”“调节”这样的动词［参见［苏］C. C. 阿列克谢耶夫：《法的一般理论》（上册），黄良平等译，法律出版社 1988 年版，第 300 页；王天木主编：《法理学》，中国政法大学出版社 1992 年版，第 175 页］。

④ 谢晖：《论法律调整》，载《山东大学学报（哲学社会科学版）》2003 年第 5 期。

⑤ 谢晖：《法律的意义追问——诠释学视野中的法哲学》，法律出版社 2016 年版，第 25 页。

的维度中彰显——因为人的文化—精神性是一种客观存在。问题就在于，法律能否，或是怎样以“善”之性实现对其的调整呢？

人的文化—精神是人作为高等动物的思想内隐，因而有别于外显的言行举止。对内化的精神，法律应当遵循其自觉自发的“流动”，那么，这种“遵循”是否能导出一种调整方式呢？答案是肯定的！这种调整方式，就是被很多学者忽略的放任型调整。放任性调整依托于权利规范，在此种规范中，法律赋予相应主体为或不为的权利。因而，法律高度认同人们在这一领域中的自治，尽可能地不干涉行为人的自由。而所谓放任型调整，就是“主体根据自治的需要将法律权利规范贯彻、落实于其行动中，因此，这一调整方式反对任何形式的外来干预，哪怕是借国家名义的干预”。① 当法律用此种规范审视人的文化—精神世界时，基于文化—精神的性质，其在调整机理上使用的也是放任型的调整机理。因为当我们认同人的文化—精神的自由之性时，法律如欲实现对人类文明的彰显，即应契合人的本性，因而，这种放任型的调整模式既实现了对文化—精神的本性的勾勒（法律之“真”），又因其对自由的尊重而实现了人之精神性的享验（法律之“善”）。

很多学者就“调整”的理解着眼于法律对事实的主动干预，这种“调整”是一种“导向性调整”，它“以规范的义务重心为依托，表现为命令式规范和禁止式规范”②。这种调整机制则是站在国家观的角度阐释的，体现的是国家在作用于社会事实的时候折射出的建构理性。它将法律定位为国家自上而下的制度推行，奥斯丁强调的“法是主权者的命令”就指向的是这种“导向性调整”，苏联和中华人民共和国成立初期奉行的也正是这种国家主义法律观之下的调整机制。将法律调整仅仅局限于此失之偏颇，尽管法律也确实需要通过义务性规范导向一种秩序性结构。但这种调整方式的基本缺陷在于“把法律作为一种人世生活的外在力量，而没有把它作为源于生活，又融

① 谢晖：《论法律调整》，载《山东大学学报（哲学社会科学版）》2003年第5期。
② 谢晖：《论法律调整》，载《山东大学学报（哲学社会科学版）》2003年第5期。

于生活的规范体系，因此，法律被理所当然地视为公民生活和交往的外在物，法律调整也只能是对人们的外在强加，因而无法结构在公民的心灵中，甚至也无法结构在公民的交往行为中”①。也就是说，我们不能执着于这种单一的调整模式。毕竟，法律的取效需要与公民心灵内蕴的世界发生关联。事实上，除了这种积极的干预之外，法律对既有事实的“消极守护”也是一种调整。道家的“绝圣弃智”理念成就了“法律虚无主义”，庄子在《马蹄》中就阐述过这种治理方式：“吾意善治天下者不然。彼民有常性，织而衣，耕而食，是谓同德。一而不党，命曰天放。故至德之世，其行填填，其视颠颠。”② 他眼中的善治就是遵从人之本性的治理，是治理主体的一种无为之治，是对现实世界的已有秩序的维护。而落实到调整机制上，它表现出来的就是一种放任型调整。

再度回归到人类的文化—精神领域中，我们力主人类精神的自由价值，由此导出的调整机制是一种“放任型调整”。尽管名为“放任”，但绝非“不调整”。对文化—精神定在的认知和法的向善性促成了法对文化—精神之域调整的必要，法与人类须臾不可分离而通过对放任型调整的机理的揭示及其与导向型调整的对比，我们对文化—精神领域的法律调整的应然进路有了明确的认知。否弃法律对这一领域存在调整，意味着对法律调整机制认识的单一，甚至表现为对法律的权利本位理论的认知不足。从文化—精神的场域出发，对法律—人类的密切关系将彰显无疑。因为人类的精神性存在本身即说明了放任型调整的重要使命。既然人的自由嵌入了精神之域，法律的调整亦将追随这种自由体现的价值。

二、法律为何调整人类文化—精神领域

既然法律对人类文化—精神领域的调整的命题成立。紧接着的问题就在

① 谢晖：《论法律调整与社会管理创新》，载《西北大学学报（哲学社会科学版）》2013 年第 1 期。

② 《庄子·外篇·马蹄》，北方文艺出版社 2019 年版，第 222 页。

于，法律是否有必要在这一领域出场？这首先涉及法律的本质——一种规范体系的存在。人类自诞生以来便通过形形色色的规范来安排自我的生活，无论是自然界的规则还是人类群体制定的规则，其折射的规律性要素对人类的生活予以有机结构，人类则通过规范内蕴的规律以使自我的行动理性化。因而，“人是规范的动物。规范地生活，是人区别于其他动物的特征”①。亦即，规范内蕴的秩序关联着人们的生活秩序，人们唯有从规范铺就的行为准则中追寻一种稳定的预期，人们的行动才能有指引。然而，我们应当依从何种形式与何种性质的规范以实现这种指引？这在人类历史中经历了抉择。就如庞德所言：“社会控制的主要手段是道德、宗教和法律。在开始有法律时，这些东西是没有什么区别的……在近代世界，法律成了社会控制的主要手段。”② 法律和宗教、道德相比，特点在于它的形式理性，即用外在的语言文字的表述凝合为各种指令。道德的治理则意味着将某种道德的至善作为人类行为的准则，但由于道德的本性在于它的多元化，因而人们也不得不用“自我体认”的方式去感知这种至善。如果治理需要人类的主观“体认”方能维系，无疑意味着一种“诛心”，即治理主体通过揣测被治理者的主观世界生杀予夺，而宗教教义与道德至善的非确定性又使得这种“体认”背离了人性固有的认知方式。因而宗教治理与道德治理终被视作背离人类文明的治理方式。马克斯·韦伯认为人类的发展进程是一个“除魅”的过程，就在于他推崇法律的形式理性从而将其与资本主义的运作模式结合起来，这种“形式理性”又源自他认为的社会科学的“价值中立性”。所以他以一种冷静客观的姿态寻求对法律秩序的定义：“法律秩序系以外在身体或心理的强制可能性，确保服从或对违反之行为予以报复，且该法律秩序将由专业之人员予以执行。”③ 所谓“外在身体或心理的强制可能性”，就在于法律的表述是形式层

① 谢晖：《法律的意义追问——诠释学视野中的法哲学》，法律出版社2016年版，第37页。

② ［美］罗斯科·庞德：《通过法律的社会控制：法律的一般任务》，沈宗灵、董世忠译，商务印书馆1984年版，第9~10页。

③ ［德］马克斯·韦伯：《经济与社会》（上卷），林荣远译，商务印书馆1997年版，第64页。

面的、能为人们可感可知的。这就免受宗教、道德治理的“诛心”，也因而与人类文明相关联。以形式理性为表征的法律有如精密的仪器般计量人们的行为，尽管这种“计量”无法做到对事物严丝合缝地纳入——这也是我们需要法律方法的重要原因所在，但至少，因为这种形式理性契合了人类的理性预期，法律调整也得以成为人类文明普遍认同的调整方式。

我们不难看出，对法律调整推崇的历史演进与法律调整之正当性的机理指向的都是如何平衡外在制度与人的内在精神的关系。道德等调整的主要弊端就在于这种调整的外力不当地干涉了人类的精神域，这种干涉甚至扼杀了主体的精神性存在，囚禁了人类对心灵世界的建构。法律的形式性调整给予了释放心灵的精神空间，毕竟制度的形式化意味着法律的规定的留白——在权利领域法不禁止即可为，结合上述的放任型调整，就不难发现法律的调整机制的重要维度就在于它能充分地维护人的精神定在。尽管这种维护与立法者的水平也有一定关系，“立法者的明智之举是去顺应事物的秩序，不要力图逾越虽然缓慢，但确实平和而稳定的自然过程（Course of Nature）”。[①] 但至少只有借助法律的调整，规范才有导向对人的心灵本质的顺应的可能性。因此，我们对调整机制的抉择可以看作人的文化—精神领域的妥当安置的场域抉择，甚或说，人类文化—精神意蕴构成了法律调整在人类文明中被极力推崇的背景性要素之一。

法律调整的可计量性仅仅是从形式的调整技术的正当性而言的，尽管这种技术也触及对实质人性——理性预期——的考量。然而论及人的文化—精神之域，法律的调整释放的人文维度将最大可能地落足到实质，一种对人之心灵的全面观照。虽然自然法学和规范法学对恶法是否为法的争论并没有确切的结论，但至少，我们当下追求的法治国家建设的目标之一就是确立良善的法律。我们对“善”的解读可谓见仁见智，且“善”的内涵会随着时空的

---

① ［英］埃德蒙·伯克：《自由与传统》，蒋庆等译，商务印书馆2001年版，第273页。

变化而有所不同。就如拉德布鲁赫对何谓正当的法的问题经过了从法的安定性到法的正义性的自然法转向一样，“纽伦堡审判昭示了纳粹的恶，也促使了拉氏对法律做了重新的思考”。事实上，拉氏在宏观意义上主张价值相对主义，有学者将其归结为“文化相对主义与伦理学相对主义”。价值的相对主义自然意味着伦理的多元性，但法的形式理性必须在多元的价值碰撞中作出整合性判断，这种整合的方向就应在于人本身。历史上的法学家们在思考法律的应然性问题时尽管观点杂陈，却无不是面向人类自身问题的。柏拉图的《法律篇》认为法律治理是相较于哲人治理（他通过艰辛的寻找发现这种治理无法实现）的次优选择，而立法者借助立法寻求的“最大的善既不是对外战争也不是内战，而是人们之间的和平与善意”①。近代的西方法学家更是试图借助法律实现对人性利益的满足，近代自然法学派的学者们无不是站在自然法与人的理性的关联方面寻求法之“真谛”。规范分析法学看似着眼于冰冷的法律本身的体系，哈特的“最低限度”的自然法也表明实证主义的包容性在于良善之法对人性的关怀。法社会学对法的实然问题的强调自然也是对现实中的人的利益诉求的回应。这些例子无不表明，法律的调整必然是指向形形色色的人性利益的。它以人为逻辑起点，也以人为最终的依归。而人的文化—精神性是人作为类存在的基本属性，我们对法律的筹划自然要回应人性的这一维度。否则，法律将失去它的人学特性，也就减损了法律存在的意义。尤其在现代法治国家，法律的产生大多来自民众的“协商理性”，即立法的主体来自民众，法律确立的利益也体现为对民众不同诉求的整合。毕竟，法律“表达着情——主体的法的需要”②。由此形成的法律，也必然尽可能地面向普世大众的利益。事实上，利益的表述与妥协本就是人的文化—精神之性的彰显。“立法者借助精神价值的交流、借助不同意见的表达、借助在理想言谈情境下的主体间对话交流，对主体的价值需要进行挖掘、总结、

① ［古希腊］柏拉图：《法律篇》，张智仁、何勤华译，上海人民出版社2001年版，第6页。
② 谢晖：《法律的意义追问——诠释学视野中的法哲学》，法律出版社2016年版，第25页。

抽象。"① 而法律形成之后的调整，因这种文化—精神要义的融入，将从人们的心灵深处获得取效。尤其当这种调整面向的就是人的心灵之维时，文化—精神的内外共鸣将实现法律调整的最大可能效果。

精神—文化领域需要由法律调整的意义还在于，它体现的是人性的利益，而人作为社会动物必然要与他人发生联系，因而容易存在主体实际的利益纠葛。法律的形式理性能够对利益的矛盾予以有效化解。管子曾说："法者所以兴功惧暴也，律者所以定分止争也，令者所以令人知事也。"② 定分是确定名分，止争是化解纠纷。在古人看来法律的重要作用之一就在于解决利益纠纷。不得否认的是，当下的利益纠纷的最终解决方式也应依靠法律的规定。毕竟，法治前提下的权威性标准就是国家法规定的权利义务关系。当不同主体之间的精神利益发生碰撞，调和的最佳方式仍旧是法律。因而，从矛盾化解的角度看，法律调整精神—文化领域具有必要性。

精神—文化领域当然地体现为人性的正当之维。人类的实践关系据其对象不同大致可分为"社会精神实践和物质生产实践"③，前者体现的是"关系事实中的人域关系"。④ 亦即，暂时抛开"社会关系"不谈，涉及精神层面的问题当然地指向了人的世界，人作为情感性、思想性的生物取得文化—精神的属性，因而人的内在本性中包含了文化—精神之域。法律既然要实现人性的价值，也就必然应当设法去迎合这种精神利益，即立法要"把人当作一个有理性的东西来加以考察，而不着眼于其为活动的东西，他们力求形成他的理解，而不是来培育他的举止"⑤。换言之，法律应当将人预设为拥有理性思考能力的人，将人预设为着眼于精神快感的人。而这一切，法律的人文属性是使其完全可以，也应当达到的境地。

---

① 谢晖：《法律哲学》，法律出版社 2017 年版，第 355 页。
② 《管子·七臣七主》，载刘柯、李克和译注：《管子》，黑龙江人民出版社 2003 年版，第 341 页。
③ 谢晖：《法律的意义追问——诠释学视野中的法哲学》，法律出版社 2016 年版，第 75 页。
④ 谢晖：《法律的意义追问——诠释学视野中的法哲学》，法律出版社 2016 年版，第 75 页。
⑤ [英] 休谟：《人类理解研究》，关文运译，商务印书馆 1957 年版，第 9 页。

法律的长期稳定的调整亦会使被法律规制的人逐渐形成对法律的心理认同，因为正如前文所说，人的文化—精神性与人的符号性密切相关，规范的文字表述显然构成了一种符号。人因这种符号而进入了规范的“意义世界”。而这种“进入”从心灵的维度来看也构成了人的精神世界的一部分，从而反过来结构法律。哈特的“内在观点”，即“站在群体成员的角度，接受并使用这些规则作为行为的指引”① 的法律观就充分体现了人对规范的精神性认同。而且这种“结构”亦不仅仅表现为对法律的遵从，还将助益于对法律的修缮。因此，人类文化—精神之性对法治具有推动作用。

既然法律成了人们广泛认同的调整机制，也就意味着法律在社会中具有权威，因而法律一旦对文化—精神领域的保护持正向的姿态，就意味着这种保护也是权威的一部分而应当被社会成员遵循。拉兹论证“权威”这一概念时说：“权力对他者的支配即权威在他们身上的体现。”法律确立的对人之精神性的张扬成为一种权威，也就表明他者亦必须承担不损害他者文化—精神领域的义务，对这种义务的违反将遭致法律的强制力。这种强制力是国家层面的强制力，它形成的保护和修复机制自然具有不可抗拒的属性。因此，唯有以法律作为调整人类文化—精神领域的机制，对该领域的保护才能实现它的应有力度。反之，借助非强制力或强制力甚弱的道德、惯例等，保护则显得乏力许多。

所以，对人类文化—精神领域的调整是应当以法律作为调整方式的。这既取决于法律的形式理性和人文之维，也取决于人类文化—精神的利益正当性。两者之间的有机套嵌，让我们更加坚定地追逐法律对人类文化—精神之域的调整范型，也更加坚定地推动这种范型的完善，从而走向对法律的文化—精神之维的探索之路。

① ［英］H. L. A. 哈特：《法律的概念》，许家馨、李冠宜译，法律出版社 2011 年版，第 81 页。

三、法律如何调整人类文化—精神领域

仅仅在学理上证成法律对文化—精神领域调整尽管具有理论说服力，但我们绝不能忽视法律调整的具体操作，毕竟“纸上得来终觉浅”，法律的生命在于实施。“一个对手段一无所知就去推荐具有内在价值的目的的人，也许正在推荐一个无法达到的因而不切实际的目的”，[①] 因此，我们还要将视野置于法律具体以怎样的方式调整文化—精神领域的问题上。唯有将上述的理论阐述转化为独特性作业，我们方能全面体悟理论带来的自信。

结合上文的相关论述，法律对文化—精神领域的调整应以如下方式展开。首先，在法律文本中确立对人的文化—精神之域的保护原则。对言论、作品创作、教育与受教育、意思自治等领域的保护在各部门法中以原则形式确立下来。就如德沃金提出的“法律=原则+规则”的结构一样，原则在法律中确立了法律的基本精神，而德沃金也是将自己的权利命题“借助原则结构一以贯之的”。对人之文化—精神之域的维护是法律的重要使命，也是制度文明对精神文明予以结构的重要体现。以文化—精神领域保护的原则性表达统摄了整个法律规范，使得规范的调整能够沿循保护人的文化—精神之域的大致方向。同时，法律应对不同群体、不同个体的文化取向予以区别保护。用人类既有的文化—精神意义作为法律的调整方向，是法律在这一领域的核心原则。从当下的规范表达来看，《义务教育法》中的义务教育普及原则、《著作权法》中的鼓励作品创作与传播原则、《民法典》中的从事民事活动自愿原则等都表达了现有规范对人之精神世界的维系。当然，现有的原则表述尚有需要完善的地方。比如，《义务教育法》应针对义务教育的内容设立对教育对象的精神素质培养原则，如《民法典》的“自愿原则”表述为“意思自治”原则更能体现人的精神主体性。但即便如此，原则层面对文化

---

① ［美］斯蒂文森：《伦理学与语言》，姚新中、秦志华译，中国社会科学出版社 1991 年版，第 199 页。

一精神领域的调整确乎促进了规范对这一价值取向的实现。

其次，对人的文化—精神领域的保护要以权利的方式确定下来。人的文化—精神世界是人性自由舒张的体现，因而它应被视作人的利益构成部分。而权利是被社会认可的自由，即在社会中具有“正当性”的自由，“正当性”的关键是“权利的享有者承担着相应的社会义务，具有高度的社会责任心”。[①] 由此可见，权利意味着自由的正当性基础。既然法律对文化—精神领域应秉持一种认同的态度，法律也应以权利的形式认同这一领域的利益，以使得对其的保护能以权威的方式展开，从而站在国家的立场上实现保护力度的最大化。文化—精神领域的权利或以明文的方式规定在法律条款中，如言论、出版、集会、结社、游行、示威等的自由，如进行科学研究、文学艺术创作和其他文化活动的自由，如受教育的权利。包括程序法规定的不公开审理的案件中，涉及个人隐私的案件即在其中。除此之外，新型权利也应接纳文化—精神领域方面的利益。新型权利是指“国家实在法上没有规定，但在司法实践中当事人向法院诉请要求保护，法院或以推定和裁定的方式肯定之，或尽管未予肯定，但该请求得到了社会的普遍理解、默认和接受而形成的权利”。[②] 法律不可能也无必要以权利话语穷尽社会的一切利益，但现实中需要对未穷尽的文化—精神利益予以保护时，新型权利理论即应作出回应，个案中被事实结构的精神利益应被相关的国家机关认可并适用。事实上，权利规定的“沉默”本已构成了对文化—精神领域的正当性调整。因为在私权利领域“法无明文规定即可为”，既然对这一领域应采取“放任性调整”，沉默式的表达自然体现出了法律的“放任”性姿态。

再次，既然法律认可了人们在文化—精神领域的权利属性，就应以义务和责任的规定以防范他者对其的侵害以及实现对权利主体遭受侵害后的救济，因为文化—精神领域的权利具有对世性。《民法典》对消除影响、

① 严存生：《法律的人性基础》，中国法制出版社2016年版，第493页。

② 谢晖：《论新型权利生成的习惯基础》，载《法商研究》2015年第1期。

恢复名誉、赔礼道歉的责任承担方式加以规定，明文要求追究侵害英雄烈士姓名、肖像、名誉、荣誉且损害社会公共利益的行为，《刑法》对侮辱、诽谤罪的刑事责任加以规定，这些都无疑为文化—精神的权利设置了保护与救济机制。就如上文所言，法律对文化—精神领域的调控意味着借助国家层面的权威实现强有力的调整。法律中的义务和责任，也因之借助了国家强制力而得以实现。

复次，在法律适用的场域，我们应考量精神—文化权利视角下的法律方法的应用。由于立法者的理性有不及之处，法律往往存在病灶，如法律模糊、法律冲突、法律漏洞[①]。除却立法的修正外，在个案裁断中需要以法律方法回应存在病灶的法律以实现裁断的正当。而法律方法的应用必然结构着法律的价值。例如，法律解释中的目的解释方法就需要探究法律追求的价值使命。利益衡量的方法也一定不能脱离对价值精神的考量。法律续造也依赖“法官的善良心愿、主观认知、价值好恶和政治立场等主观要素”。[②] 既然精神—文化利益是法律追逐的重要利益，就意味着在法律方法的运用上这种利益取向会促进法律方法的正当运用。一旦案件涉及精神—文化之域，法律方法的应用就应尽可能地向这一领域的利益倾斜，即以精神—文化领域所结构的主体性利益弥合法律的不足。在法律解释、法律论证、法律续造、利益衡量、漏洞填补等方法技术层面，精神—文化领域释放出的人性价值将这些方法的走向结构在人性之维上，从而实现法律适用的正当性。事实上，上文提及的新型权利问题与法律方法的应用密切相关，法官对没有规定的精神性权利的认同，可以看作对法律病灶的修补。

最后，在法律的评估层面，法律对精神—文化之利益的维护效果应纳入评估标准，这同样源自法律对这一领域调整的使命。我们在检验法律适用的效果时，必然要考量它与人的精神世界的关系。我们对法治的评估要以其对

---

① 谢晖：《法律哲学》，法律出版社 2017 年版，第 25~384 页。

② 谢晖：《法律哲学》，法律出版社 2017 年版，第 350 页。

精神—文化利益的保护为重要参考指标。我国在21世纪初开始尝试建立法治指数，并在一些地区开展评估。的确，作为一项制度创新，法治指数实现了法治的有尺可量。它将庞大烦琐的法律制度规定和运作机制高度浓缩化，变成一些可以量化的、具有高度可操作性的指标。《中共中央关于全面深化改革若干重大问题的决定》也提出“建立科学的法治建设指标体系和考核标准”。① 不可否认的是，法治指数评估确乎为法治的实现状况提供了相对清晰的参考。但量化的评估也难免会遭遇法治实质价值理论的拷问。比如，法治指数评估的目标究竟为何？其很容易滑向对官员的政绩考核层面，而忽视了法治的共同性指向——对人性的考量。法治指数带来的量化性难以描述法律对人性调整的实效。但人类精神—文化属性是法律调整的必然面向。因而，评估法治工作应逐渐以法治受众的精神世界的满足程度为重要指标，可适度借鉴法治指数的衡量，如借助以“法治幸福感”为主题的调查问卷的发放统计在现有法律的调整之下精神领域得到关照的人的数量和百分比，但更应当通过实质性的因素，如文化性法律的制定状况、言论的开放性、出版物的发行等考量法律对精神—文化利益的调适效果。

总之，我们对法律如何调整文化—精神世界的考量应从规范、意识、主体、行为和反馈五个方面进行，因为对法律调整之正当性问题的评析与建构归根结底是制度的问题，对制度问题的观照离不开这五个方面。而笔者上文对法律如何调整文化—精神领域的论述也都建立在这五个方面的基础上。既然我们能从理论的宏观角度证成法律对文化—精神世界的调整，我们亦有信心从微观层面找到对具体问题的解决之道。在放任性调整机制的技术理性的指引下，规范对文化—精神领域的调控终将提升人类的幸福感。同时，正如上文所言，法律在调整人的文化—精神世界时意味着一种长期稳定的机制作用于人的心灵，这种“作用”将反过来促进人们以文化—精神结构法律，即

① 《中共中央关于全面深化改革若干重大问题的决定》，载中华人民共和国中央人民政府网，http：//www.gov.cn/jrzg/2013-11/15/content_ 2528179.htm，最后访问时间：2021年7月1日。

认同法律的这种调整。要促成这种反向的心灵建构，上述的调整机制通过全方位的放任性调整技术的运用亦能产生显见的发生共鸣的作用。

第二节　社会关系的本质是精神主体间的交往合作

人类的存在必然被三种关系结构：天人关系、群己关系、身心关系。前者是指人与自然的关系，中者是指人与他人的关系，后者则是指人自身的定在。其中的群己关系，与主体的精神属性密切相关。正如前文所言，文化—精神之性裹挟着人的利益，法律调整这种利益的重要原因之一在于它会在主体际关系中产生利益纠葛。它预设的前提在于，人具有社会属性，其必然要在社会场域中实施交往行为。而交往行为的实质，与主体的精神性是密不可分的。

一、重申“人是社会关系的总和”

马克思早已提出人具有两重属性——自然属性和社会属性。其中后者是人的本质属性。这从他的经典论述“人的本质并不是单个人所固有的抽象物，在其现实性上，它是一切社会关系的总和”① 就可以看出来。而作为生物性的存在，人也是群居而生的。坚强的人也不会孤独地生活，因为他“按本性来说是社会的，并且是参加实际活动的”。② 与自然相比，个人显得渺小而无助，只有相互结合并形成分工才得以生存。这种“结合”就意味着人必然要参与社会活动，也只有在主体际的关系中，我们才能实现对自我利益的全面观照。毕竟，“一种明显的‘利他主义’充盈于社会生活；人们渴望互

① 《马克思恩格斯选集》（第1卷），中央编译局编译，人民出版社1995年版，第60页。
② 《马克思恩格斯选集》（第3卷），中央编译局编译，人民出版社1972年版，第145页。

利并对他们得到的好处给予报答。但这种表面的无私之下，能够发现一种潜在的‘利己主义’；帮助他人的倾向常常受到这样做会带来社会报酬的期望的激励”[①]。这种利益也“绝不只是物质层面的利益，即使是我们的情感，我们关于自身的好感觉或坏感觉，也在很大程度上依赖于他人是如何回应我们，以及我们如何想象他人正在评价我们”[②]。就如亚里士多德所说：“城邦的长成出于人类‘生活’的发展，其实际的存在却是为了‘优良的生活’。”[③] 无论是家庭、社区、单位，还是乡村、城市、国家，它们都以群聚化的形式彰显社会关系与人类生活的密不可分。唯有置身于具体的社会关系，我们才能实现人的全面发展，这不仅能从理论层面予以证成，而且在经验中人们也在践行着社会关系与人类存在的紧密联结。

反过来，对社会关系的研究也一定会走向对人的本质的探寻。迪尔凯姆的社会学理论的核心概念就是社会事实，而他对“社会事实”的解读，又是建立在对“关系事实”理解的基础上的。[④] 而关系事实，表现为“人作为社群活动动物而生之关系事实和由此而引申出的关系事实”。[⑤] 调控人们行为的法律，也“根源于人们的社会实践关系，即根源于社会事实”[⑥]。因此，社会关系的向度是面向具体的个人的。但社会关系如何体现人的本质呢？具体而言，在社会关系编织的网络中，个体与他者之间通过政治关系、经济关系、文化关系等诸多具体的联结纽带产生联系，因而马克思认为人的本质属性指向的是“一切”社会关系。马克思本人更注重人的生产劳动属性，毫无疑问，生产劳动这一人类活动必然是社会关系应当观照的部分。社会关系还勾

① ［美］彼得·M. 布劳：《社会生活中的交换与权力》，李国武译，商务印书馆2012年版，第55页。

② ［美］迈克尔·施瓦布：《生活的暗面——日常生活的社会学透视》，汪丽华译，北京大学出版社2008年版，第99页。

③ ［古希腊］亚里士多德：《政治学》，吴寿彭译，商务印书馆2006年版，第6页。

④ 参见［法］E. 迪尔凯姆：《社会学方法的准则》，狄玉明译，商务印书馆1995年版，第34页。

⑤ 谢晖：《法律的意义追问——诠释学视野中的法哲学》，法律出版社2016年版，第276页。

⑥ 谢晖：《法律的意义追问——诠释学视野中的法哲学》，法律出版社2016年版，第200页。

连着人类的精神诉求，有的时候认为“民族被想象为一个共同体，因为尽管在每个民族内部可能存在普遍的不平等与剥削，民族总是被设想为一种深刻的、平等的同志的爱”。[①] 然而从更为宏观的角度观审社会关系，人作为万物之灵，要以超越于纯粹的物质和精神需求的姿态表达一种主体自觉。滕尼斯认为“共同体的出发点是人的意志完善的统一体”[②]。意志当然地表现为人的主体性定在。在社会关系的语境中考察，这种意志将牵制人类文明所必需的物质和精神。社会关系还意味着一种归属感。“诞生于西欧的现代民族国家建立了一种新型的社会/共同体模式。这一模式在个体或群体、经济或意识形态层面上造成竞争、敌对和角逐的发展。但同时，它又在祖国概念扩展到民族国家整体范围的过程中，创建起一种共同体归属感”，[③] 这种归属感，意味着人们唯有融入一定的社会关系中，且基于这种社会关系寻求到精神的寄托。

而将个体的人整合在社会关系中，需要处理好个体之间的差异性与维系共同体的同一性之间的关系。“差异与多元来自人们自由意识的不断获取，而整合与秩序则来自科学力量的不断发达。”[④] 从表面上看，用社会关系结构人的定在存在自由与秩序的冲突，但这种张力也仅仅停留在表面。秩序仅仅是对社会共同体的存在的维系，共同体成员的自由因这种秩序性的保护而得以实现。就如上文所言，孤独的个人很难与自然的伟力相颉颃，生存尚且难保，更遑论个人自由的实现？事实上，对自由和秩序的平衡借助社会关系这一机制方能实现。主体间的依附程度控制在何种范围内，这当然还是以社会关系为视角施展权衡技术。所有对伦理的关注“都应当承认自我中心主义的必不可少和利他主义发展的根本动力”。[⑤] 伦理的核心要义在于如何达到

---

① ［美］本尼迪克特·安德森：《想象的共同体》，吴叡人译，上海人民出版社 2001 年版，第 7 页。

② ［德］斐迪南·滕尼斯：《共同体与社会》，林荣远译，商务印书馆 1999 年版，第 58 页。

③ ［法］埃德加·莫兰：《伦理》，于硕译，学林出版社 2017 年版，第 218 页。

④ 谢晖：《法律的意义追问——诠释学视野中的法哲学》，法律出版社 2016 年版，第 276 页。

⑤ ［法］埃德加·莫兰：《伦理》，于硕译，学林出版社 2017 年版，第 34 页。

"善"的境地，而这种"善"不可能脱离社群关系而存在。亚里士多德已经用他经典的城邦伦理论证了这一结论。国内也有学者提出："社群既是一种善，也是一种必需，人们应当追求而不应当放弃。"① 当然，正如笔者所言，这种善，是社会关系之中自由与秩序的平衡实现的"善"。

同时，对社会关系的理解也必然要涉及私域与公域的关系。当人们通过结合产生共同体之后，部分利益也因这种聚合而具有公共属性。但我们对社会关系的审视要厘清何种利益应属于公共利益而何种利益应属私人利益。"社会契约"理论的提出的目的之一也是证成公域的逻辑。社会关系对人类本质的凸显也在于它使得公共利益能够服务于人。所以，社会关系与公共事务相伴相生，而公共事务本就源自个人利益的结合，因此它应当面向具体人的利益。而且公共利益的形成在于运作的便利。它以超然于个体利益的运作方式实现利益的正当分配与保护，也在社会关系中具有权威性与稳定性。而公共化的实存只有在社会关系中才能实现，如果人类仅仅以特立独行的方式活动，自然也就失却了公共化的服务，利益也因而难以保存。

即使一个不食人间烟火的人以纯粹认识论的角度看待这个世界，他也不可能脱离社会关系。在纯粹主体的世界里，不存在真理，尽管纯粹的主体拥有思维。真理是主观见诸客观、主体见诸客体的概念。唯须继续说明的是：这里的主体，从广义上讲是指所有的人，但具体而言，人既可以作为主体存在，也可以作为客体存在，因此，当某人成为他人的认识对象时，他便以客体方式存在。② 也就是说，对真理的认知，尤其是在社会科学领域，只有认知主体进入社会关系的场域，才有达至真理的可能。这种认知倘若以诠释学的观点来看，同样展现的是主体际的活动。认知是对现象的认知，在狄尔泰看来："一切生活现象都要被赋予意义，因而都要被解释。"③ 意义的赋予意

① 俞可平：《社群主义》，中国社会科学出版社 1998 年版，第 21 页。
② 谢晖：《法律的意义追问——诠释学视野中的法哲学》，法律出版社 2016 年版，第 395 页。
③ 周国平主编：《诗人哲学家·狄尔泰：生活是什么》，上海人民出版社 1987 年版，第 269 页。

味着人们在认知生活现象的时候，他的视域将与生活现象的赋予者的意义世界产生交融，这种交融表现出的又是一种主体之间的对话，从而被结构在社会关系当中。

总之，人不可能以离群索居的方式生存，其必然是社会共同体的一员，因此，人是一切社会关系的总和这一经典命题充分反映了人的本质，建立在对这一命题确信的基础上，我们也应努力从社会关系的维度回应人类的诉求。孔德从神学和形而上学的反思中开创出了实证主义，他本人也成为社会学的开创者。的确，从某种程度上来说，对人的实证不可避免地走向对人所属的社会关系的考量。并且，我们将人类导向应然的“善”之理想，也必然要借助对社会关系视野下的人类生活的审视。“我们甚至可以毫不夸张地说，道德行为是一种连结行为：与他人连结，与社区连结，与社会连结，直至与人类种属连结”,① 社会关系将人的本质彰显并力图将人结合人的本质为人类的发展指明道路。社会关系与人自身定在的有机关联使得人成为一切社会关系的最大公约数。

二、申论“人是交往行为的动物”

维特根斯坦说：“事物就其能够出现在一切可能的状况中而言是独立的，但是这种独立性的形式是一种与事态相联系的形式，即一种依赖的形式。”② 人当然也是如此，其在保持独立的同时也与他人保持一种联结。人是社会关系的总和，这是确凿无疑的。但要深度挖掘这一命题背后的人类学奥义，我们应从人的交往性入手。主体间性是关系学的基础，也是关系学的实践之维。而主体间只有借助“交往行动”才能实现社会关系的生成，并且，交往本身也是人之为人的存在样态与发展路径，“个人的统一乃是通过与同一集团中

① ［法］埃德加·莫兰：《伦理》，于硕译，学林出版社2017年版，第218页。

② ［奥］维特根斯坦：《逻辑哲学论》，贺绍甲译，商务印书馆1994年版，第26页。

他人的关系形成的”[1]，失却了交往能力或交往环境，人类文明将裹足不前，甚至自我生存都难以做到。

交往行为表明主体间的互动，它既有可能是经济上的交换，也有可能是文化层面的沟通。交往本身就意味着理性，它是一种平和的信息交流的姿态。尽管“它绝不是那种告诉行动者应该做什么的主观能力”，[2] 但交往行动的主体必然“预设了一些理想，如赋予表达式同一性，为话语提供超越情境的有效性主张，具有自主性与真诚性”。[3] 并且，正如前文所言，人是符号的动物，符号即包括了语言和文字，这使得“一切人与人之间的称谓以及人对对象的称谓，都表征着一种确定性”[4]。所以，“人是生活在一个符号宇宙之中。语言、神话、艺术和宗教则是这个符号宇宙的各部分，它们是织成符号之网的不同丝线，是人类经验的交织之网。人类在思想和经验之中取得的一切进步都使这符号之网更为精巧和牢固”。[5] 由此可见，交往命题本身就蕴含着一种人类向往的理想，它本身达到的目的也并非不重要，但交往也绝不仅仅体现为工具理性，它结构着人的生存状态。康德认为权利“涉及一个人对另一个人的外在的和实践的关系”[6]。也就是说，个体的利益的正当化其实是在交往实践中证成的。康德的普遍自由法则也是强调人与他人行为的协调，其也是在人的交往关系中推崇这一法则。法治之所以能解决中国在转型方面面临的许多问题就是因为“在社会转型期，最重要的议题就是如何重建共识”。[7] 而唯有交往才可能形成共识。人是交往的动物，其含义在于：第一，人是群

---

① ［德］哈贝马斯：《交往与社会进化》，张博树译，重庆出版社1989年版，第114页。

② ［德］哈贝马斯：《在事实与规范之间——关于法律和民主法治国的商谈理论》，童世骏译，生活·读书·新知三联书店2003年版，第5~6页。

③ ［德］哈贝马斯：《在事实与规范之间——关于法律和民主法治国的商谈理论》，童世骏译，生活·读书·新知三联书店2003年版，第6页。

④ 谢晖：《法律的意义追问——诠释学视野中的法哲学》，法律出版社2016年版，第37页。

⑤ ［德］恩斯特·卡西尔：《人论》，甘阳译，上海译文出版社2013年版，第43页。

⑥ ［德］康德：《法的形而上学原理》，沈叔平译，商务印书馆1991年版，第39页。

⑦ 季卫东：《通往法治的道路——社会的多元化与权威体系》，法律出版社2014年版，第87页。

居的动物，其被结构在或大或小的社群单位中，必然要与其他社群单位的成员发生关系，而且通常，个体是复杂关系网络中的一环，他的言谈举止，往往会影响到其他多个主体，所以“交往”是不可能避免的。第二，人是需要互助的，正如前文所言，单独的个人没有能力应对复杂多变的世界，只有人与人之间分工合作，才能维系人类群体的存在并推动其发展，分工合作自然离不开交往，没有相互之间的信息沟通，这种协同关系断不可能形成。信息又是以符号作为依托的，人是“符号的动物”这一命题，已充分显示人参与交往活动的必要性。第三，交往意味着人类的文明，它是理性的表现，是人作为高等动物区别于其他生物的重要特征。只有在以遵循沟通基本准则——对他人的人格的尊重、恪守基本的沟通程序（如罗伯特议事规则）等——为前提下的交往才是有意义的交往，一切借助原始的蛮力，或以理性之外的其他途径压服他人以达到某种目的绝非笔者论证的“交往”，那是种“异于禽兽者几希”的低等生物的行动方式，它远离了人类的文明理想。第四，交往活动体现着人的表达本性，是人类释放表达欲的场域。社会交往活动未必是功利性的，茶余饭后那些家长里短式的闲聊，表现出的就是一种纯粹的以表达本身为目的的社会交往活动。或者说，是人之为人的这种表达本性，使得人参与交往活动成为必然。总之，人生存于社会关系中，在交往活动中实现自我追求的价值，从而也使自己成为“交往行为的动物”。

交往行为必须借助言语，因为言语是承载信息的重要中介。所谓“以言取效”，“既是言语交往行为的重要目标，也是进一步实现言语交往行为其他目标，如‘以言行事’的重要前提”。① 在讲求民主的社会，言语行为更主要地表现为“主体间的对话、交涉、博弈或商谈”②。可以说，“言语行为的以言行事力量存在于被言说内容的交往性功能的‘固定到位’中”。③ 同时，言

① 谢晖：《制度修辞论》，法律出版社 2017 年版，第 56 页。
② 谢晖：《制度修辞论》，法律出版社 2017 年版，第 56 页。
③ ［德］哈贝马斯：《交往与社会进化》，张博树译，重庆出版社 1989 年版，第 35 页。

语的形成本身被约定俗成的语法、语音等表达方式所结构，人们在交往活动中的言语的运用本身也包含了基于这种约定俗成而形成的共识。“言说者必须选择一种本身是正确的（richtig）话语，以便听者能够接受之，从而使言说者和听者能在以公认的规范为背景的话语中达到认同。”① 随着人类文明的发展，人们逐渐开始使用书面的言语——文字来实现交往，德里达推崇文字对世界的揭示时甚至提出：“文字是言语的前夜。”② 国内也有学者提出“有史以来在文化上占重要地位的语言是有文字的”③。文字之于人的重要意义又意味着人作为符号动物的存在。即便是在初等几何学中，我们关注的仅仅是空间关系，却也需要借助适当的符号系统来表示这些关系。卡西尔认为这一符号系统就是语言，而“没有人类语言这一准备性步骤，这样的成就是不可能的”④。也就是说，如何借助言语文字的艺术实现信息的互动，也是实现交往的前提。

但言语和文字仅仅是交往行为的织体，交往还需要以切实的行动作为支撑。“一个向他人提供有偿报酬性服务的人使他人负有了义务，为了偿还这一义务，第二个人一定要反过来向第一个人提供利益。这里考虑的是外在利益，基本上不是内在于交往本身的报酬，尽管所交换的社会‘商品’的意义从来没有独立于交换伙伴之间的人际关系。”⑤ 社会交往需要一种外在形式的利益互养予以维系，尤其在商业社会，人们很多时候需要和陌生人往来，陌生人世界的交往需要构建的信任不能仅仅依靠言辞的取效，外化的行为才是关键。换言之，社会交往作为人类文明的理性表征，离不开人与人之间的信任。对他者失去了信任，人们也会失去参与交往的动力。但建立信任最有效

① ［德］哈贝马斯：《交往与社会进化》，张博树译，重庆出版社1989年版，第3页。
② ［法］雅克·德里达：《论文字学》，汪家堂译，上海译文出版社2005年版，第347页。
③ 赵元任：《语言问题》，商务印书馆1980年版，第140页。
④ ［德］恩斯特·卡西尔：《人论》，甘阳译，上海译文出版社2013年版，第65页。
⑤ ［美］彼得·M. 布劳：《社会生活中的交换与权力》，李国武译，商务印书馆2012年版，第154页。

的方式是实际的行动，因为那能带来最为直观的利益。

交往应当成为重要的认知事物的方式。人的有限理性使得人们往往难以全面认知世界。就如哈贝马斯所说："公共领域最好被描述为一个关于内容、观点、也就是意见的交往网络；在那里，交往方式被以一种特定方式加以过滤和综合，从而成为根据特定议题集束而成的公共意见和舆论。"① 人们组成公共领域之后对相关问题的看法往往形成的是公共意见，也就是说，"交往之后形成的大众舆论——多数人看法的集合——被视为对事物的论断。这种论断未必符合事物的客观真实，但人们借助交往行为达至的交往理性——它也因人作为交往的动物而成为理性的一部分——达至的结论能够得以认同。因为有时候我们追求的不见得是一个真理，而是一种意义。真理是一种意义，但意义未必一定表现为真理"。② 由此可见，交往行为在某些需要作出意义性结论的情境中是不可或缺的。在这些情境中，人们的聚合就是为了得到一种论断。比如，法院在审理案件时，合议庭成员的组成就是为了实现对案件事实和法律适用问题的决断，这种决断是由成员之间的意见交换形成的。比如，在议会制国家，法律的制定当然也是借由议会成员的协商作出的决断。案件应如何评判？法律对某项事物应如何调整？对这一系列问题的认知都不是、客观上也无法借助某种逻辑自洽的理论展开，而只能基于交往产生的多数决得到结论性意见。因而法律制度具有修辞性。权衡和博弈，必然发生在主体之间，是人类交往活动的表现。所以我们不妨认为，为了对某些事项作出断言，我们会通过交往行为实现一种认知，而参与这些交往活动，就成了人之所必需。

人是交往行为的动物，这一命题建立在人的社会关系的总和这一论断的基础上。社会关系是一种静态的描述，交往则是社会关系的动态化，它能实

① ［德］哈贝马斯：《在事实与规范之间——关于法律和民主法治国的商谈理论》，童世骏译，生活·读书·新知三联书店2003年版，第446页。

② 谢晖：《法律的意义追问——诠释学视野中的法哲学》，法律出版社2016年版，第159页。

现人性的理性舒张。我们不啻从理论上证成这种交往性，制度事实对物质事实和精神事实的勾连，交往本身又结构着后两者，所以，对制度层面的观照是我们的实践导向。也就是说，我们的制度设计应面向人的交往理性，在肯认人的交往属性的前提下，完善交往的外部环境以努力提升人们的社会交往参与度，保护人们因交往行为而产生的权利以维系人们现有的交往关系。当人们被结构于共时性的维度，频繁的交往活动才能展现人的意义世界。

三、交往行为的实质是主体间的精神合作

我们还需要进一步追问交往行为的实质，从最本源的角度探讨交往行为的意义。交往行为从形式上看表现为一种主体间性，属于主体—主体的互动范式。阿伦特认为人的活动可分为劳动、工作和行动，其中行动的前提就在于人对社群活动的参与。她曾说："一切人的条件都与政治相关，而群体性则是所有政治生命的重要条件，不仅仅是充分条件，而且还是必要条件。"[①]参与也意味着交往活动的形成。从实质上看，交往的性质是精神性的。原因在于，人因精神—文化而存在，人作为高等动物具有灵性，它超越了物质客体的定在，追逐着人类憧憬的世界，即使这世界是虚幻的。人参与到交往活动中，和他者的精神性产生触碰，为了维系这种交往，触碰必定是良性的触碰，亦即形成一种合作关系。所以人际交往以内在的精神—文化之性为助推，人际交往的实质也就因之转化为主体间精神—文化的合作。交往的载体——语言文字则充分体现人的符号性存在，而符号，也是人之精神的外显。古典语言的意义在于"古典语言以对话为前提并建立了这样一个世界，在这个世界中人不是孤单的，言语永远没有事物的可怕重负，言语永远是和他人的交遇"[②]。现代的言语又何尝不是如此，它基于符号的指向为人们的主体精神提

① ［美］汉娜·阿伦特：《人的条件》，竺乾威译，上海人民出版社1999年版，第1页。
② ［法］罗兰·巴特：《符号学原理及其他》，李幼蒸译，生活·读书·新知三联书店1988年版，第89页。

供桥梁。因此，交往行为必然勾连着人的精神属性。我们也应当从主体的精神合作为入点剖析交往行为的本质。

“在个人心目中，连结始于责任、智慧、创意、互助和爱”[①]，这些都无疑指向人的精神世界。换句话说，人类的交往选择本就发端于精神需求，在此种需求的感召下，人们试图广泛参与交往活动，并选择交往的对象。并且，人们在交往活动中实现对精神利益的满足。人们借助交往的平台通过对他人的观审以及借助他人对自我的观审也找到了自我的本质定在，这在性质上是一种精神层面的体验。并且，交往需要借助言语的表达，而实施言语表达行为的同时人们也在释放一种情感。即使这种情感并没有得到他者的回应或全面准确的回应，也因这种释放而得到情感的满足，更何况，情感的抒发往往在交往活动中是相互的，而人们借助相互的信息交换能够实现对积极情绪的共享和对消极情绪的抚慰。这种“共享”与“抚慰”表现为一种合作关系，即在相互的精神关切中凸显人性的积极意义，因为人的精神属性得到了最大可能的彰显。

精神合作则凸显出人的主体性特质。苏格拉底的“认识你自己”强调哲学对人自身的探索。中世纪的社会思潮将人性置于神性之下，但文艺复兴等“除魅化”运动将人的地位推崇到极致。从社会思想整体发展的趋势来看，人类的利益满足是一切命题的终极指向。诸如康德“把人当作目的”[②]的论调契合了人类的精神指向——渴望被视为万物之灵的夙愿。马斯诺认为人的需求的最高阶段是人的自我实现，这种“自我实现”当然也属于精神的范畴。在物质、安全得到满足之后，人的精神性需求成为需求体系的主要部分。法理层面探讨的平等对个人的意义在于“平等体现了人们一种强烈的内心渴望，它表明一个具有主体意识的人不愿被物化、矮化，而是冀图和他人一样，

① ［法］埃德加·莫兰：《伦理》，于硕译，学林出版社2017年版，第55页。
② ［德］康德：《形而上学原理》，苗力田译，上海人民出版社1986年版，第81页。

是同样具有尊严、人格的主体的主观意识”①。“平等”也因涉及主体的尊严而属于精神层面的价值，并且即便是从个人的角度看“平等”，它也是借助人与他者的关系学维度实现的。前面提到的康德的目的论也是如此，因为只有在社会交往领域，我们才有可能涉及人是被当成“手段”还是“目的”的问题。反之，不参与交往的个人无法在精神层面与他者共鸣，也就很难全面实现自我的精神利益。

纯粹的知识层面也是如此，我们的认知路径有时依赖的是诠释学原理。诠释事物绝不仅仅是主体对客体的存在性的揭示，尽管传统的解释学进路曾一度试图遵循这种笛卡尔式的科学认知，就如施莱尔马赫认为的那样：“解释的重要前提是，我们必须自觉地脱离自己的意识（Gesinnung）而进入作者的意识。”② 但人们很快发现，解释活动不可能抛离解释者自身的主观性，海德格尔和伽达默尔提出的“前理解”或“前见”的观点充分论证了主观性之于解释行为的不可或缺的角色。前者认为“像一般的解释命题一样，命题必然在先行具有、先行视见和先行掌握中有其存在论基础”③。后者认为“个人前见比其个人的判断来说，更是个人存在的历史实在”④。人作为精神的存在，必然具有智识与灵性。人们用前见作用于事物时，个体的精神也融合到事物本质中来。但事物不一定是自然界的事物，它或许出自他者的筹划，这就因此融入了他者的精神，而诠释的前见精神与这种筹划蕴含的精神相互碰撞，就形成了一种主体间的精神合作。就如狄尔泰认为的那样，人是有目的的，人与他的产物，如他在过去与现在建立的社会世界，他的艺术作品、文

① 胡玉鸿：《平等概念的法理思考》，载《求是》2008年第3期。

② ［德］施莱尔马赫：《诠释学箴言》，洪汉鼎译，载《理解与解释——诠释学经典文选》，东方出版社2001年版，第23页。

③ ［德］海德格尔：《存在与时间》，陈嘉映、王庆节译，生活·读书·新知三联书店1999年版，第184页。

④ ［德］伽达默尔：《真理与方法——哲学解释学的基本特征》，洪汉鼎译，上海译文出版社1999年版，第355页。

学、科学和宗教，得“从里面来理解”。① 狄尔泰所举之例的特点在于，这些知识都是以语言文字形式出现的。事实上“不具有确定的话语实践的知识是不存在的，而每一个话语实践都可以由它所形成的知识来确定”。② 所谓“里面”，指的正是人的精神之域。法律也是如此，德沃金认为“法律是一种阐释性概念”③。他试图通过对法的诠释寻求法的平等关怀与尊重的价值。法律当然也出自人类的创造，它体现着立法者的理想，因而“在字里行间无不流露出立法者的精神定在。或者说，法律作为存在，首先是人们精神结构的产物，或者说它首先是精神性的存在”。④ 甚至，“法学家和其他学者相比，有着更强烈的社会参与精神和热情”。⑤ 所以我们对法律的诠释也彰显的是精神的交往。总之，人类的认识论层面也离不开交往的必然要义——主体间的精神对话。这种精神对话，又何尝不能理解为一种精神合作？它体现的不正是认知主体与认知对象的筹划主体之间的“知识合作”吗？

社会交往既然结构着主体的精神，我们就应从主体际的维度上寻求精神利益的保护。“人民主权在商谈意见形成和意志形成过程中获得法律形式……人权的实质就在于这种过程得以法律建制化的形式条件之中。”⑥ 制度的产生源自平等主体间的交涉，这种交涉方式本就是制度的一部分，制度因这种交涉而具有效力，因为交涉的内容充分表达了精神世界的理想，交涉行为本身也意味着因这种精神合作而实现的精神情感的释放。既然是自我情感的表露，也就自然地取效于大众。我们必须承认的是，“将理解深深置于我们的精神中将会推动文明的深化”。⑦ 理性的制度是人类文明的产物，其也将人类社会

---

① 张汝伦：《意义的探究——当代西方释义学》，辽宁人民出版社1986年版，第40页。

② ［法］福柯：《知识考古学》，谢强、马月译，生活·读书·新知三联书店2003年版，第203页。

③ ［美］德沃金：《法律帝国》，李常青译，中国大百科全书出版社1996年版，第80页。

④ 谢晖：《法律的意义追问——诠释学视野中的法哲学》，法律出版社2017年版，第107页。

⑤ 谢晖：《法律的意义追问——诠释学视野中的法哲学》，法律出版社2017年版，第214页。

⑥ ［德］哈贝马斯：《在事实与规范之间——关于法律和民主法治国的商谈理论》，童世骏译，生活·读书·新知三联书店2003年版，第128页。

⑦ ［法］埃德加·莫兰：《伦理》，于硕译，学林出版社2017年版，第184页。

推向文明的纵深。制度理性的产生形式源自社会交往的精神合作，它的实质内容也关系着人类社会交往背后的精神利益。因此，制度建构与社会交往的双向机制为人类精神合作提供了保护，这也是我们基于人类的精神理想而应当构建的机制。

因此，人类的交往行为的内核在于人际的精神合作，这种合作张扬了主体性意义，也结构着人类文明的走向。“以精神合作为鹄构建人类交往环境是制度的使命，在社会交往和比较中，需求从来都是多元和冲突的。”① 而这种多元和冲突恰恰源自不同个体的不同精神取向，也恰恰说明了人类交往的精神性的作用。我们需要以制度之力在多元的精神对话中寻求整合方式，这种“整合”，又是借助社会交往的精神对话实现的。因而，社会交往的本质——精神合作的出场是一种循环的方式，制度与交往行为的相互嵌套，人的精神本性显现于其中。人是交往行为的动物，这一命题已经充分考量到了人作为特殊动物的精神之性。交往关系在这个意义上，就意味着人的精神合作的外化。

第三节　社会关系在本质上是文化—精神关系

参与社会活动，是人类存于世的必然选择，无数社会关系的形成也是不可阻逆的人类发展之潮。“人类的实践关系，最终要落实在人与人的关系上。”② 人们参与社会关系的时候放逐着自我的精神，交往关系从而在本质上乃是一种主体间的精神合作。但同时，人的精神性又充分彰显人的文化特质，精神与文化的密切联系使得人们在参与社会活动时无意中赋予了社会关系文化—

① 谢晖：《法律的意义追问——诠释学视野中的法哲学》，法律出版社2017年版，第215~216页。
② 谢晖：《法律的意义追问——诠释学视野中的法哲学》，法律出版社2017年版，第177页。

精神的性质。而人作为高等动物的精神本质，使得社会关系的本质被定位于文化—精神关系。“人类的类生活又无时不处于物质世界和精神世界这对矛盾中。”① 而我们对这层关系的深度剖析的关键在于，要全面解读社会关系的内涵、物质内容和精神纽带。

一、什么是社会关系

社会关系源自人和他人的关系联结。这种关系或源自生活生产所需，或源自精神愉悦的分享。从人类的发展走势来看，个体所处的关系网是从单一走向复杂的。初民时期的人们仅仅被结构在以血缘为纽带的简单家族关系中，但当下的人们与越来越多的他者接触，接触面也愈加广泛，网络等先进信息技术的普及也极大地拓宽了人们的交流渠道，几乎无论身居何处都能相互对话。因是之故，我们也越来越重视关系学对人类发展的重要影响。“具体的、历史性的社会关系，将既融解和扬弃人的‘普遍本质’，也将融解和扬弃孤立‘自我’的实体化，同时又试图把人的‘个性’与‘普遍性’内在统一起来，实现对人的具体的、历史的理解。”② 对社会关系的探究成为探究“人”的问题绕不开的领域。但当下关系的多元化往往令我们难以琢磨出其中的规律，学界的诸多论断往往也只是冰山一角。笔者希冀借助对“社会关系”的内涵的揭示，全面展现人类的关系世界。

正如笔者刚才介绍的那样，社会关系涵盖了物质关系与精神关系，而这些，已经是人类生活的一切，所以人们从摇篮到坟墓都离不开社会关系。《说文》对“社”的解读是：“社，地主也。”③ 但这里的“地主”是人们供奉的土地神灵，“社”之所以从“示”，就在于它表明祭祀之礼。先民时期土地是重要的生产资料，它是人们生活的一切保障。人们将“社”礼与土地相

---

① 谢晖：《法律的意义追问——诠释学视野中的法哲学》，法律出版社2017年版，第107页。

② 贺来、张欢欢：《“人的本质是一切社会关系的总和”意味着什么》，载《学习与探索》2014年第9期。

③ ［汉］许慎：《说文解字》，中华书局2013年版，第3页。

联系，就意味着“社”的至高无上的地位，并且它内化为人们须臾不离的精神认同。所谓“社会”，即因“社”而形成的“集会”，也就是因特定生产资料（土地）而产生的人与人的聚合。当然这种解读是源自前现代时期的简单生产关系的纽带，随着时间的推移，这种聚合的纽带已经扩张到所有与人相关的事实，但是“社会”之于人的意义的重要地位不可动摇。这种人类的基本聚合形态既能实现对共同体内部的成员的发展——这一点笔者已多次提及，人在社会关系中的合作是一种常态，它通过细化的分工极大地弥补了关系内部个体的能力不足，又能实现对外部不利因素的抵御。另外也有学者提出“当人们成为社会关系的一部分时，人类形成的合力是超乎想象的，它足以帮助人们达至人之为人的应然理想。甚至，这个社会的社会关系状况如何，这个社会的经济结构、政治结构、文化结构就如何，人和社会的生存和发展状况也就如何”。① 人的本质是一切社会关系的总和，这一点已无须更多地证明。问题在于，我们对社会关系的真谛究竟应如何全面地把握？

社会关系的基点还在于人与人的联合。人是一种“类”的存在，绝不是莱布尼茨所认为的相互间没有因果关系的单子，同类之间具有本能的互动关系，这种“本能的”互动难以用一种先验的理论深度剖析，经验事实告诉我们，同类之间会存在某种自生自发的吸引力。所以“交往合理性表现在由诸多先验地提供可能和建造结构的弥漫性条件所构成的一种非中心化的背景中，但它绝不是告诉行动者应该做什么的主观能力”②。因此，以“交往”为主要形式的社会关系与人在“类”场域之下的沟通欲望本性相关，人会因同类的存在而滋生表达的欲望。日常的打招呼，甚至仅仅是点头微笑，都体现了人的这种“类”存在而产生的自发式的联动。就如笔者上文所言，人的交往行为的本质是一种精神合作，精神的释放也是人面对同类的一种自发的互动欲

① 周志山：《马克思社会关系理论的多维解读》，载《学习与探索》2007年第4期。

② ［德］哈贝马斯：《在事实与规范之间——关于法律和民主法治国的商谈理论》，童世骏译，生活·读书·新知三联书店2003年版，第5~6页。

的体现。所以说，社会关系在某种程度上来自人性本能，这种属性统摄了社会关系的具体维度。

人类形成的具体社会关系必然和具体的生活语境有关。其一，人需要追逐物质利益，而生产生活利益促使人们结合为关系族群。满足基本的生存需要，毕竟是人类存在的底线。但即使是底线的需求，个体自身也难以完全做到自给自足。男耕女织的分工本身已经说明了社会关系的生存性面向。工业社会更是如此，社会关系在其中表明社会化大生产的运作。这是从产业结构的角度来看的。经济体制上也是一样，市场经济强调对个体的经济能力的释放，但它对分工的细化使得人们基于产业技术而形成人际关系，这显然也属于基于经济利益而产生的社会关系，没有这种社会关系的联结，亚当·斯密所说的“看不见的手”也就无法发挥作用。因此，社会关系的重要维度之一在于物质利益关系。

其二，人是精神性的存在。如果说物质利益勾连着人的理性世界的话，精神利益则表明人类生活的感性空间。莫兰认为“在智者和精神残疾中难以找到明确的界限，原因是情感、激情、纵欲及狂热之间不存在清晰的界限”。① 智者和精神残疾是人的两种精神性极端化的存在，在智者和精神残疾之间状态下的人类存在样态也同样被所谓情感、激情等精神形式裹挟。社会关系联结着人这一情感动物，也必然存在精神的维度。它的形成和运作机理促进了精神利益的实现。因为精神是人处于“类”的关系下方能得以抒发的，具体而言，个体需要借助与他者相互表露情感以达至精神的享验，个体精神利益的减损也需要寻求他者的慰藉。这些情形都说明社会关系也观照着人的精神情感。而远离了社会关系，人的精神利益也难以得到全面满足，尽管孤独的个体能够在深度的思考中玩味思想，但这种不食人间烟火的“玩味”终究因缺乏人际分享而难以升华到精神享验的高度。

① 参见［法］埃德加·莫兰：《伦理》，于硕译，学林出版社 2017 年版，第 203 页。

依据上述的论证，我们可以确立“社会关系”的概念。它是指人们基于“类属性”而产生的自发地与他者互动而形成的关系世界，这一关系世界涵盖了人们的物质和精神需求，人们被根深蒂固地结构在这一关系中。但社会关系与人的精神之域有着更深的亲缘关系，同类间的信息沟通在本质上是一种精神层面的交流，它在内容上对物质利益的主张也必须通过语言文字的介质，语言文字是文化内蕴于人的精神之后在特定场域中的外显，人的文化—精神存在就是在语言文字的符号世界中得以证成的。符号，尤其是制度化的符号，必然是人的精神情感的外化。“任何已知的动物交流系统都是由固定且数量有限的符号构成，人类的语言则可以表达更为广泛的思想、意愿、情感等内容。”① 换句话说，社会关系的重要运作机理——社会交流——与人的精神情感息息相关。而当社会关系直接面向人的精神利益时，情感的互融将更加凸显人的精神定在。

尽管如此，我们也绝不能否认物质因素在社会关系中的重要地位。生产力的水平对生产关系具有重要的影响。在马克思看来：“人们按照自己的物质生产的发展建立相应的社会关系。”② 而且这些关系“总是同物结合着，并且作为物出现”。③ 不同物质条件下人们的社会关系也可能会有区别，经济基础的差别甚至导致了不同阶层的划分，其使得人们在交往对象的选择上也有所不同。但物质利益导向的社会关系在本源上依然体现为主体的精神选择，是主体通过对物质的价值取舍形成与他者之间的关系世界，其最终还是落足于主体际的层面而非人—物的层面。马尔库塞的“单向度的人”的观念批判的正是资本主义社会单一的物质世界对个体的“奴役”。毕竟社会关系的重心词在“关系”上，它既然着眼于人和人之间的世界，必然期待的主要是温情脉脉的交往关系而不是赤裸裸的经济利益，尽管经济利益也在社会关系中

---

① ［美］诺姆·乔姆斯基：《语言与心智》，熊仲孺、张孝荣译，中国人民大学出版社 2015 年版，第 75 页。

② 《马克思恩格斯选集》（第 4 卷），中央编译局编译，人民出版社 1958 年版，第 144 页。

③ 《马克思恩格斯选集》（第 2 卷），中央编译局编译，人民出版社 1995 年版，第 44 页。

扮演了重要角色。

所以，我们对“社会关系”概念的安放在寻求对概念本身全面阐述的同时，也要注重它的价值意蕴。社会关系结构着物质世界和精神世界，但释放出的精神韵味更加浓烈。我们对社会关系的理解应以“关系”中的人为着眼点，实现对人在社会关系中的实际需求的关切。

二、社会关系的物质内容

社会关系涵盖了关系参与者的物质利益，我们有必要通过对这些物质内容做进一步的梳理。人的生活、生产、交换活动都关涉到物质内容。关键在于，如何将这些物质内容在社会关系的网络中体现出来。

“谈及社会生活就是谈及人们之间的交往”[①]，就生活本身而言，很多人概括为“柴米油盐酱醋茶”或是“衣食住行”，可见生活在一定程度上就是一个围绕着人应如何借助物质资料生存的概念，而人类的基本生存必然表现为较强的物质性，反映的乃是人的生活物质之欲的满足。人们在日常生活中基于诸多物质生活问题时常会参与到社会关系中，对菜价的讨论结果使人们决定去哪家超市或菜市场购买，对农作物收成的讨论促使人们决定今年播种何种庄稼，这些社群活动中的话题无不表明人们会借助参与社会关系以实现对生活物质利益的最大化。而在很多情况下，人们甚至会基于对生活物质的考量自发地组织某种社会共同体，人类历史上很多集会游行活动与物价、福利问题有很大的关联。毫不夸张地说，“人类的一切价值关注，归根结底是对人类自身生活状况的关注”。[②] 人类不断改善自身的生活状况，这种改善不可能离开对生活的物质所需的改善。

人类的生活资料有一部分来自生产活动，大量生产活动需要在社会合作

① ［美］彼得·M. 布劳：《社会生活中的交换与权力》，李国武译，商务印书馆 2012 年版，第 49 页。

② 谢晖：《法律的意义追问——诠释学视野中的法哲学》，法律出版社 2017 年版，第 179 页。

中完成，生产活动往往是由若干序列组成的一整套系统，不同的工序需要不同的人参与。生产一套服装，既需要有人对服装做艺术设计，又需要有人用绫罗绸缎编织不同尺寸的服装，甚至需要模特试穿以检验服装的成色。只有这些主体共同参与到生产活动构建某种生产关系——这也是社会关系的一种形式，物质生产才能实现。这首先源自生产个体能力的不足——我们不能期待一个人是“多面手”，个体的专长往往是单一的，这就需要社会的精细分工赋予每一个参与生产的人某个特定的角色，但分工之后还需要这些角色的配合以达到生产效率和总量的最大化，这种“配合”就是社会关系在物质生产域的体现，正是“社会整合的过程——群体成员在这个过程中用他们的杰出品质给彼此留下印象——引起了地位的分化，而社会分化加强了对影响社会整合的过程的需要”。① 社会关系对物质生产的重要性还源自生产对象自身的特性，毕竟作为客体的生产对象需要满足主体的多元利益，其也往往须具有多元的属性才能具有使用价值。这些都充分说明了物质生产需要以社会关系为推手。

物质的满足不能仅仅依靠生产，因为个体生产的物质资料不足以应对人类的多元需求，不同人拥有的物质资料具有差异且同一时间内不同人的需求也有所不同，因而交换行为是必不可少的活动，在没有“一般等价物”这一概念的初民时期，人们尚且知道以物易物换取所需物品的道理，市场经济体制下的经济交换活动则更加频繁。“今天金融市场已经在许多方面取代了家庭的保险以及其他经济交易功能，没必要再把亲情和经济利益交换混在一起，也没必要再接受‘三纲五常’对个人自由的约束。”② 物质的交换发生在人与人之间，是典型的关系学行为。交换行为本身对社会关系的形成具有积极作用。因为“交换义务可以促进信任，所以就有特殊的机制使义务永久存在，

① ［美］彼得·M. 布劳：《社会生活中的交换与权力》，李国武译，商务印书馆 2012 年版，第 475 页。

② 熊培云：《重新发现社会》，新星出版社 2011 年版，第 77 页。

并因此加强了感激和信任的纽带”。[①] 信任则是稳固社会关系的重要前提。参与物质交换也必然意味着对社会关系的参与，在交换需求的表达与讨价还价当中达成交易，而这些行为只有在主体际场域才能实施，交换各方也都被交换规则约束，所以“交换关系的建立涉及作出构成对另一方的责任的投入”[②]，也就是说交换规则通常面向交换双方以平衡这种社会关系，也就进一步说明社会关系对物质交换的重要性。“交换伙伴之间的关系、交易的利益特征、交易的社会情境都会影响社会交换的过程。”[③] 因此，在社会关系的视域下观照物质交换，更能反映物质交换的本性。

因此，物质内容是社会关系的重要组成部分，缺乏对社会关系的参与，人的很多物质利益无法得到满足。人们借助生活、生产和交换行为获得物质利益，而这些行为甚至又会对社会关系产生构建作用，所以我们需要透过社会关系的形成与运作的考量才能全面领悟人类物质活动的真谛，或者反过来，当我们以人类的物质活动为认知起点时，也必然会揭示社会关系的种种形态，尽管这种揭示也许并非认知的原初目的。物质活动直接关联着人类的生存，而它与社会关系的相互耦合也意味着社会关系同样也在观照着个体的生存。

社会关系的物质意义促使我们思考如何在现有基础上以社群的建构和完善为着眼点实现物质利益的最大化。制度的特质则能够面向大千世界的物质归属问题，就如《商君书》所言：“一兔走，百人逐之，非以兔可分以为百也，由名分之未定也。夫卖兔者满市，而盗不敢取，由名分已定也。故夫名分定，势治之道也；名分不定，势乱之道也。”[④] 这里所说的名分之“定”，体现的正是法家代表人物商鞅试图以制度寻求物的归属。而个体的物质利益

① ［美］彼得·M. 布劳：《社会生活中的交换与权力》，李国武译，商务印书馆2012年版，第166页。

② ［美］彼得·M. 布劳：《社会生活中的交换与权力》，李国武译，商务印书馆2012年版，第165页。

③ ［美］彼得·M. 布劳：《社会生活中的交换与权力》，李国武译，商务印书馆2012年版，第164页。

④ 《商君书·定分》，载高亨撰：《商君书注译》（第1册），中华书局1974年版，第190页。

与社会关系对物质利益的理性分配有时会形成张力，在市场经济高度发达的今天，个体逐利行为被正当化，但制度设计对个体逐利导致的垄断现象保持警惕，原因就在于垄断行为虽是个体经济活动自由的表现，却极有可能对社会整体的物质利益分配造成不利影响。这就使得我们需要借助制度对社会整体发挥作用实现物质资源分配的公平，这种公平的关键就在于满足个体的物质利益所需。不可否认的是，“人类作为社群的生存，无处不在矛盾的冲突中，求诸权力则是最权威的解决方式”。① 物质资源在社会层面的自主流动也是制约权力扩张的主要途径。但是无论如何，以权力——这一人类集合的世界才产生的机制——调和人类在物质行为中的纷争，是人类物质活动的经验，权力也是社会关系之下的物质活动应当遵从的权威。我们当然应考量如何完善权力的理论、践行正当的权力，但我们不能否认，权力在社会关系结构中是不可脱离的，它对物质利益的取得具有不可替代的作用。对权力的安放，就需要以制度作用于社群的物质利益。

毋庸置疑，人类的物质取向依托于社会关系，物质内容也是社会关系的重要构成。社会关系结构的生活、生产与交换活动体现了物质世界的理性，我们应当努力探究人类聚合之下的物质活动的运作，这是完善物质文明的重要途径。

三、社会关系的精神纽带

正如前文所言，社会关系的形成主要源自人的“类”属性产生的吸引力，同类之间的交互行为本质上是一种精神纽带。“爱是人类从根本上进行联结的体验。从人类复杂性的最高层面上而言，连结不可能不是爱。”② 人们正是由于这种对同类的相爱的联结，达成了社会关系。“相互的爱慕”表现的是人的精神世界，因此这种“爱”对社会关系的维系而言是一种精神纽

① 谢晖：《法学范畴的矛盾辨思》，法律出版社 2017 年版，第 229 页。
② ［法］埃德加·莫兰：《伦理》，于硕译，学林出版社 2017 年版，第 58 页。

带。对社会关系的追根溯源也就落足于这一精神纽带上。人们的相互爱慕程度勾连着主体际的融合度，孟德斯鸠就认为根植于人性的理性自然法的内容之一即人们相互间经常性的自然爱慕，而理性层面的主体际关系甚至可以理解为一种“法”，因为在他看来“法就是基本理性和各种存在物之间的关系，同时也是存在物彼此之间的关系”①。社会关系的稳固化与有序化也一定有赖于人对他者的“好感”，这种“好感”与人的品性没有太大的关联，正如亚当·斯密所言：“无论人们会认为某人怎样自私，这个人的天赋中总是明显地存在着这样一些本性，这些本性使他关心别人的命运。”②

人对同类的这种爱慕外化为一种与他者行为的一致性，这种行为的“模仿”、对他人的行为模式的“传染”也成为社会关系形成的标志。“在群体中，每种感情和行动都有传染性，其程度足以使个人随时准备为集体利益牺牲他的个人利益。”③ 在群体世界，与他人的行动越是趋同化，在他人看来就越是一种努力融入群体的表现，也就容易被群体所接纳。反之，与他人相异的行为有可能被群体排斥。所以完善社会关系架构的推动因素还落足于人的精神之维。我们对这一现象的本质分析也还是要从人的精神世界入手。但人们总喜欢试图以外在的行动推断行动者的价值理念，所以行动本身也并非不重要。什托姆普卡对社会生成模型的假设之一也在于：“社会过程的驱动力量是人的行动（human agency），即特定的有天赋的行动者在现存结构所提供的机会框架内所作的个体和集体的行动、决定和选择。”④ 也有学者从群体性事件的层面揭示了这一机理：“内隐于参与者认知结构中的认知偏见，对参与者认知准确性的消极影响尤为强烈突出，会使参与者在理解和解释群体性

① ［法］孟德斯鸠：《论法的精神》（上册），张雁深译，商务印书馆 1963 年版，第 1 页。

② ［英］亚当·斯密：《道德情操论》，蒋自强、钦北愚、朱钟棣、沈凯璋译，商务印书馆 2013 年版，第 1 页。

③ ［法］古斯塔夫·勒庞：《乌合之众》，冯克利译，中央编译出版社 2005 年版，第 17 页。

④ ［波兰］彼得·什托姆普卡：《信任：一种社会学理论》，程胜利译，中华书局 2005 年版，第 161 页。

事件的相关信息时，作出符合自我价值标准或自我易于认可接受的主观推断与参与动机，发生社会认知误差，由此成为诱发群体性事件主要的、深层次的心理本源。”① 只是，行动者的思想与社会关系的结合更为密切。思想的结合力则意味着精神性的结合力，它以超乎想象的黏合度把性格迥异的个体联结在特定的群体中，因而人的精神成了社会关系的纽带。从社会心理学的角度来看：“群体通常总是处在一种期待注意的状态中，因此很容易受人暗示。最初的提示，通过相互传染的过程，会很快进入群体中所有人的头脑，群体感情的一致倾向会立刻变成一个既成事实。”② 这种信息的潜在传播也一定是建立在个体对社群他者的信息接纳的前提上的，其显然指向的是对个体的精神情感的触动。

世上找不到两片相同的树叶，更遑论不同精神世界的绝对同质！社会关系结合的精神纽带也并不是要求不同个体之间的思想一致，毋宁说它体现的是一种“和而不同”的境界。个体与他者的精神所指在底线共识的基础上相互包容，从而形成良性互动。但底线共识体现的也是精神纽带，是建构社会关系的重要前提，其意味着个体能够期待其他人也同样遵循这种共识，这种期待形成了信任关系，信任也当然是精神层面的，它指向未来的他者行为的某种可能。它“不仅是计算的关系，也是一种心理的倾向”。③ 人们因相信他者可能的行为会契合自我的利益需求而心情愉悦，显然是一种精神层面的满足。而反之，一些人偶然发现他们彼此站在一起，仅仅这个事实，并不能使他们获得一个组织化群体的特点。“一千个偶然聚集在公共场所的人，没有明确的目标，从心理学意义上说，根本不能算是一个群体。”④ 之所以如此，

① 王林松、王庆功、张宗亮：《社会认知偏差：群体性事件生成的社会心理启动根源》，载《山东大学学报（哲学社会科学版）》2012 年第 4 期。

② ［法］古斯塔夫·勒庞：《乌合之众》，冯克利译，中央编译出版社 2005 年版，第 24 页。

③ ［波兰］彼得·什托姆普卡：《信任：一种社会学理论》，程胜利译，中华书局 2005 年版，第 94 页。

④ ［法］古斯塔夫·勒庞：《乌合之众》，冯克利译，中央编译出版社 2005 年版，第 12 页。

就在于他们之间没有精神纽带，所谓“没有明确的目标”，指的就是这种精神向往，而这是社会关系的前提所在。

社会关系的精神纽带不仅仅是指社会关系的形成条件，因为个体成员的精神利益也构成了社会关系的运作目标。人们经常地相互倾诉各自内心的情感以分享快乐或是排挤苦闷，有人甚至求助于专业的心理咨询师治愈受到伤害的心灵。为自我的精神利益而相互作用的行为一定是主体际行为，即人们只有结合为特定的社会关系才能较大可能地获取精神利益，即使是以观看影视作品和舞台剧的方式寻求快乐，也可以理解为主体际行为——发生在演员和观众之间的情感关系。毕竟人的精神利益只有“人”才能理解。这其实也构成我们维护言论自由的原因所在。但同样，如果失去了社会关系的依托，这种利益的获得就会捉襟见肘，人们会因找不到情感抒发的渠道而郁郁寡欢。当然，“对某一种精神交往的需要一旦社会化，需要亦会促进这种精神交往有组织有系统地发展”。[①] 所以，和物质利益一样，精神利益的满足如果成为社会关系结合的目的，这种情形下的精神也成为社会关系运作的纽带。

社会关系的精神纽带也应当以契约理论的视角观审。上述的人的“类结合”建立在每个个体都渴望他者尊重自我的“类存在”的基础上，而他只有尊重他者的“类存在”，才能获得其期待的精神结合。同样，当人们试图在既有的社会关系下寻求精神利益时，人们也必须体察他者的精神利益，寻求精神利益的互相满足。推己及人式的考量，秉持的乃是契约精神。

对组建并推动社会关系的精神纽带的分析，凸显了社会关系的实质精神。和社会关系的物质之维相较而言，社会关系与人的精神世界有着更强的亲缘关系。人的精神性是构建社会关系的前提质素，社会关系的运作也始终努力回应人们的精神需求。并且，两者的紧密关联也同样需要制度事实的结构。

---

① 陈力丹：《精神交往论——马克思恩格斯的传播观》，开明出版社 1993 年版，第 16 页。

毕竟，“事实是和人类交往相关的事实，法律是人类交往的规范依凭”。[①] 在推崇法治的当下，国家法律当然是重要的社会制度。同时，作为制度事实，社会关系之内的自生自发的民间性规范——习俗、行规等——也应发挥其调整精神世界的作用，对于契合人类正当精神旨趣的民间规范，国家法也应予以认同甚或吸纳。就社会关系的精神维度而言，既然它有赖于社会关系成员对他者的精神“依赖”。因此，在制度的实践之域，首先我们应借助制度以维护人性的精神取向，将人的精神价值视作法律的重要价值，对言论自由的保护、对人的文化利益的保护都是制度理性的旨趣所在。换句话说，我们需要以制度的力量支撑人类既有的精神世界。其次我们对制度的设计应着眼于人类在社会关系的精神参与以努力使上述的社会关系与精神利益契合起来。这就需要我们着力完善民众参与公共领域精神互动的环境，充分考量人类需要在何种社会关系下应当释放怎样的精神情感，充分考量不同精神取向的个体如何整合在同一社会关系之下，充分考量被不同精神纽带联结的不同社会关系之间如何共存。最后制度对于精神纽带而型构的社会关系领域发生的纠纷应启动回应机制，以其特有的强制力和约束力对精神纽带——社会关系的错位予以纠偏。当然，制度本身就源自人类的精神纽带。制度的生成大多需要借助民主协商机制，而协商的前提就在于制度筹划的主体对与制度相关的他者的精神利益的考量。

马克思曾一针见血地指出：“工人参与更高一些的享受，以及参与精神享受——为自身利益进行宣传鼓动，订阅报纸，听讲演，教育子女，发展爱好等——这种使工人和奴隶区别开来的分享文明的唯一情况……”[②] 也就是说，对精神利益的追逐显现出人的主体性。精神纽带对社会关系的作用也表现出人的重要地位。因此，对社会关系的精神纽带的阐述从理论上推动了精

① 谢晖：《法律的意义追问：诠释学视野中的法哲学》，法律出版社2016年版，第120页。
② 《马克思恩格斯全集》（第46卷上），中央编译局编译，人民出版社1980年版，第246页。

神性与类群体的关联命题的确证，也从实践层面推动了制度针对人的精神意义的理性调整。面对人对精神利益和社会关系的理性结构的诉求，我们的制度选择方向也再度回归到制度与精神的关联命题中来。而对这两者的关系的审视，是文化法治研究视域的重心。

第四节　法律，精神化的社会关系之制度化、模式化和一般化

社会关系与人的精神性的密切关联使得我们不能仅仅浅尝辄止地论及制度推动的必要性，而应深度论证国家法律这一重要的社会制度对社会关系和其内蕴的精神意涵的调整机理。我们之所以在前文耗费大量笔墨探讨人的精神本质，主要原因在于，人的精神本质结构着法律的调整机理。法律本身的特性、它对社会关系的调整机理以及它在调整社会关系之后释放的可能的意义世界都是我们要考量的重点。主体的精神既是社会关系的形成及运作机理，也是法律调整应当考量的人性利益。法律、精神、社会关系三者的结合构建的场域，也是我们即将步入的论域。

一、法律，社会关系的符号载体

法律是以文字为载体的社会规范，韦伯推崇“法理统治”的原因就在于法律秩序意味着形式理性，就如同19世纪德国的学说汇纂学派心中的法律理想一样。[①]“实在法律不论以何种方式表现——行为的、语言的还是文字的，

① ［德］马克斯·韦伯：《论经济与社会中的法律》，张乃根译，中国大百科全书出版社1998年版，第211页。

其实都是符号化的人造对象。”[①] 中华传说中的造字者仓颉就是通过观察交叉纵横的线条，以象形的方法将交错的笔画组为文字。所谓“文”，原本指的是“纹”的构造形成的符号。文字符号的价值，在任何文本中都是根本性的，否则世上也无文本可言了。“人类精神交往正在从一般的原始的面对面交往，经过文字媒介的阶段，重新走向‘面对面’的交往，一种更高层次上的面对面交往。”[②] 文字的媒介和面对面交往的功能一样，都能实现信息的传播，但其之所以在文明社会被广泛采纳，在于文字的表意本身具有一种内在的理性。恩格斯认为人类“由于文字的发明及其应用于文献记录而过渡到文明时代”[③]。语言和文字的表述使得法律的形式化具有独立于法律内容的价值，大量法学家孜孜不倦地探求法律的语言文字之理，就在于实现法律符号的理性指向。正如前文所述，符号对人的行动指引是人的文化—精神特质的体现。卡西尔区分了命题语言和情感语言，而“命题语言是人之外的动物世界不具备的，它里面的语词绝不仅仅只是感叹词，并不只是感情的无意识流露，而是一个有着一定的句法结构和逻辑结构的句子的一部分”。[④] 法律文本的符号表达体现的正是这种命题语言，它以庄重、简洁的词句表现出对人类的某些价值的青睐。庄重意味着立法者的权威姿态，简洁意味着法律文本对民众的有效指引。人类的治理模式经历了神灵治理—伦理治理—法律治理的选择，它的这种“除魅化”进程说明人类对文明的向往很大程度上是对理性世界的向往。人们选择法治的重要原因就在于法律的高度理性化，当一种外在于人们行动的可计量理性成为社会的权威的时候，人们的行动将借助这种理性从而有所依凭，也能通过法律的文字符号传递的信息预判或者评判他者的行为。就如哈特所说：“相对于实例的不确定性，借由明示的一般化语言

① 谢晖：《法律的意义追问：诠释学视野中的法哲学》，法律出版社2016年版，第224页。
② 陈力丹：《精神交往论——马克思恩格斯的传播观》，开明出版社1993年版，第98页。
③ 《马克思恩格斯全集》（第21卷），中央编译局编译，人民出版社1965年版，第37页。
④ ［德］恩斯特·卡西尔：《人论》，甘阳译，上海译文出版社2013年版，第49~50页。

来传播一般化标准，似乎更为清楚、可靠和确定。”[1] 我们运用法律的重要前提在于解释法律，“解释法律的活动固然要关注事实，关注人们的行为，但更要关注文字文本法律的现实”。[2] 我们与法律最先的触点就在于法律的文字符号，透过这种符号的表达，我们才能领略法律的意义。“社会上为其成员规定的行为模式，普通称为规矩，书本上也称礼制或法度。它确是人为的，不是由本能决定的；是经世世代代不断积累和修改传递下来的成规。”[3] 符号的意义也在社会成员的世代积累中形成某种准则，当它成为制定法的“符号”时，法律的符号化也就契合了符号含义对人类的有效指引，也迎合了人对符号的依赖。

社会关系的结合是人必要的生存状态，法律的符号化建构本身就源自这种基于主体际的符号表意。究竟何种符号表达何种含义，要源自人和人之间的约定，人们唯有和他者协商，才能将符号的所指推行于整个社群。否则，符号只能在个体的内心指向个体的意义世界而不能向他者传递这种意义，因而不具备对人际的联结功能。但法律是普遍化的调整机制，其必须借助抽象的涵摄机制应对社会可能出现的情形。所以法律的符号表达应当建立在民众的约定俗成的基础上。人们形成社会关系之后使用的公共符号系统是借助不断的交往行为而达至的共识，这种符号共识又指引人们联结新的社会关系。符号的特殊表现——语言结构正如罗兰·巴特描述的那样，“基本上是一种集体性的契约，只要人们想进行语言交流，就必须完全受其支配”。[4] 在现代文明国家，法律的产生多源自多元主体的协商，其遵循的符号指向原理大量地源自对人类既有符号指向原理的吸纳，因为那已扎根于人们既有的认知系统，无疑将更有利于法律的取效。社群之内的人们为了表意而共商的符号形

---

① ［英］H. L. A. 哈特：《法律的概念》，许家馨、李冠宜译，法律出版社 2011 年版，第 114 页。

② 谢晖：《法律的意义追问：诠释学视野中的法哲学》，法律出版社 2016 年版，第 229 页。

③ 费孝通：《论人类学与文化自觉》，华夏出版社 2004 年版，第 102 页。

④ ［法］罗兰·巴特：《符号学原理及其他》，李幼蒸译，生活·读书·新知三联书店 1988 年版，第 116~117 页。

态如果被上升到法律的形成层面，法律对社会关系的调整也必定依托着这种符号的社群面向。法律就是这样因其符号的建制整合着人类的社会关系。

因此，社会关系的存在需要借助符号的纽带，法律的表意又是对社群符号的吸纳，两者之间的区分也就仅仅在于其是否具有国家层面的权威。这与人的本质——规范性动物息息相关。人们需要借助符号命名大千世界，符号与事物却不能自动地对应起来，这需要人们对符号如何命名有所约定，这种约定也就构成了一种支配人们行为的规则。这一规则促使人们确立某种符号所指的权威，这种权威规则的确立无疑是将社会关系的符号载体视作法律。人们之所以选择以法律调控生活，就在于人们在法律的形式理性的优越性的前提下赋予法律内容一种人类基本生活的特性，法律与人性因而具有强大的亲和力。而如果法律的内容本就指向人们固有的社会关系中的符号规则，就意味着法律的形式和实质都结构着社会关系的符号。这样的法律却比比皆是，因为法律必须借助概念所指构建权利义务的指向，我们之所以经常在法律文本中见到“本法中的……是指……”这样的表述，就是基于立法者对概念符号所指向的内容的阐明，也是基于对社会关系的符号意义的青睐。这种阐明与青睐，也正意味着法律对社会关系以及推动社会关系的精神质素的推崇。社会关系的符号载体，事实上是法律制定的重要来源。法律形成之后，它的符号所指也当然地承担着对社会关系的符号化职能。

从深层次上看，符号所指之于人而言体现的是人的文化—精神属性。人对物的精神观照才能产生一种对符号所指的需求，对物描述、评价的行为都是用人的视角去结构外物，是以语言文字符号表达对物的某种精神期待。就如江山所说，符号“依据各原创者的觉悟倾向和学养而成立”[①]。同时，符号的选择与表意方式，亦体现的是某种情感。就如湖南邵阳的交警自创红绿灯的读秒手势以一种赏心悦目的舞蹈方式呈现给交通参与者，是以一种美感的

① 江山：《法的自然精神导论》，法律出版社1997年版，第31页。

注入，使人们在愉悦的心情中获知交通规则。例如，故宫的乾清宫的建筑布局象征着“十二星辰”，这样的建筑符号指涉的是对上苍的敬仰。符号的指涉机理，都是从人的文化—精神维度着眼的，它不会像物质世界那样寻求逻辑上的对应，依托的是人的思想。

如果符号的指向上升到法律的调整层面，那么法律自身的符号又何尝不是面向人的文化—精神的呢？法律的叙述依循的规则在一定程度上就是面向如何以言行事、以言取效的问题。对法律的解释活动从某种意义上看就是对法律文字的含义说明，即使在文义解释之外还存在体系解释、历史解释、目的解释这些解释方法，也不可能离开字词本身的符号。由此可见，法律与个案的调适必须围绕字词本身的意义展开，原因就在于规范字词的符号所指与法律受众的日常符号所指具有强大的契合度，日常的字词符号在社会关系的场域下为人类的行为已经提供了范型。法律的符号构造的文本世界因符号的所指型塑着人们的行为，这种型塑勾连着符号构建的秩序为人们的生活提供的安定感，人们的安定感则是对自我生活的精神满足——它本身并不能为人们增加财富，而是人们因这种安定体会到生活的快乐。符号与事物之间的联系使得人们能用精神统摄物质，尤其是在法律这种社会权威的符号所指下。

社会关系的形成与运作离不开符号的指引，符号因这种指引的机理而化作调控社会关系的法律，但法律的形式理性又成为一种新的符号发挥更加权威的指引作用。我们对“人是符号的动物”这一人类学命题的肯认，意味着我们在思考如何以法律回应社会现实的时候，也要以人与符号的紧密关联为鹄，而这种关联又要回归到人的精神世界上。社会关系的符号载体是生活在社会关系中具体的人的精神寄予，当它成为法律世界的重要组成部分时，对人的精神关怀是矢志不渝的。这是法律的人文维度的重要环节。

二、具象的社会关系何以能抽象地法律表达

问题在于，社会关系是纷繁复杂的。不同种类的社会关系由不同的精神

纽带联结，其多元性可想而知，即使是在同一社会关系之内，不同关系成员的不同性格、价值观也会使群体内部形成复杂的系统。法律却是抽象的体系框架，其试图以沉静的文字结构灵动的现实，两者看似会相互龃龉，但法律对社会关系的调整又确乎是目前被人类经验所证实的最为良性的调控机制。因此我们需要探究法律如何以其符号的定在将社会关系纳入制度轨道上。

首先，法律对社会关系的调控采用的是类型化的技术。所谓类型化，意味着法律不能以精确的概念化表述将所有调整对象全部纳入文本中，那样将耗费大量的经济成本且肯定无法穷尽所有的社会关系，新型社会关系的奔涌而让立法者目不暇接。我们只能依据某种分类标准为某一“事物群”赋予同样的权利义务。除了这种表述的便利之外，就如拉伦茨所说：“类型这种方式又可以用来详细描述某些形态的法律关系。”[①] 类型化意味着对法律关系的命名，命名本身也就将立法者的某种对法律关系的理解表达出来。以相对抽象却清晰的表述尽可能地涵盖一切社会关系，确乎是立法技术的理性。对不同类型的事实，法律则设置了不同的权利义务。比如，对不同种类的证据——物证、书证、证人证言、鉴定意见、勘验笔录等，相关的证据规则就作出了不同的规定，而在司法实践领域，我们需要对提交的证据予以分类，确定其适用的规则从而判断它的证明力。社会关系也是一样，基于股东关系形成的公司社会关系、基于教学关系形成的学校社会关系、基于游行集会活动形成的社会关系、基于交通参与活动形成的社会关系等也都适用不同的法律。这种类型化的立法无疑能为各种社会关系寻求制度上的定位。对人类结合为社会关系的“目的”的考量，是抽象的规范对社会关系的类型化的着力点，也是法律对社会关系的涵摄方向。考夫曼所言“目的”更多的还是站在立法的类型化技术上而言的，也正是这种类型化的调整，才使法律的理念进入现实。

① ［德］卡尔·拉伦茨：《法学方法论》，陈爱娥译，商务印书馆2004年版，第340页。

其次，抽象的法律要想涵摄具体的社会关系，还应借助法律原则的表达。德沃金认为："在构建我们的法律原则以使其反映我们的道德原则的过程中，我们创造了权利。"① 德沃金将法律的结构分为原则和规则，其之所以反对哈特认为的由法律的空缺结构会导向法官的自由裁量，就在于他认为法律原则已经能够涵盖法律应当覆及的领域。而他主张的法律权利论就是从原则出发，将道德"善"引入规则领域，法律将借此成为对人类平等关怀与尊重的良善之法。原则相对于规则而言具有更强的抽象度，这就意味着原则涵摄的面更为宽泛，从而能够将繁杂的社会关系都纳入原则语词的射程范围。原则对既有的规范对社会关系调整的不力也有纠正或补足的功能。因为原则本就是法律的价值取向的表达，其反映的是法律的精神内核。就社会关系领域的法律调整而言，如《公司法》对股东的责任的原则性规定——有限度的责任，就已经将一切以公司形态结合的社会关系的维系方式之一表达出来了，其下的对有限性责任公司和股份有限公司的股东责任的具体规定都围绕着这一原则展开。原则化的立法技术同样借助语言的表现艺术实现，因而"解释者应在可控的准则帮助下寻求接近这种意义的内容，而不是任意解释它"。② 然而即使在"可控的"范围内解释法律原则，原则的弹性亦使得我们对构造原则的文字的解读能够考量到具象的社会关系。

最后，无论是类型化的调整还是原则化的规定都是依托于文字符号的表意，符号的所指联结着立法者的表意与客观世界的实存。布莱克认为我们"可以用文化的量、文化的多样性和法律自身的文化位置与方向来解释法律"③。法律的符号表意本就出自人类的文化—精神域，人们早已学会用便利的表意技术与简洁的表意符号表达社会关系的存在，表意本身出自人们的文化，表意的结果又构成一种文化。法律对社会关系的调整毋宁说是吸纳了人

① ［美］德沃金：《认真对待权利》，信春鹰、吴玉章译，中国大百科全书出版社 1998 年版，第 21 页。

② 张汝伦：《意义的探究——当代西方释义学》，辽宁人民出版社 1986 年版，第 84 页。

③ ［美］布莱克：《法律的运作行为》，唐越等译，中国政法大学出版社 1994 年版，第 75 页。

们的这种精神走向。“法律的用语，对每一个人要能够唤起同样的观念”①，而所谓“同样的观念”，就在于人们在社会关系之中已然将语言文字指向的含义约定俗成为一种精神共识。而当文字被固定在法律文本上，其取效的机理就是用文字释放的意义世界沟通人们的精神旨趣。人的精神属性正是在符号的所指意义上彰显的。

文字的表意本身又源自社会关系意义上的共识。笔者不厌其烦地强调语言的契约属性，就在于社会关系本身就是产生文字符号的重要来源。就如汉字的构造主要有象形、指事、会意、形声、假借。其中的前四种主要就是将现实世界的种种样态吸收到文字的形状中去，人类在肇始之初只有咿咿呀呀的言语却没有文字，言语借助声音用来表述人们的生活日常，文字则用形状附会人们的生活日常，后者的表意技术与社会契约的关系更为紧密，毕竟语音有可能在不同群体中产生较大区别，但由目力观察到的具体事物，由于差异较小，共识性也会较强。法律的汉字表意，何尝不是来自人们对现实万物“性状”的共识？失却这种“共识”而仅仅由某种权威的力量编造这些汉字而罔顾人们在社会交往中已经达成的信息交流方式，则人们一时间难以体会它们的含义。当然，其他语种的法律，也结合自身语言的指涉特点，实现法律文本对法律受众的指涉。这就涉及社会关系中信息交流的效率问题。抽象的法律对具象的社会关系的调整实现的价值在于效率，而人们的共识性符号也是源自社会交往的信息交流的效率价值，这一效率价值的吸纳也是立法者对人类的“结社”智慧的吸纳。人类以简要的符号将具象的世界结构于其中，从而为信息交流提供便利，这说明人们具有以符号表述客观世界的能力，这种能力置于一种社会权威的场域也就表现为立法的效率智慧。

制定法也必须经由精英智识的理性协商形成，并不完全是对乡土的符号世界的吸纳。精英智识对现有符号的制度化加工往往会形成法律特有的符号

① ［法］孟德斯鸠：《论法的精神》（下册），张雁深译，商务印书馆1963年版，第297页。

系统。“法律拟制”这一概念反映的就是法律自身的话语与现实话语的不同。但法律的这种“自创生”系统也同样遵循的是符号指向的便利化原则。其通过对特有的法律概念的释明表明立法者对某种社会关系的所指及其价值期待。法律表达的简洁化要求也是立法者与法律读者的沟通之道，这使得我们对法律特有意义的表达也必须是简洁的，法律的特有符号也就必须以一种框架性的存在将复杂的社会关系予以涵盖，这种涵盖的机理又不可避免地滑向了人类社会既有的符号指涉机理，人们既有的社会关系再度得到了立法精英的尊重。

正如笔者之前强调的那样，人是规范的动物。“就交往活动而言，社群交往的行动虽然不是法律本身，但却蕴含着法律的规范性内容。”① 这种先验的“规范向度”的表现之一就在于人们将符号与事物的联系视作调控人们交流沟通行为的社会准则。就法律而言，它的抽象性就在于法律语言的表述是以文字符号的形式出场的。“从法律方面讲，我们意识的具体化，首推方式化（Formaliser），就是把我们的意识用言语、文字等方式（也即概念）表达出来”②，而文字这种相对凝滞，甚至呆板的符号结构对具象的社会关系的指涉必然依托人们的约定俗成——一种精神交往的重要路径。它关联着人的规范性实质，即人的精神性存在，最终被转化为国家层面的权威。一旦人类的社会关系能够基于抽象的法律加以调控，人类的社会交往活动即有了强有力的制度保障，同时，人类的精神利益也因这种抽象—具象的规范结构而得到尊重。法律的制定者应当也能够将具体的社会关系整合到文字表达中，这是立法的重要使命，也是我们对未来立法的期许。

三、法律就是把主体精神交往关系的客观化

法律对社会关系的调整具有正当性和可行性，已经法律化的社会关系就成

① 谢晖：《法律的意义追问：诠释学视野中的法哲学》，法律出版社 2016 年版，第 183 页。

② 王伯琦：《近代法律思潮与中国固有文化》，清华大学出版社 2005 年版，第 152 页。

为一种客观存在。社会关系本是以具有主观性的精神纽带联结的，但法律化的社会关系上升为权威性的制度，也是具有效力的社会准则。就如马克思所言，立法者“把精神关系的内在规律表现在有意识的现行法律中”①。如此一来，主体的精神交往关系不仅仅是一种事实，也成了立法者期待的价值。

首先，这种客观化在于法律以权利的制度规则结构这种交往关系。权利规则表明人们“可为”或“不可为”某种行为，表明人们享有行为的选择权利。就主体的精神域而言，法律的调整乃是放任性的调整。主体在精神世界的自由驰骋应受法律的保护，由此生发出一系列的权利制度。主体间的精神互动也同样是人性的自然抒发。“交往行动者必须预设某些理想化的意义”②，亦即在精神的助力下才能构造交往行动的场域。精神交往表现为人的正当利益，因为它有助于人类的类群体的结合。法律唯有将这种精神交往的利益固化为一种客观存在——权利，以正当化人们的精神交往活动，而这种固化是形式理性的表达，意味着立法者基于对人的精神交往的认同，以权利的方式实现精神交往活动的客观化。当然，精神交往活动的复杂性使得权利的规定不可能详尽地列举，学界对新型权利的关注表明对权利的保护或许并不是依托某个明文规定的权利名称。我们之前已提到“新型权利”的概念，它需要“法院的推定和裁定”，或是“社会的普遍理解、默认和接受”。③ 我们也不难发现，无论是推定、裁定，还是普遍的理解、默认和接受，新型权利一旦被法院认同，它也因被司法文书的文字结构，而成为一种客观化的存在。且随着指导性案例制度的逐步完善，客观化了的新型权利或许具有对类似案件的普遍适用的作用，也就和实在法一样具有权威的约束力。而在精神交往领域，新型权利的出场对人们的精神利益的保护是至关重要的，精神交往的复杂性需要以人们的交往实践形成根深蒂固的权利意识，由此生发的精神利益也需

① 《马克思恩格斯全集》(第1卷)，中央编译局编译，人民出版社1956年版，第183页。

② ［德］哈贝马斯：《在事实与规范之间——关于法律和民主法治国的商谈理论》，童世骏译，生活·读书·新知三联书店2003年版，第6页。

③ 谢晖：《论新型权利生成的习惯基础》，载《法商研究》2015年第1期。

要被司法实践客观化。

其次，这种客观化在于对精神交往活动的相关权力的客观化。社会契约论的经典叙事已经说明了权力的来源——自然权利的让渡。权力的使命在于保障权利。对人们的精神交往活动而言，权力也应当保障其运行。但我们需要警惕权力的天然扩张性，在消极层面，不能让权力过多干涉人们的精神交往活动。然而权力也应从积极层面为人们的精神交往活动提供制度环境，否则就沦为权力不作为。从公权力“法无明文规定不可为”的原则出发，凡是“法律没有明确标示的都是公权所不能涉及的范围”。[①] 这就需要以制度化的表达确立权力的界限。权力的来源、权力的行使主体、权力的行使方式等都必须明文规定在具体的条文中。而对精神交往行为而言，权力的规定需要维护人们自发的精神交往行动，即权力导生的秩序应围绕着精神自由展开。这当然意味着精神交往的另一个客观维度：权力的客观化为精神交往铺设了客观的行动框架与行动保障。这种客观化的精神交往以强制性的规范为人们提供了确定性的指引模式，人们以此为凭而不恣意地实施精神交往活动。这也是法律的形式理性特点在精神交往领域的表现。

最后，对于精神交往活动，法律规定了相关的义务（责任）。法律责任也是法律义务的一种，一种因违反了义务而产生的第二性义务。义务（责任）和权力一样，也应当以明文方式表现在法律条文里，也包括了义务（责任）的承担主体和承担方式。法律对精神交往活动虽以放任型调整为主，但权利的存在本身也就预设了他者的义务——不侵犯他人精神交往权利的义务。如果缺乏对相应义务和违背此等义务的责任的规定，人们的精神交往活动难免会受到他人行为的阻滞，或是被破坏的交往关系得不到修复。而针对精神交往关系设立义务（责任）的目的，就在于为精神交往关系排除不当妨碍。当然，对义务（责任）的规定也是法律对精神交往关系的客观化表达的一种

① 周赟：《“应当”一词的法哲学研究》，山东人民出版社2008年版，第269页。

方式，它同样为人们的精神交往活动提供了确定性的指引。

法律的形式理性特点和人们对符号化指引的精神需求，使得法律对精神交往活动的保障借助的是客观化的调整机制，尽管精神交往活动本身就是人的主观意志的表现。“人的社会存在，是一种语言的存在。”① 法律借助语言的表达结构着精神交往活动的价值取向与精神交往活动应当依循的准则。法律语言一经表达，就必定形成客观且权威的意义世界。既是客观的存在，就意味着人们有着同一的适用标准。精神交往活动的展开也就有所依凭。法律客观化的积极影响使得我们需要对涉及精神交往活动的权利和义务（责任）予以全面设定。立法对精神交往关系的考量应面面俱到，充分彰显制度对精神域的理性结构。

当然，法律对精神交往关系的表达不能仅仅局限于对其形式意义的客观化处理。如何从实质层面将人们的精神交往关系纳入“善”的轨道，也是法律制定的重心。笔者强调的对人们精神交往活动的放任性调整需要法律以权利为本位，将视角置于人在精神交往活动的利益上。但我们对法律的形式价值的追逐脚步不能停歇，我们之所以推崇法治，就在于当法律成为权威文本时，它的客观定在能够超脱于个人意志、情感的支配。亚里士多德认为古希腊的城邦治理模式应当推崇法治的原因就在于和人治的主观性相比，客观色彩更浓烈的法律站在理性的治理角度能最大限度地实现城邦的善德。而柏拉图描绘的哲人王之治虽然是治理模式的理想状态，在现实中却难以落实。唯有将治理的价值融入客观化的规则表达中去，才是当下治理的最优选择。

而就如笔者反复强调的那样，法律对精神交往行为的客观化表现乃是对人的自发性社群关系的符号指涉机理的吸纳，符号如何指引人类，如何为人的命名提供精神前提，就出自这种“类结合”之后的协商。所以“法的关系不仅根源于‘物质生活关系’，它也根源于与其相对的‘精神生活关系’”。② 法

① 周赟：《“应当”一词的法哲学研究》，山东人民出版社 2008 年版，第 269 页。
② 谢晖：《法律的意义追问：诠释学视野中的法哲学》，法律出版社 2016 年版，第 153 页。

律自身也同样来自这种交往理性结构的精神指涉。当法律记载的内容正是人类的精神交往事实时，法律自身的形式理性促进了精神交往关系的客观化。因此，“法律是记载着人类交往关系之客观背景的规范文本”。[①] 这种对精神交往关系的客观化，是契合了人类的认知惯常的良性权威。而反过来，“追寻法律字面意义背后的逻辑法则，最终目的要指向法律的社会实践”。[②] 用客观化了的精神交往关系去指导实践的精神交往活动，我们对精神交往活动的制度性推动才能找到方向。专制时期的“刑不可知则威不可测”的立法取向试图以主观化的人治调控社会，人们无法预测规则的实效而生活在恐怖的氛围中。法律的明确性是法治的形式维度，只有在民主的社会，法律的制定者才会因民众的理解力而强调其形式价值，对法律的表达方式的调整也是依据民众对法律的诠释能力和诠释角度而调整的。

精神交往活动是主观的精神运动和客观的符号指向的辩证，法律对精神交往活动的调整也使得精神活动的主观性与法律文本的客观性结合起来。我们对法律客观化问题的探究目的，在于为人们的精神交往活动构建共识性的符号秩序，在于以社会权威的姿态强力地将精神交往活动导向正当的轨道。伏羲画卦、仓颉造字、周公制礼……这一系列的行为都是社会精英以某种客观的标准结构人类生活的体现。当我们的交往行为从大量的良法调控中获益时，我们也逐步认同了这一调控机制，并将精神交往的机理融合到立法活动中，立法活动本身也成为精神交往活动的一部分。

人类未来的精神交往活动应当尊重法律表述出的客观意义，在法律规定的权力、义务框架内从事精神交往活动，并且从法律表述的精神交往权利中探求这一活动的权利精神要旨，以此为基础“续造”相关的新型权利。让法律的客观表述为人们的精神交往提供良性秩序与理性交往预期，人类终会因法律的形式理性而在精神交往中体会人类应有的获得感。

① 谢晖：《法律的意义追问：诠释学视野中的法哲学》，法律出版社2016年版，第153页。
② 谢晖：《法律的意义追问：诠释学视野中的法哲学》，法律出版社2016年版，第182页。

第三章　人类文化—精神领域如何展开法律调整

既然人类文化—精神领域需要法律调整，那么在此领域如何展开法律调整就成为我们不得不面对的问题。当谈论法律调整时，我们习惯于把其与“强制”“制裁”“惩罚”等概念关联起来。不可否认的是，法律的效力常常需要强制、制裁、惩罚等方式予以实现，使法律能够结构于人们的日常交往之中。但是，法律实效要能够得以充分地实现，还必须进一步结构于社会中每一个成员的生活之中，结构于他们的心灵与需求之中。所以，法律调整还具有更为丰富的内涵，它不仅包括导向性调整与制裁性调整，而且包括放任性调整与奖励性调整。特别是在人类文化—精神领域，法律的强制性调整效果不佳，成本也比较高，而放任性与奖励性的调整不仅能产生良好的效果，还能彰显人类的主体性、创造性。

据此，下文将从法律调整的四种方式出发，具体分析人类文化—精神领域是如何展开法律调整的。事实上，法律调整方式是与不同法律规范之规定性及因之而产生的人们的行为方式紧密相关的。[①] 具体而言，在人类文化—精神领域，合乎权利规范的行为适用放任性调整方式，文化—精神权利构成了放任性调整的对象；合乎义务规范的行为适用导向性调整方式，文化—精神义务构成了导向性调整的对象；引起责任规范的行为适用制裁性调整方式，文化—精神伤害构成了制裁性调整的对象；合乎道德规范的行为适

① 谢晖：《法理学》，北京师范大学出版社2010年版，第200页。

用奖励性调整方式，文化—精神贡献构成了奖励性调整的对象。下面将分别予以具体分析。

第一节 文化—精神权利与放任（保障）性调整

即便在现如今这个“权利时代”，人们主要关注的是能够拥有多少权利以及拥有怎样的权利，而不太过问所拥有的权利如何能够得以实现。只有当权利遭受侵犯时，或者由于其他原因导致权利难以实现时，[①] 主体才意识到权利实现的重要性。在社会实践中，权利常常与一定的利益相关联，[②] 权利的实现有时需要消耗一定的社会公共资源，也可能需要社会主体履行一定的义务，促进其他社会主体权利的实现。权利并不能当然实现，它的实现需要一定的条件，这就使得权利人在实现权利的过程中极有可能遇到阻碍，也会因此增加实现权利的成本。[③] 因而法律不仅需要对主体所拥有的权利予以确认，更应该通过法律调整，使主体在法律上拥有的权利能够得以充分实现。同样，人的发展具有多个维度，[④] 文化—精神权利的实现，对于主体获取思

① 最典型的就是权力对权利的侵蚀，即便权力之于权利可以是“管家”型的、“父爱”型的，这时权力有利于权利的实现，但权力也可能是“恶棍”型的，此时，权力就不利于权利的实现。郭春镇：《权力的“助推”与权利的实现》，载《法学研究》2014 年第 1 期。

② 当然，权利与利益相关，这并不代表权利与利益相等；其实，在诸多情况下，法律对权利与利益进行了区别保护。阳庚德：《侵权法对权利和利益区别保护论》，载《政法论坛》2013 年第 1 期；史玉成：《环境利益、环境权利与环境权力的分层建构——基于法益分析方法的思考》，载《法商研究》2013 年第 5 期；马岭：《利益不是权利——从我国〈宪法〉第 51 条说起》，载《法律科学（西北政法大学学报）》2009 年第 5 期；冯玉军：《权力、权利和利益的博弈——我国当前城市房屋拆迁问题的法律与经济分析》，载《中国法学》2007 年第 4 期。

③ 关于权利的成本的相关论述，凌斌：《法律的性质：一个法律经济学视角》，载《政法论坛》2013 年第 5 期；王启富、马志刚：《权利的成本——效益分析》，载《政法论坛》1999 年第 4 期；欧树军：《权利的另一个成本：国家认证及其西方经验》，载《法学家》2012 年第 4 期；陈少英：《权利的成本——环境权依赖于环境税的解读》，载《税务研究》2009 年第 8 期。

④ 朱巧玲：《人的发展指标的构建——基于马克思主义人的自由全面发展理论的分析》，载《改革与战略》2011 年第 9 期。

想、思维的自由、利益至关重要，也是主体实现更高层次发展的基础条件，它在实现过程中也可能遇到一系列的阻碍。因此，下文将对权利的放任性调整方式予以分析，在梳理放任性调整对权利的一般调整规律后，也将对法律如何展开对文化—精神权利的调整进行探究。

一、什么是放任（保障）性调整

虽然人们拥有广泛的权利，但这些权利仍然需要法律的调整，进而使人们在日常生活中拥有更广阔的自治、自决、自由空间，真正使自由意志成为权利的内在核心要素，[①] 这样才能把权利规范结构于人们的行为之中。此种法律调整方式就是放任性调整，所谓放任性调整，就是主体根据自治的需要将法律权利规范贯彻、落实于其行动中，因此，这一调整方式反对任何形式的外来干预，哪怕是借国家名义的干预。[②]

既然放任性调整是赋予社会主体根据自治的需要对某些事项作出判断，做或者不做以及怎样做都完全仰赖于社会主体的自主意志，那么社会主体的此类行为是否有必要通过法律进行调整，法律对它们进行调整又会有怎样的意义？首先，放任性调整是实现法律权利规范的具体方式，也可以说法律权利规范是放任性调整的基础，放任性调整的前提就是要把社会主体的权利规范化、制度化，实现权利的民主化与法治化[③]。即便社会中广泛存在一些新型权利、习惯权利，[④] 但它们并不能直接被纳入法律调整范围中，还必须通

① 方新军：《为权利的意志说正名——一个类型化的视角》，载《法制与社会发展》2010 年第 6 期。

② 谢晖：《法理学》，北京师范大学出版社 2010 年版，第 202 页。

③ 佟德志：《权利的复合制度化及其内在紧张》，载《天津社会科学》2008 年第 1 期。

④ 详细论述可参见谢晖：《民间规范与习惯权利》，载《现代法学》2005 年第 2 期；《论新型权利生成的习惯基础》，载《法商研究》2015 年第 1 期；《论作为人权的习惯权利》，载《法学评论》2016 年第 4 期。

过某些方式把它们结构在法律秩序中,[①] 进而成为放任性调整的对象。更重要的是，通过放任性调整，法律为社会成员如何行为提供了权威性的指引，也赋予了社会成员更大的自主行为空间。放任性调整就是要向全体社会成员宣誓他们既可以做什么，也可以不做什么，既可以这样做，也可以那样做，这在某种程度上也构成了每一个社会成员的“前见”，因而他们不仅能在法律的指引下自觉实现权利，也能自觉保障他人实现权利，这就是法律权利在社会实践中得以完满实现的状态。[②]

其次，放任性调整是满足人们内心世界秩序需求的方式，进而使法律结构于他们的心灵和需求之中。归根结底，放任性调整是使社会主体具有更为多样性的选择、判断，而且往往是对他们可能的每一种行为都作出明确的、肯定性的规定；又因为这是在法律上作出的规定，得到社会普遍的认同。因此，放任性调整为人们的行为提供了多样性的选择，而且不同的选择均具有明确性的、肯定性的、权威性的规范依据。在此种法律调整下，人们才可以根据自我的利益诉求，根据自主的意志作出个性化的行为，而不必担忧他人为此作出消极评价，进而可以充分实现自身的各项权利，构建“合乎权利的秩序”[③]。同时，正是因为放任性调整可以为社会主体行为提供稳定的预期，使他们不管作出何种选择都具有正当性，此时，放任性调整不仅有助于法律权利规范的实现，也把权利规范结构于社会主体的日常生活中，并进一步结构于他们的心灵之中，使他们能够从内心接受法律规范,[④] 主动行使自己的

---

① 虽然正式法律秩序难以直接建构在习惯权利之上，但民间秩序却可以直接建立在习惯权利基础上。尤陈俊：《明清中国房地买卖俗例中的习惯权利——以“叹契”为中心的考察》，载《法学家》2012 年第 4 期。

② 放任性调整是为权利的实现创造条件，鼓励社会主体积极实现权利，即便不同社会主体实现权利的具体方式不一样，但只有权利得以实现，全民守法的状态才可以实现，因为积极行使权利也是守法的一个重要维度。冯粤：《论积极守法》，载《伦理学研究》2008 年第 3 期。

③ 周濂：《合乎自然的秩序与合乎权利的秩序》，载《哲学研究》2009 年第 12 期。

④ 权利的实现过程也是人们逐步接受法律的过程，当然，影响人们法律接受行为的因素有很多，民间法也能在法律接受中发挥一定作用。高中意：《论民间法在法律接受中的作用》，载《甘肃政法学院学报》2016 年第 6 期。

权利。如果法律一味地强调运用强制措施落实其各项具体规定，强调对社会成员的外在约束，那么人们就会认为法律始终是外在于他们生活的一种限制性因素，即便法律对人们的各项权利进行了详细的规定，即便社会中的权利观念深入人心，即便法制体系趋于完备，但这些也不可能带来人们对法律的自觉意识，最终还得仰赖于放任性调整方式。

最后，虽然说放任性调整主要是为了保障人们权利的充分实现，为人们自由行为提供基本的指引，但在实践中，人们的权利常常有被侵犯的可能，自由行为也往往得不到充分的实现，而权利救济又不完全等同于纠纷解决，[①] 此时，放任性调整方式也有利于人们获得法律上的救济。即便民间法也是为纠纷解决预备一套方案，[②] 甚至它能为法律合法性缺陷提供外部救济，[③] 但在大多数情况下，社会纠纷还是仰赖于运用国家法解决，在国家法中找寻解决纠纷的方案，因而当权利被侵犯时，权利规范就成了提供救济的制度依凭。也因此，放任性调整方式有了更为广阔的意义，它不仅为人们行使权利提供基本指引，也能在权利难以得到充分实现时，为其提供必要的救济，从而为人们行使权利，发挥个人的主动性、创造性提供全方位的保护。放任性调整方式应该关注社会主体的利益诉求、现实需要，并把它们升华为法律权利，通过具体法律规定固定起来，同时，当这些权利受到侵犯时，也能使它们得到法律上的救济。如果说法律效力的终极动力源头在于主体对法律规定的自觉，[④] 那么法律对主体需求的关切，则是他们对法律规定产生自觉的基础，在这里，法律与主体之间产生了积极的互动，而放任性调整就是在两者的此种互动中逐步贯彻到社会实践中。

① 范愉：《权利救济与多元化纠纷解决机制简议》，载《广东行政学院学报》2008 年第 1 期。
② 谢晖：《论民间法与纠纷解决》，载《法律科学（西北政法大学学报）》2011 年第 6 期。
③ 谢晖：《论民间法对法律合法性缺陷的外部救济》，载《东方法学》2017 年第 4 期。
④ 谢晖：《法理学》，北京师范大学出版社 2010 年版，第 244 页。

二、放任（保障）性调整的一般规范——权利

在法学中，对权利有多种不同的解释，如“自由说”，认为权利乃是法律所保护的自由；“利益说”，认为权利乃是法律所保障的某种利益；“意志说”，认为权利乃法律上所确认的自由选择的意志。权利的结构本身就比较复杂，不同的学说往往是从某一个维度对权利作出解释。我们在诸多解释之中可以发现，任何权利之含义总是少不了主观之“权衡”，对于基本权利而言，它不仅可引起主体在主观上的权衡，甚至它本身就需要在社会不同层面的自由之间实现“价值权衡”①。权利的主观性、主体性方面，根据权利，主体必须能够依据其自由意志进行权衡和选择，也即主体可以选择做或者不做，也可以选择这样做或那样做。此外，权利还包含了“利得”这方面内容，主体根据权利规范进行权衡与选择之后，他们可以从中得到一定的利益，当然，此处所得之利益既可以是物质上的利益，也可以是精神上的利益。总之，“权衡”是权利的自由意志表达，是主观任意的选择；而“利得”则是主体选择的物化表征或应然的实物结果。故此，我们认为，权利是人类自由的法律界定。② 在这里，只是把权利规定为“纸面上”的法律，还必须通过权利规范的实施，把此种权利转化为主体所实际享有的“权利”。其实，权利通过法律实施由应然状态转化为实然状态的此种过程，归根结底，就是通过放任性调整予以实现的，就是放任性调整的具体表现，就是放任性调整发挥作用的过程。如果我们要探究放任性调整的作用机理，就必须首先对放任（保障）性调整的一般规范——权利作出阐释，又因为权利总是少不了主观的“权衡”与客观的“利得”两个方面。所以，我们可以从这两个方面探究作为放任（保障）性调整的一般规范的权利。

一方面，权利赋予主体更大的选择空间，他们可以依凭自己的自由意志

① 李忠夏：《基本权利的社会功能》，载《法学家》2014 年第 5 期。

② 谢晖：《法学范畴的矛盾思辨》，法律出版社 2017 年版，第 146~147 页。

对诸多事项进行充分的选择。因而权利能够为主体构造更加自由的行为空间，当然也可以构造更加自由的思想空间，他们能在生产、生活中发挥更大的主动性、创造性。这也是社会中任何主体的主体性得以彰显的前提，倘若某一个主体不能凭借自我的意志行为，那么我们也很难说其具有多大的主体性。当然，社会中的婴儿、精神病患者、智识上的残缺者等不能完全凭借自身的意志行为，但他们仍然享有各种权利，只是在大多数情况下，他们的监护者辅助或帮助他们作出选择、判断。所以，在一般情况下，权利往往与主体的自主性关联起来，社会主体可以根据自主意愿进行自由行为，只要是此种行为不违反法律的禁止性规定。如果说科学技术的进步使人类在很大程度上摆脱了自然的约束，而权利则是使我们个体摆脱了家族、集团、他人等的约束，因而这才能实现社会“从身份到契约”的跨越，[①] 这也才是权利时代的应有之义。法律保障权利实现的过程，就是放任性调整方式发挥作用的过程，权利实现的方式与放任性调整发挥作用的机理具有一致性，这也许可以解说为什么我们社会如此关注权利，而并没有过多关注放任性调整方式。因为，权利相较于法律上其他核心范畴，诸如义务、责任、权力等，它的实现更多仰赖于主体的自决，有时候并不需要调动全社会资源辅佐、保障其实现，特别是在大多数情况下，权利的实现并不需要调动国家有形的强制力机器、机关。因而社会逐步形成了这样一个观念，权利的实现似乎就是一个自然而然的过程，似乎拥有权利后，主体就能够自然而然地实现权利。

事实上，在权利时代，特别是在以权利为本位的法律的语境下，不管法律上设定义务、责任，还是设定权力，归根结底都是为了保障权利的实现；也不管是导向性调整或制裁性调整，还是奖励性调整，最终都是为了使权利能够有效地实现，只是说放任性调整是直接保障权利实现的法律调整方式，而其他法律调整方式则从不同的维度对权利的实现予以间接的保障。如果说

① ［英］梅因：《古代法》，沈景一译，商务印书馆1959年版，第97页。

宪法是公民权利的保障书，根据宪法制定的法律又何尝不是公民的权利保障书，所有法律调整方式最终都是为了落实公民的权利，而它们只是选择以不同的具体路径保障权利的实现。我们在学理上对它们进行类型化的处理，只是为了对它们进行更为细致的研究，这并不会影响各个法律调整方式的最终目的的变化。就本书所类型化的几种法律调整方式而言，权利与义务密不可分，义务的履行有利于权利的实现，针对义务的导向性调整也间接地有利于权利的实现；侵害他人权利的主体需要承担一定的责任，制裁性调整是针对责任的一种调整方式，因而它也有利于权利的实现；社会道德规范之中本就包含一定的权利因素，更包含了大量有利于权利实现的义务因素，针对道德的奖励性调整方式也因此有利于权利的实现。此外，主体主观上的权衡是权利的重要因素，这些不同的调整方式大都有利于保障主体进行主观上的权衡，保障主体在进行选择时不被过多的不必要的因素干扰，因而保障他们作为主体的自主性。因此，当主体因为具有某项权利而进行主观上的权衡时，法律就已经展开了其放任性调整，虽然说法律并没有以外在的某种有形的方式介入主体权衡的过程中，但主体展开权衡过程的规范依据，就是直接来源于法律的明确规定，法律为主体预设了诸多的选项，他们只需要根据自身的利益诉求选择一定选项，就可以在放任性调整方式的指引下实现权利。

另一方面，权利的内容主要表现为主体在客观上的“利得”，这就进一步扩展了主体在主观上进行权衡的意义，解说主体展开权衡的原因，更可以展现主体进行权衡的最终目的，由此真正把权利落实为现实生活中的自由与利益，进而完成放任性调整的整个过程。法律的任务就是承认、保障、实现某些利益，① 在一定程度上，法律权利也是受到法律保护的利益，② 主体能够

---

① ［美］罗·庞德：《通过法律的社会控制法律的任务》，沈宗灵、董世忠译，商务印书馆1984年版，第35页。

② 严海良：《以利益为基础的权利本位观——拉兹的权利概念分析》，载《法制与社会发展》2010年第5期。

通过权利获得一定的利益，这是权利在客观上的一种功能，这也使权利是“有用的”，而不是可有可无的。也因为权利在客观上能够使主体获得一定的利益，使得他们在主观上更愿意拥有权利，更愿意把自己拥有的权利落实到日常生活中，也更愿意“为权利而斗争”，为实现权利而斗争。虽然“利得”是主体选择的物化表征或应然的实物结果,[①] 它更多地反映了一种客观上的结果，但是，它仍然深刻地影响着主体权衡的过程，不仅影响着主体如何选择，更影响着主体是否展开选择。此时，“利得”这一权利客观上的结果，不仅对权利是必不可少的内容，对整个放任性调整方式也是必不可少的内容。如果主体难以通过权利获得利益，或者是主体不仅不能通过权利获得利益，反而会因为拥有权利损害他们既有的利益，那么放任性调整在法律运作过程中就难以产生实际的法律效果，最终会沦为一种纸面上无用的规定。当然，在权利实现过程中，到底什么是利益，我们很难用一个统一的标准予以界定。[②] 其中，最主要的原因就是，主体对利益有着不同的诉求，对同一利益又有着不同的看法，甚至对于同一具体的利益，这个主体可能认为这是利益，而某些主体根本就不认为这是利益，社会中某些群体冲突往往就是由利益差异效能累加造成的。[③] 也正是因为不同主体对利益有着不同的追求与认识，故而权利能够为不同主体提供多样化的选择，赋予他们更多的选择空间，在具体权利实现的过程中可以根据自身的利益诉求作出个体化的选择，这其实也是放任性调整方式发挥作用的具体表现。

此外，也是由于权利与利益密切相关，它应该由法律进行调整，也适宜由法律进行调整。法律运行需要成本，不可能任何社会事项都能够纳入法律的调整范围内，有些事项不适宜也不应该由法律调整，那些事项大都属于社

① 谢晖：《法学范畴的矛盾思辨》，法律出版社 2017 年版，第 147 页。

② 关于利益问题的讨论可参见洪远朋、高帆：《关于社会利益问题的文献综述》，载《社会科学研究》2008 年第 2 期。

③ 刘勇：《利益差异效能累加：群体冲突的触发根源——以斯梅尔塞的“价值累加理论”为诠释框架》，载《福建论坛（人文社会科学版）》2011 年第 1 期。

会主体的“私事”,[①] 或者社会主体间完全有能力进行恰当的调整，而完全无须国家法律的介入。即便社会中有众多事项与利益相勾连，但此种“利益”还不是属于“法益”,[②] 因而这些事项也不能引起法律的关注。当法律赋予主体某项权利时，其实也就许诺给了主体一定的利益，这种利益虽然不一定是当下的一种现实利益，但它是一种可预期的利益，是一种客观上存在的利益，又因为法律对此种利益作出了明确的规定，因而它又是一种受到了法律关注、保护的利益。[③] 从逻辑上讲，法律应该关切社会整体的利益诉求，应该体现社会的基本共识，权利所蕴含的此种利益就一定是社会的利益共识。当全体社会成员对于某些具体的利益取得了极大的共识时，他们对这些利益具有相似性的认知，具有一致性的认同，这些一致性的认知、认同将作为全体社会成员处理这些利益的一种“前理解”，在权利实现的过程中起到极大的作用。因而当一部分社会主体实现权利时，其他主体因为也对这些权利有基本相似的认同，他们就更倾向于保障权利主体实现权利的行为。此时，权利主体更容易按照法律提供的实现权利方式的备选项，并基于自己的个体化的需要实现权利。即使某些社会主体妨碍了权利主体实现权利的行为，权利主体也可以得到法律上的救济，又因为大部分社会成员对此种权利具有相似性的认同，因而权利主体除了能够得到法律上的救济，或许还可以得到社会道义上的某种“救济”，至少权利主体相较于侵害者，他们在道义上更“有理”。这个过程也是放任性调整的具体作用过程，因此，我们可以想象，放任性调整虽然在大部分时间没有凭借外在有形的方式落实权利，但它在诸多情况下却是

---

① 例如，在一般情况下，纯粹的情谊行为就不属于法律调整的范围。王雷：《情谊行为、法外空间与民法对现实生活的介入》，载《法律科学（西北政法大学学报）》2014 年第 6 期。

② 刘芝祥：《法益概念辨识》，载《政法论坛》2008 年第 4 期。

③ 其实，在社会各个领域，法律对“预期利益”进行保护是较为普遍的现象。安晋城：《论股票窃用交易中的预期利益损害赔偿及其限制——评“张春英股票被窃赔偿案”》，载《政治与法律》2016 年第 3 期；王建东、杨国锋：《预期利益赔偿：建设工程承包人合理利润索赔研究》，载《浙江学刊》2015 年第 3 期；袁勇：《合法预期利益之诉初论——以 WTO 非违法之诉为鉴》，载《海南大学学报（人文社会科学版）》2006 年第 2 期；陈海萍：《论对行政相对人合法预期利益损害的救济》，载《政治与法律》2009 年第 6 期。

"无所不在"，也可以说它已经结构在了人们的日常生活中，以一种无形的力量保证权利的实现。

三、文化—精神权利作为放任（保障）性调整的对象

文化—精神权利是权利的一种具体形式，它同样构成了放任性调整的对象，同样遵从权利实现的一般路径，但它作为一种具体的权利，具有某些与其他权利所不同的特征，这些特征必然会在一定程度上对它的实现产生或大或小的影响，其在遵从一般权利实现路径的同时，又会表现出一些不同的特征。人类是文化—精神性的存在，人最关键的是要有心灵自由、思想自由和意志自由，[①] 甚至文化—精神权利最初源于个人主义和浪漫主义对尊重个人创作和个性的要求[②]。文化—精神权利就是精神化社会关系的制度化、模式化和一般化的具体表现方式，法律也试图通过文化—精神权利实现对精神化的社会关系制度化、模式化和一般化，关注主体行为模式中的诸多因素，[③] 这也就解释了文化权利保障法体系建设的重要性[④]，甚至我们可以把法律体系理解为具有文化内在相关性的法律整合体[⑤]；然而法律只规定文化—精神权利还不够，还必须促进此种文化—精神权利在主体间的交往实践中予以充分实现，促成社会的"精神交往"[⑥]。为什么是通过放任性调整实现文化—精神权利，而不是通过其他法律调整方式？因为，文化—精神权利属于一种具体的权利，它当然适宜于权利的一般调整方式。但是，并不是所有权利都需要法律的调整，也不是被放任性调整方式所调整的权利都遵循完全一样的调整路径。对于前一个问题，我们在"人类文化—精神领域为何需要法律调

---

① 谢晖：《法治讲演录》，广西师范大学出版社 2005 年版，第 143 页。

② 张建邦：《精神权利保护的一种法哲学解释》，载《法制与社会发展》2006 年第 1 期。

③ 黄建武：《法律调整：法社会学的一个专题讨论》，中国人民大学出版社 2015 年版，第 49~65 页。

④ 蔡武进：《我国文化权利保障法体系建设的进路》，载《学习与实践》2014 年第 8 期。

⑤ 谢晖：《论法律体系——一个文化的视角》，载《政法论丛》2004 年第 3 期。

⑥ 张洪武：《试论精神交往的职能》，载《长白学刊》1990 年第 1 期。

整”这一章中已经进行了详细的论述，接下来我们将回答后面一个问题，也是从权利的一般性内容中找寻文化—精神权利的独特因素，进而从文化—精神视角，对法律如何在人类文化—精神领域展开调整作出初步回应。

首先，就权利主观上的“权衡”而言，文化—精神权利本就是人的一种精神性权利，主体因为拥有此项权利而可以自由地表达、自由地创作、自由地追求精神上的愉悦等，法律就是要通过放任性调整方式确认、保护主体在文化—精神领域的自由。[①] 人类文化—精神领域是由每一个个体的思想、思维等人的内蕴性因素组成，法律似乎难以到达人的精神领域，难以对他们文化—精神上所作出的任何“权衡”进行干涉，似乎人的思想、思维等完全不具有法律上的规定性。确实，在一般的情况下，法律不可能直接干涉到人的思想，也不可能直接对人的思维过程进行调整。且不说法律能否直接过问人的思维活动，就算是我们个体自己也常常难以察觉到或完整地表述我们的思维、思想过程，更不要说观察或表述他人的思维、思想过程。因为我们每一个个体在日常生活中，都要作出众多的“权衡”“选择”，每个人的思维都是异常活跃的，我们难以通过某种方式记录所有的这些思维活动；况且，针对同一事项，不同的社会主体会有不同的作出权衡的路径，就算是同一个人在不同时刻，也可能具有不同的权衡路径，这也就注定不管是法律，还是其他任何方式，都难以完整关注到人类的思想、思维过程，也不可能对人类权衡的过程进行完整的表述。[②] 因而纯粹的人类思维也就没有可调整性，即便法律试图进行调整，这样的调整也不会产生太大的效果，也将因调整成本过高而无法进行持续性调整。

“权衡”这一要素是如何在文化—精神权利中得以体现的？放任性调整方式又是如何在权利主体权衡过程中展开的？一方面，虽然权利主体的权衡

① 关于权利与自由关系的具体论述，参见谢晖：《法律信仰的理念与基础》，山东人民出版社1997年版，第138~231页。

② 正因如此，司法过程中的直觉才可能会产生偏差，进而使司法判断产生偏差。参见李安：《司法过程的直觉及其偏差控制》，载《中国社会科学》2013年第5期。

过程常常表现为他们思维的活动，特别是在文化—精神领域，诸多权衡过程都是在主体的思维过程中潜移默化地完成，但权衡过程具有外显的趋向。权利主体之所以展开权衡，主要是由于外在的因素，否则他们所进行的完全个体化的思维、思想难以影响到其他主体，甚至这些就是由一些惯性的思维所触发的。[①] 而当某些外在因素引起权利主体的权衡时，法律就能够把此过程以放任性调整的方式规定下来。在著作权领域，著作权人被法律赋予发表权，即决定作品是否公之于众的权利，虽然权利人是以思维的方式完成了是否发表作品的权衡过程，但此种思维过程一定会以他们发表了作品或没有发表作品这样的行为体现出来。也因此，法律对发表权的此种放任性规定具有实现的可能，对权利人权衡过程的规定也具有了规范意义。另一方面，法律对权利的放任性规定也会影响到主体权衡的过程，使纯粹思维上的权衡成为一种规范性的权衡，赋予权衡以规范意义与社会意义，而不仅仅是主体主观上的一种思维、思考过程。权利的实现，特别是文化—精神领域权利的实现，是需要主体通过一定的作为与不作为方式完成。即便法律对某些习惯性权利并没有明确的规定，但经由权利代入的自治性保护、契约沟通的互治性保护和权力强制的他治性保护可以实现对习惯权利的保护。[②] 然而，如果法律对某些权利没有进行明确的规定，这不仅会使这些权利没有规范意义，也会使权利人仅仅在主观上进行权衡，而没有通过一定的行为把主观上的权衡予以外显。此时，法律对文化—精神权利所作出的放任性规定，既可以认为是引发主体进行权衡的规范性因素，也可以认为是主体判定其权衡所产生的结果的一种参考性材料。

其次，虽然在文化—精神权利似乎仅与主体的思想、思维相关联，与主体的利益关联不大，但这里的“利益”，不仅包括了物质上的利益，也包括

① 例如，人并不天然具有法治思维，而是通过后天习得而来，而且往往是我们因为学习、研究法律时习得的。参见杨建军：《法治思维形成的基础》，载《法学论坛》2013 年第 5 期。

② 谢晖：《论作为人权的习惯权利》，载《法学评论》2016 年第 4 期。

了精神上的利益。[①] 这些权利，“它通常包括公民个人的表现自由、创作自由、发表意见的自由、追求美感和精神愉悦的自由、从事科学研究的自由、充分发挥个人精神人格力量的自由、语言文字自由、文化娱乐的自由，等等。这些自由权利有利于发展公民个人健全的人格和健康的心理结构，有利于逐步改造和克服人性中的弱点，增加个人的文明素质和精神修养”。[②] 因而文化—精神权利首先有利于个人的发展，特别是有利于个体作为社会主体所需的健全人格的发展，使作为社会主体的个人在精神层面上得以发展。其实，文化—精神权利中客观上的“利得”内容也包括了物质利益。在当代市场经济潮流中，社会中的各类要素，不管是财产方面的，还是人身方面的，它们都逐步被市场化、资本化。因而权利，特别是文化—精神权利也被利益化。[③] 作为社会的主体，我们不仅具有文化生活，也可以从事文化生产；不仅可以进行纯粹的思维活动，也可以进行思维生产；不仅可以进行纯粹的精神消费，也可以进行通过物质方式实现精神上的消费。从我国《著作权法》对著作权的规定，就可以很直观地观察到文化—精神权利中精神利益与物质利益两个方面内容。著作权法规定著作权包括了人身权和财产权两个方面内容，著作人身权，又称著作精神权利，是指著作对其作品所享有的各种与人身相联系或者密不可分而又无直接财产内容的权利。同时，著作人身权与著作财产权划分的依据是：著作人身权是不含经济利益的权利，尽管对它的侵害可能造成一定的财产损失，但它本身并不能直接为权利人带来一定的经济利益；著作财产权则包含了相应的财产内容，它可以为权利人带来某种经济利益。[④] 因此，法律在对权利主体的著作权进行放任性调整时，既能够关注到权利主

---

① 当然，文化—精神权利不仅可以使社会个体获益，也能使社会团体获益。例如，学术自由的权利对于构筑我国现代大学法制，破解我国高等教育“行政化”就有极大的益处。参见王德志：《论我国学术自由的宪法基础》，载《中国法学》2012 年第 5 期。

② 莫纪宏：《论文化权利的宪法保护》，载《法学论坛》2012 年第 1 期。

③ 王福友、张雅萍：《从权利利益化视角谈公众人物名誉权保护》，载《国家检察官学院学报》2013 年第 2 期。

④ 吴汉东主编：《知识产权法学》，北京大学出版社 2000 年版，第 91~92 页。

体物质上的利益，也能关注到他们精神上的利益；而在对权利主体的物质与精神两个方面进行综合性的放任性调整时，不仅有利于展开对权利主体权利的全方位保护，更有利于对人的社会主体地位进行法律上全方位的确认，这也为其他权利的充分实现积累了主体因素。

放任性调整方式通过保障权利人的权衡与选择过程，使他们能够因此在客观上获得一定利益，这是法律对权利进行放任性调整的一般路径。但法律展开其对文化—精神权利进行放任性调整时，不仅遵循以上的一般路径，还具有一些不同的特点。一方面，权利人可以按照法律的权利规范主动实现其拥有的权利，进而获取权利中所蕴含的利益，这是放任性调整方式的一个方面；另一方面，法律把主体生活中的一些日常行为以权利规范的形式规定在法律之中，即便没有法律的规定，权利人也每天都在“无意”中实现权利，在法律上对行为人的行为进行规定，主要是为了当他们这些行为被侵犯时能得到法律上的救济，甚至在权利遭受来自公权力机关具有普遍效力的行为的侵害时，也应当获得救济，[①] 这也是放任性调整方式的一个方面。当然，法律对任何权利进行放任性调整都会或多或少地包含这两个方面，但有可能会侧重于某一方面。文化—精神权利并不是因为法律的规定而产生的新型权利，也不是任何法学家在学理上梳理出来的新型权利，它是结构在人们日常生活之中的权利，是结构在人的精神需求之中的权利，甚至人们无时无刻不在实现着某些文化—精神权利，无时无刻不在享受着文化—精神权利所带来的利益。在大多数情况下，这些权利的实现不大会受到什么障碍，而一旦有任何因素阻碍了这些权利的实现，不仅使这些权利难以得到实现，更有可能使社会主体的生活难以正常进行。此时，法律根据权利的特征，对文化—精神权利进行了规定，当它们的实现受到不当干涉时，因为法律上的规定而可以获得强有力的救济，进而为文化—精神权利的实现，特别是为主体实现权利中

---

① 柳经纬：《从权利救济看我国法律体系的缺陷》，载《比较法研究》2014 年第 5 期。

的利益，提供全方位的保障。所以，法律通过对文化—精神权利的放任性调整，不仅要对权利主体应当享受的利益作出法律上的规定，更要为此种利益在日常生活中的实现创造必要条件。

最后，在对文化—精神权利进行放任性调整时，权利主体的权衡过程与获得利益的结果有着密切的联系。在文化—精神领域，倘若主体的某项行为并没有与利益有着直接或间接的关系，那么这项行为就仅仅属于主体个人的纯粹思想、思维行为，它还不是“法益”，[1] 并不适宜于通过法律调整。在这里，我们可以说利益是引起权利主体按照放任性调整方式实现权利的最主要因素，是利益开启了法律的放任性调整方式。在以往，我们常常因为没有充分认识到利益在文化—精神领域中的存在，或者是认为精神性的利益难以通过法律调整，因此否认整个文化—精神领域中放任性调整方式的存在。其实，蕴含着精神性利益的文化—精神权利不仅是放任性调整的对象，它还与放任性调整作用机理具有极大的契合性。精神性利益中就蕴含着主体对诸多事项作出的判断，并通过一定的物质载体予以表现，精神利益的最大利益性就表现在主体希望其他主体以及社会尊重其思想、思维的自由；同时，只要其他主体不侵犯权利人的思想自由，文化—精神权利就可以得以充分实现，放任性调整就是为其实现排除障碍。比如，署名权，即表明作者身份，在作品上署名的权利。作者可以自主决定是否在自己的作品上署名，即便决定在作品上署名，既可以署真名，也可以署化名、别名、艺名、笔名等。[2] 在大多数情况下，作者是根据自己的利益诉求而以不同的方式实现署名权，如果作者并没有想利用作品获取物质利益，那么他可以不署名；如果作者创作本作品就是为了获得物质利益，那么他往往会选择署真名实现署名权。所以，正因

---

① 关于“法益”与“利益”的关系，刘芝祥：《法益概念辨识》，载《政法论坛》2008 年第 4 期。

② “署名”的权利享有者为作者，即便在作品上冒他人之名也并非侵犯他人“署名权”的行为，由此，我们也可以观察到权利主体的自主性对于权利的实现极为重要。王迁：《“署名”三辨——兼评“安顺地戏案”等近期案例》，载《法学家》2012 年第 1 期。

为文化—精神权利中也包含了不同的利益内容，这使得此项权利具有法律上的可规定性，而主体不同的利益诉求，又使得此项权利能够成为放任性调整的对象。

总之，对文化—精神权利的放任性调整，既符合权利的放任性调整的一般作用机理，也具有某些特殊之处。如果说法律对权利的放任性调整着眼于为主体提供多样性的选择，而且常常为主体进行选择提供了备选项，那么，在对文化—精神权利进行放任性调整时，其更侧重于保障主体的选择自由，在诸多情况下并没有为主体提供备选项，使文化—精神权利的实现更能体现人类的主体性。同时，在对某一项具体的文化—精神权利进行放任性调整时，如果此项权利的实现主要关切到主体的精神利益，那么法律对此项权利的具体规定要侧重于防止其被侵犯；如果此项权利的实现主要关切到主体的物质利益，那么法律要通过具体规定为权利的实现创造条件；如果此项权利既关切到主体的精神利益，也关切到主体的物质利益，可以综合运用以上两种方式对此项权利进行调整，也可以进行利益间的虚拟“转化”，进而运用其中一种方式调整此项权利。

第二节　文化—精神义务与导向性调整

虽然义务的设定最终也是为了保障社会每个成员权利的有序实现，但相较于权利，义务则直接要求主体必须或不得从事某些行为，并要“对他付出”，这就使得义务的实现更难，需要法律更多地“干涉”，甚至在一定程度上，义务的实现状况对法律实现的效果产生根本性影响。[①] 在文化—精神领

① 谢晖：《法理学》，北京师范大学出版社2010年版，第203页。

域，主体实现权利的行为与滥用权利的行为转化更为容易，[①] 而相对于影响主体的行为，法律更难以对主体的思想、思维等产生实质性的影响，因为法律常常需要主体的思想、思维引起了一定的行为，并且此类行为属于一定的法益，它才能对主体履行文化—精神义务行为展开调整。法律如何能够通过导向性调整，实现公共文化—精神利益，构建公共文化—精神秩序，塑造公共文化—精神自治空间，申明文化—精神价值共识，最终保障主体文化—精神自由的实现，这些问题是我们下文探究文化—精神义务的导向性调整的向导。

一、什么是导向性调整

在日常生活中，权利的实现往往都能为社会主体带来一定的利益，他们不仅期望拥有更多的权利，也会按照放任性调整所预设的方式充分实现所拥有的权利；然而，社会主体履行义务常常就代表着他们的行为将受到一定的约束，也将会付出一定的利益。是故，在法治实践中，义务的实现就显得更为重要，也更为紧迫，义务及其调整方式在整个法律调整中都具有重要地位，我们有必要首先对导向性调整进行学理上的梳理。不可否认的是，任何法律规范都具有导向性的功能，[②] 甚至大部分民间规范也具有此功能[③]。因为任何规范都是通过对人们思想、行为的导向发挥其作用，使人们都按照规则规定的方向行为，进而构造社会的良好秩序。但是，法律义务规范具有更明晰的导向性功能，法律义务对人们行为的调整，也就是通过其导向性实现的。[④] 本节所要讨论的导向性调整是作为义务规范的调整方式，是一种特定的法律调整方式，它是指法律对主体能做什么、不能做什么作出了明确的规定，指

---

① 在知识产权领域，禁止权利滥用原则也同样适用，参见易继明：《禁止权利滥用原则在知识产权领域中的适用》，载《中国法学》2013 年第 4 期。

② 其实，导向功能是法律的基本功能，行使权利与履行义务恰恰是实现此功能的具体方式。参见付子堂、胡仁智：《关于法律功能实现的若干思考》，载《法学评论》1999 年第 5 期。

③ 民间法可作为裁判规范，为解决纠纷的活动提供规范指引，参见谢晖：《民间法与裁判规范》，载《法学研究》2011 年第 2 期。

④ 谢晖：《法理学》，北京师范大学出版社 2010 年版，第 202 页。

令社会主体按照规定行为。导向性调整常常通过“必须”和“不得”等关键词对人们如何行为进行规定，使主体在交往行为中明白并遵行“必须”和“不得”这两种相反的行为（法律义务），[①] 这两个关键词也就成为我们理解导向性调整的关键之所在。下文将以“必须”与“不得”这两个关键词为线索，对导向性调整作进一步的解读。

“必须”是法律展开导向性调整的关键词，[②] 它指令主体完成特定的某些行为，为行为人如何行为作出了明确的规定，当行为人的行为被纳入此类规范中，他们没有其他的选择，只能按照业已制定的规则行为。虽然“必须”是从正面规定行为人如何行为，但它也蕴含了行为人实施反面行为的后果。如果行为人没有按照该指令完成一定的行为，或者只按照指令的要求完成了部分行为，那么行为人将受到法律的制裁。在这里，“必须”就完全不同于“可以”，[③]“可以”不仅没有对行为人的行为作出一定的限制，反而要为行为人的行为提供多样化的选择，此时规定的某些行为，只是行为人行为时的备选项，行为人可以在这些行为中作出个体化的选择。“必须”这一指令，不仅限制主体行为时的选择，而且要求主体完成特定的行为，主体也能够通过此指令预知其不按此行为的后果。“可以”为主体提供行为的自由，主体可以根据自身的利益诉求，把此种行为自由转化为切身的利益，这也是“可以”这一指令为主体所预设的一种结果，主体按照“必须”这一指令行为能够得到怎样的结果？以上分析的主体不按照“必须”这一指令行为将受到法律制裁，这只是主体违反这一指令的后果，并没有说明主体按照指令行为将会得到怎样的结果。如果说“必须”指令主体该如何行为，是为主体去向何

① 谢晖：《论法律调整与社会管理创新》，载《西北大学学报（哲学社会科学版）》2013 年第 1 期，第 34 页。

② 关于“必须”一词的历史演进，参见朱冠明：《情态动词“必须”的形成和发展》，载《语言科学》2005 年第 3 期。

③ 当然，在立法中，“必须”一词也与“应当”有较大的区别，相关研究参见周赟：《论作为立法用虚词的“必须”——主要以“应当”为参照》，载《苏州大学学报（哲学社会科学版）》2013 年第 1 期。

处指明了方向，那么该指令还必须告诉主体行为的“目的地”，即该种行为会引起怎样的后果。只有当导向性调整具备以上两个方面的条件时，它才可能对行为人的行为具备有效的导向作用，才是一种完备的法律调整方式。所以，下文将对主体按照“必须”指令行为的后果进行分析。

“必须”所表达的是一种积极的法律义务，所对应的法律规范为必为性法律规范，所对应的社会事实是公民在日常生活中“对他付出”的行为要求。[①] 倘若主体按照“必须”指令完成一定的行为，并同时满足“对他付出”的行为要求，那么，我们就可以说法律对主体完成了一个导向性调整过程，也可以说导向性调整对主体产生了预期的效果。我们每一个社会成员在实现自身利益时，都在一定程度上要求他人付出一定的利益；而当他人实现法律所赋予其的利益时，我们也不得不付出一定的利益。这是我们在与其他人进行交往时的必然要求，只有通过社会成员之间的互动，促进社会利益的动态变化，才有可能使社会利益实现最优的配置，也才能使我们社会成员结成最紧密的有机共同体。特别是我们社会实现了从身份到契约的跨越，人与人之间形成“契约团结”[②]，在契约共同体里面，主体既可以因为契约而获得一定的利益，也必须因此付出一定的利益，这也是契约共同体得以维系的基础。此外，人类的交往实践，本质上是一种利益互动过程。随着社会的发展，不同的主体具有了不同的利益诉求，同一主体也具有了不同的利益诉求，社会利益会因此而不断分化，社会整体的秩序是否会因此而被消解呢？社会或许只有通过主体间的利益互动，回应社会的不同利益诉求，优化配置不断分化的社会利益，才能使社会利益从分化走向优化。而社会利益互动的前提就是主体的“对他付出”行为，此时，我们与其说导向性调整是一种法律“创造”出来的调整方式，还不如说它是一种法律“发现”出来

① 谢晖：《论法律调整与社会管理创新》，载《西北大学学报（哲学社会科学版）》2013 年第 1 期。

② 刘斌：《“契约团结”的法理疏释：面向主体化时代》，载《北方法学》2015 年第 1 期。

的调整方式。

另外，“不得”也是理解导向性调整的要点与核心。[①]“不得”在法律中的指令是要求主体不能从事某种行为，如果从事某种行为，必然面临法律制裁。[②]这是法律明令禁止主体不能从事某些行为，如果从事了禁止的这些行为，主体必将遭受法律的制裁。在这里，导向性调整是要告诉人们不能从事哪些行为，而导向性调整通过“必须”，则告诉人们一定要从事某些行为。导向性调整通过对人们行为的这正、反两个方面的导向，使人们的行为能够朝着预设的轨道发展，而不易偏离轨道，因而作为一种法律调整方法的导向性调整，指令人们一定得为某些行为，也要求人们不得为某些行为。如果说禁忌是法律制度的最初形式，那么它常常就具有禁止、勿为的意思。一方面，它可能是崇高的、神圣的，是值得我们遵守的规范；另一方面，它也可能是禁止的、神秘的，是我们必须遵守的规范。[③]因此，禁止性规范是任何时代法律制度中都会具有的一种规范形式，也是社会成员相对熟悉的一种法律规范。例如，不得无故伤人、不得盗窃他人财物、不得背信弃义等都是大多数社会成员极为熟悉的一些禁止性规范。即便在当今权利时代，通过“不得”指令调整人们行为，也是必不可少的一种方式。最显而易见的原因就在于，社会主体任何权利、利益，都必须在一个有序的社会中得以实现。如果我们每一个人都不注重保护社会公共利益，通过损害他人利益获得自身利益，那么，社会就必将陷入“一切人对一切人的战争”的状态中，此时，大多数的社会成员的正当利益都无从实现。

同时，“不得”所引出和表达的是一种消极的法律义务，所针对的法律

① 关于“不得”一词的详细研究，参见魏治勋：《禁止性法律规范的概念》，山东人民出版社2008年版，第1章。

② 谢晖：《论法律调整与社会管理创新》，载《西北大学学报（哲学社会科学版）》2013年第1期。

③ 魏治勋：《禁止性法律规范的概念》，山东人民出版社2008年版，第2章。

规范是禁止性法律规范，所对应的社会事实则是“对他谦抑”。[①] 这就要求社会任何主体必须对自身的行为予以限制，从而为他人实现自身的正当利益创造条件，也为社会利益的实现创造空间，使导向性调整具有实实在在的社会效果。其实，导向性调整之所以要求主体“对他谦抑”，并不在于为主体行为施加限制，而在于通过保持社会利益互动的持续进行，使社会利益在总量不变的情形下，形成“利益位阶”[②]，进而满足尽可能多的主体的不同利益诉求。虽然社会利益的总量并不能完全满足每一个主体的需求，社会利益的供给侧与需求侧始终都会处于难以平衡的状态中，但是，社会可以通过优化利益的配置，满足更多主体的不同利益诉求。而导向性调整在本质上就是实现社会利益最优配置的一种方法，它虽然要求主体“对他谦抑”，但它始终关切社会每一个主体的正当利益诉求，保持不同主体间利益的有序流通，也为主体的利益互动作出法律上的确认。也因此，导向性调整对主体的“不得”指令具有实践上的正当性，“对他谦抑”也能进一步结构于主体的行为之中，成为主体作出任何“权衡”的参考性因素，成为主体在客观上“利得”的前提。

二、导向性调整的一般规范——义务

在任何一部法律中，导向性调整都是通过义务实现的，法律上的义务规范规定了主体必须做或不得做某些行为。法律义务为何能产生？学者们一般认为，义务起源于禁忌，但这只是说明了义务产生的因素，并不能说明义务产生的目的、原因。在现代法律中，法律义务必须以法律权利为目的。[③] 法律权利总是意味着某种个人取向，它也总能为主体带来一定的个体利益，使得社会主体总是愿意拥有更多的权利，也更愿意积极创造条件，促使权利充

---

① 谢晖：《论法律调整与社会管理创新》，载《西北大学学报（哲学社会科学版）》2013 年第 1 期。

② 王利明：《民法上的利益位阶及其考量》，载《法学家》2014 年第 1 期。

③ 谢晖：《法学范畴的矛盾思辨》，法律出版社 2017 年版，第 147 页。

分实现；而法律义务意味着某种集体取向，它总是要求主体必须付出一定的利益，或者对自身的行为施以必要的限制，以此维护社会公共利益。通过这样的对比，我们似乎可以发现，权利与义务不仅难以在同一社会主体的行为内相互兼容，它们还可能处于冲突状态中。但是，法律是互助合作的规范，法律一方面使主体感到束缚的义务；另一方面也使他们感到应得的权利，这是其之所以异于其他条文之点。[①] 又因为法律调整的正当目的是社会有序。[②] 因而，导向性调整并不是一味地限制主体的行为，只是为了保证每一个社会主体都能够有序行为；它也不是一味地限制主体利益的实现，只是为了保障主体间利益的有序互动。当然，虽然义务与权利在设定目的上具有一致性，也并不代表两者实现的方式一样。[③] 义务的实现，必须对主体的行为施加一定的限制，对主体行为的方向予以规定；而权利的实现，不仅不限制主体的行为，更要保障主体行为的自由。这就最终导致了导向性调整与放任性调整的作用机理不同，法律上就因此对两者进行了区分，我们更应该在学理上展开对两者的研究。

以上仅仅是从宏观上对作为导向性调整对象的义务进行了分析，下文将对此进行更为细致的分析。具体而言，义务规范可以在学理上划分为命令性规范与禁止性规范，两者都是导向性调整在法律中的具体体现。“命令”与“义务”是相互联系的，当命令被表达出来的时候，一个义务也就被设定了。[④] 命令性规范的引导型功能是通过肯定的语句表达和实现的，它所导向的内容是主体必须或应当做一定的行为（义务）。[⑤] 如果某一具体的法律规则中含有“必须”“应当”“得为”等词时，它常常就属于此类命令性规范。仅

① ［英］马林诺夫斯基：《蛮族社会之犯罪与习俗》，林振镛译，华通书局 1930 年版，第 11 章。

② 谢晖：《法学范畴的矛盾思辨》，法律出版社 2017 年版，第 261~276 页。

③ 即便某些事项，既是主体的权利，又是主体的义务，但当它们作为权利或义务时，它们的实现方式也是不一样的。计划生育或许是较好的例证，参见翟翌：《论计划生育权利义务的双重属性——以我国人口政策调整为背景》，载《法商研究》2012 年第 6 期，第 9~17 页。

④ ［英］约翰·奥斯丁：《法理学的范围》，刘星译，中国法制出版社 2001 年版，第 19 页。

⑤ 谢晖：《法理学》，北京师范大学出版社 2010 年版，第 202 页。

"应当"一词在我国《民法典》"总则"部分就出现了八十余次，由此可见，命令性规范是法律中一种普遍性的规范，导向性调整也是法律常用的一种调整方式。同时，命令性规范不仅把义务与导向性调整勾连起来，还能引起其他的法律调整方式。需要注意的是，在一定程度上，命令性规范把义务转化为导向性调整方式，因而使义务结构于人们的行为之中；而它并不能承载其他的调整方式，只是具有"引起"其他调整方式的功能。其实，命令性规范能够引起制裁性调整，因为当主体按照命令性规范行为，他就履行了法律义务，同时法律的导向性调整也随之得以完成，如果某一社会主体违背了命令性规范，他就必然要接受法律的制裁，此时，他的行为也会使制裁性调整得以启动。因此，联系上文的一系列论述，我们也可以发现，即便社会强调权利本位，但在法律实际运作过程中，义务却起着至关重要的作用，它以保障权利为目的，同时也勾连着其他的法律调整方式，因而能为权利的实现提供全方位的保障。①

此外，"必须""应当""得为"等词构成命令性规范的核心词汇，因而命令性规范都是以一种肯定性的语式结构对主体的行为予以引导、指示，在肯定性的语式结构面前，法律能够对人们应当如何行为作出明确的指示。②这就是义务对主体行为进行的肯定性导向，它是通过命令性规范，规定主体必须或应当积极从事某些行为，如果他们放弃此类行为，就会构成"消极不法"或"消极违法"。经过义务对主体的此种调节，法律所预设的社

① 其实，义务不仅能引起制裁性调整，也能引起奖励性调整。如果说主体拒绝履行义务或不充分履行义务，那么，他的行为可能引起制裁性调整；如果不仅能完成法律上规定了的义务，还能完成"超法律义务"，那么，法律该对此类行为进行何种调节？行之有效的办法就是对此类行为进行奖励性调整。虽然不同的学者对于法律的核心范畴有不同的认识，但在法律调整的语境下，权利与义务是法律的核心范畴，责任、权力等范畴往往是围绕着权利与义务这对核心范畴展开的。即使在我们如今的权利时代，义务也应当成为法律中的核心范畴，如果我们对义务关注不够，权利是难以在法律的实际运作中实现的。张恒山：《义务先定论》，山东人民出版社1999年版，第19~30页。

② 虽然"应当"的规范指向是弱强行性规范，但它也对行为人如何行为作出了明确指引，当其与规范属性是限制任意性规范的"参照"搭配时，就在形式上是非理的。谢晖：《"应当参照"否议》，载《现代法学》2014年第2期。

会秩序结构于不同社会主体的行为之中。如果说法律在文本上对义务予以规定，这是为了在法律上为社会实践创造一种秩序，我们可以把此种秩序称为“文本上的秩序”，那么，经由法律的导向性调整，人们的行为不断契合于法律上的此种规定，义务也逐渐被结构于主体的行为中，此时，义务在实践中也逐步构建了另外一套秩序，我们可以把其称为“实践中的秩序”，也是一套充分发挥“社会自我秩序化功能”的“法治秩序”[①]。所以，义务不仅勾连着法律规范与主体的行为，也因为义务本身具有对主体行为进行导向的功能，它还是法律调整主体行为过程中的关键性因素。在这里，义务是指令社会每一个主体积极构建社会秩序，通过他们积极的行为，法律所预设的秩序得以不断实现，可以说每一个社会主体都是社会秩序的创造者。

事实上，义务不仅能通过对主体的导向，使每一个主体都积极参与到社会秩序构建中，更通过对主体行为的限制，保障社会业已形成的秩序，使每一个主体都能成为社会秩序的维护者，形成规范化的人类生存方式[②]。义务在法律中也常常被以禁止性规范固定下来，要求社会主体不得从事某些行为，此类规范的关键词主要是“禁止”“不得”等。例如，在我国《民法典》“总则”部分，“不得”一词出现了近三十次，可见禁止性规范在法律中也比较常见。一方面，义务的此种否定性导向功能，可以通过对主体行为的一定限制，使某一具体的社会行为主体在行为时，不仅要关注自身利益、权利的实现状况，也要充分尊重他人正当利益实现的行为，维护社会公共利益。更重要的是，义务的否定性导向功能还在于对社会既有秩序予以法律上的确认，使社会主体不仅结构于社会秩序构建的实践过程中，也能够成为维护社会秩序的实践者。社会既有的一些秩序归根结底也是社会成员在交往实践中逐步构建起来的，如果法律通过导向性调整确认此类社会秩序，不仅有利于为法

① 庞正：《法治秩序的社会之维》，载《法律科学（西北政法大学学报）》2016 年第 1 期。
② 谢晖：《论法律秩序》，载《山东大学学报（哲学社会科学版）》2001 年第 4 期。

律实施节约成本，提高法律施行的效率，更有利于维护社会成员的自治实践，保障社会成员的最大自治空间①。在此维度上，民间法与国家法也能实现良好互动，民间秩序与官方秩序共同形成推进法治建设的合力。例如，我国《民法典》规定，民事主体从事民事活动，不得违背公序良俗，公序良俗常常就是社会中已经形成的某种秩序状态，甚至是在法律秩序之外形成的秩序状态，法律通过否定性导向，就确认了此类社会秩序在法律上的正当地位。

然而，导向性调整不仅可以确认社会自有的秩序，还能起到维护此类秩序的作用，由此扩张义务与导向性调整在整个法律体系中的意义。民间秩序由于没有国家强制力支持，它往往只靠特定空间内的舆论、纪律、文化认同等因素维系，但这些因素只能在较为封闭的空间中发挥作用，② 一旦外界的诸多因素导入，就会使空间内的秩序难以维系。而在现代社会，不管是社会“文化空间”③，还是社会“自治空间”，它们都是一种开放性的社会空间，其中的成员往往因为一定的原因，而在某些特定时段结构在一定的社会空间中，他们并不从属于这些社会空间。因此，民间秩序既容易形成，也容易被社会主体打破，它们要能够持续在社会中发挥作用，就必须使社会主体更自觉地遵守此类秩序。否定性导向禁止主体从事违反民间秩序的行为，这是对民间秩序在法律上的确认；如果主体从事了违反民间秩序的行为，那么，他们的此类行为就属于法律禁止的行为，从而构成“积极不法”或“积极违法”。此时，导向性调整就为民间秩序在社会中发挥作用提供了强有力的保障。民间秩序是社会成员共识的体现，也是他们利益互动的最优结果，如果说义务更侧重于对社会公共利益的关注，那么，通过导向性调整，

① 易军：《“法不禁止皆自由”的私法精义》，载《中国社会科学》2014年第4期。

② 当然，任何社会空间的封闭性都是相对的，封闭中也或许具有开放因素，正如中国乡村具有闭合性，而闭合性并非完全的封闭，而是有着一种从闭合到开放的自我转化能力。参见赵旭东：《闭合性与开放性的循环发展——一种理解乡土中国及其转变的理论解释框架》，载《开放时代》2011年第12期。

③ 关于“文化空间”的解读，参见伍乐平、张晓萍：《国内外“文化空间”研究的多维视角》，载《西南民族大学学报（人文社会科学版）》2016年第3期。

把民间秩序导入到官方秩序中，使其能够发挥持续的作用，这也是社会利益得到关切的具体表现。

三、文化—精神义务作为导向性调整的对象

当谈论文化—精神义务时，我们可能首先想到的是作为保障公民文化权利的国家义务，[①] 甚至国家在文化权利方面还有域外义务，[②] 然而，文化—精神义务有着更为丰富的内涵与外延。“没有无义务的权利，也没有无权利的义务”，义务总是与权利相对的，既然人类文化—精神领域有着诸多的权利，那么总会有与这些权利相对应的义务。比如，即便是精神流浪权，也会有与之相对应的流浪义务，自然条件、人际关系、制度等都会使人的精神流浪受到各种限制。[③] 又如，在一般情况下，著作权人对其作品都享有广泛的权利，但他们行使著作权，不得违反宪法和法律，不得损害公共利益，国家对作品的出版、传播依法进行监督管理。总之，文化—精神义务就是社会主体在文化—精神领域享受权利时，所受到的某种限制，此种限制使主体在实现文化—精神权利、自由时，不得不关注、尊重他人权利与自由的实现，也必须保护社会公共文化—精神领域的利益，进而构建文化—精神领域的良好秩序。法律把人类在文化—精神领域内的一些利益、自由上升为权利，并通过放任性调整方式保障主体文化—精神权利的实现，此时，主体的文化—精神权利虽然被纳入法律调整的视野中，但法律也只是从个体的视角下保障文化—精神权利的实现。而通过在文化—精神领域创设义务，并导入导向性调整，法律就可以从公共的视角对人类的文化—精神利益予以保护。

首先，文化—精神义务把个体行为由单纯地实现个人利益导向实现个人利益与公共利益并重的状态。人因文化—精神而在，实现文化—精神领域自

① 陈佑武：《文化权利保障的国家义务》，载《学术界》2007 年第 5 期。

② 于亮：《国家在经济、社会和文化权利方面的域外义务》，载《法制与社会发展》2016 年第 1 期。

③ 谢晖：《民间法的视野》，法律出版社 2016 年版，第 369~375 页。

由与利益是人类的一种最纯真的追求，也是人类得以持续发展所必不可少的。因此，当讨论人类文化—精神领域时，我们更容易想到主体的自由、利益，似乎只要能够直接保障每一个社会主体在文化—精神领域内的利益，他们的文化—精神权利就能得以充分实现。殊不知主体在实现文化—精神权利时，还会受到诸多限制，主体自由思想不仅会受到自身的限制，还将受到其他主体的侵扰，受到社会的干预；有人又可能产生这样的疑问，在权利受到侵犯时，也有相应的法律救济途径，缘何还需要创设义务保护主体利益的实现呢？在法律上创设义务，并通过义务调整主体的行为，使他们也关切其他主体在文化—精神领域的利益，这有利于保护文化—精神领域内的公共利益，维护主体间文化—精神利益互动的良好秩序。[①] 具体而言，通过文化—精神义务，明确指令主体在文化—精神领域必须从事某些行为，以促进他人利益的实现，保护公共利益；同时，也要求主体不得作出某些行为，以防止主体侵扰他人思想的自由，侵犯公共文化—精神利益。因为人们在文化—精神领域内的诸多利益体现为精神利益，此种利益被侵犯后难以恢复，事前防止他人侵扰的机制，更有利于保护此种利益。[②] 而且，有诸多的文化—精神利益、自由，都需要社会与国家进行保护，构建公共文化—精神服务体系，[③] 就是为个体利益的实现创造自由的公共空间与社会环境。

其次，法律在对文化—精神义务进行调整时，逐步构建公共文化—精神秩序，实现主体在文化—精神领域的良好互动、互惠。不管通过导向性调整怎样保护公共利益，最终都是为了构建文化—精神领域内的秩序，使主体能够在有序的环境下充分实现自身利益。特别是在当今社会，网络使处于不同

---

① 就正如礼法制度对古代中华民族的精神秩序整合一样，现代法治不仅影响个体的行为，同样会型构整个社会的精神秩序。参见冯秀军：《传统礼法制度对古代中华民族的精神秩序整合》，载《社会科学论坛》2005 年第 4 期。

② 特别是当纯粹的精神利益损害赔偿纳入法律的调整范围时，对精神利益的“赔偿”往往是一种事后的“补偿”，很难使精神利益，尤其是纯粹精神利益恢复到“原状”。关于纯粹精神利益损害赔偿的相关论述，参见鲁晓明：《论纯粹精神损害赔偿》，载《法学家》2010 年第 1 期。

③ 夏国锋、吴理财：《公共文化服务体系研究述评》，载《理论与改革》2011 年第 1 期。

地域、阶层的社会主体都能分享着共同的文化—精神利益；在实际生活中，主体又被结构在一个个不同的社会空间中，这些不同的社会空间是禁锢他们的文化—精神自由，还是保障他们的文化—精神自由，对于他们能否充分实现文化—精神权利至关重要。而构建公共文化—精神秩序，就是要使社会中的每一个单位，不管是个体，还是任何社会空间，[①] 都要受到法律的导向性调整，按照义务的规定构筑文化—精神秩序。同时，还要实现主体在文化—精神领域的良好互动与互惠。互动主要体现为主体间有序的交往，而互惠则体现为主体间利益的有序流通。例如，在专利领域，主体基于自身的思想、思维，而创造了诸多的新方法、新技术，如果要想获得专利法的保护，发明人就必须把其关于新方法、新技术的思想、思维过程清清楚楚地展现出来，使得一个普通的工人都能按照他们的思想、思维过程创造新方法、新技术。一方面，发明人把其思维过程展现出来，就体现了主体间的思维交流；另一方面，其他主体虽然可以学习发明人的新颖的思维与思想，但他们只可以在此基础上进行创新，而不可以按照此思维过程生产新产品，这就体现了主体间在思维层面的某种互惠。每个人的思想都必然会有局限性，而不同人的思想之所长又不尽相同，通过在文化—精神领域内的互动、互惠，可以丰富每一个社会主体的思想，扩展我们思维的广度，延伸我们思维的深度，最终使得我们充分享受思想、思维的自由与愉悦。

再次，义务对主体的导向性调整还体现在塑造公共文化—精神自治空间中。在文化—精神领域，义务要求主体必须或不得从事某些行为，这是基于怎样的标准确定哪些行为主体必须从事，而哪些行为主体坚决不得从事？当然，基于保护主体的文化—精神权利，也可以甄别出哪些行为主体

① 虽然我国现行司法解释不支持法人享有精神损害赔偿请求权，但是根据诸多国家的法治实践以及社会团体向自然人传递与分配非财产损溢机制的社会事实的存在，法律应该具备精神损害赔偿请求权。相关具体论述参见王冠玺：《法人精神损害赔偿请求权问题再探索——基于比较法上的观察》，载《法制与社会发展》2010 年第 5 期；张力：《论法人的精神损害赔偿请求权》，载《法商研究》2017 年第 1 期。

必须从事，而哪些行为主体不得从事。但是，如果从文化—精神领域行为的类别化出发，我们认为，所有法律规定的行为大致可以分为：必须从事的行为、可以从事的行为、禁止从事的行为。[①] 由此可见，可以从事的行为属于放任性调整的范围，除此之外的行为皆为导向性调整的范围。主体是否从事"可以从事的行为"主要基于自身的意思自治，而由此类行为所构成的社会交往空间则为社会自治空间，所以，放任性调整是对社会自治空间内部的要素进行优化组合，以此维系社会自治空间的运转。而导向性调整就是要从社会自治空间外部保障它的运转，指令主体必须从事某些行为，同时又禁止主体不得从事某些行为，这样就使得社会自治空间外部的众多行为能够有序展开，使人类文化—精神领域的自治空间获得外在公共条件的支持。[②] 所以，在文化—精神领域中，义务通过对主体行为的一定向导，而且是限制性的向导，使得社会自治空间能够持续运转，为主体实现文化—精神自由创作安定的环境。

最后，在文化—精神领域，义务的导向性调整功能主要是影响主体的行为，但也能对主体的思想、思维造成影响，并由此凝聚整个社会的价值共识。法律主要是直接调整主体的行为，并在调整主体行为的过程中，或多或少对主体的思想造成一定的影响。特别是在文化—精神领域，不管何种法律调整方式，最终都会影响到主体的思维、思想。其实，文化—精神领域的法律调整就是要影响主体的思想、思维，此种"影响"，既可以是保护、放任，也可以是规制、惩罚。然而，义务的导向性调整功能对主体的思想影响更大。法律通过义务确认了哪些行为在法律上是被禁止的，哪些行为是法律要求必须做的，不管某些行为是被禁止，还是被要求必须做，它们都将在社会心理

---

① 当然，除此之外，还有能够引起法律制裁行为与道义行为，能够引起法律制裁的行为往往都是主体从事了法律禁止的行为而产生的，而并不是所有道义行为都纳入法律体系中，所以，也就没有把这两种行为归入此分类中。

② 王欧：《文化自治与共识秩序——公共政策视角下少数民族在现代社会中的文化保护》，载《贵州民族研究》2009 年第 6 期。

层面得到某种评价。如果某种行为是法律明令禁止的，那么，此类行为常常会得到社会的负面评价；如果某些行为是法律要求主体必须做的，主体实施此类行为不可能会得到社会的负面评价。长此以往，法律在文化—精神领域对某些行为的评价，就会成为整个社会的“前见”①，成为社会中每个成员理解其他一些行为的参考材料，有利于社会“重叠共识”的形成。在这里，我们可以说，通过义务的导向性调整功能，主体接受了法律的“规训”，不仅是对身体所发出的行为的“规训”，更是对身体所创造的思想的“规训”，最终实现对主体肉身的全方位塑造。② 也正是因为主体是通过法律的导向性调整获得某些文化—精神领域的“前见”，每个主体的“前见”都具有大致相同的源头，经过社会主体的交往互动，此种“前见”就会逐步汇集为文化—精神领域的一些基本价值共识，这些基本价值共识也是在文化—精神领域创造安定秩序的基础性因素。

以上分析表明，文化—精神义务的导向性调整功能，既符合义务的导向性调整的一般作用机理，也具有其自身的一些特点，尤其是文化—精神义务在实现公共文化—精神利益，构建公共文化—精神秩序，塑造公共文化—精神自治空间，申明文化—精神价值共识方面，表现出了更为突出的特点。对文化—精神权利的放任性调整，主要是从主体自身出发，保障他们权利、利益、自由的实现。但是，对文化—精神义务的导向性调整，则主要是从主体外部出发，构造主体实现其权利的安定环境。从权利到义务，法律调整的视域从主体到主体间再到公共领域，因此，法律从放任性调整到导向性调整，不仅是一种调整方式的转化，更是法律调整的一种视域扩展。

① ［德］汉斯-格奥尔格·伽达默尔：《真理与方法——哲学解释学的基本特征》（上卷），洪汉鼎译，上海译文出版社 1999 年版，第 379 页。

② 正如现代社会的全景敞视监狱，它不再强调对肉体的严酷刑罚，而是对身体进行全方位的规训，强调对思想意志的改造，因而实现了对人从肉体到心灵的规训。参见［法］米歇尔·福柯：《规训与惩罚：监狱的诞生》，刘北成、杨远婴译，生活·读书·新知三联书店 2003 年版，第 17 页。

第三节　文化—精神伤害与制裁性调整

当社会公众谈起法律时，总能将“制裁”“惩罚”“责任”等词与法律关联起来，虽然法律制裁不断演进，[①] 社会公众普遍对“制裁”这个词汇也比较熟悉，但对何为制裁性调整，以及制裁性调整的机理是怎样的却不一定了解。当权利受到侵犯时，或者当另一方不履行对自己的义务时，他们就会要求适当的社会主体承担其所引起的不利法律后果，此种法律上的不利后果也是主体被强制赋予的额外义务，以此回应社会对于报应正义的期望，这其实就是制裁性调整的过程。在文化—精神领域，对主体的伤害也时有发生，这里的伤害不仅来自其他社会主体，也可能来自国家，甚至来自被伤害者自身。且不说法律在文化—精神领域如何展开制裁性调整，就算是文化—精神伤害的甄别、认定、评价也是极其困难的，需要法律进行科学的制度安排。因此，我们有必要首先在学理上对文化—精神伤害的制裁性调整进行探索，期望能为相关的制度设计提供学理上的参考依据。

一、什么是制裁性调整

法律设定导向性调整，要求主体必须做什么，不得做什么，能使这些规定在实践中得到有效的遵守，防止主体对上述指令的任意违反，法律还必须设定主体违背法律指令的后果，对主体违反法律义务的行为进行惩罚。在这里，就开始关涉到制裁性调整。所谓制裁性调整，是指对违反法律义务的行

① 邓子滨：《法律制裁的历史回归》，载《法学研究》2005 年第 6 期。

为所依法科加的额外义务。[①] 不管是放任性调整，还是导向性调整，它们都是在主体行为前，对主体作出的法律上的影响，而制裁性调整则主要是在主体行为作出后，对其进行法律上的消极评价，并强制主体付出一定的代价。因而，制裁性调整使法律调整的视野在同一行为的不同阶段转换，能够关切某一行为的不同阶段，对这一行为的全过程进行调整。放任性调整主要是把社会主体作为一个独立的调整单位，分别对不同社会主体予以调整；导向性调整把社会作为一个调整单位，调整社会中主体间的行为，所以，从放任性调整到导向性调整，是法律调整在不同行为主体间的视野扩展。由此可见，制裁性调整关注到了主体行为的不同阶段，能对主体的行为产生更为直接的影响。其实，强制力是法律的核心要素，[②] 也是一切规范最重要的属性，不管是民间规范，还是国家法律，它们都具有一定的强制力，只是不同规范的强制力属性不同。制裁性调整所运用的强制力，是法律规则确定的强制力，是由国家所保障的强制力。

当法律调整由关注对违法行为的预防，转为对实际发生的违法行为的制裁，法律规则所具有的强制力也将由抽象的转为具体的，制裁性调整就是要把国家强制力具体化，具体方式就是对从事了违法行为的主体施加额外义务。如果说法律的两个基本特点是“指导人类行动”与“强制力量”，[③] 那么，在制裁性调整中，这两个基本特点都得以体现。法律义务规定人们必须从事某些行为，如果人们没有从事或没有按照规定完整从事某一行为，那么，他们是消极地抵触法律上的必为行为。制裁性调整就是强制主体付出一定的代价，对他们没有从事某一行为而损害的利益作出补偿，有时不仅要求他们付出大致相当的代价，甚至还要付出更多的代价，以使他们今后能够积极从事法律

① 谢晖：《论法律调整与社会管理创新》，载《西北大学学报（哲学社会科学版）》2013 年第 1 期。

② 钱锦宇：《法律强制力观念的弱化与法家思想的时代性危机——一个初步的批判与阐释》，载《理论探索》2017 年第 1 期。

③ 《阿奎那政治著作选》，马清槐译，商务印书馆 1982 年版，第 121 页。

上规定的必为事项。① 在另外一种情况中，法律明确规定主体不得从事某些行为，他们因为某些原因从事了这些禁止性行为，并因此侵犯了他人利益、公共利益。此时，制裁性调整不仅要如第一种情况一样，要求他们付出一定代价以补偿所损害的利益；还要通过强制性要求他们付出代价，使主体在今后的行为中，通过权衡违法行为的非法收益与成本，进而能够自觉抑制自身的行为，不再从事法律所禁止的行为。此外，在某些情况下，不管主体是消极地抵触法律上必为的事项，还是积极地从事了法律上禁止的行为，他们可能并不会因此获得多少利益，但他们的行为一定会对他人利益、公共利益造成一定的损害或构成某种威胁，所以，对违法主体的强制性制裁，不单单是为了制裁从事违法行为的那个主体，也是为了补偿遭受侵害的那个主体的利益，进而伸张法律正义，维系有序的社会关系。

由此可见，额外义务的科加，乃是对人类古已有之的复仇方式的法定化处理；制裁性调整所对应的社会事实，则是对人们报应正义要求的满足。②对违法主体施加额外义务，这只是说明了制裁性调整具体的作用方式，并不能解释其内在的作用机理。为什么对违法者科加额外义务就能使无序的社会关系得以恢复？为什么是通过对违法者科加义务实现制裁性调整的运转？回答上述问题，就需要从人们报应正义要求谈起。复仇是人类古已有之的社会制裁方式，虽然复仇在古代出现主要是由于公权力没有能力有效解决纠纷，③而复仇中的一些核心因素仍然影响着社会主体对正义的认知。因而，在一定程度上，额外义务的科加，也是复仇方式法定化的一种表现；额外义务也把

① 不同领域内的制裁要求主体付出的代价也不一样，这是因为不同领域内的制裁目的不一样。对于刑事制裁而言，其主要目的是预防犯罪，而民事制裁则主要是补救被害人的损失。参见沈宗灵：《论法律责任与法律制裁》，载《北京大学学报（哲学社会科学版）》1994 年第 1 期。

② 谢晖：《论法律调整与社会管理创新》，载《西北大学学报（哲学社会科学版）》2013 年第 1 期。

③ 苏力：《复仇与法律——以〈赵氏孤儿〉为例》，载《法学研究》2005 年第 1 期。

法律蕴含的强制力有形化,[①] 使法律能得到严格遵守。虽然复仇并不是实现正义最好的方式，也不是维护社会秩序最好的路径，但它能满足社会普通民众对于正义的心理需求，契合大部分民众朴素的公平正义观念。实际上，人们对报应正义的要求的满足，构成了制裁性调整的社会事实，成为制裁性调整运转的内在动力机制，也是我们理解制裁性调整不可以回避的一个方面。也因为制裁性调整是对社会民众的报应正义的回应，而不仅仅是对国家强力推行法律制度的回应。所以，制裁性调整中的强制力不仅是一种纯粹的国家强制力，还是一种基于契约的强制力,[②] 并使此种强制力成为保证法律得以有效实施的强制力，而不是一味对主体进行惩罚的强制力。

根据以上分析，我们可知，制裁性调整是一种事后性的调整机制，是一种以结果为导向的机制，但它却影响主体行为的整个过程。首先，对主体的行为进行消极评价，并对主体的此种行为进行惩罚，这并不是制裁性调整的唯一目的，也不是最重要的目的。制裁性调整最重要的目的在于，通过对违法行为施以强制力，向社会展示法律的此种基于契约的强制力，以此提示社会公众遵守法律义务，使法律得到充分的实施。所以，一个完整的制裁性调整应该包括以上两个方面，制裁性调整的影响力也包括以上两个方面。[③] 其次，制裁性调整不仅调整主体的违法行为，还会对主体的心理造成影响。当主体违反法律义务时，法律调整不再是一种纸面上的调整方式，它将是处分主体利益的一种方式，也将是对主体施加某种强力的方式。在实践中，主体可以通过法律的这些具体“行动”，更加切身感受到法律的存在。在此后的

① 霍布斯在分析防止陷入一切人对一切人的战争状态时，特别强调通过“有形”的力量抑制人性中恶的因素；福柯在分析全景敞视主义的监视原则时，也强调通过“有形”之物承载权力，实现对人的全方位的“规训”。参见［英］霍布斯：《利维坦》，黎思复、黎廷弼译，杨昌裕校，商务印书馆 1985 年版，第 2 部分；［法］米歇尔·福柯：《规训与惩罚：监狱的诞生》，刘北成、杨远婴译，生活·读书·新知三联书店 1999 年版，第 3 部分。

② 谢晖：《论法律调整与社会管理创新》，载《西北大学学报（哲学社会科学版）》2013 年第 1 期，第 35 页。

③ 例如，刑罚的目的应是一般预防与特殊预防，而且还要实现两者的统一，具体分析参见田宏杰：《刑罚目的研究——对我国刑罚目的的理论的反思》，载《政法论坛》2000 年第 6 期。

生活中，主体在作出任何行为之前，就更可能会把法律的制裁纳入行为的成本中。最后，制裁性调整不仅要强调对违法主体进行惩罚，更要强调怎样合理处罚主体，并会把科学的处罚方式完整地罗列在法律文本中。其实，这些处罚方式也是社会自身解决纠纷时，可供参考的一些方式，并会使社会私人之间的处罚更契合于法律的规定，保证私人之间也能够作出理性的惩罚。因此，制裁性调整对于私人之间，甚至是不同社会空间内部，作出合理的民间性质的惩罚具有重要意义。此时，制裁性调整的作用单位不仅仅局限于社会个体，整个社会都可能直接受到制裁性调整的或大或小的影响。

概言之，制裁性调整承载着法律中的国家强制力与主体间的契约强制力，它通过科加违法主体以额外义务，把其所蕴含的强制力具体化。然而，制裁性调整运转的动力却来源于对人们报应正义要求的满足，如果说对主体施以额外义务是制裁性调整的外在机制，那么，回应主体对报应正义的要求，则构成了制裁性调整的内在机制。在主体从事违法行为后，直接引发了制裁性调整，所以，制裁性调整似乎只是一种事后性调整，但它作用的发挥，还会影响到主体作出行为的权衡过程，它有能力关涉到主体作出某一行为的全过程。

二、制裁性调整的一般规范——责任

人们对正义的要求构成了制裁性调整的社会事实，而在法律上，责任条款则是制裁性调整的规范对应。① 当然，在不同学科中，对“责任”有不同的理解，即便在法学上，对“责任”也有不同的理解。例如，哈特在分析一个假想的沉船案例后，认为“责任”具有四种含义：角色责任、因果责任、法律责任、能力责任；② 而凯尔森认为，应当在不法行为与制裁之间的关系

① 谢晖：《论法律调整与社会管理创新》，载《西北大学学报（哲学社会科学版）》2013年第1期。

② 参见哈特：《责任的多元》，载《法律季刊》1967年第83卷。

中理解法律责任①。在法律调整的视野下，我们认为，法律责任是主体因不履行或不完全履行法律义务而应承担的额外义务。在这里，法律责任也是一类特殊的法律规范，它是作为违法行为的后果而存在，并且这是法律上的后果，是作为罚则的法律规范。其实，任何法律义务背后都必然具有罚则支撑，虽然法律义务的运行并不是完全仰赖于罚则的支持，但是，没有罚则支持的法律义务，就极易沦为一种可选择性履行的道德义务，此时法律义务就难以实现。② 既然法律责任作为一种罚则，它必然也是一种普遍性的规则，运用它保证法律义务的运转，可以使法律义务得到社会普遍的遵守。在当代中国社会，有些法律之所以没有得到普遍遵守，就在于法律常常对不同主体进行差别适用，这就会逐步导致人们对法律信心的丧失，最终使得有法不依的现象屡见不鲜。

具体而言，在法律调整的实践中，作为制裁性调整的一般规范的责任，它首先是作为一种评价主体行为的标准而存在。任何法律责任的设定都必须遵循相应的原则，③ 法律责任的运行也必须按照具体的程序展开。因为对违法主体施以法律责任，往往就代表着要对主体利益进行强制性的处理，主体会因此承担额外的义务，如果法律责任不能公正评价主体的违法行为，就难以作出合理的处罚，这样不仅不能恢复社会的正义，还有可能使社会的正义遭到进一步的破坏。这也就可以解说，为什么在刑法领域必须遵守罪责刑相适应的原则，正如贝卡利亚在谈论“刑罚与犯罪相对称”时所言的，赏罚上的分配不当就会引起一种越普遍反而越被人忽略的矛盾，即刑罚的对象正是它自己造成的犯罪。④ 况且，即便主体在客观上从事了一定的违法行为或不

① ［奥］凯尔森：《法与国家的一般理论》，沈宗灵译，中国大百科全书出版社 1995 年版，第 65 页。

② 谢晖：《论法律调整与社会管理创新》，载《西北大学学报（哲学社会科学版）》2013 年第 1 期。

③ 叶传星：《论设定法律责任的一般原则》，载《法律科学》1999 年第 2 期。

④ ［意］切萨雷·贝卡利亚：《论犯罪与刑罚》，黄风译，中国法制出版社 2002 年版，第 75 页。

履行相关约定，但由于其他原因，他也不一定需要承担责任，[①] 即便要承担一定的责任，确定其承担多少责任之前，也必须对其行为进行准确的评价。我国《民法典》规定，因不可抗力不能履行民事义务的，不承担民事责任；因正当防卫造成损害的，不承担民事责任；因紧急避险造成损害的，由引起险情发生的人承担民事责任。那么，当某个社会主体在客观上从事了一定的违法行为时，我们应分析其行为是否属于以上三种情况的范围，如果不属于，他们就有可能要承担责任，即便属于以上三种情况，也有可能要承担责任。因为法律又规定了，正当防卫超过必要的限度，造成不应有的损害的，正当防卫人应当承担适当的民事责任；紧急避险采取措施不当或者超过必要的限度，造成不应有的损害的，紧急避险人应当承担适当的民事责任。所以，对行为人进行准确的评价，对法律责任的制裁性调整功能的发挥至关重要，也是法律责任展开其制裁性调整过程的基础。

其次，根据责任条款规定，对主体的违法行为进行准确的评价，并不会对主体产生任何实质性的影响，还必须对主体科加额外义务。法律的压制力需要借助反抗力证明其存在，[②] 主体承担额外义务也显示了责任的存在。在对主体违法行为进行法律上的评价时，法律责任仍然只停留在纸面上，通过对主体施以额外义务，就能把纸面上的法律责任转化为实践中的责任。但是，在此转化过程中，有两个问题值得我们特别注意。其一，对主体施加的额外义务，并不是我们常规意义上理解的“法律义务”，它是一种对主体不利的法律后果，它的直接目的就是使违法主体付出相应的或更多的代价。正因为对违法主体施加的额外义务是一种不利的法律后果，所以，在施加额外义务时，必须要以回应被侵犯者的报应正义为导向，指令违法主体通过履行法律

---

① 例如，在民事领域，侵权责任中有诸多免责事由，双方在合同中也可约定免责条款。袁文全：《不可抗力作为侵权免责事由规定的理解与适用——兼释〈中华人民共和国侵权责任法〉第29条》，载《法商研究》2015年第1期；崔建远：《免责条款论》，载《中国法学》1991年第6期。

② ［法］迪尔凯姆：《社会学研究方法论》，胡伟译，华夏出版社1988年版，第5页。

责任的行为，主动修复被破坏的社会关系。其二，制裁性调整方式对违法主体的调整，不考虑其是否愿意，而是强制性地把不利法律后果施加给他们。此时，法律运用强制性的力量把额外义务分配给主体，也通过强制性力量指令主体承担额外义务。当然，此种强制性力量既包括了国家强制力，也包括了法律作为契约的强制性力量。因为违法主体履行的额外义务，不是道德上的额外义务，而是法律上要求其不得不承担的一种不利后果，法律责任对此种不利后果的规定，就构成了被侵犯主体寻求违法主体遭受制裁的正当化理由，也为法律关系双方提供了稳定的预期。

再次，法律责任通过其制裁性调整功能，可以惩罚违法主体，回应社会报应正义的要求，“现代法律责任是将道义责任、社会责任融为一体的责任”①，因而责任的设定也是为了维护社会公共秩序，促进社会公共交往。在一般情况下，法律责任都是由主体的违法或违约行为引起的，通过对主体的行为进行法律上的评价，并据此对主体施加一定的额外义务，这就是法律责任的制裁性调整的一个完整过程。在极少数情况下，虽然受害人和行为人对损害的发生都没有过错，但是，行为人的行为确实在客观上造成了一定的损害。此时，法律责任条款一般都会指令双方根据实际情况共同分担损失。有研究表明，法律上此类的所谓公平责任，并不体现公平或正义价值，而是旨在实现损失分担的效率价值。② 当然，我们可以把此种情况理解为法律对行为人与受害人双方都进行了法律上的评价，对两者都施加了一定的额外义务，旨在提示双方在今后生活中应尽“注意义务”。法律责任对此类行为的制裁性调整过程，向我们直观地展示了作为制裁性调整规范的法律责任的最终目的，它致力于维护公共秩序，促进社会公共交往。任何在客观上引起损害的结果，都会对社会现有利益格局产生影响，最终对社会秩序构成或大或小的

---

① 余军：《法律责任概念的双元价值构造》，载《浙江学刊》2005 年第 1 期。

② 余小伟：《“公平责任”是否“公平”——以二十世纪新侵权法理论为视角》，载《政治与法律》2017 年第 12 期。

威胁，由与损害相关的主体共同分担损失，有利于社会秩序的快速恢复，也有利于不同社会主体交往的持续发展，降低不同主体之间因社会合作所带来的风险。

最后，作为制裁性调整规范的法律责任除与法律义务具有内在的关系外，还与法律权力有着紧密联系。在当代社会，权力对于保障权利，构建社会秩序，凝聚社会共识，都起着重要的作用；而权力如果得不到必要的限制，又会对整个社会造成消极影响，正所谓绝对的权力导致绝对的腐败。古往今来，对权力制约有着诸多不同的设计，其中，责任也是限制权力的一种重要方式。[①] 因此，责任的制裁性调整，不仅局限于私人领域，也适用于公共领域，更适用于对国家权力的制约。在日常生活中，与公权力常常产生联系的一个概念就是“职责”，社会公众可能更偏向于把与权力相对的责任理解为一种“积极责任”，即享有权力的机关或个人必须从事一定行为，承担某些额外义务，以使权力的作用得以充分发挥。然而，此种责任还具有“消极责任”的含义，就是当权力对主体造成一定损害后，权力拥有者也不得不承担一定额外的义务，对某些社会成员的国家赔偿，或许就是此种责任在法治实践中的具体表现。当把责任作为一种制约权力的规范，制裁性调整也因此被带入一个新的领域中，制裁性调整的作用半径也得到了一定的延伸。特别是我国《宪法》规定，一切国家机关和武装力量、各政党和各社会团体、各企业事业组织都必须遵守宪法和法律。一切违反宪法和法律的行为，必须予以追究。任何组织或者个人都不得有超越宪法和法律的特权。这就为我国法律责任与法律制裁的制度设计提供了指导原则，[②] 也使法律制裁性调整在更广领域发挥作用有了基本遵循。

总之，法律责任作为制裁性调整的一般规范，是我们理解制裁性调整的

---

① 谢晖：《法学范畴的矛盾思辨》，法律出版社 2017 年版，第 195~246 页。

② 沈宗灵：《论法律责任与法律制裁》，载《北京大学学报（哲学社会科学版）》1994 年第 1 期。

重要途径，也是法律制裁性调整自身的重要规范依据。在制裁性调整视域下，法律中的责任规范首先会对主体违法行为进行评价，并根据评价结果，对违法主体施加额外义务，以回应社会报应正义的要求，维护社会公共秩序，促进社会公共交往的持续展开。值得注意的是，责任所要对违法主体施加的额外义务是一种不利的法律后果，并且是运用强制力量指令主体承担的额外义务。

三、文化—精神伤害作为制裁性调整的对象

在文化—精神领域，制裁性调整也同样能发挥作用，人在思想、思维层面对法律的认知，对法律的实施具有较大的影响。例如，法律信仰的减弱，法律就必须更多地援引制裁来保证服从达到令人满意的水平[①]。文化—精神领域的制裁性调整也遵循着上述一般的调整过程。具体而言，文化—精神伤害是制裁性调整的对象，制裁性调整通过调整文化—精神伤害，把法律规范运用于整个文化—精神领域，实现对文化—精神领域的多维调整。在一定程度上，法律在文化—精神领域展开调整的最终目的是保障所有主体的文化—精神自由、利益。放任性调整侧重于直接对社会个体的文化—精神自由予以保护，把主体的文化—精神权利纳入法律调整的视域下；导向性调整则是为主体的文化—精神自由的实现创造条件，对主体间的文化—精神利益进行合理分配；制裁性调整是在主体间的文化—精神利益交往呈现无序状态时，法律对不同主体间的紧张状态加以调整，促进主体间的文化—精神利益交往。而出现主体间的文化—精神利益交往的无序状态的具体表现就是，某一或某些主体受到文化—精神伤害，他们的文化—精神权利不仅难以充分实现，而且可能被剥夺，甚至文化—精神伤害行为可能构成犯罪[②]。因此，放任性调整是直接促进主体文化—精神利益实现；导向性调整是为文化—精神利益的

① ［美］劳伦斯·M. 弗里德曼：《法律制度——从社会科学角度观察》，李琼英、林欣译，中国政法大学出版社1994年版，第249页。

② 孙东东、刘克鑫：《论精神伤害行为的犯罪构成》，载《法学杂志》1993年第2期。

实现创造条件，也即间接地促进文化—精神利益实现；制裁性调整不是直接促成文化—精神利益的实现，也不是间接地为其实现创造条件，而是要使被破坏的文化—精神利益关系结构恢复到正常状态。文化—精神伤害在本质上表现为主体间的利益交往的失范，并且此种失范的利益交往可能使文化—精神领域呈现无序状态，此时，需要法律介入此种失范的利益交往中，对不同主体间的利益关系进行再调整。所以，我们可以以引起此种伤害的主体为切入点，把制裁性调整运用到文化—精神领域。①

第一，主体伤害自身的文化—精神伤害的制裁性调整。此种情况类似于主体对自身精神的自残，主体对自身文化—精神利益的自我放弃。有些读者可能会产生这样的疑问：主体对自身文化—精神利益的放弃难道不属于他权利的一种实现方式吗？是的，在大多数情况下，主体对其某些文化—精神利益的放弃也属于权利实现的一种方式。因为社会每个主体的利益诉求不同，对于同一文化—精神利益，对某些主体而言，这是有用的、有价值的，但对其他主体可能就是没有用的、没有价值的；即便对于同一主体的同一文化—精神利益而言，在不同时期，主体对它们的需求也不一样。然而，在某些情况下，一些利益既可以是主体的权利，也可能是主体必须履行的义务。例如，适龄学生的受教育权，是一个主体的一种重要权利，为实现此权利，国家必须为此创造有利的条件；同时，在一定条件下，接受教育也是一个社会主体的义务，他必须接受一定的教育。所以，制裁性调整在对主体的行为进行评价时，还必须首先判定主体的哪些自我伤害的行为适用制裁性调整，在此基础上才能展开对这些行为的进一步评价。如果主体在文化—精神领域的自我伤害行为侵犯了他人利益或公共利益，则需要对此类行为进行制裁性调整。主体放弃自身文化—精神利益时，对主体造成的影响是最大的，对其他主体

① 当然，在医学领域，精神伤害的成因是多种多样的，但并不是每一种成因都值得法律关注，所以，从伤害主体的视角观察文化—精神伤害，可能具有更为丰富的法律意义。关于精神伤害在医学上的成因，参见刘治民、王声湧、荆春霞：《精神伤害的成因探讨》，载《疾病控制杂志》2003 年第 6 期。

的影响常常不是实质性的，更多的是对其他主体利益或社会利益构成某种威胁。因此，制裁性调整在对此种伤害进行调整时，应对行为主体施加较少的额外义务。

第二，其他主体造成的文化—精神伤害的制裁性调整。不仅是在文化—精神领域，在社会任何领域中，主体间的伤害都是最常见的伤害形式，也是制裁性调整在实践中主要调整的伤害类型。但是，在文化—精神领域，主体间的伤害具有某些新的特点，特别值得制裁性调整的关注。在社会的众多领域中，某一主体把其伤害行为直接作用于另外的某一主体，并由此造成一定的伤害，伤害行为与伤害的结果具有直接的联系，法律在对此类行为进行制裁性调整时，对于行为主体的责任认定相对简单。而在文化—精神领域，某一主体对另外的主体造成文化—精神伤害，并不是由于加害人的行为直接引起的，加害人的行为只是引起伤害的主要原因。在刑事领域，故意杀人犯罪嫌疑人往往在主观上具有剥夺他人生命的故意，由此实施了剥夺他人生命的行为，并造成了他人死亡的结果。在这里，犯罪嫌疑人可能只是对被害人实施了一定的行为，并没有对被害人家属实施任何行为，也可能并没有伤害家属的故意，但是，犯罪嫌疑人的行为会在客观上造成受害人家属精神上的伤害。法律除了要对犯罪嫌疑人的故意杀人行为进行评价、惩罚，也会对该行为间接地对被害人家属造成的精神上的伤害进行评价、制裁。不管是在刑事领域，还是在民事领域，文化—精神伤害一般是引起侵权责任，而侵权损害赔偿不限于财产损失，可包括精神赔偿，[1] 精神赔偿越来越成为一种承担责任的重要方式，除其中一部分是由国家公权力机关的直接行为引起外，大部分还是由加害人的加害行为引起的。而加害人在实施加害行为时，可能并没有指向受害人的精神领域，也没有加害受害人精神的故意，但只要在客观上引起受害者精神上的伤害，就会进一步引起法律的制裁性调整。此

① 王利明：《违约责任和侵权责任的区分标准》，载《法学》2002 年第 5 期。

时，法律制裁性调整不能单独在文化—精神领域发挥作用，还必须配合刑事、民事领域的制裁，两者共同构成形成对加害人的不同制裁层次。

第三，社会空间引起的文化—精神伤害的制裁性调整。在现代社会，人从身份关系中解放出来，基于契约而团结在一起，每个个体都是社会的主体，也都是社会的一个基本单位。但是，我们个体团结在一起，不管此种团结是“机械团结”，还是“有机团结”，[①] 都会形成一定的社会群体，由此构造成为一个个具体的社会空间。社会空间中的每个个体都会对空间的形成产生一定影响，社会空间形成后，也反作用于空间中的个体，这里的“作用力”既可以是积极的力量，也可以是消极的力量。又因为社会空间可以分为文化空间与自治空间。文化空间具体表现为一定的家族、民族、村落等文化单位，这些文化空间中的某些不合理的习俗，极易对空间中的个体造成精神上的伤害。法律在对这些文化空间中的伤害进行制裁性调整时，必须要正确处理好法律自身与文化空间中固有的规范之间的关系，此时，制裁性调整既要以法律为基本遵循，也要充分考虑到文化空间的具体情境，制裁性调整发挥功能的目的不仅是对伤害行为人进行惩罚，也要通过惩罚对空间中消极的规则进行调整。在自治空间中，文化—精神因素依然存在，任何企业都要强调企业文化就是很好的例证。在社会自治空间中，文化—精神伤害的形式多样。例如，在文化生产单位，员工就常常会与任职单位发生著作权归属的纠纷，进而对员工的思想、思维可能造成一定的伤害，此时，制裁性调整就必须要厘清员工职务行为与纯粹个体思想、思维的关系，进而对加害人施加制裁；有些企业生产了某些不合格的产品，对消费者造成身体上的伤害，也会间接对他们的精神造成一定伤害，法律甚至要对此类企业付出惩罚性赔偿；更有些企业甚至生产某些不健康的文化产品，不仅会对具体消费者构成伤害，也会对整个社会构成文化—精神上的伤害，此时，不仅要对此类

① ［法］埃米尔·涂尔干：《社会分工论》，渠东译，生活·读书·新知三联书店2000年版，第13～186页。

企业施加民事制裁，也可能施加刑事制裁，需要运用多种类型的法律制裁形式。

第四，国家公权力机关造成的文化—精神伤害的制裁性调整。即便法治的基本点是清楚的，即留给执掌强制权力的执行机构的自由，应当减少到最低限度，但17世纪的主权理论已经破产，公共服务的概念正在逐渐取代主权的概念成为公法的基础，① 国家必须在文化—精神领域“有所作为”，也可能是“乱作为”。如果说社会空间对主体构成的文化—精神伤害是由社会权力作用产生的消极后果，那么，国家机关对主体的文化—精神伤害则是由国家公权力作用产生的消极后果，此种后果也是更严重的后果。② 据此，制裁性调整不仅适用于社会个体以及个体之间，也能适用于社会空间，更能适用于国家机关与社会个体之间。而不管制裁性调整适用于怎样的社会层次中，我们都可以发现作为制裁性调整的文化—精神伤害具有某些共同特质。这些文化—精神伤害是在社会关系中产生的，既有社会个体之间的关系，也有社会个体与社会空间、国家的关系；而且，文化—精神伤害往往代表着这些社会关系出现了紧张状态，社会关系双方之间的文化—精神利益平衡被打破。故此，制裁性调整始终要关注文化—精神伤害中双方或多方的利益诉求，着眼于维护主体间和谐的文化—精神关系。即便是国家公权力机关造成的伤害，也要关注伤害双方的利益关系。此时，国家公权力机关只是作为施加伤害行为一方存在，社会个体是另外一方，制裁性调整就是要维护社会个体的文化—精神利益，保障个体的文化—精神自由，对国家公权力机关施加额外义务，这也生动体现了责任对权力的限制功能。当然，国家公权力机关对社会个体造成文化—精神伤害的情形还有许多。例如，国家公权力机关具有保障社会个体实现文化—精神权利、利益的职责，如果没有履行或没有完全履行

① ［法］莱昂·狄骥：《公法的变迁》，郑戈译，中国法制出版社2010年版，第33页。

② 例如，国家文化治理缺失，公共文化服务保障措施不到位，这些都可能使社会成员的文化—精神自由难以实现，进而构成对主体的文化—精神伤害。关于国家文化治理的相关论述，参见周笑梅、高景：《公共文化服务视阈下的国家文化治理转型》，载《社会科学战线》2015年第5期。

该职责，国家公权力机关也将受到制裁；一些地方的立法机关出台一些规定，这些规定对社会个体的文化—精神自由构成了不必要的限制，这也是文化—精神伤害的一种具体形式；甚至可能出现程序性违法，导致文化—精神伤害，引起“程序性制裁”①。

值得注意的是，制裁性调整是一个极为复杂的法律调整过程，特别是在法治实践中，制裁性调整发挥作用需要考虑诸多因素，对于同一事实，有时甚至需要反复调动制裁性调整。在文化—精神领域，伤害本身就是一个极难认定的社会事实，它不仅是一个客观上的结果，也是一个关联了众多主观因素的结果。这也许可以解说，为什么法律在认定社会个体肉体、财产上的伤害时分歧不大，而对文化—精神伤害的认定却容易具有较大的差异。这就需要法律在实践中不断完善制裁性调整机制，对不同的文化—精神伤害进行更为细致的规定，构建更加科学的文化—精神伤害认定机制。

第四节　文化—精神贡献与奖励性调整

即便社会成员普遍对放任性调整、导向性调整、制裁性调整的关注不多，学理上的研究成果也不多，但至少人们一般认为以上三种调整方式是法律的调整方式。对于奖励性调整，不仅社会对它的关注度不高，甚至有部分社会公众认为其不能构成一种调整方式，至少不是一种法律上的调整方式。在社会日常生活中，奖励行为普遍存在，法律上也有诸多关于奖励的规范，② 这也能在一定程度上说明奖励性调整应当成为法律的重要调整方

① 陈瑞华：《程序性制裁制度的法理学分析》，载《中国法学》2005年第6期。

② 其实，惩罚的另一面就是奖励，即便惩罚性赔偿制度中也有奖励的因素，参见李友根：《惩罚性赔偿制度的中国模式研究》，载《法制与社会发展》2015年第6期。

式，但还需要在学理上对奖励性调整的可行性予以说明。同时，奖励主要是对主体进行精神上的激励，它不可能完全是对主体贡献的一种等价补偿，但在文化—精神领域，贡献如何能够被有效地奖励？此种奖励又如何能发挥其社会示范作用？这些都是值得进一步探讨的问题。下文将从奖励性调整所对应的社会事实以及奖励的实施机构、实施程序等方面，证成奖励性调整是一种重要的法律调整方式，并将对文化—精神贡献的奖励性调整进行详细分析。

一、什么是奖励性调整

制裁性调整是对减损自身义务的行为进行惩罚，并对行为人科加额外义务，由此促进社会主体积极履行义务。在社会日常生活中，不履行义务的主体毕竟只是少部分，大部分都会积极履行法律义务，也会有一部分主体自愿承担法定义务之外的额外义务。因此，制裁性调整只能对不愿承担义务的行为进行调整，而对模范地承担义务以及承担法定义务之外的额外义务行为却不能调整。虽然法律不能也不应当强制要求主体承担法定义务之外的义务，但法律可以鼓励主体履行法律之外的额外义务。因为法律在某种程度上就是一个人为预设的价值体系，[①] 法律规则的设定，不仅要对人们的行为进行调整，还要引导社会价值观念的形成。而法律的此种目的就是通过奖励性调整实现的，奖励性调整就是指法律对主体模范尊重、践行高尚道德的行为给予一定的奖励。虽然在任何社会中都有相应的道德调整，但它与法律调整是两种相对独立的社会调整体系，[②] 法律把高尚道德纳入调整视野，并不否定道德调整，而是对道德调整的一种辅助。此时，法律调整的视域已经由法律本身转向了法律之外，放任性调整、导向性调整、制裁性调整都是对法律视域内的主体行为予以调整，只是它们从不同角度对主体行为进行调整，而奖励

① 谢晖：《论法律价值与制度修辞》，载《河南大学学报（社会科学版）》2017 年第 1 期。
② 公丕祥主编：《法理学》，复旦大学出版社 2016 年版，第 156 页。

性调整虽然属于一种重要的"法律"调整方式，但它关注的调整对象却在法律之外，也可以说此种对象是一种"修辞性法益"①。由此可见，法律对社会的影响是全方位的，既要关注社会主体的行为层面，也要关注社会价值层面，使法律不仅成为社会利益分配的一种工具，也能成为社会价值理念形成、延续的一种基本规范遵循。更重要的是，法律对社会价值层面的影响，并不是通过强制性手段形成的，而是通过倡导性的方式实现的，这能使法律与社会形成良好互动的局面，使法律结构于社会主体思想、行为之中。

虽然奖励性调整在法治实践中运用得并不多，对于"奖励"的学理研究也不多，法律规范结构理论长期将其排斥在法律规范结构之外，② 但我们并不能因此认为奖励性调整就是可有可无的一种法律调整方式。我国宪法中也有一些条文涉及奖励性调整。例如，宪法第 20 条规定，国家发展自然科学和社会科学事业，普及科学和技术知识，奖励科学研究成果和技术发明创造；第 42 条第 3 款规定，国家提倡社会主义劳动竞赛，奖励劳动模范和先进工作者。其实，我国现阶段的奖励性调整主要集中于生产领域，强调对社会成员在科技领域的重大贡献予以奖励。但是，奖励性调整是一种处理法律规范与道德规范关系的重要方式，它既能把两者关联起来，又能使它们之间不相互冲突。关于法律与道德关系的研究很多，有学者认为法律与道德相分离，也有学者认为法律是最低限度的道德，其他学者则认为道德是法律的基础。不可否认的是，这些研究都分别根据不同立场对法律与道德之间的关系予以阐释，但都没有从法律调整，也即法律实现这个维度探讨两者之间的关系。只有在法律的实际运行过程中探讨其与道德的关系，才能使此种解说更具说服力，否则难以说明法律与道德产生某种关系的原因。正如有关法律道德主义的主要争议一样，法律与道德的关系并不在于道德是否能够入法，而在于其

---

① 法律关注哪些利益，把哪些利益上升为法益，都需要综合考虑各种因素，法律要成为一种开放性的规则结构，最主要的就是法益必须具有开放性的结构。在法律中创设奖励性调整，把高级道德纳入法律的调整范围之中，正是满足了开放性法益结构的需要。

② 漆多俊：《经济法基础理论》，法律出版社 2017 年版，第 179 页。

入法的限度和具体方式。① 法律在运行过程中，通过奖励性调整把道德导入法律视野下，并对道德予以法律上的认可。这不仅有利于道德规范的实施，也同样有利于法律的实施。因为，如果一个社会普遍愿意遵守高尚的道德，对这些高尚道德具有较为一致的认同，那么，作为最低限度道德的法律当然也能够得到社会普遍的认可、遵守。况且，奖励性调整主要提倡社会成员从事某些行为，对社会成员的此类行为予以奖励，它在运行过程中需要调动的国家执法、司法等公共资源较少，从而更有利于节约法律运行成本。当然，奖励性调整的重要意义还有很多，这里限于篇幅就不再赘述。

尽管奖励性调整所关注的视域与制裁性调整方式不同，但它们在社会效能上都体现的是社会的报应正义及其需要。② “恶有恶报，善有善报”，如果说制裁性调整是一种对主体“恶行”的“恶报”，也同时满足受害者以及社会公众对报应正义的需求，那么，奖励性调整则是一种对主体“善行”的“善报”，它同样符合社会成员对报应正义的期待。在奖励性调整具体发挥作用过程中，它首先是满足行为主体的此种报应正义需要，不能使他们“流汗又流泪”，而是要使他们获得更多的利益。此时，法律对此类主体的奖励行为，不仅向社会展示法律对此类行为的认可，更鼓励其他社会成员也积极从事此类行为。同时，奖励性调整不仅在法律上鼓励人们从事高尚道德行为，也因此对人们从事的违反道德却不违法的行为予以否定。③ 在民事领域，诚

---

① 孙海波：《道德难题与立法选择——法律道德主义立场及实践检讨》，载《法律科学（西北政法大学学报）》2014 年第 4 期。

② 谢晖：《论法律调整与社会管理创新》，载《西北大学学报（哲学社会科学版）》2013 年第 1 期。

③ 在一般情形下，见义勇为行为属于道德调整，即便社会主体见死不救，也不违反法律，但是，如果法律把见义勇为纳入调整范围中，它就不仅适用道德调整，同样也适用法律调整。相关论述可参见徐国栋：《见义勇为立法比较研究》，载《河北法学》2006 年第 7 期；叶名怡：《法国法上的见义勇为》，载《华东政法大学学报》2014 年第 4 期；杨立新、王毅纯：《我国地方立法规定好撒马利亚人法的可行性——兼论我国民法典对好撒马利亚人法规则的完善》，载《法学杂志》2016 年第 9 期；王道发：《论中国式“好人法”面临的困境及其解决路径——兼论〈民法总则〉第 184 条的理解与适用》，载《法律科学（西北政法大学学报）》2018 年第 1 期。

实信用原则与公序良俗原则是法律要求主体遵循的重要原则，如若主体遵循上述原则，他们在解决纠纷时就能处于有利地位；但是，只要某些主体违背上述原则，他们在解决纠纷时，即便他们的行为合乎法条的规定，仍然可能被法律施以否定性评价。[①] 所以，奖励性调整虽然关注主体在法律之外的行为，但它却能通过不同的方式，使社会的报应正义要求在法律上予以实现，进而为主体从事高尚道德行为提供稳定的后果预期。

奖励性调整的实施主体不仅具有多样性，而且具有与其他法律调整方式的不同特点。放任性调整、导向性调整以及制裁性调整的实施主体主要是国家执法机关或司法机关，但奖励性调整的实施主体可能不是国家执法机关或司法机关，而是某些国家机构或社会组织。例如，某些社会主体舍己为人，是社会的道德楷模，他们所任职的单位可能会根据相关法律的规定对他们予以奖励，他们所在的行业组织也可以根据法律对他们的行为进行奖励。在这里，是社会组织按照奖励性规范的规定，促进法律奖励性调整的开展。还需稍加分析的是，一旦在法律上设定了对高级道德的奖励措施，那么，奖励高级道德行为，对相关国家机构或其他社会组织而言，就是一种法定的国家义务或者社会组织的义务。[②] 这一点对于奖励性调整在实践中运行至关重要。奖励性调整是法律的一种"调整"方式，而不是法律的一种宣言，它是促进规范实施的一种机制，而不是规范本身。因此，奖励性调整把道德规范导入法律的视野，并不是要把它转化为法律规则，而是要促进这些道德规则本身的实施，以及由此促进法律的实施。社会主体履行道德义务本就是承担额外义务的一种表现，势必会对主体的利益造成一定的减损，奖励性调整又不具有对主体的强制力。在此情况下，如果奖励性调整实施主体不明确，这些机

---

① 甚至违背上述原则的行为都可以类型化，有利于此类基本原则在司法实践中的实现。参见李岩：《公序良俗原则的司法乱象与本相——兼论公序良俗原则适用的类型化》，载《法学》2015年第11期。

② 谢晖：《论法律调整与社会管理创新》，载《西北大学学报（哲学社会科学版）》2013年第1期。

构实施奖励性调整的义务也没有法律上的明确规定，可想而知，奖励性规范势必会形同虚设，奖励性调整也难以运转起来。故此，在对奖励性规范作出制度性安排时，必须对执行主体的义务予以明确规定，同时也对它们不履行奖励实施义务的后果予以明确规定，以此确保奖励性调整的高效运转。

在设定奖励性规范时，或者是奖励性调整运行过程中，对“道德行为”的认定至关重要，它直接影响到奖励性调整的效果。正如在制裁性调整中需要准确认定伤害行为一样，在奖励性调整中，道德行为的准确认定也十分重要。因为诸多道德行为已经法律化，甚至一些公共利益也被法律化了，[①] 它们大都成了法律上的义务，对它们的调整就主要适用导向性调整。子女赡养年迈的父母的义务，这既是道德义务，也是法定义务；在一般情况下，公众爱护环境是道德义务，法律也可以把其上升为法定义务。如果一项道德义务被转化为法律上的义务，那么，它当然适用导向性调整，否则法律把这些道德义务法定化也就没有什么意义了。除此之外，我们在社会中，还需要面对大量的纯粹道德义务，即这些道德没有被法定化，奖励性调整主要是对它们予以调整。这些道德现在还没有被法定化的条件，但它们对社会秩序的构建又十分重要，因此法律就可以通过奖励性调整把它们纳入法律视野下。然而，纯粹的道德又具有不同的层次，有些行为体现了社会的基本道德，或者说体现了“中民道德”，这就是一种互惠互利、利己利人的社会道德；另一种道德可称为“圣人道德”，它是一种损己利人、大公无私、只求奉献的道德。在面对这两种不同类型的纯粹道德时，法律对它们是否进行调整以及怎样调整都是不同的，需要在设定奖励性规范或在奖励性调整运行时，对它们予以差别对待。至于法律到底是怎样对它们分别予以调整的，我们将在后文进行详细论述，这里就不再过多论述。通过以上对不同层次道德的描述，我们想说明的一个问题就是，法律并不是对任何道德都予以调整，也不是对任何道

① 倪斐：《公共利益法律化：理论、路径与制度完善》，载《法律科学（西北政法大学学报）》2009 年第 6 期。

德都适用奖励性调整，即便是适用奖励性调整，对于不同的道德行为，奖励性调整的具体作用路径也可能不一样。因此，奖励性调整在运行之初，必须首先对主体从事的道德行为给予评价，评价的结果则是奖励性调整运行的基础。

二、奖励性调整的一般规范——道德

道德具有不同的层次，既有法定化了的道德，也有纯粹道德，即便是纯粹道德也包含了“中民道德”与“圣人道德”；甚至对于法律而言，我们也可以把道德归为法律的内在道德与法律的外在道德①。法律也对不同类型道德的态度不一样，有些道德已经被法定化了，转化为了具体法律规则；有些道德是法律关注的对象，即便它们都适用奖励性调整，但具体调整的方法也有所不同；有些社会道德则根本不属于法律调整的范围，至少法律在当前还没有关注到它们。② 这也就可以解说，缘何对主体道德行为进行准确的评价对于奖励性调整如此重要。又因为本书在有限的篇幅内，不可能对道德进行完整的梳理，对它的研究不仅涉及了法学，也涉及伦理学、政治学等学科。故此，下文将在法学视野下，对法律所关注的道德进行初步分析，特别是从道德作为奖励性调整的一般规范这一视角下展开相关研究。具体而言，奖励性调整作为一种必不可少的法律调整方式，作为一种促进道德在法律层面予以实现的方式，它所涉及的奖励范围主要可类型化为三个方面：其一，对累积的模范道德行为进行奖励；其二，对突出的模范道德行为进行奖励；其三，对部分义务道德进行奖励。③

第一，作为奖励性调整规范的累积的模范道德行为。社会成员在日常生

---

① 当然，富勒在论述法律的道德基础时，把道德又划分为义务道德与愿望道德；而内在道德与外在道德主要是从法律的道德结构方面进行的划分。参见［美］富勒：《法律的道德性》，郑戈译，商务印书馆2005年版，第5~39页。

② 关于道德与法律的一般关系，参见谢晖：《法治讲演录》，广西师范大学出版社2005年版，第130~196页。

③ 谢晖：《论法律调整与社会管理创新》，载《西北大学学报（哲学社会科学版）》2013年第1期。

活中，或多或少都会因为某些原因从事一定的模范道德行为，任何模范道德行为都应该得到提倡，社会应该鼓励更多的成员从事更多的模范道德行为。但是，法律不可能将社会中发生的每一项行为都纳入法律调整的视野中，并对此类行为进行奖励。社会没有足够的资源支撑法律奖励每一项模范道德行为，这不仅不利于奖励性调整的展开，还有可能违背奖励性调整设定的初衷；况且，正如法律一样，道德也是一种社会控制的方式，[①] 它自有其独特的调整方式，法律也应为社会保留道德作用空间[②]。奖励性调整主要是通过把社会中发生的一少部分道德行为纳入法律调整视野中，以此鼓励社会所有成员都积极从事道德行为。奖励性调整设定的根本目的并不在于保障所有道德规范的实施，而在于鼓励社会成员自觉践行高尚道德，把法律的此种价值理念传递给全社会。相较于社会主体的偶发性模范道德行为，累积的道德行为更能体现行为主体的高尚道德观念，对社会的示范性更强。因为偶发性的道德行为，更可能是由一些偶发性的因素引起的，此时，主体不得不从事这样的模范道德行为；而某一社会主体如果长期从事模范道德行为，往往能说明其内心对模范道德行为具有强烈的认同感，今后也更可能继续从事此类行为。如果法律对此类行为进行奖励，就能把行为人个人对模范道德行为的选择导向升华为社会公共示范，把持续从事高尚道德行为引导为社会的一种行为风尚。此类累积的模范道德行为发生于一个时间段内，法律对此难以进行准确的观察、评价，所以，法律只是在某些特殊情形下，才对累积的模范道德行为予以奖励。换言之，法律对于累积的模范道德行为的奖励性调整，不是一种经常性调整，而是一种偶发性调整。

第二，作为奖励性调整规范的突出的模范道德行为。在一般情况下，法律只对累积的模范道德行为进行奖励，单次或某几次的道德行为往往不是法

---

① 谢晖：《法治讲演录》，广西师范大学出版社2005年版，第134页。

② 刘作翔：《法律与道德：中国法治进程中的难解之题——对法律与道德关系的再追问和再思考》，载《法制与社会发展》1998年第1期。

律的调整对象。然而，社会主体可能从事了某次突出的模范道德行为，它对社会的示范作用可能比累积的模范道德行为更大，法律就必须对其展开奖励性调整。其实，任何奖励性调整视域下的道德行为，都具有"突出"的特点，因为只有突出的行为才能引导社会道德风尚。累积的模范道德行为的突出之处在于，行为人持续地从事模范道德行为，行为过程比较"突出"；而我们这里讲的"突出的模范道德行为"主要是指基于特定的一次事件、一次特定的行为，它对社会的影响比较突出。事实上，社会对人的行为评价主要是以结果为导向的，即便是在法律上对行为人的评价，也主要是以行为的结果为根据，法律对突出的模范道德行为予以奖励性调整就是以行为结果为导向。法律对突出的模范道德行为比较容易进行准确的评价，因为行为人的行为结果往往是易于观察的；又因为此类行为在社会中引起的反响比较强烈，对社会的道德示范性又极为强烈。因此，对此类行为的奖励，必须实现日常化、程序化，把尽可能多的此类行为都纳入奖励性调整之中。《民法典》第183条规定：因保护他人民事权益使自己受到损害的，由侵权人承担民事责任，受益人可以给予适当补偿。没有侵权人、侵权人逃逸或者无力承担民事责任，受害人请求补偿的，受益人应当给予适当补偿。即便惩罚性赔偿的实质也应是经济法学的奖励制度①。在一定程度上，这也可以认为是法律对突出道德行为进行调整的具体法律规定。

第三，作为奖励性调整规范的义务道德。如果法律把某些道德行为法定化，使这些道德义务转化为了法律义务，那么，对这些法定化的道德义务往往就适用导向性调整，而不再适用奖励性调整。法律偏爱例外，这主要是由于法律所关注的社会事实就常常出现例外。虽然义务道德是主体必须承担的，可当这些义务和主体的最大法益——生命、健康的付出相关时，或者因为其义务履行挽救了他人、社会、国家可能面临的巨大法益损失时，或者因为其

① 孙效敏：《奖励制度与惩罚性赔偿制度之争——评我国〈侵权责任法〉第47条》，载《政治与法律》2010年第7期。

义务履行给共同体带来了巨大的共同荣誉时，按照法律规定的程序和条件，就应予以奖励。① 在第一种情况下，主体虽然从事的是职务行为，但因为该职务行为可能会对主体的健康或生命构成威胁，或者主体从事职务行为已经对其健康或生命造成了损害，此时，法律可以对此类行为予以奖励，这里的奖励是对主体的此种奉献精神的一种报偿措施。在后两种情况下，即便主体是在其从事职业行为中取得了巨大荣誉或挽救了公共的巨大法益损失，但他们的此类行为常常超出了职业义务对他们的预期，可以说他们在做好本职工作的同时，又因为工作而为社会作出了巨大贡献。对此类行为予以奖励，一方面是为了对他们的行为给予一定的报偿；另一方面也是为了鼓励社会其他成员积极为社会贡献自己的力量。我国《科学技术进步法》就规定，国家建立科学技术奖励制度，对在科学技术进步活动中作出重要贡献的组织和个人给予奖励。科技人员往往是在从事本职研究中取得重大成就，当此种成就远远超过了职业对他们的预期，并为社会带来巨大效益或荣誉时，国家就应当对这些科技人员予以奖励。当然，法律在对义务道德进行奖励性调整时，必须严格按照法定条件对这些行为进行评价，进而确定奖励的具体对象；在诸多情况下，法律也可能对义务道德施行双重调整。主体正常履行义务道德时，受到导向性调整；如果主体没有履行或没有完全履行义务道德，则受到制裁性调整；如果主体不但完全履行了义务道德，还为社会作出巨大贡献，那么，此时就应当适用奖励性调整。

总之，权利、义务、责任都是法律上的重要范畴，可以说大部分法律条款都是对它们的具体化、规则化，因此，放任性调整、导向性调整、制裁性调整都是为了使法律在社会生活中得以充分实现；而道德是主体日常生活中的重要规范，即便法律可以把其法定化，但它仍然不可能成为法律中的主要规范，奖励性调整把其纳入法律调整的视野中，主要是为了运用弹性的奖励

① 谢晖：《论法律调整与社会管理创新》，载《西北大学学报（哲学社会科学版）》2013 年第 1 期。

性调整整合弹性的道德规则，实现社会治理中的自律与互律的沟通，① 也是为了实现法律在社会中更高层次的价值，增进法律的社会效用。

三、文化—精神贡献作为奖励性调整的对象

在文化—精神领域，奖励是特别常见的，因此我们经常把奖励区分为物质奖励与精神奖励，精神奖励可能在日常生活中更为常见。但是，在法律的奖励性调整视域下，奖励是一种法律调整机制，它必须具有明确的调整对象，这个对象就是文化—精神贡献。可以说奖励性调整就是围绕着文化—精神贡献展开的一种法律调整方式，确定奖励的对象不仅是奖励性调整的初始阶段，也是引起奖励性调整的重要因素，奖励的对象还可能对整个奖励机制产生根本性影响。因为奖励的认定、奖励的形式、奖励的实施机关都可能因为奖励的对象不同而有所不同，对奖励的具体环节的设定都不得不考虑奖励对象的特征。② 即便我国法律的奖励性调整还有待加强，但不管是在有限的奖励性规范中，还是在奖励性调整的法治实践中，文化—精神贡献都是作为一项十分重要的奖励对象。例如，我国《宪法》第20条规定："国家发展自然科学和社会科学事业，普及科学和技术知识，奖励科学研究成果和技术发明创造。"这为我国法律设定奖励性调整提供了基本遵循，此外我国《科学技术进步法》又进一步对我国的奖励机制作出了详细规定，这使科学技术领域的奖励性调整具有了规范依据。在一定意义上，科学研究成果与技术发明创造属于主体文化—精神贡献的范围，是创新文化建设的重要组成部分。③

当然，文化—精神贡献本质上就是主体在文化—精神领域内的贡献，此

---

① 谢晖：《法治讲演录》，广西师范大学出版社2005年版，第146~153页。

② 例如，在科技奖励中，奖励对象是"科技成果"，还是"完成科技成果的人员"，这对奖励制度的设定就会产生较大的影响。参见王炎坤：《我国科技奖励对象和分配探析》，载《科学学研究》1993年第2期。

③ 王大明、胡志强：《作为创新文化建设重要组成部分的中国科技奖励制度》，载《自然辩证法研究》2005年第4期。

种贡献可大可小，任何贡献都可能获得一定的奖励，但并不是任何贡献都能成为奖励性调整的对象。首先，主体在文化—精神领域内产生的成果，必须能够对社会产生重大影响，这样的成果才能称得上是“贡献”。如果法律规定对任何成果都予以奖励，那么，这样的奖励行为就难以对社会其他成员产生示范作用。例如，即便可以设定对知识分享的奖励，那也只是一种企业的奖励制度，而难以成为法律的奖励性调整对象。① 其次，即便可以把主体的某些文化—精神成果认定为文化—精神贡献，还必须把不同的贡献予以等级化，对不同等级的成果予以不同力度的奖励。特等奖、一等奖、二等奖、三等奖的设定，可能就是为了实现差别化奖励，差别化奖励对社会的激励作用更大。再次，在文化—精神领域，除了对主体作出的具体成果予以奖励，还应该对主体的行为予以奖励。换言之，在文化—精神领域进行奖励，不仅要以最终成果为导向，还应该关注主体行为的过程。最后，在文化—精神领域，法律也应该注重区分行为人的职务行为与他的实际贡献之间的关系。我国《著作权法》规定，主要是利用法人或者其他组织的物质技术条件创作，并由法人或者其他组织承担责任的工程设计图、产品设计图、计算机软件等职务作品，著作权的其他权利由法人或者其他组织享有，作者只享有署名权，但法人或者其他组织可以给予作者奖励。所以，对文化—精神贡献的归属予以明确，是法律对贡献进行奖励性调整的基础。其实，文化—精神贡献的认定是一个极其困难的问题，主体的一定文化—精神成果对社会的影响不是立竿见影的，可能在主体有生之年，他的作品并没有对社会产生任何重大的影响，而是在若干年之后才能产生影响。

倘若法律能够对文化—精神贡献予以准确认定，那么，又该怎样对贡献的主体进行奖励？不管怎样的贡献，都是具体社会主体从事的具体行为而产生的，也不管怎样的奖励，最终都要以贡献的主体为奖励的最终对象。特别

① 谢荷锋、刘超：《“拥挤”视角下的知识分享奖励制度的激励效应》，载《科学学研究》2011年第10期。

是在文化—精神领域，社会主体是文化—精神贡献得以产生的最重要因素，即便在文化—精神贡献的产生过程中，有诸多因素都能对此过程产生影响，但影响最大的一定是作出贡献的那个具体社会主体。[①] 文化—精神贡献是主体思维、思想的结果，不同主体之间的思想、思维水平相差也比较大，主体能否为全社会作出文化—精神贡献与他自身的思维、思想水平高低相关。因此，通过法律的奖励性调整，不仅要向社会展示文化—精神贡献，期望其他社会成员也能作出如此巨大的贡献，而且更要向社会宣扬对作出此贡献的主体的褒奖，也期望其他社会成员能够像该主体一样为社会作出巨大贡献。既然奖励的对象要最终作用于社会主体，也要对其他社会主体产生影响，那么，法律在设定奖励性调整时，必须关注到贡献者。法律的奖励是对贡献者的一种报偿措施，主要是要使贡献者在精神上得到鼓励，由此进一步激发贡献者在文化—精神领域的创造力，也因此激发全社会的创造力。不管是对贡献者进行物质奖励，还是进行精神奖励，这些奖励不可能是对贡献者的等价报偿，它只是一种激励措施。这就使得对贡献者奖励性的调整，不得不综合运用物质与精神奖励方法，这样才能起到积极的激励作用与示范作用。就正如在著作权领域，虽然某些职务行为下产生的作品，其著作权归属于单位，但具体完成人仍然享有署名权，该单位也可以对其进行一定的物质上的奖励。至于具体该以何种方式对贡献者予以奖励，这常常要视工作者行为的初衷而定，如果他主要是在文化—精神领域内的生产活动中对社会作出巨大贡献，此时，物质奖励对贡献者的激励作用更大，也更能满足社会的报应正义要求；如果主体是在从事纯粹文化—精神活动中作出的巨大贡献，那么，精神上的奖励才能取得更好的效果。

不管法律对文化—精神贡献的奖励性调整作出怎样的精细化设定，如果没有明确的实施奖励的机构，这样的奖励性规范也将形同虚设。法律主要是

---

① 虽然大部分奖励是以“成果”为直接对象，但有些奖励也是以社会主体为直接对象。例如，在国家功勋奖励制度中，奖励对象是“为国家和社会发展做出杰出贡献的各类人才”。参见左高山：《论国家功勋奖励制度的内涵与结构》，载《科技进步与对策》2007 年第 7 期。

通过奖励性调整倡导社会成员从事某些行为，它不可能对奖励哪些贡献、何时奖励、以怎样的形式奖励等具体事项进行完全确定性的规定，因为这些事项还需要针对具体的贡献进行判断，但法律应该对奖励的实施机构予以明确规定，虽然不能完全强制某些机构必须进行奖励行为，法律的规定却可以对这些机构产生一定的约束力，至少能够让社会公众了解实施奖励的机构应该是哪些。而在文化—精神领域，社会主体从事的行为具有个体化倾向，可能文化—精神贡献的主体并不属于社会的任何生产单位，此时，能如何有效发现他们的这些贡献？又能如何有效地对这些贡献予以奖励？即使创造者属于某个特定社会单位，那么，怎样的机构实施奖励行为才能引起社会公众的普遍关注，才能把此种奖励的示范作用扩展到全社会？同时，文化—精神领域内的创造是一项十分专业化的行为，有时候需要专业性的机构才能对不同创造成果予以正确评价，才能对主体的贡献给予准确的认定；[①] 但是，一项奖励活动要能够引起社会的普遍关注，又需要对全社会都具有普遍影响力的权威机构作出。因此，在选定奖励机构时，可能会遇到相互矛盾的情形，即文化—精神贡献需要专业化机构认定，这些重要性机构实施奖励行为又难以引起社会的普遍关注，而有些机构实施奖励行为虽然能引起社会的普遍关注，但不一定能对贡献进行较为准确的认定。至少是在文化—精神领域内，实施法律奖励性调整的机关不应该局限于某一些，要普遍调动社会各个层次的机构实施奖励行为的主动性，发挥不同社会机构在奖励行为过程中的各自优势作用。

在对文化—精神贡献进行奖励性调整时，不仅要对奖励的对象予以准确认定，对奖励的形式与奖励的实施机构进行明确的规定，还应该建立奖励反馈机制，确保奖励行为能够对社会产生积极影响。法律效力是一个恒量，而

① 其实，在文化—精神领域，大部分成果主要的社会功能就是为社会成员创造精神上的愉悦。例如，社会公众通过对艺术作品的欣赏而获得精神上的享受。但是，不是任何能够供人们欣赏的作品都能称为对社会的贡献，至少不能是奖励性调整视野下的文化—精神贡献，它们常常还需要经过专业化的评价，才能由文化—精神成果转变为值得奖励的贡献。

法律实效是一个变量,[①] 在任何法律领域，都应该建立完善的反馈机制，这样才能把法律的效力与实效勾连起来，使法律体系始终保持开放的姿态。放任性调整、导向性调整、制裁性调整在实际运行过程中，都应该构建起反馈机制，把主体权利实现的状态、义务履行的状态以及制裁的效果反馈到法律调整过程中，因为法律调整不是一次性就能完成的，只要法律还是社会的一种重要规范，法律调整就会一直发挥作用。文化—精神贡献往往不会对社会产生强烈的感觉冲击力，而是对社会产生潜移默化的影响；又因为不同的社会主体对文化—精神贡献的认同会产生巨大差异，他们对文化—精神成果是否能成为贡献以及贡献的大小都有不同的认识。因而法律对文化—精神贡献奖励的社会示范作用会有所减弱，对整个社会的感召力也会减弱。毕竟不是所有社会成员都爱好文学，即便一部文学作品能为丰富人类精神世界作出巨大贡献，但也有可能众多的社会成员并没有关注到该作品；即使在这些作品被奖励后，也不会激发其他社会主体的创造热情，而更可能成为社会成员的“谈资”，因为大部分社会成员并没有能力从事文学创作。由此可见，在文化—精神领域，法律期望奖励对社会产生的效果与奖励实际上产生的效果差异较大，这并不是由奖励性调整设置不合理导致的，而是由文化—精神贡献的特点所决定的。只能通过奖励性调整的反馈机制来解决此类问题，法律逐步根据文化—精神贡献奖励性调整的实际社会效果完善奖励性规范，并逐步依据奖励性规范构建有效的奖励性调整系统。

此外，奖励性调整中的反馈机制也可以对奖励性行为进行评价、监督。作为社会制度首要价值的正义,[②] 虽然具有一张普洛透斯似的脸，总是变幻无常,[③] 但不管其如何变幻，最终都是在社会制度的实践中予以实现的，同

---

① 谢晖：《法理学》，北京师范大学出版社 2010 年版，第 260 页。

② ［美］约翰·罗尔斯：《正义论》，何怀宏、何包钢、廖申白译，中国社会科学出版社 1988 年版，第 1 页。

③ ［美］E. 博登海默：《法理学：法律哲学与法律方法》，邓正来译，中国政法大学出版社 1998 年版，第 261 页。

样，也只有在奖励性调整的实践中满足社会的报应正义期待。毕竟奖励性调整的最终结果都是要对某些主体予以一定的物质或精神上的奖励，而这些奖励必然会消耗一定的社会资源，如果实施机构是社会团体，也会消耗该团体的公共资源。只有这些奖励资源配置合理，才能真正实现社会报应正义的要求，才能满足人们对公平正义的期待，也才可能对人们产生激励作用。况且，实施奖励行为的机构大都为国家机关或社会公共机构，在要求这些机构履行一定奖励义务时，也同时赋予了一定的奖励权力，此时，可以通过奖励效果反馈机制对奖励权予以监督。不管是在对文化—精神贡献进行奖励时，还是在对其他什么贡献进行奖励时，因为要对这些所奖励的对象进行评价，这必然就会使在奖励行为中导入诸多主观性因素，如果在奖励行为中对该类主观因素设定过多的约束，会使奖励行为难以进行。所以，在奖励行为完成后，奖励的社会效果显现时，就能通过奖励效果评估奖励行为是否客观、公正，以此为法律奖励性调整的完善积累经验。

第四章　人类文化—精神领域的法律处理类型

人类文化的法律处理究竟有哪些类型？或者说，哪些内容可以被纳入人类文化的法律处理之中？一般而言，人类文化的法律处理包括两个方面，其一为纯粹物质文化的法律处理，其二为纯粹精神文化的法律处理。法律自身作为制度文化的重要组成内容，对物质文化和精神文化皆具有一种桥架功能。那么，究竟何为纯粹物质文化，法律如何对其进行系统处理？何为纯粹精神文化，法律又如何建构与其相关的处理机制？为什么作为制度文化的组成部分，法律可以在纯粹物质文化和纯粹精神文化之间发挥桥架的作用？接下来，笔者将对这些问题进行详细阐释。

第一节　物质生产生活关系的文化升华与法律处理

或许有人会认为自“物质”与“精神”实现分野之后，文化应被归属于纯粹的精神范畴，而与物质无涉。因为“文化”这一概念本身以人的主体性为基础，物质却似乎与人的主体性相对立，乃“客观”的代名词。然而，“物质”本身是否真的只具有客观性而不掺杂一丝主观性？“物质”是否完全不体现任何“文化”的特征和属性？答案是否定的。可以说，当自然物质进入人类生活并为人类所用，它就已经成为人类文化的一部分并已包含着人的某种主观性。想象一个生活在原始部落中的人偶然在水边拾得一块鹅卵石，并将它带回了自己的住所。此时，这块鹅卵石就已脱离了纯粹的自然状态而成为人类世界中的一种“工具”。它的主人可能会将其磨尖并捆绑在一根长长的树枝上，用以充作捕猎或战斗时的兵器，也可能会将其放在火堆中烤烫，以作祭祀之用。另一些物质如铁和陶土可能会被加工成锄头和锅碗，用来生产新的物。这些参与进人类生活与生产活动中的物已不能再被视为纯粹的自然物，因为它们已被无形地镌刻上了人类的历史，并成为某一段特定文化的载体。几百年甚至几千年后，未来的人类将凭借这些物来重新追溯和认识自己的祖先，并还原历史进化的过程。

物的文化性来源于自身的生产过程及其自身在人类日常生活中充当的角色，但物的生产生活得以有序进行的根本性前提，则在于对物之分配关系的有序处理。一把战国时期选用上等原料制成并被某一贵族所有的青铜剑，它的文化性反映出了贵族阶级在当时社会对生产原料的把握，它作为贵族身份阶级的象征而被赋予一定文化意义。如果它的生产原材料最初无法确定归属，那么它将不可能被铸造而出。当它被铸造成形之后，若无法被“某人（团体）”所有，那么就不可能进入人类的生活并被文化所结构。有序的物之分配并非自然天成，而是规范运作之结果，其中法律的作用最为重要。法律对物之分配秩序的制度性处理，也间接地与文化产生了关联——正因为法律将物在人类社会中的位置进行了分配和定位，因此物才能在人类社会中取得文化性意义。本节将围绕“物质生产生活关系的文化升华与法律处理”，依次探讨如下问题：何为“物”或者说何为具有文化属性的“物”？人类的物质生产生活为何需要文化升华，如何升华？法律如何处理人类社会的物质生产生活关系，为什么说法律对人类社会物质生产生活关系的处理本身就是一种“文化”处理？

一、“适应自然”的动物与“运用自然”的人

自人类开始用文字记载历史，“人与动物”之关系的讨论就不断出现在各种典籍之中。“这是几个世纪以来哲学家们最为关注的话题”“无论在哪

里，一提起动物，人们就会想到人类文明”。[①] 德里达将“人与动物”相关的思想划分为两大传统：一种传统是将动物作为人类关照的对象，以此突出人类的主体地位和动物的客体身份；另一种传统是不否认人类的内在动物性，肯定动物自身的价值并客观地看待人与动物之间的紧密关系。[②] 海德格尔对动物存在方式和本质特征的判定即属于第一种传统。他在《形而上学的基本概念：世界、有限、孤独》一书中描写趴在石头上晒太阳的蜥蜴时，曾提出三个命题：“石头是无世界的”“动物的世界是贫乏的”，以及“人是建构世界的”。他认为动物的存在方式乃是“贫乏于世”，与“无世界”的石头不同，动物可以与世界建立一定的联系，但此种联系仅是出于本能。就像蜥蜴会主动地寻找一块石头并自己躺到上面，如果它被人从这块石头上移开或放到另一块更冷的石头上时，它就不会像石头一样毫无动弹，而是会尽一切可能再去寻找一块温暖的石头或者另一个地方晒太阳。从石头和蜥蜴的对比中，可以看出蜥蜴是一种与周围环境具有互动关系的“反应活动”存在物，但这种互动只是出于本能。在选择石头时，它并不懂得何为太阳、何为石头，认识不到事物之间的相互联系，也无法通达其他存在者。而人类不仅可以认识到自然中事物之间的联系，还可以改造自然。列维纳斯——海德格尔的后学——更加鲜明地强调了这一立场：只有人类才能成为他者，动物归属于自然的一部分，是人类关照的对象。他在《总体与无限》中表示，非人类的存在（包括动物）有许多在场的方式，它们可以作为工具而为人所用，可以是人类享乐的对象，也可以是人类审美的客体。因此，动物与人之间存在本质的差别，前者仅仅是“适应”自然，而后者却是“运用”自然。

动物辗转捕猎、腾挪造筑只为一个目的，即从自然界获取粗陋的可食之物和栖身之处。它们认真而急切的劳作都用于寻找日常必需品，至多是为季

① 《明天会怎样：雅克·德里达与伊丽莎白·卢迪内斯库对话录》，苏旭译，中信出版社 2002 年版，第 80 页。

② 参见［法］雅克·德里达：《“故我在”的动物》，史安斌译，载《生产》（第三辑），广西师范大学出版社 2006 年版，第 69~132 页。

节交替做准备。一只只蚂蚁拖着玉米爬上斜坡，来来去去不停忙碌，这一幕一次次重演。虽然动物也从事生产活动，也要为自己或幼崽营造巢穴和住所，但它们只是依照本能片面地生产肉体所直接需要的东西。也就是说，动物仅仅作为自然界的一部分，单纯地以自己的存在来改变自然界。而人却有一种独特的才能，可以留下一些东西证明自身的存在。人类开垦田地、挖掘运河、种植园林，还建造桥梁、夷平山脉，在地球上树立起一座座的城堡、教堂和高塔。大地因为人类的活动而被改变了样貌，山头被炸平，森林被砍伐，河流被改道。一座座城市拔地而起，一座座水电站将大河、大江拦腰截断。每一代人都为人类文明的创造作出了自己的贡献，其劳动促进了个体或整体社会思想上的进步。试想我们升入空中以更开阔的视野俯视自己居住的地球，成片的平原、连绵的丘陵、冉冉的森林、纵横的河流以及所有大自然带给其子民的富庶产物将尽数呈现在眼前。我们同样会看到人类劳作的痕迹，看到人类如何施展自身的力量对自然万物加以经营和统筹。人在长期的生产劳动过程中自觉能动地运用自然、改造自然并在一定程度上支配自然，给自然打上自己的印记并创造出一定的生产关系。从这个意义上说，人对自然加以运用和改造的过程中所获得的“物”，将与其他动物生产劳作所获得的“物”严格区分开来：后者依然是单纯的自然物，而前者已被烙上独特的“人工”印记并从自然物中分离出来。这就是“自然的人化”。[①] 人类在走向文明的过程中创造了许多奇迹，工业社会的迅速发展使得人类征服和改造自然的力量空前强大。而人类通过劳作的方式运用自然并获得“物”的过程被称为“物质生产”，围绕着这些“物”所形成的不同生活形式被称为“物质生活”。物

① “自然的人化”是马克思在《1844年经济学哲学手稿》中提出的概念，它是指人们在实践活动中引发的自然因素、自然关系的变化。李泽厚将“自然的人化”分为“外在自然的人化”和“内在自然的人化”，前者即山河大地、日月星空的人化，后者即人的感官、知觉、情感和欲望的人化。“在实践上，人的普遍性正表现在把整个自然界——首先作为人的直接的生活资料，其次作为人的生命活动的材料、对象和工具——变成人的无机的身体……通过实践创造对象世界，即改造无机界，人证明自己是有意识的类存在物”（[德]卡尔·马克思：《1844年经济学哲学手稿》，刘丕坤译，人民出版社1985年版，第52、53页）。

质生产生活关系是人类社会最基本的关系，这里的“物”也因人的主观性和能动性而从自然物中分离出来，并具有了独立的客体地位和研究价值。

恩格斯（Friedrich Von Engels）和德绍尔（Friedrich Dessauer）从哲学的角度对物质生产生活关系中“物”的独立地位及其价值作了深度阐述。首先，物质生产生活关系中的物必须是经由人之劳动而加工、改造过后的物，它与自然物形成了一组对立并独立于自然物而存在。康德曾将世界分为现象界和物自体世界，后者是人类经验永不能企及的超验实在，是存在于现象界背后的不可知的对象自身。恩格斯则对康德进行了批判，并认为对康德之观点“最令人信服的驳斥是实践，即实验和工业”。[①] 恩格斯认为既然我们能够制造出某一自然过程，按照它的条件将其生产出来并使其为我们的目的服务，这就足以证明我们对这一过程的理解是正确的，那么康德那不可捉摸的“自在之物”也就完结了。[②] 德绍尔在物自体问题上建立了不同于康德和恩格斯的观点，认为人类只能接近，却不能真正把握自然物的物自体。但对于人工物的物自体，德绍尔认为它是以发明者思维着的精神为中介，借以人手对自然物之物自体进行加工的产物。技术使人工物之物自体的理念得以现实化，最终亦能被人类的理智所把握。在技术发明、物之生产的过程中，借助思维着的精神和手工的操作，人类现实地参与了上帝的创造活动并真正执行了上帝的计划，因而也就直接涉足了上帝创造的可能性领域。这些都是人类本质力量的表现，是完全进化的人类大脑皮层组织和结构赋予人类思维的独特功能。[③] 因此，作为人工物的物自体是人类以理想的虚拟型构为模板，以自然

① 《马克思恩格斯选集》（第 4 卷），人民出版社 2012 年版，第 232 页。

② 参见《马克思恩格斯选集》（第 4 卷），人民出版社 2012 年版，第 232~233 页。

③ “猿类与人类在脑尺寸上的区别主要来自人脑中与综合能力有关的大脑皮层部分的扩展，正是这种能力使概念思维成为可能。人脑中最显著的解剖学特征，是额叶和颞叶的尺寸较大。有理由推想，这尤其是与更高的心智能力相关的。另外一个显著特征是人脑中含运动神经元区域的重要性有所提高。这些区域主要集中在从顶部延伸到左右大脑中部的地带中，因此包括了额叶的后部，与接收触觉感应的顶叶的前部边缘相接”（［英］查尔斯·辛格、E. J. 霍姆亚德、A. R. 霍尔编：《技术史》（第 1 卷），王前、孙希忠译，上海科技教育出版社 2004 年版，第 10 页）。

物之物自体为基础建构的。它相对独立地存在于自然界和人类社会之中，既与自然物之物自体有着某种必然联系，又携带着自身的独特性。它是经由人类的思维活动和实践活动建构起来的产物，包含了人类的目的或意向，不仅可思、可知而且可造。其次，物质生产生活关系中的物独立于人类主体而存在。人工物虽然是经由人类思维活动和实践活动而建构之产物，并与人类的目的和意向息息相关，但并不意味着它是作为主体之人类的附属。因为它并不是人们随心所欲凭空创造出来的，而是以天然的物质材料为原型，是对天然物加工、改造和重组的结果。人创造人工物，但并未创造物质本身，甚至人创造物质的这种生产能力也只是在物质本身预先存在的条件下才能进行。因此，人工物一旦被生产出来就是对象化了的客观实在。它是一个拥有整体结构和功能的特定系统，不依赖于认识主体及其意识而存在。

物质生产生活关系中的“物”从广义上讲包括房子、药物、食品、器皿、工业品和艺术品等，它必须是人类造物活动的产物，是为人类生活和工作而服务的工具。在人类生存环境较为恶劣的时期，造物主要只是为了满足生存的需求。而在生产力进一步发展、基本生存需求已经完全得到满足之后，造物活动便越来越多地倾注了人的感情和精神，意义也变得更为丰富。当原始人类只是捡起天然的石头或树枝来进行捕猎时，他仍然同自然界中其他动物一样，仅仅是在“适应”自然。而当人类第一次有意识地制作锋利的石器来作为狩猎工具时，人对自然的“运用”就诞生了。人类运用自然、改造自然的过程中，经由自身劳动加工而生产出来的“物”显示出了人类的目的性。不断地创造物、生产物、提升物，这样的活动伴随了整个人类文明的进程。

二、物质生产生活关系为何需要文化升华

让·鲍德里亚（Jean Bauderillard）如此概括我们所生活的物质世界：我们生活在物的时代——在以往所有文明中，能够在一代代人之后留存下来的

是物，是经久不衰的工具或建筑。[①] 这些由人类思维活动和实践活动建构起来的物不仅是生产生活中满足人之需要、被人创造和使用的现实工具，还是人类文化的重要载体，保留着人类存在于世的珍贵记忆。生活中我们常见到人们对某一物的丢失怀着强烈的忧虑感，因为这些珍贵的物一旦丢失，也就意味着一段活生生的、曾被物之拥有者视为值得留存和纪念的记忆正面临着消逝的危险。人们自觉或不自觉地保存着历经时间洗礼的物，并为它们建立各式各样的博物馆和展览馆。这种保存和挽留的冲动与物本身的现实功能、交换价值并没有直接关系，它是对物之“多样性”品格的一个侧面反映：对于个人的生存和发展而言，物是可以创造、使用和消耗的必需工具；对于社会的交往合作而言，物凝结着劳动者的心血和智慧，绝大部分可以通过“价值衡量”的方式确定其在整个社会交往中的层级位置；而对于整个人类历史而言，物是对人之存在及其活动的重要佐证，是其所属社会之文化的重要体现。

米勒（Daniel Miller）认为物的意义和形式要从人们对待物的态度来进行理解，也就是说物的焦点在其文化性而非物质性。[②] 研究民俗生活、部落文化的社会学家或者人类学家往往会奋力收集和保存人们生活中看上去毫不起眼的日常生活物件，如锄头、烤铲和挤奶凳。从农业工具、农场建筑到家庭陈设，他们不知疲惫地抢救正在消失的现实“文化”：在废弃谷仓崩塌前必须加紧测量；在最后一块公用地被圈占前必须加紧记录。[③] 人们收藏某一社会中被遗忘于阁楼或棚屋的物品，并不是因为它可以兑换成等值货币或满足其自身的生存需求，而是因为在漫长的历史河流中，每一个经人类双手创造的物都展现了某一社会在一定时期所呈现出的审美倾向、器物制作水平和社

① 参见［法］让·鲍德里亚：《消费社会》，刘成富、全志钢译，南京大学出版社 2014 年版，第 2 页。

② 参见［英］丹尼尔·米勒：《物质》，杜克大学出版社 2005 年版，第 4 页。

③ 参见［英］迈克尔·罗兰：《历史、物质性与遗产：十四个人类学讲座》，汤芸、张原译，北京联合出版公司 2016 年版，第 5 页。

会生活关系，因而是历史的重要构成部分。[1] 例如，在人类社会发展的早期，“铁器”的使用被视为生产力发展进步的重要标志。人们将铁制作成开垦植被的锄头或其他农业工具，也将其制作成狩猎和杀戮的工具。然而，不同地域文化的人们可能会设计出多种不同风格的铁器，哪怕它们具有完全相同的实践功能，就好像欧式风格的建筑与中式风格的建筑最终都只是用于居住。铁器的外形反映着其所处社会中人们的集体审美倾向，锻造铁器的过程中使用的方法和工具则反映出这一社会中人们的器物制作之水平——是手工打磨还是机器轧制。除此之外，铁器本身还被赋予了一定的文化内涵，这种文化内涵只有被放置在某一特定社会关系中才能被全面地理解。在喀麦隆草原地区，人们认为铁器作坊与暴力、流血相联系，必须将其隔离出来并修建在远离聚居区的丛林中，因为它们对家庭秩序有害。在这一地区的人们看来，狩猎与炼铁相似，两者都与危险力量相联系。[2]

显然，我们要严肃地看待“物”。物质生产生活关系并非只有其表面所见的“物质”面向，还有其隐藏着的“文化”面向。许多物质文化研究者关心某一社会群体如何理解自身，并通过汽车、时装和家具等“物”而成为自身：如果物不存在，那么身份就不能实现——年轻并非拥有时装、赛车和摇滚音乐的先决条件，而是它们的后果。而且，人也可以因为失去物质而失去自我，“贫困得无法活着或更好地活着”即最好的例子。在许多社会，作为物的衣服、装饰和工具可以被看作与其所有者相统一的整体中的一部分，甚至是所有者之人格的一种替换。当其主人死亡时，这些物将跟随主人一同安葬或焚毁。物质的文化性应由人化的语境来定义，即穿着

① “物品可以不仅仅用来指一个特定的社会群体，而是本身就可能构成某种社会关系。一个例子是与实际人们的经历完全不同，使用物品来客观化东方的特性和原始主义，它们支配了西方国家历史上构建它的自我形象的方式”（[英] 丹尼尔·米勒：《物质文化与大众消费》，费文明、朱晓宁译，江苏美术出版社 2010 年版，第 118 页）。

② 参见 [英] 迈克尔·罗兰：《历史、物质性与遗产：十四个人类学讲座》，汤芸、张原译，北京联合出版公司 2016 年版，第 31~32 页。

一件纱丽或买一杯特立尼达“饮品”之所以使身份成为现实，取决于附着在物上的传递和习惯。莫斯（Marcel Mauss）在其著作《礼物》中强调“物”（礼物）的交换不仅涉及参与交换的人、创造人工产品的劳动，也涉及所有道德的、宗教的、经济的和司法的标准。这些标准在“物”（礼物）中不可分割，并使得“物”（礼物）成为一种“完全的”社会现象。物越是客观，主体就越是主观地凸显出来，我们所讲的有关世界的知识就越发变成关于人的主张。物作为非人领域的诞生，与人类作为人的诞生是同步的。人与物时时刻刻处在一种变动着的互动关系之中，物的物质性及其文化性相互混杂、不能分离。

我们生活、穿行于物质材料构筑的世界，从稻田到牛仔裤，从农场到城市中的教堂。无论是饮食、服饰，还是建筑、交通以及生产活动中所使用的各种工具，都是我们“文化”的一个重要组成部分。人类创造性地为自己建构起一个物质世界，同样地，物质也反过来塑造和限制人的思维和行动方式：一把由普鲁士锁匠精心制作的“柏林钥匙”并非只是冷冰冰的金属，它还是一个帮助记忆的工具，迫使其主人记住白天关门与晚上锁门的不同之处；一辆18世纪的马车并非只是由马和木头组合在一起的冷冰冰的框架结构，它还展现出了这一时期人们“慢速”（对比汽车、火车乃至飞机出现之后）生活的优雅和诗意，以及人们出行时“并无更快交通工具可供选择”的妥协和无奈。社会学家将物所展现出来的“文化”面向称为“物质文化”，它是特定时间、地点和社会内部人类思维的某种反映。人们的习惯、饮食与会面的方式以及内心深处的价值观念离不开其所生长的物质环境，离不开他们的房屋结构、衣服质料和食物构造。甚至在某些时候，物本身可能就构成了某种社会文化。瓦尼尔（Jean-Pierre Warnier）认为，这些作为容器的物品在当地人看来象征着生育和抚养、疾病与死亡——为了防止死者或野生动物的灵魂在人间作恶，必须为其提供一个“容器”模样的居住地并献酒、供奉。于是，这些容器就与社会关系的创造、维持和消解的条件错综复杂地纠缠在了一起。

由此看来，对物的保存和珍藏不仅是为了满足人类最基本的生存需求，还是为了给后代留下其祖先曾经活动过的“集体记忆”，并将集体的文化通过这些器物一代代传承和延续。物可以记录下人类生产活动的痕迹，还可以记录下人类的日常生活——无论是受压迫的艰苦劳作还是诗意的流浪栖居。不管是作为圣地的宏伟建筑，还是生活中最普通且渺小的陶瓷、碗筷，它们都是集体记忆被物化与客体化的象征。① 在其中，文化与器物之间产生了微妙的关联：物在特定的生产活动和日常生活中被创造和塑形，受到彼时彼刻文化的影响与制约；若干年之后，物又将成为文化的线索和佐证，人类的子孙后代将从物的蛛丝马迹中认识和重构祖先早已遗失的社会及其关系。然而不得不承认的是，我们生活中的绝大部分人都不会以社会学家或者人类学家的眼光来看待物。对于普通民众而言，物最重要的特性是其在现实生活中的功能和效用，以及在市场交换关系当中以货币来衡量的高低价值。人们谈论着考古出土之文物的昂贵——那些生产工艺和精致程度远远赶不上现代作品的汉代陶瓷，在市场上的售价动辄百万元——却很少有人真正了解它们在文化研究中所扮演的重要角色，更遑论日常生活中随处可见的廉价小物件。因此，将“物质生产生活”升华为“文化”，与其说是将物质强行带入文化的视野，还不如说是对物质本身“文化性”之面向的重申和强调。

三、法律，对物质生产生活关系的一种文化和制度处理

物本身的文化性隐含在人类的物质生产和生活之中：物质生产乃是人类社会“物”之产出的重要途径，物质生活则是人类社会生产之“物”最终的流向和归依。人们从事物质生产活动最终是为了改善自己的物质生活，而人类的物质生活水平又受到物质生产水平的限制。可以说，是物质生产与物质生活共同建构了“物”的文化性：一把由青铜锻造的剑，其文化性往往要通

① 参见［英］迈克尔·罗兰：《历史、物质性与遗产：十四个人类学讲座》，汤芸、张原译，北京联合出版公司 2016 年版，第 173~174 页。

过追溯其生产的过程与工艺，以及其在当时社会生活中的功能、用途和特殊意义才能展现，而前者关涉生产活动，后者则关涉生活方式。无论是生产活动中的物还是生活方式中的物，都是人类“文化”的重要组成部分。而人类社会物质生产和生活关系之核心，乃是对物的分配和处理。在物质生产过程中，何者应拥有更多的原材料和生产工具，生产出来的新物品在进入人类生活环境时应归属于谁？对物的不同分配和处理将直接影响到社会物质生产发展水平和某一特定团体的物质生活水平，或者反过来，某一社会的物质生产发展水平和物质生活水平本身也将从侧面折射出其对物之分配和处理的态度，而此种态度本身就具有文化之属性。例如，某一社会可能将“盐”和“酒”等特殊物品的生产和制造严格限制在某一阶级范围之内，又将“珠宝”和“香烟”的消费严格限制在另一阶级范围之内。因此，这一社会对“盐”“酒”“珠宝”与“香烟”的生产与分配活动本身就带着强烈的文化属性，因为它反映了此社会在物质处理和分配之上的一种“规范”性内容。法律就是此种规范性内容在制度层面的具体化身，法律与物质生产生活（包括物质生产生活文化）的直接关系，就体现于法律在引导和规范物之分配和处理过程上的作用。

物质生产生活关系的核心，即在于物的分配和处理。人对物质生产生活资料的需要表现出了人对自然界的必然依赖性，而人的此种依赖性在某种意义上讲乃是一种对“物质利益”的依赖。在现实生活中，人们在物之归属与分配问题上的矛盾和斗争常常表现为一种物质利益冲突。当作为主体的人需要依赖物质而活时，他们就会对物质产生一种渴求和欲望的心理状态，而此种心理状态可以推动人们以一定的方式为了获取更多的物质而进行积极的活动。“天下熙熙，皆为利来；天下攘攘，皆为利往”①，人的大部分行为与其对物质利益的渴求和欲望分不开。人们为了获取自身生存和发展的物质利益，

---

① （西汉）司马迁：《史记·货殖列传》，岳麓书社1983年版，第932页。

去发展生产力、努力利用自然并改造自然。历史上不同社会利益集团通过政治纲领所表现出的政治利益，基本上都以一定的物质利益为基础。任何个人、组织都有自己的物质利益，世上不存在无物质利益要求的个人和组织。且利益具有一定的排他性，在利益博弈的过程中，不同群体因为“排他”地占有了某种物质，才有可能显示出自己对此种物质的“利益”。也正因为如此，不同社会主体只要存在对同一物质需要的渴求和欲望，相互之间或迟或早都会产生利益之上的冲突。

德谟克利特是人类历史上较早明确涉及利益问题的唯物主义思想家，他在研究社会和国家起源问题时，得出了“‘需要’起了决定性作用”[①] 的结论。人的物质利益关系是社会关系中最基础的关系，大部分社会矛盾和社会冲突，根源均在于人们的物质利益关系。首先，利益是需要的生存性展开，人的不同种类和不同层次的各种需要必然产生不同的物质利益，且原有需要得到满足后新的需要也会随之诞生。需要是无限的，人类的第一个历史活动就是生产能够满足衣食住行等基本生活需要的资料，即生产物质生活本身。而已经得到满足的第一个需要本身、满足需要的活动以及用以满足需要的工具，又会引发新的需要。[②] 其次，人类需要的物质资源在一定的历史条件下总是稀缺的。“稀缺性”乃是经济学上一个非常重要的概念，它是指相对于人的各种欲望而言，资源总是不足的。人类的需要无限，但满足物质欲望的条件和能力却有限，不仅因为人之物质欲望的实现与满足受到社会生产力发展水平的制约，还因为家庭环境、职业性质、文化修养和生活阅历导致了社会中个体实现物质欲望的能力参差不齐。物质需要的无限性与物质需要实现

① 王伟光：《利益论》，人民出版社 2001 年版，第 6 页。

② “从理论领域来说，植物、动物、石头、空气、光等等，一方面作为自然科学的对象，另一方面作为艺术的对象，都是人的意识的一部分，是人的精神的无机界，是人必须事先进行加工以便享用和消化的精神食粮；同样，从实践领域来说，这些东西也是人的生活和人的活动的一部分。人在肉体上只有靠这些自然产品才能生活，不管这些产品是以食物、燃料、衣着的形式还是以住房等等的形式表现出来”（《马克思恩格斯选集》（第 1 卷），人民出版社 2012 年版，第 55 页）。

的有限性之间的矛盾，使得物质利益冲突成为社会生活的常态。从人类社会发展的历史进程分析，人类社会的历史实质上就是一部利益冲突与协调相互交织的历史。处理人类社会物质生产生活的关键，就是要对物的归属和分配作出处理，只有某物成为某个“人”的物，此人才可能利用此物来进行生产和生活。如果某物在某一人类社会中无法明确其归属，那么它将属于所有人，也将不属于所有人。因为每一个人都可能主张自己对此物的权利，而每一个人的主张都相互冲突。物质利益的此种冲突内在地蕴含了规范之需要，必须在社会中寻找一种可以达成共识的规范，此规范可以将这一社会的所有“物”都安排到合理的位置之上。因此，人们日复一日、年复一年的日常物质生产生活本身就生成、复制和内涵某种规范，或者说物质文化本身就是一个规范性命题。而法律的作用，就是将原本自觉的物质文化之规范上升为制度性规范。①

在人类的物质生产生活中，物质利益冲突引发了物质利益冲突协调之需要，从这一角度上讲，用一种规范手段确立社会主体的平等地位，界定其合法的物质利益范围，规范其自由的逐利活动，给予其均等的获益机会，使其受益于合理的分配制度，并在通常的利益表达渠道中得以沟通和发泄的利益整合制度就成了物质利益冲突控制的关键。② 在所有的制度规范中，法律规范乃是控制物质利益冲突最重要的一环。通过制定和实施法律规则，可以最为理性地控制社会物质利益冲突，使各利益主体在一定的制度框架内平等有序地实现自己的物质利益要求。从法理学上讲，确认、保护或限制各种社会行为和社会关系背后的物质利益，是法的重要功能之一。立法也一般被视为一种分配和调节利益，避免社会主体相互冲突的活动。法律文本是对物质利益的第一次权威性分配，法的运行过程就是对各种物质利益进行评估、界定、

① 参见谢晖：《法律文化：沟通物质文化和精神文化的桥梁》，载《人民法院报》2011 年 12 月 16 日。

② 参见陆平辉：《利益冲突的法律控制》，载《法制与社会发展》2003 年第 2 期。

衡量的过程，通过诉讼机制解决物质利益矛盾冲突，对物质利益进行再分配。衡量法的实效和评判法的价值的重要标准是法能否肯定保护人的合法物质利益追求，促进生产力发展，推动社会文明进步，实现个人、社会、国家物质利益的最大化；法律作为一种重要的物质利益调控保障机制，能否给各种物质利益关系以恰当的价值定位，以最小的代价解决各种物质利益矛盾冲突。①

法律对物质利益的确认、保护或限制之内容规定本身就是一种“文化”。不同的民族、国家与社会在不同发展阶段，或许会对物质利益的分配形成不同的认识并将此种认识上升到法律制度之层面。人类将自己的聪明才智应用于物质生产生活中，同样也将自己的聪明才智用来处理物质生产生活过程中对“物”的处理与分配，以期减少因物之争夺而引发的流血牺牲。一个团体、一个国家在漫长的历史中经过总结和修正，最终在物之分配问题上形成的习惯与达成的共识将最终建构于其法律中。因此，法律直接反映了一个团体、一个国家内部对物之处理和分配的态度。从这个意义上讲，法律对物质利益的处理和对物质生产生活关系的处理既是一种制度性处理，同时也是一种文化性处理：

首先，法律对国际物质利益关系和物质利益冲突的处理是一种文化性处理。在国际法诞生以前，国家间的物质利益冲突往往通过相互之间的谈判和战争来解决，前者具有极大的主观随意性，后者则会造成生灵涂炭之局面。在强者更强的竞争中，整体实力较弱的国家往往受到实力强国之打压与掠夺。随着文明的进步，实力较弱的发展中国家可以寄期望于依靠国际法来平衡自己与发达国家之间的物质资料分配，保护自己不受强国掠夺的同时，在物质分配上尽量为自己争取更多优惠。例如，联合国大会于 1962 年通过了《关于自然资源永久主权的宣言》，承认各国对本国境内一切自然资源享有不可剥

① 参见沈仲衡：《西方法哲学利益观述评——兼论利益在法学理论研究中的意义》，载《当代法学》2003 年第 5 期。

夺的永久主权，又于1974年以压倒性多数通过了《各国经济权利和义务宪章》这一法典性、纲领性文件，确认各国的经济主权不可剥夺、不可让渡、不可侵犯，确认应当按照公平、合理和真正平等的原则对世界各国采取互惠的优惠措施。这些代表着"文明"与"进步"的法律规范本身就是一种文化，反映了"主权神圣""主权平等"等文化理念，是现代文明社会的重要文化标志之一。

其次，法律对公民与国家间物质利益关系和物质利益冲突的处理是一种文化性处理。公民的权利和国家的权力从来都是此消彼长，公民的物质利益与国家的物质利益也常常处于一种冲突的关系之中。一个专制的国家很有可能会抢夺公民的物质资源并劫掠其物质财产，古代的"苛税"就是最好的例证，而相应的税收法律就是对这一"专制"文化的最好记录。现代国家理论将国家设定为"国家—公民"关系中的天然强势者，要求对国家的行为进行严格控制，防止公民个人权利受到国家权力的恶劣侵害。此种文化亦建构于现代法律中，并依靠现代法律实现自身。

最后，法律对公民与公民之间物质利益关系和物质利益冲突的处理是一种文化性处理。在所有部门法中，最为集中地体现法律对公民与公民间物质利益之界定、分配和平衡的是物权法和知识产权法。现代物权法建构的出发点就在于坚持"定分止争"目标的同时，最大限度地保证"物尽其用"。它保障并约束公民个体对物进行支配、利用并取得收益之权利，保证这一权利不受其他公民的干涉。若权利人为一己私利而破坏公共利益并导致社会资源无法有效地利用，物权法也可以借助诚实信用、公序良俗等原则以及权利滥用之禁止，对此种行为予以限制。知识产权法则是以"利益平衡"为核心追求目标，努力将各种冲突因素控制在相互协调的和谐状态中，使得物之创作者、传播者和使用者达成平衡关系。同时不可否认的是，原则性的平等保护总会出现例外——当坚持形式上的平等很有可能在实质上造成更大的不平等时，将产生从法律角度保护社会弱势公民之必要。无论是《社会保险法》

《消费者权益保护法》，还是《妇女权益保障法》《未成年人保护法》和《残疾人保障法》，它们都是法律维护弱势群体之利益，缓解利益两极分化的重要表现，其中不乏对弱势群体物质利益之偏重保护的规定。无论是“物尽其用”“利益平衡”还是“弱者保护”，都是特定社会、特定时代在物质分配理念上的文化缩影。法律将这些理念升华为制度，并最终成为这一社会及时代特定物质分配文化的承载者与记录者。

第二节　纯粹文化生产生活关系的法律处理

人类生存、发展对物质资料的依赖促使人类展开了物质生产活动，并最终形塑了自身的物质生活。而人类在精神领域的思考、探索以及娱乐自身的精神性需要，则催生了人类的纯粹文化生产生活。随着现代市场经济的发展，特别是在当前的信息经济发展中，文化的诞生、创造越来越被整合于社会化生产活动中，并成为一项新的生产要素和重要经济资源。将文化作为商品并进行商品化大生产，是发达市场经济的大趋势。商品性文化生产成为当代社会大生产的一个新的组成部分，文化产品亦成为现代国民财富的重要内容。[①]这些经由社会化大生产而诞生的文化产品，在经历流通和消费环节之后，又将对人们的精神活动产生重要影响并最终形塑出形形色色的文化生活。然而，文化生产活动和日常文化生活本身内含着对“规范”的需要：为了保障文化生产者的劳动果实不受他人恶意侵占，必须建立文化生产成果保护机制；为了防止文化生产者利用文化生产成果危害国家社会、宣传邪教迷信，必须对文化生产者的生产行为进行一定程度的约束和引导；为了保证社会中每个成

① 参见刘诗白：《论现代文化生产》（上），载《经济学家》2005年第1期。

员的文化生活能够顺利进行，必须为其创造一定的文化生活条件并严格保障其文化生活权利……因此，本节将围绕“纯粹文化生产生活关系的法律处理”，依次探讨以下问题：什么是纯粹文化生产生活关系？法律如何调整文化生产关系？法律如何调整个人的文化生活？

一、何谓纯粹文化生产生活关系

现代社会中的纯粹文化生产一般是指文学、电视、电影、艺术的生产和传播，其组织结构呈现为产业之形态。自20世纪以来，资本主义生产关系和生活方式逐渐渗透到文化领域，给传统文化格局造成了强大冲击并最终形成了市场化的文化产业。通说认为，文化生产的理论起点乃是马克思和恩格斯对物质生产和精神生产的两项划分。他们认为社会发展到一定阶段后，物质劳动与精神劳动将会彼此分离，于是产生出了一批相对脱离物质生产劳动的艺术家。① 从这个意义上看，艺术和文化本身也属于一种“剩余价值”。有学者将“文化生产”之概念的内涵等同于“精神生产”，认为它是区分于物质生产的上层建筑之生产。纯粹文化生产具有制度化和社会化特征，与个体的灵感、想象有着严格的区别。费斯克（John Fiske）认为它是“感觉、意义与意识的社会化生产和再生产”，是“将生产领域（经济）与社会关系领域（政治）联系起来的意义领域”。② 只有文化商品的工业化生产才能被称为文化生产，它强调文学、绘画、电影、电视和音乐等文化产品的社会性和制度性，所指向的是大众群体，而非孤独个人。伊格尔顿（Terry Eagleton）以文学生产为例对文化生产的这一特征进行了细致分析。他指出：文学生产方式是文学生产力与社会关系在特定社会组合形态之中的统一，其内在

---

① “物质劳动和精神劳动的最大的一次分工，就是城市和乡村的分离。城乡之间的对立是随着野蛮向文明的过渡、地域局限性向民族的过渡而开始的，它贯穿着文明的全部历史直至现在”（《马克思恩格斯选集》（第1卷），人民出版社2012年版，第184页）。

② ［美］约翰·费斯克：《关键概念：传播与文化研究辞典》，李彬译，新华出版社2003年版，第62页。

的结构包括生产、交换、传播与消费。文学创作之文本是多种因素在多元决定状况下进行生产的产品，是一种意识形态生产，文本与生产之间的关系是一种劳动关系。[①]“文学可以是一件人工产品，一种社会意识的产物，一种世界观；但同时也是一种制造业。”[②]伊格尔顿认为，书籍不仅是一种思想和意识的载体，同时也是出版商为了获取利润而销售到市场上的商品；作家不仅是思想和意识的创造者，同时也是出版公司雇用的职员，是能生产、赚钱的劳动者。因此，文学并非学院式赏析的对象，而是一种与社会化关系紧密联系的意识形态生产。文化生产的这一特征遭到了一些思想家[③]的猛烈抨击，他们将此形容为一种“文化工业”，并认为它是资本主义社会文化生产的一般形态。它掠夺了个人感性经验并使观众丧失了独立思考能力，操纵了大众的意识形态，“从外部去除了真理，同时又在内部用谎言把真理重建起来”。[④]

文化不但是一种生产，它还是联系着各种关系的生产。当文化进入生产、流通与消费环节时，将与大众市场紧密关联在一起，与生产者、消费者以及文化创造的资助者紧密关联在一起。作为一种生产类型，文化生产必须有经济资本的积累；作为一种文化类型的生产，文化生产又必须有文化资本的积累：前者是能够直接转换成可度量之金钱的资本，而后者则是文化产品在文本内涵上所展现出来的深度、广度，以及其所能满足消费者欣赏需求的程度。在文化生产中，经济资本的分布是显性的不均衡，如不同制片人或导演在生产同一部电影时所能筹集到的资金明显不同，而文化资本的分布则是隐性的不均衡，它凭借个体的文化能力、代表作品和体制认可等多种方式逐步确立，

① 参见［英］特里·伊格尔顿：《批评与意识形态》，沃索出版社 1978 年版，第 102~161 页。

② ［英］特里·伊格尔顿：《马克思主义与文学批评》，文宝译，人民文学出版社 1986 年版，第 65 页。

③ 如法兰克福学派代表人物霍克海姆（Max Horkheimer）和阿多诺（Theodor Adorno）。

④ ［德］马克斯·霍克海默、西奥多·阿道尔诺：《启蒙辩证法》，渠敬东等译，上海人民出版社 2006 年版，第 122 页。

并依靠文化生产领域中的竞争获胜而得以巩固。无论如何，市场化文化生产所要求的经济资本和文化资本，决定了文化生产不可能是一个不需要制度规则介入的完全“自我”之域。在经济资本和文化资本筹措的过程中，文化生产行为主体将发生各种各样的关系事件，并围绕文化产品之产出而生成一定的产业链条。各个文化产业部门之间基于一定的技术经济关联、供给与需求之关系，有可能形成一个具有某种内在联系的企业群结构。从文化产业的内部结构来看，“小说—剧本—电影—影院—后续产品开发（旅游、玩具等）”明显具有一定的牵连关系；从文化产业的外部结构来看，“剧本投资、电影技术制作、设备制造、消费市场攻坚”具有明显的分工性与合作性。在文化生产的过程中，各种文化产业的关联链条有可能同时指向多个企业并形成一个立体交叉的产业关联网络，其中可能包括冠名赞助商、广告代理商、文化品牌运营商、电信运营商、娱乐包装公司和网络公司等多个文化生产参与者。

纯粹文化生活关系则是文化生产的下位概念，主要是指围绕着文化生产之成果——文化产品而形成的文化消费关系。文化生产强调的是文化产品从无到有的动态产出过程，文化生活强调的则是文化产品在流通和使用中形塑而成的社会文化形态。文化生活只是文化的一个方面，它与人生存活动过程中精神方面的需求相联系。文化学者和社会学者将人的基本需求分为五项：物质生活需求、婚姻需求、教育需求、政治活动参与需求以及娱乐创造需求，每一种需求又包含着丰富多彩的表现形式。这些需求可以被分类为物质和精神两个层面，与后者相关联的即为纯粹文化生活。人类精神上的需求（如接受教育、文学创作、看电视电影、听广播音乐等）需要借助一定的外在介质才能得到满足，这一介质就是文化产品。因此，文化产品是连接文化生产和文化生活的中介。人类对文化产品的需求情况会对具体环境中的文化生产形成一定的导向，而具体环境中文化生产活动创造的文化产品也可能影响并塑造这一地域中人的文化生活形态。

有人认为文化生活是一个私人的事件：一个人要过怎样的文化生活——是愿意买文化类书籍还是科普类书籍、是愿意进剧院观高雅艺术还是只欣赏街头文化、是愿意为更高的教育支出学费还是仅停留于文化普及——似乎都只与此人自己作出的选择相关。其实不然，私人文化生活在很大程度上受到了集体的限制，这些限制包括集体文化的导向、集体在文化领域的设施建设水平，等等。例如，一个长期定居在经济发展水平较为落后的偏远乡村的居民，不大可能拥有参加高级文化培训、免费大学课堂旁听、常常去大剧院聆听古典音乐的文化生活，甚至有可能他所在的地方连购买一本高深的哲学书籍也是难事。国家或者地方的文化策略、发展战略，当地的文化活动经费、管理水平和文化基础设施建设都会对私人的文化生活产生一定的影响，政府也可对以上环节进行操控来调节当地的文化建设。在这一意义上，个人的文化生活就从私的领域进入了公的领域，并在此意义上产生了制度保障之需要：国家或者地方性制度应该以保障每个人的文化需求为目的，详细规划地区文化建设的经费分配，对建设水平较差的地域或人群进行政策性倾斜。也正因为如此，联合国将“参加文化生活”列为基本人权之一，意图通过诸多关于参加文化生活权利的国际公约、宣言和决议推动文化生活权利保障的进步和发展，并督促各缔约国进一步完善参加文化生活权利的保障措施。

二、文化生产的法律调整

文化产业是进行文化生产的主体，法律对文化生产的调整主要体现于其对文化产业发展和促进的保护上，包括立法、执法、司法和法律监督等各个环节。其中，立法是最为重要的环节之一。美国是较早使文化产业化并创造出商业价值的国家，文化产业已占其 GDP 的 20%，这样的发达与其健全的法律制度有着密切关系。美国在 1790 年就已颁布并实施了第一部联邦《版权法》，并随着社会经济和科学技术之发展而不断对此法进行调整和完善，以确保其对文化产业的宏观促进作用。[①] 韩国则是世界上最早制定"文化促进法"的国家。从1999年到2006年年底短短7年的时间，韩国相继出台了《文化产业振兴基本法》《网络数字内容产业发展法》等五部旨在保护和促进文化产业之发展的法律。日本政府在2000年后开始重视文化产业，先后通过了《形成高度情报通讯网络社会基本法》（统称《信息技术基本法》）和《文化艺术振兴基本法》两部法律。根据这两部法律，日本政府成立了"知识财富战略本部"并由首相担任部长，制定了一系列促进文化产业发展的政策法规。最终，日本于2004年5月制定并通过了《促进创造、保护及应用文化产业的法律案》，即《文化产业促进法》，其文化产业已成为带动经济增长的重要新型产业。以上各国都根据自身的实际国情构建了保护和促进文化产业发展的法律法规体系，我国亦不例外。自改革开放以来，我国出台了一系列规制"文化产业"[②] 的法律规范，如《商标法》《著作权法》及《音像制品管理条例》等，并制定了与之相配套的实施细则。随着文化产业的进一步发展，我国关于文化产业发展和保护的法律规定也在逐渐完善，现如今已构成了一个较有层次的文化产业法律保护体系。我国法律对文化产业之发展和促进的调整主要体现在以下几个方面：

第一，推动文化市场建设并允许社会资本进入。20世纪80年代初，我国的一些文化事业单位逐渐开始利用其文化资源从事一些经营性活动以谋求利益，但这些活动在当时并不被法律认可。此后，全国各地普遍进行了以承包经营为形式的文化体制改革并逐步建立了文化市场体系，政府对此予以回

---

① 例如，为了使其文化产业中涉及的知识产权被更好地保护，美国国会多次修改版权法中有关保护期限的规定。2003年1月15日，美国最高法院再次作出裁定，决定维持1998年国会通过的延长书籍、电影、音乐和卡通人物的知识产权保护期的法律，并将个人著作权保护期从著作人终生及死后50年延长至70年，公司版权保护期从75年延长到95年，从而进一步保障了文化产业中各个集团公司的利益。

② "文化产业"这一概念在各国定义不一，我国认为文化产业主要包括：为社会公众提供实物形态文化及娱乐产品的活动，如书籍、报纸的出版、制作和发行等；为社会公众提供可参与和可选择的文化服务和娱乐服务，如广播电视、电影、文艺表演服务等；提供文化管理和研究的服务，如文物和文化遗产保护、图书馆服务和文化社会团体活动等；提供文化、娱乐产品所必需的设备、材料的生产和销售活动，如文具、印刷设备等的生产经营活动；提供文化、娱乐产品所必需的设备、用品的生产和销售活动，如广播电视设备、电影设备等生产经营活动；与文化、娱乐相关的其他活动，如设计和工艺美术等活动。

应。1988年，文化部、国家工商行政管理局①联合发布了《关于加强文化市场管理工作的通知》，第一次在政府文件中使用了“文化市场”一词，并对文化市场的管理原则、范围和任务等做了界定，结束了文化市场管理无法可循的局面。该通知指出：“凡以商品形式进入流通领域的精神产品和文化娱乐服务活动，都属于文化市场管理范围”“各级文化主管机关对文化市场要进行日常的行政管理和业务指导”。同年9月，国务院批转了文化部的《关于加快和深化艺术表演团体体制改革的意见》，承认文化演艺市场的地位并进一步规范了艺术表演团体的经营内容，开放了演出市场和演出人才市场。1988年，第七届全国人大第一次会议通过了《宪法》修正案，“私营经济”的提法第一次出现在中国的根本大法中。私营企业可以经营的行业包括营利性文化、艺术、旅游等行业，这促使了各种文化娱乐产业如雨后春笋般涌现。如舞厅、歌厅、卡拉OK厅、台球厅、电子游戏厅等。2000年之后，文化法制建设取得了突飞猛进的发展，国家开始加速培育市场主体，文化产业的所有制准入政策更加灵活。国务院、文化部、国家广播电影电视总局、国家新闻出版总署等发布了多项法规②，扩宽文化产业的投融资渠道，确立了国有、集体、个人和外国资本进入文化产业的条件和途径。

第二，规范市场秩序并加强知识产权保护。中共中央十五届五中全会通过了《中共中央关于制定国民经济和社会发展第十个五年计划的建议》，正式提出了文化产业发展的思路，要求完善文化产业政策、加强文化市场建设与管理。这一时期，全国人大、国务院以及文化管理部门先后颁布了两百多

① 注：2018年3月13日，十二届全国人大一次会议审议《国务院机构改革方案》，不再保留文化部，组建文化和旅游部；不再保留国家工商行政管理总局，组建国家市场监督管理总局。以下不再标注。

② 包括2003年文化部《关于支持和促进文化产业发展的若干意见》，2005年文化部、国家广播电影电视总局、国家新闻出版总署等《关于文化领域引进外资的若干意见》，2003年国务院办公厅《文化体制改革试点中支持文化产业发展的规定》，2005年国务院《关于非公有资本进入文化产业的若干决定》，2005年文化部、财政部、人事部、国家税务总局《关于鼓励发展民营文艺表演团体的意见》，2007年文化部《关于鼓励、支持和引导非公有制经济发展文化产业的意见》等。

部法律、法规和部门规章。1989年受国务院委托，宋木文就《著作权法（草案）》，向第七届全国人大常委会第十一次会议做了说明。1990年，第七届全国人大常委会第十五次会议审议通过了《著作权法》，强化了文化领域内知识产权的法律保护。除《著作权法》外，还有《广播电视管理条例》《电影管理条例》《音像制品管理条例》《出版管理条例》以及《印刷管理条例》等。这些规范性文件尽管还存在位阶相对较低等各种问题，但对于繁荣文化产业发展、规范文化市场还是起到了非常重要的作用。

第三，规范国家对文化产业的宏观扶持和引导。以2009年国务院发布的《文化产业振兴规划》为标志，国家文化产业引导成为国家发展战略的重要内容，鼓励银行业和金融机构加大对文化企业的金融扶持力度，积极倡导、鼓励担保和再担保机构大力开发并支持文化产业发展。《文化产业振兴规划》提出了支持和促进文化产业之发展的五项措施——降低准入门槛、加大政府投入、落实税收政策、加大金融支持以及设立中国文化产业投资基金，并以加强组织领导、深化文化体制改革、培养文化产业人才以及加强立法工作等为完善保障条件。2010年，中央宣传部、中国人民银行、财政部、文化部等九部委联合发布了《关于金融支持文化产业振兴和发展繁荣的指导意见》，提出七个方面十二条措施用以改进和提升对我国文化产业的金融服务，支持文化产业的振兴和发展，其中包括：推动多元化、多层次的信贷产品开发和创新；积极探索适合文化产业项目的多种贷款模式；进一步改进和完善对文化企业的金融服务；积极开发文化消费信贷产品，为文化消费提供便利的支付结算服务；完善文化企业外汇管理并推动符合条件的文化企业上市融资；鼓励多元资金支持文化产业发展等。

第四，规范对外文化交流活动。文化产业的中外交流体现在很多方面，如外籍人员在华联合录制节目、外资投入以及中外共同开发文化类项目等。随着全球市场的建立，文化商品中外交流的范围也在不断扩大，相关法律法规也逐渐成型，如2002年制定的《中外合作音像制品分销企业管理办法》，2004年制定的《境外卫星电视频道落地管理办法》《境外电视节目引进、播出管理规定》，2005年制定的《关于〈国产音像制品出口专项资金管理办法（试行）〉的通知》《关于加强文化产品进口管理的办法》，2007年制定的《三星以上涉外宾馆接收境外卫视范围》。国家积极支持文化产业产品的出口，并于2007年出台了《关于奖励优秀出口文化企业文化产品和服务项目的通知》。

三、文化生活的法律调整

法律对文化生活的调整，主要体现在其对文化生活参与主体参加文化生活权利的保障之上。应有权利只有通过国家法律转化为法定权利才可获得国家强制力的保障，进而真正转化为实有权利。公民参加文化生活的权利也必须得到国家法律认可，才能真正在现实中得以实现并不受他者侵犯。国家对公民参加文化生活之权利的法律保障体现为两个方面，其一是从立法上加以确立，其二是从司法上加以救济。

从世界各国的立法实践看，各国对公民参加文化生活权利的立法确认主要有两种方式：一是通过本国宪法对该权利进行根本性确认，二是通过某些综合性立法和专门性立法对该权利内容进行具体规定。综合性立法相当于文化领域的基本法，是对宪法中所规定的参加文化生活权利的进一步明确，其内容一般包括国家在文化方面的基本政策和原则、参加文化生活权利的范围以及国家为保障公民参加文化生活的权利而采取的措施等，如加拿大联邦议会1988年通过的《多元文化法》①、塔吉克斯坦1997年颁布的《文化法》、贝宁1991年颁布的《文化宪章》② 等。专门性立法一般则是针对某一具体文化领域的单项立法，即使是某些已制定完善文化基本法的国家，也常常会颁

① 《多元文化法》首先肯定多元文化是加拿大公民权的主要特征，其次确认每个公民都有选择、享受、继续本民族传统文化的权利，最后规定联邦政府有采取措施促进多元文化主义实施的义务，从而以法律的形式确认了所有公民及民族保有和享有其文化的权利。

② 《文化宪章》是贝宁1991年2月25日通过的第91-006号法案，是为实现人人享有受益于对其所创作的科学、文艺或艺术作品所产生的精神和物质意义的权利而采取的立法措施。

布一些必要的单项文化立法来规范具体文化活动。世界各国单项文化立法所关照的内容，主要是文化设施的建设以及特殊主体参加文化生活权利的保障。首先，图书馆、档案馆、博物馆和文化馆等文化设施是文化的载体，通过这些文化设施平等地接受文化服务，是人们参加文化生活权利的基本途径。为了保障公民参加文化生活权利的实现，许多国家都颁布了规范文化设施建设的专门性立法，如瑞典和拉脱维亚的《图书馆法》、墨西哥的《图书馆一般法》、捷克与英国的《博物馆和美术馆法》等。其次，社会中某些弱势群体（如妇女、儿童和残疾人等）自身处于不利地位，其参加文化生活方面的权利更容易受到侵犯。因此，许多国家都颁布了相应法律对以上特殊主体参加文化生活的权利予以倾斜性保护，如匈牙利 1993 年颁布的《少数民族法》①规定少数民族自治政府对分布在各地区的少数民族实行文化自治，以确保他们以少数民族的身份参与到文化活动之中并作出自己的文化决定。

从世界各国的司法实践看，司法对公民参加文化生活权利的保障主要体现在对权利受侵害主体进行司法上的救济。参加文化生活权利作为一种行动上的自由，内在地要求国家和其他公民不得干涉和侵犯作为个体的公民从事文学艺术创造、科学研究、保持和发展文化特性、传播文化和选择文化生活方式的权利。一旦国家或第三人侵犯了公民主体所享有的文化权利，就会自然而然地产生司法救济问题。1997 年，日本政府在阿伊努人视为圣地的 Nibutani 建造了一座水电坝，致使阿伊努人的神圣礼仪场所被毁灭，传统文化面临消逝的危险。日本札幌地区法院裁定政府征用阿伊努族土地并淹没其重要的文化和考古遗址是非法行为，从而保护了阿伊努族的文化权利。②

通过对现有法律进行梳理可以发现，我国宪法和其他法律中也有许多关于公民参加文化生活权利的规定。

---

① 《少数民族法》第 37 条规定：国家少数民族自治政府有权自主决定全国性中等和高等教育机构、少数民族剧院、博物馆、公共收藏馆、少数民族图书馆、艺术和科学机构等文化机构的建立、接管和运作问题，从而确保相关少数民族的文化得到保护、促进和发展。

② 参见联合国 E/CN. 4/2003/90 号文书。

首先，宪法对我国公民参加文化生活的权利进行了宏观上的确认：《宪法》第47条规定我国公民有进行科学研究、文学艺术创作和其他文化活动的自由，国家给以鼓励和帮助；《宪法》第48条规定我国妇女在政治、经济、文化、社会和家庭的生活等各方面享有同男子平等的权利；等等。

其次，1984年颁布的《民族区域自治法》更详细地规定了少数民族文化权利的具体保障措施：《民族区域自治法》第38条规定，民族自治地方有权自主地发展具有民族形式和民族特点的文学、艺术、新闻、出版、广播、电影、电视等民族文化事业，收集、整理、翻译和出版民族书籍，保护民族的名胜古迹、珍贵文物和其他重要历史文化遗产；《民族区域自治法》第42条规定，民族自治地方的自治机关积极开展和其他地方的教育、科学技术、文化艺术、卫生、体育等方面的交流和协作。自治区、自治州的自治机关依照国家规定，可以和国外进行教育、科学技术、文化艺术、卫生、体育等方面的交流。

再次，2006年《未成年人保护法》、1992年《妇女权益保障法》、1996年《老年人权益保障法》和2008年修订的《残疾人保障法》对特殊群体的文化权益的保障作出了规定：《未成年人保护法》第29条要求各级人民政府应当建立和改善适合未成年人文化生活需要的活动场所和设施，鼓励社会力量兴办适合未成年人的活动场所，并加强管理；《妇女权益保障法》第三章规定国家机关、社会团体和企事业单位应当执行国家有关规定，保障妇女从事科学、技术、文化、艺术和其他文化活动，享有与男子平等的权利；《老年人权益保障法》第32条要求国家和社会采取措施，开展适合老年人的群众性文化、体育、娱乐活动，丰富老年人的精神文化生活；《残疾人保障法》第41条明确指出国家保障残疾人享有平等参与文化生活的权利，并在第五章对残疾人的文化生活作出了具体性规定，要求社会和政府采取多种措施来丰富残疾人的精神文化生活，以保证残疾人有机会接触文化、进行文化创作并参加文化活动。

最后，我国刑法对侵犯公民文化权利的犯罪行为规定了严厉的惩罚措施。2009 年修订后的《刑法》第 324 条到第 329 条所规定的妨害文物管理罪和第 251 条规定的侵犯少数民族风俗习惯罪，对公民享有的文化权利及少数民族保持其特有文化风俗的权利起到了一定保护作用。

第三节　纯粹精神活动的法律处理

人类的纯粹精神活动，无论是科学思考还是美学欣赏，无疑都建筑于一定的文化基础之上，并且是文化的表现形式。当人们在进行理论思考时，必须借助先前的理论成果并以一定的语言、文字和符号为载体。而先前的理论成果、语言、文字和符号本身就是特定社会、特定时期文化的承载，由此诞生的理论成果亦会重新融入文化之中，使得原有文化朝向未来而开放。当人们在进行艺术欣赏时，其欣赏的对象很有可能本身就是文化的结晶（绘画、音乐、雕塑等），而此种审美活动又可能会影响到这些文化的发展动向。除此之外，人类内心的道德活动、信仰活动更是被建构于文化之中：没有道德伦理文化的感染和说教，很难有下意识地遵守社会公德、倡导诚实信用的个人。因此，人的纯粹精神活动本身就是一种文化的结果，也是文化的表现形式。有人认为纯粹的精神活动是绝对的个人之域，并不受法律规制且也不能受法律规制，法律只对人的现实实践行为进行调整。虽然现代法律并不直接以纯粹精神活动为直接性调整对象，但并不代表法律与人之精神活动毫无关系。从整体来看，法律宏观引导着社会集体性意识形态的发展方向，并会潜移默化地进入人日常生活中的精神世界。除此之外，法律还会对人的精神消费渠道进行控制，在引导个人精神活动方向的同时保障个人进行精神活动的权利和可能性。因此，本节将围绕“纯粹精神活动的法律处理”，依次对以下问题进行深入探讨，并作出回答：到底什么是纯粹精神活动？法律是否应规制并如何规制人类的纯粹精神活动？

一、什么是纯粹精神活动

作为一种社会历史存在物，人类活动可以划分为物质和精神两个面向：前者借助物质性劳动来把握对象，其主要中介是实在的劳动工具；后者则借助象征性符号体系来把握对象，其主要中介是语言符号。一个刚刚受精的卵子并不具有精神，一个正常的成人则有，却无人能精确地说清楚这种变化到底出现于生长发育的哪一阶段。许多哲学家对精神之“标准”问题进行了系统探讨，并致力于解释何为“精神”、何为“精神现象”。沙弗尔（J. A. Shaffer）认为，“有目的的行为”是传统哲学用以区分“精神”与“非精神”的重要标准：当一只饥饿的动物寻找并攻击其猎物、一只猿猴想方设法将够不着的香蕉弄到手、一只龙虾设法从滚烫的锅中逃脱时，它们的行为都是一种有目的的行为，因而有“精神”成分之参与。[①] 但是，“有目的的行为”并不是“精神活动”的充分必要条件，因为情感和想象（这两种活动很可能并无现实客体，即使有，也很可能并不携带对这一现实客体的目的）往往也被视为人类的精神活动，但它们的目的性却并不是很强烈。存在无目的的情感——某人内心深处对某一对象的热爱、厌恶、怜悯或是嫉妒，也许仅仅是一种无明显外在“行为”表现且不携带任何现实性目的的纯粹主观性态度；存在无目的的想象——某人静坐窗前散漫地发呆，既不是为了怀念过往，也不是为了展望未来。因此，有哲学家用“意向性”[②] 取代了“有目的的行为”，并认为前者包含后者但比后者范围更广。一个人对某一对象所包含的某种情感，对它的寻求、期待、信奉、怀疑、幻想、缅怀、支持以及反

① 参见［美］J. A. 沙弗尔：《精神哲学》（上），东方白译，载《哲学译丛》1996年第1期。

② 经院哲学家最早提出“意向性”概念，1874年德国哲学家和心理学家F. 布伦塔诺把它引入现代哲学之后，美国哲学家罗德里克·M. 奇索姆又进一步阐明并捍卫了这一概念。

对等，不管有没有表现出明确的目标性，它都是一种具有“意向性”的精神活动。“意向性”有一种特性，经验哲学家将其称为“非存在”：一个人也许有意地使自己与某个不存在的客体或并未发生的事件联系在一起，且他对某一对象的描述并非都恰如其分。也有哲学家将精神活动等同于主观性体验这一意识状态：当一个人从睡梦中睁开眼睛，或者麻醉剂药力失效之后恢复知觉的那一刹那，光、色彩、情感、思想等诸多体验将如潮水般向他涌现而来，即使他正躺在地上一动不动，但就其意识状态而言，他也正在经历着一系列的主观体验——精神活动。[1] 主观体验必然是一种意识状态，然而，有没有非意识的精神活动呢？在弗洛伊德（Sigmund Freud）之前，人们普遍认为“无意识”的精神现象在逻辑上是不可能的。而弗洛伊德为无意识研究作出了巨大贡献，并将精神的概念加以扩展，从而把无意识现象也包括进去。

无论如何，我们认为人类的精神活动存在三种基本表现形式——思维、想象和信仰，而在此之外的其他样式暂时不作讨论。首先，思维是人类最基本的精神活动之一，作为一种由表及里、由浅入深、由感性到理性的过程，它要从感性的表层朝着纵深方向发展，追求永恒的、抽象的、本质的和普遍的答案。思维的对象可以是物理世界的客体实在，也可以是抽象世界的习俗、准则和价值。它是一种运用演绎、归纳或者假设、求证等方式并根据形式逻辑规则，去分析社会、自然或心理领域中深层秩序的精神程序。它是主体以外在于客体的态度去对待客体的精神活动，其目的在于认识和把握客观必然性，追求“永恒的在场”[2]。其次，想象也是人类最基本的精神活动之一，它采用和客观世界相似的形象来反映客观世界，但并不追求对客观必然性的把握，而是追求对客观的再创造。与思维不同，想象的进行并不通过抽象的概念，而是通过生动的形象。它也不是对原物的模仿，而是把出场之物与未出

---

① 参见［美］J. A. 沙弗尔：《精神哲学》（上），东方白译，载《哲学译丛》1996年第1期。
② 张世英：《进入澄明之境——哲学的新方向》，商务印书馆1999年版，第8页。

场之物综合成一个整体的能力。[1] 最后，在强调了思维和想象之后，我们还不能忽视了精神活动的另一种重要表现形式——信仰。虽然很多情形下，人类在信仰某一对象的同时一并夹杂着对这一对象的思维和想象，但信仰作为一种精神活动之状态毕竟还是与纯粹的思维、想象有明显的区别的。人常常追求一种现世的超越，身处有限的环境却又怀着对无限的终极关怀，而信仰就是这种精神渴望实现的最重要的途径。蒂利希（Paul Tillich）就曾指出，信仰是人类精神生活的一种状态和方式，是人类精神之底层。[2] 需要注意的是，人类的纯粹精神活动应严格区分于人类的文化生产生活，前者强调“个人性”精神，而后者却是一种“集体性”精神的外显和表达。虽然前者依然要通过语言、图像和行动等方式表现出来，却是一个相对“自由”的领域，且并不生成可以流通于市场的文化商品。它是对人之精神世界和精神活动的纯粹关切，重在人的“意志自主”，并不关心物质环境和历史环境对人之自主意志的限制与塑造。

经由人类纯粹精神活动的三种基本表现形式，产生了人类纯粹精神活动的三种基本样式：理论的精神活动、艺术的精神活动、道德与宗教的精神活动。人类理论的精神活动是思维的具化，是对外部世界所进行的概念或范畴式的把握。用概念把握对象的结果就是最终形成关于对象的逻辑理论体系，亦即将对象把握为一个非感性的、超时空的逻辑结构。作为抽象语言符号的概念或范畴表达的是对象的本质和一般规律，不同于只用感官知觉反映一个

---

① “对想象也可以有两种理解：一种理解是把外在对象看成原本，而意识中想象的东西不过是原本的模仿或影像，按这种‘原本—影像’的公式来理解想象，乃是旧形而上学的观点。另一种理解是康德初步提出来的：‘想象是在直观中表现一个本身并未出场的对象的能力。’这种意义下的想象，不是对一物之原本的模仿或影像，而是把不同的东西综合为一个整体的能力，具体地说，是把出场的东西和未出场的东西综合为一个整体的综合能力”（张世英：《进入澄明之境——哲学的新方向》，商务印书馆1999年版，第12页）。

② “蒂利希指出，所谓整个人类精神的底层，就是指宗教信仰所探究的是人类精神生活中终极的、无限的、无条件的方面……显然，在蒂利希看来，‘整个人类精神的底层’跟‘终极的关切’是有密切关系的，这两个概念实际上从不同的角度表达了宗教信仰的处所或神学研究的对象”（张志刚：《走向神圣：现代宗教学的问题与方法》，人民出版社1995年版，第127页）。

事物之表象。本质或规律并非对现实世界之对象的直接写照，而是超越了现实世界而进入可能世界，感官知觉只是反映事物之直接存在。所谓的思维活动，就是通过概念或范畴之形式将事物放置在可能性背景之下，通过其直接存在的现象而推理其本质。理论精神活动的典范是科学与哲学——前者指向可经验事物的理论活动，后者则超越了可经验的范围而指向作为整体的世界；前者要求思维以经验为基础并接受实验的检验，后者则无法直接采取经验的方法而只能借助于纯粹的思辨。人类艺术的精神活动是最典型的想象之具化，科林伍德（Robin George Collingwood）认为艺术是人类特有的一种想象性创造活动，一件艺术作品“不是看见的，也不是听到的，而是想象中的某种东西”。[①] 康德将想象区分为再现的想象与创造的想象，前者竭力重现一个熟悉的对象，后者则竭力创造一个全新的对象，而艺术的想象属于后者。虽然也需借助经验世界中的对象，但与科学不同，艺术精神活动乃是通过形象的语言符号即意象去把握世界，而非通过概念和范畴。它是对一个被意识到了的意象的体现，因而也就从纯粹的概念认知中分离了出来。在艺术精神活动中，主体和客体消融为一。它所展示出来的可能世界与科学以抽象概念语言所展示的中性客观世界不同，是一个浸透着人之情感的精神世界，由此产生了几千年以来诗与科学的对立、形象思维与逻辑思维的对立。人类道德与宗教的精神活动则是信仰之具化，所指向的不是外部世界，而是人类自身。在人类之初，无论是信仰主宰人之命运的神灵还是半人半身的祖先，抑或信仰有精神和灵魂的自然现象，信仰这一精神活动最终都会与一定的规范意识（或是道德或是宗教）相联系。它是将人的现实行为置于理想世界的背景之下予以关照，并依据所设拟的理想世界中人的行为标准来引导人们的现实行为，使之越来越趋于理想。道德作为人类对自身存在的独特觉醒，是要自觉地以一种理想之人的标准来引导和规范人类自身的行为，也就是自觉地求善并最终

① ［英］罗宾·乔治·科林伍德：《艺术原理》，王至元、陈华中译，中国社会科学出版社1985年版，第146页。

抵达最高的道德理想——至善。文明时代的宗教生活本身就是道德生活的一种特殊表现形式，遵循有助于维持现世秩序的道德规范，虽然它并不是必然地出现在任何历史阶段和社会——没有宗教的道德生活是完全可能的。

二、对人类精神活动的法律态度

在法学界，人们普遍认为纯粹的思维或思维活动不能为法律所调整，只有行为或行为关系才是法律调整的对象。从思维生成的基本规律以及法律调整的理论逻辑上讲，这样的看法无疑是有道理的。[①] 但是，法律不直接调整思维活动却并不意味着法律与思维毫无关系。在实际生活中我们不得不承认，法律不仅直接影响着社会主体的行为方式，还常常潜在地影响着社会主体的思维方式。它对社会主体思维活动的影响是一种非调整性影响，从总体上看，表现在价值取向的引导之上，包括价值评价、价值认知和价值选择等。而这种价值取向上的间接引导，在社会主体的理论、艺术、道德和宗教等精神活动等具体领域中皆有体现。从法律的创制和实施上看，它本身是社会主体价值共识的产物，能够在某种程度上揭示所在社会最基本的价值取向并赋予其一定的强制性效力。不可否认，近代以来科学研究的蓬勃发展受到了一系列价值观念的影响，“人”之概念的重生（作为理性、自主、自由的人）激发人类投入对自然界的理论探索之中。这样的思潮不仅影响了作为个体之人的理论精神活动，还使人重新思考自己的道德与宗教观念，并由此影响到了艺术与审美——从赞美神到关注人类自身之伟力，从热衷于歌颂英雄史诗到展现市井小民的喜怒哀乐。法律亦受到了这一系列价值观念的影响，并最终将自己改造为自由、平等、民主和法治之样态。从这一角度上讲，法律并不直接调整人的精神活动，且其样态本身是社会中精神价值取向之产物。然而，法律一旦形成，将借助自身强制力对所选择的价值取向进行强化，助推这一

① 张昌辉：《法律不调整思想的理由》，载《上海政法学院学报》2011 年第 6 期。

价值取向在社会中的生长与持续，并反过来间接地维系此价值取向之下的理论、艺术、道德和宗教精神活动的总体动向。在这一意义上，法院既是社会主流价值文化的产物，也是实现和维护社会主流价值文化的重要机构。因而，法律既是一种谈论行动和行动关系的话语，也是一种形成和保障社会主体文化价值评价、认知和选择的话语：一方面，法律依靠自身建构的社会符号之意义和范畴来潜意识地影响人们的精神活动；另一方面，法律能够在这些符号和范畴的背后施加国家强制力以及文化支配力，来影响人们的思维、想象及信仰。① 法律对人们精神活动价值性之影响，总体而言表现为将人们思维、想象及信仰中所意识、承认的内容进行制度化，并通过意义和价值的再生产来组织整个社会。因此，从本质上讲，法律是一种文化控制力量和精神活动影响力量。

首先，集中体现社会价值取向的法律概念、原则和规则体系可以对社会主体的精神活动产生影响。法律概念乃是人类社会交往理性和经验的凝结，表达和传播这关系世界中的公共价值信息。人们在总结社会交往经验的基础之上将相同类型或类似现象归为一类，概括出它们的共同特征而形成权威性范畴，即法律概念。法律概念的规范化特点决定了其准确性和稳定性，能够为人们的判定和推理提供认识前提。借助于法律概念，人们可以进行法律上的交往和沟通，从而赋予相关社会行为和社会事件以确切的法律意义。不管是进行理论性精神活动、艺术性精神活动，还是道德或宗教式精神活动，人们或许偶尔会用法律上的概念符号来进行思考和创作。法律原则集中表达了人类社会最为基本的价值取向，其所表达的价值最能够深入人们的心理空间：

① “法律发挥作用不仅是通过强制的规范和惩罚，也依靠它所具有的建立社会关系的权威想象的能力，这种想象是象征性的，是有力的。法律为解释这个世界提供了一系列的范畴和框架。法律语言和实践是文化的建构，它不仅能把有益的意义传递给受过法律训练或利用这些意义处理日常商业交易的人，也能把意义传递给普通的人。在这种意识形态上，法律是一种话语，一种谈论行动和关系的方式”（［美］萨利·安格尔·梅丽：《诉讼话语——生活在美国社会底层人的法律意识》，郭星华、王晓蓓、王平译，北京大学出版社2007年版，第13~14页）。

当它渗入人的情感世界时，可以矫正人们对现实世界某一对象或行为的喜恶；当它渗入人的意志领域时，可以引导人们对现实世界某一对象或行为的正误判断。而最为具体且系统地表达国家价值取向的法律规则体系，则能在现实生活中给予社会主体最为直观的精神活动指引，为其认识某一对象和行为给出直接性的评价指引。通过法律规则体系所确立的具体价值分配和选择机制，法律可以“在人的心中创造最佳行为动机”,[①] 通过思想诱导和价值指引，强化社会主体的正面行为动机和目的，抑制负面行为动机和目的。[②] 历史上存在许多法律入侵理论和艺术精神活动之阵地，维护社会主流思想价值并排除、消灭异端观点之事例，如布鲁诺认为“地球是圆形”而被处以火刑。虽然现代社会的法律总体上讲，已经为理论和艺术精神活动留下了足够的自由空间并尽力缩小了自己的影响边界，但法律的这一种“自我退缩”和“保障理论及艺术精神活动之自由”的倾向本身就是对“思想自由”“意志自由”这一现世主流价值的确保和强化。

其次，法律价值观念在传播和教化的过程中将潜移默化地对社会主体的精神活动产生影响，最终可能使社会主体形成一种独特的思维方式——法律思维方式。在现实生活中，普通民众对法律的理解和把握，乃是基于自身对法律价值观念的体悟来掌握与运用法律知识。在法律价值的社会化过程中，权利意识与权利认知是社会主体思想观念的重要内容。现代法律价值观社会化的目的，就在于帮助社会主体形成理性的责任意识、培养权力制约观念并确立正确的权利本位观。法律教育机制在社会成员中传播着法律所承载的文化意识和价值观念，使得人们以“法律”似的思维思考问题——懂得如何在与人交往的过程中维护自身合法权益，如何防止公共权力对自身的侵害，以及当侵害发生之后应如何寻求法律上的救济。法律价值的认同在实践中乃是

① ［俄］伊·亚·伊林：《法律意识的实质》，徐晓晴译，清华大学出版社2005年版，第28页。
② 参见［苏］阿列克谢耶夫：《法的一般理论》，黄良平、丁文琪译，法律出版社1991年版，第377~379页。

建立在沟通理性基础之上，只要社会公众和公职人员都能自觉地将法律作为社会管理、社会交往和社会治理的共同工具，并运用法律的思维来分析、解决社会问题，人们就会切实地了解到法律在社会交往过程中作为沟通工具的优势，切身地体会到法律为他们带来的各种实惠和便利。当国家机关自觉运用法律思维来维护秩序和解决利益分配问题时，社会公众将从中感受到法律思维包含权威效应在内的积极功效，并逐渐将法律思维整合到日常思维模式之中。近代以来，科学和法律的普及对人们的日常思维产生了巨大影响。“在我们每天的日常生活中，我们很少意识到法律的存在或运行。我们付款，是认为这是应该的；我们尊重邻居的财产，是因为那是他们的；我们靠马路右边行车，是因为这样做是谨慎行事的。我们很少去考虑这些我们界定为‘应该的’‘他们的’或‘小心驾驶’的集体的判断和程序。”① 法律看似与我们相离很远，可是当你仔细审视之后会发现，以上的日常思维实际上本身内在地包含着一种法律思维。所谓的法律思维已经渗透到了日常思维之中，以至于难以发觉。在我们日常的精神活动中，随时随地充斥着一种平常而实在的法律——当我们在考虑孩子出生、亲人去世时应该办理的事项，与心仪之人步入婚姻殿堂组建家庭时需履行的手续，以及应该在何处停车、不能在何处停车时。在一个追求法治的社会中，社会主体的思维方式不可能永远与法律无涉。实际上，社会中的个人在日常生活思维模式中所涉及的法律内容越多，这一社会的法治程度就越高。对于现代人而言，融贯着法律思维的日常思维活动随处可见，这是法律知识社会化、法律价值观念社会化以及法律思维方式社会化之后的必然结果。

因此，现代法律虽不直接对人类的纯粹精神活动进行调整，但人类日常生活中的纯粹精神活动却无时无刻不受法律的影响。或者说，现代社会中个人精神活动之样态，本身就是法律与其他因素共同塑造之结果。

---

① ［美］帕特里夏·尤伊克、苏珊·S. 西尔贝：《法律的公共空间——日常生活中的故事》，陆益龙译，商务印书馆2005年版，第31页。

三、对人类精神消费的法律态度

人类的日常生活消费有物质和精神两个层面，前者是指物质生活资料的消耗，后者是指人为了满足精神之需而对精神文化产品的追求与享受。人类进行精神消费往往并不是为了满足生存最基本的衣、食、住、行，而是为了自身情感的愉悦和智识的深层次发展。工作之余，或是坐在电视机前看看新闻，或是邀朋友去电影院欣赏一部影片，或是阅读一本小说，或是前往风景名胜地旅行，这些都能使我们获得精神上的快慰并为我们增添生活的乐趣。经济越发达、对人民物质需求水平之满足越趋于饱和的国家，在精神消费方面的需求就越高。作为一种观念形态的消费，精神消费需要依托精神文化的载体和设施，如一部蓝光电影往往会以光盘为存储载体进入市场。从表面上看，"光盘"是一种物质形态之存在，因此对"光盘"这一物品的消费似乎应归属于物质消费之层面。但是，消费者在购买光盘之时实际上并不是要纯粹地购买"光盘"本身，而是要购买其内部储存的蓝光电影。从这个意义上讲，"光盘"只是作为消费对象之载体，而不是消费对象本身，除非消费者的本意就是要购买一个"空"的存储工具自己进行"填装"。消费者的物质消费能力主要与自身经济水平相关，精神消费的消费能力虽也离不开经济支持，但主要与消费者自身的文化素质及受教育程度相关。物质层面的衣、食、住、行只需占有消费资料就可进行消费，但精神层面的消费却需要人具备科学理论的理解能力、文学艺术的欣赏鉴别能力以及生产技能的接受能力。不同能力的消费者对精神消费品的自觉选择有很大差异，青少年群体偏好网络文化，普通工薪阶层很少问津高档娱乐场所，高文化层次人群则倾心于博物馆和大剧院。人们受教育程度不同、思想素质不同，使得精神文化消费层次差异大、需求弹性大。进入 21 世纪之后，随着我国经济、科技和文化的进一步发展，人们的精神消费需求也发生了极大变化，大众消费群体对已经多样化、商品化的文化产品有了更广泛的需求和更加独立的选择：网络文化在城市中迅速风靡并吸引了一大批中青年消费群体；激烈的工作竞争加剧了人们的生存压力，独具魅力的山水文化成为人们陶冶情操的胜地；传统民俗文化热力不减，通俗的电影、电视剧、相声、小品也充斥着市井百姓的每一天。可以说，精神消费无处不在、无时不在，它是人类社会中普遍得不能再普遍的行为和需求。

然而，社会主体个人性的精神消费行为并不是完全不需国家和法律的调整，因为在精神文化消费过程中，消费者的权利与其在物质文化消费过程中的权利一样，都容易受到他者（特别是精神文化商品的生产商、提供商、销售商等）的侵害，如花高价看了一场放映技术很差、质量极度低劣的电影或录像，或者买回装订粗糙且错误百出的书籍。有些出版商为了赚取高额的商业利润，因此在出版物正式发行前利用各种新闻媒体大肆宣传、蛊惑人心，导致消费者花了不菲的价格买了一本不甚了了的“名著”。歌星们用放录音来代替现场演唱的行径也被屡屡曝光。又如，夜总会、KTV 等娱乐场所价格暴利，酒水、零食标价奇高，且偶尔出现“宰客”现象。消费者碍于自身情面，无奈付出了极不合理的高价来享受品质一般的服务。最近十年以来，个别民营性质的辅导机构、培训班和学校如雨后春笋般蓬勃兴起。这些培训机构和学校常常作虚假宣传、夸大自身的资质和能力以吸引更多生源，最后又无法按照广告上作出的承诺来设置课程，使得学生们付出了时间和金钱却又无法学习到相应的技能和知识。精神消费过程中发生的损害消费者权益的行为，并不如物质资料消费过程中发生的损害消费者权益之行为那样，容易被界定或容易留存证据。当消费者在进行精神消费时发现自己上当受骗，往往维权困难。低劣的精神商品或服务又不能像劣质的家用电器与过期的食品饮料一样退换索赔，一旦消费者发觉精神商品或服务的提供者对自己进行了虚假诱导，多半大呼上当之后就不了了之。物质资料的消费时有打假人士出现，而在精神消费方面奋起打假的人却并不多。

精神消费应是法律所调整的对象，精神消费中消费者权利的法律保护是目前我国法律需要进一步完善的对象。法律对精神消费的调整应是一个涉及民事、行政和刑事的综合性调整：首先，必须完善《消费者权益保护法》，将精神消费明确纳入此法调整之范围，并对精神文化产品的制造者、经营者以及精神文化服务提供者的各项责任与义务作出专门性规定，释清消费者在进行精神消费时所享有的具体权利内容。其次，要完善精神消费管理的行政法规，对文化市场进行特殊管理，如文化业的市场准入、价格监督，将文化市场的管理纳入法制化轨道。再次，要强化对精神消费行为的刑法保护，严惩走私、制作、贩卖、传播淫秽书刊、录像带、图片或其他物品的犯罪分子，而精神商品及服务的提供者做出的其他欺诈或暴利行为如果构成犯罪，也应被追究刑事责任。最后，完善的立法还应配以经济且完善的司法救济程序以及强而有力的普法宣传。否则即使有完善的立法，普通消费者仍很难意识到自己所享有的权利并知晓正确的救济途径，以求得最终维权之胜利。精神文化进入市场，应该与洗衣机、电冰箱进入市场一样，由消费者定优劣，由法律定规矩。

第四节　法律自身作为人类文化的制度化呈现

不管是在古代还是现代，人类物质生产生活关系中物质文化的形成和发展都是以物质分配为前提。作为制度规范的重要内容，法律长期主导着整个社会的物质分配，并确定了人类社会中的每一个物从诞生到毁灭这一时间段内，在人类社会关系网络中所占据的全部位置。正是物在社会关系网络中占据的位置为物留下了人类文化的烙印，使物不再只是人类生存活动中的消耗。而人的精神生产和生活（无论是个人性的精神生产生活，还是社会化产业性的精神生产生活）也必须接受法律的规范性调整，否则生产秩序和生活秩序都难以为继。从这个意义上讲，法律既关联着物质文化，也关联着精神文化。

不仅如此，法律还是沟通物质文化和精神文化的重要桥梁。与此同时，法律本身也呈现为一种文化。人们很容易理解法律在保护物质、精神文化上的重要作用，但很难想到法律自身也是人类文化的一种重要形式。文化不仅包含着思想观念、发明创造以及价值信念，还包含着经济制度、政治制度、法律制度、社会风俗习惯、宗教信仰等，后几项被统称为制度文化。而在现代社会，法律无疑是制度文化的核心内容，是人类日常生活中起决定性作用的制度规范。作为制度文化之核心的法律文化，最终如何成为物质文化和精神文化的桥梁？想要对此作出回答，必须首先解释清楚以下几个问题：第一，文化到底有几种表现形式，为何要将其划分为物质文化、精神文化和制度文化？第二，法律为什么是制度文化的核心内容？第三，法律文化如何在物质文化和精神文化中架构起一座桥梁，或者说为什么法律文化对物质文化和精神文化具有桥架功能？本节将围绕“法律自身作为人类文化的制度化呈现”这一命题，依次对以上问题进行详细探讨。

一、制度、精神和物质，人类文化的三个面向

“文化”的结构和分层在文化界向来有着较大分歧：一些学者将其分为“高雅文化”和“低俗文化”；另一些学者将其分为“精英文化”和“大众文化”。[①] 庞朴从物质、心理及两者相结合的角度提出了文化结构三层次说，认为广义上的文化结构包括物质文化、制度文化和心理文化，其他学者将其总结为“制度、精神和物质”三文化。[②] 这一理论逐渐为我国文化界所普遍接受，并成了我国文化理论界关于文化结构及分层的主流观点。

物质文化在“文化”的三大分层结构中居于基础地位，其研究的乃是人与物之间的辩证关系：人创造和使用物质，物质也造就了人，主体和客体总

① “就文化结构而言，有物质文化和精神文化两分说，物质、精神和制度文化三层次说，物质、制度、风俗习惯、思想与价值四层次说，物质、精神、艺术、社会关系、语言符号和风俗习惯六大子系统说等”（张岱年、方克立编：《中国文化概论》，北京师范大学出版社 1994 年版，第 5 页）。

② 庞朴：《文化的民族性和时代性》，中国和平出版社 1988 年版，第 37~73 页。

是随时随地联系在一起。它奠基于对人类最基本生存需要（如衣、食、住、行）的满足，包括人的物质生产方式及由此创造的各种器物，是人之物质生产活动及其产品的总和。[①] 普莱斯哥特（William H. Prescott）根据墨西哥的人工制品和生活器物而非语言文字来了解其历史，并在自己的旅行日志中第一次使用了“物质文化”的概念。[②] 物质文化是衡量某一社会发展程度和生产力水平的重要标志，人类社会的每一个发展阶段都以一定的物质生产工具及技术水平为特征。对于人类社会来说，不同民族、地域或同一民族、地域中不同发展阶段相互之间的文化差异首先体现在物质之上。当人类学家和社会学家想要对某一地域或民族的独特文化进行深入研究时，总绕不过它们以“物质”为表现形态的耕作与放牧方式、民居建筑和服饰风格等。

在物质文化之上，人类社会还孕育出了无形、无相的精神文化。它是人类社会实践和意识活动长期蕴化出的思维方式、审美情趣、道德观念和价值取向，是一种人类特有的、集合了多种观念和意识形态并产生于人类物质文化基础之上的生产活动。特定地域的共同心理、价值观念一般来说具有一定的稳定性，甚至在共同地域、共同语言和共同经济生活改变之后仍能保存下来。[③]

庞朴将物质文化视为文化体系的最外层部分，将精神文化视为文化体系的核心部分。制度文化则是这两者的中间层，是文化外显部分与内隐部分之结合。不仅是庞朴，莱斯特·阿尔文·怀特也将文化划分为三个亚系统——技术系统、社会（制度）系统和思想意识系统。他认为技术系统是文化进化的动力和能量，也是三个文化亚系统中的基础。但是，他在进一步分析中亦

① “由人类加工自然创制的各种器物，即‘物化的知识力量’构成的物态文化层。它是人的物质生产活动及其产品的总和，是可感知的、具有物质实体的文化事物，构成整个文化创造的基础。物态文化以满足人类最基本的生存需要——衣、食、住、行——为目标，直接反映人与自然的关系，反映人类对自然界认识、把握、利用、改造的深入程度，反映社会生产力的发展水平”（张岱年、方克立：《中国文化概论》，北京师范大学出版社 2004 年版，第 5 页）。

② 参见孟悦、罗钢：《物质文化读本》，北京大学出版社 2008 年版，“前言”第 5 页。

③ 参见吴曙光：《试论苗族祖先崇拜的“非异己性”特征》，载《贵州民族研究》2001 年第 2 期。

认识到了社会（制度）系统对技术系统的影响。技术的发明和进步并不能独立于社会（制度）系统之外，它必须依赖于社会（制度）系统的环境。比如，许多农业科学家认为农业技术在农业社会中并未发展到极限，却出现了停滞。其最主要的原因是社会分裂为两大对立阶级，由此扼杀了改进农业技术的动力。[①] 德·保罗·斯查尔福也将文化视为一个包含多方面、多层次内容的综合体，他指出："'文化'是我们过去和现在所创造的精神上、心灵上和物质上的一切事物……文化是一个整体，不仅包含思想观念、发明创造、人工制品、价值观念、信仰和艺术作品，还包括经济制度，社会结构和风俗习惯，政治体系、宗教信仰、法典法规，等等。实际上它包括我们能想象的一切事物。"[②] 综上所述，制度文化是文化的一个重要层面或表现形式。它区别于物质文化和精神文化，是人们在对文化所作的一般分类中，用以指称各种社会关系形式、社会组织形式和社会运行与控制形式的一个概念。简单地说，制度文化主要是指凝结了文化精神的社会制度，是社会精神的具体化、实在化和格式化。它是文化的一个子系统、一个组成部分，与物质文化和精神文化一起形成了文化的复杂整体。作为人类行为活动的规则和习惯，制度文化主导并制约了物质文化和精神文化，为我们提供了观察和理解人类行为活动的手段或钥匙。

综上所述，"文化"作为一个较为复杂的整体结构，乃是由物质、精神和制度三个子系统所组成。制度文化是"文化"这一复杂整体不可或缺的组成部分，它与文化的物质层面及精神层面紧密联系，三者无法绝对地进行分离。人之行为总要受到观念、思想等精神因素的支配，同时，这些精神因素

---

① "怀特将整个文化划分为三个亚系统，即技术系统、社会系统和思想意识系统。技术系统包括生产工具、维持生计的手段、筑居材料、攻防手段等；社会系统包括社会、亲属、经济、政治、军事、宗教的制度和组织以及娱乐等；思想意识系统则由语言、思想、信念、神话传说、文学、哲学、科学、民俗和常识性知识等构成"（夏建中：《文化人类学》，中国人民大学出版社1997年版，第223页）。

② 殷海光：《中国文化的展望》，中国和平出版社1988年版，第30页。

必然会影响到习俗、法律、规则等制度因素。当制度诸因素形成之后，又会对人类的物质生产生活带来不可磨灭的影响。因此，制度文化作为文化整体的一个组成部分，既是精神文化的产物又是物质文化的工具。它构成了人类行为的习惯与规范，同时也主导或制约了物质文化和精神文化的变迁，并且是文化变迁最为重要的表现载体。

二、法律作为制度文化的核心内容

制度文化是一个多层次的宏观概念，其内容非常广泛：不仅包含经济文化、政治文化、道德文化、法律文化，还包含教育文化、婚姻文化等各方面。上述每一种文化形态又下辖更为具体的制度文化形式。例如，仅是政治文化就可细分为人事选任体制文化、权力运行体制文化、监督体制文化和行政体制文化。而在这些各式各样的文化形式中，应当看到，法律文化乃是制度文化的核心内容。经济、政治、道德和宗教诸文化形态经过实践的检验、修正和完善，经过去粗取精、去伪存真的过程，最终将上升为法律文化。也只有将经济、政治、道德和宗教诸文化上升为法律文化，它们才能被赋予更为稳定和权威的存在形式。因此，法律文化是制度文化的最高级形式，它是制度文化中具有特殊意义的环节和内容。

然而，并不是所有社会、同一社会的每一个发展时期都将“法律文化”作为制度文化的核心。中国古代虽然也有法律文化，但其在制度文化中并无核心地位。梁漱溟说中国社会本礼俗以设制，融国家于社会，而不寄托于法律。当人们相互之间发生了冲突和争端，一般情形下会尽量采用和解与调停的方法在衙门之外解决，而不是诉诸法律手段。人们信仰着道德之“礼”，却不亲近法律。在此种社会环境中，法律文化的重要性自然被相对淡化，而道德伦理则成为人们所关注的核心内容。这样的后果就是我国传统法律文化被裹挟上了浓厚的儒家伦理色彩，自我发展的张力却日益衰微并逐渐沦为道德文化的附庸。除此之外，自进入封建社会起，就开始走向以“皇帝”为中心的专制政体。皇帝一方面积极立法以维护国家统治，另一方面又凌驾于法律之上，不受法律的约束。在封建正统的法律思想中，“权尊于法”是主流观点。法律的控制面往往有限，农村地区大量的社会生活被家规、族规和习俗所控制。达维德、茨威格特和克兹都将法律在社会生活中不占主导地位视为传统中国法或远东法的主要特征，他们认为在中国人看来，法律不是秩序的条件和正义的象征，而是专断的工具和混乱的因素。良民不应该想到法，他应该按不主张权利又不打官司的方式生活。人们第一件操心的事不应是守法；每个人的行为与任何法律考虑无关，应不停顿地寻求协调与和睦。和解较之起诉更有价值，与其用法来解决争端，宁可用调解来消除争端。① 道德和权力共同分治了整个社会，法律仅仅是这两者的附庸，并不具有独立的地位。因此，在中国传统社会中权力文化、道德文化往往凌驾于法律文化之上，法律文化只是制度文化中并不被人们所重视的一员。以至于“以农耕经济见长的中国文化，虽也强调天理的至上性和人伦的至纯性，但法律却始终是一个狭隘的领域”。②

近几百年来，我国建立“法律至上”的法治社会已得到了社会整体的普遍认可。“我国不必以今天的目光来非议过去，时代如此，其势然也。文化逐渐进步，建立一个抽象概括的原则，原是人类千万年心血的累积。至于专制皇帝的推翻，民主政治的建立，更是人类奋斗的成果。”③ 这是清末法理派普遍主义话语的延续。王伯琦更是指出，法律的普遍性决定了法律不加区别地适用于一切人与一切行为，从行为模式到法律后果乃是一对一的、确定的。与之相比，道德的适用乃是个别且相对的，而个别情况却是无穷无尽的，适用结果也无法像“法律后果”那样明确清楚，因此极容易出现不公平、不一

---

① ［法］勒内·达维德：《当代世界法律体系》，漆竹生译，上海译文出版社1984年版，第485~499页。

② 谢晖：《“法律至上”论析》，载《求是学刊》1999年第6期。

③ 王伯琦：《近代法律思潮与中国固有文化》，清华大学出版社2005年版，第96页。

致的现象。[①] 因此，王伯琦也将西方法治视为进步的观念，认为应当使法律成为治理社会的根本武器。劳伦斯·M. 弗里德曼在 1997 年来华时就指出，“法治的概念并不是专属于‘西方’的”“‘法治’的观念的确在加速发展，以这样或那样的方式遍及全球”。[②] 在这样的历史背景之下，法律文化已然（事实上）成为现代中国制度文化中最为重要的一环。

当然，法律文化也应当成为现代社会制度文化的核心内容。在传统的乡土社会结构之中，个人从属于家庭，而家庭又逐步发展成村落。当时的社会交往关系并不复杂，落后的交通也使得人更倾向于安土重迁。在家庭和村庄的范围之内，人际关系并无陌生性，人与人之间互为亲人或朋友，自然视人情更甚于规则。在身份等级的基础之上，人们通过道德的调节和教化，并利用人情之纽带而达到一种表象的和谐。然而，当社会生活越来越发达，商业社会的日益发展以及交通工具的日益更新使得人与人的交往也越来越趋向于“陌生性”。面对大量涌现的陌生人，纯粹的道德和人情已很难维系相互之间权利和义务的平衡。因此，法律规则的重要性日趋凸显，并逐渐成为社会控制最为重要的一个环节。马克斯·韦伯将现代社会的统治形式称为法理型统治，且认为现代社会的统治形式就“应该”是法理型统治。在这样的社会中，法律具有至高无上的地位，无论是平民大众还是官员领袖，在法律面前都要受到平等的制约和束缚。[③] 法律自然成了整个社会制度文化的中心，当其他制度与法律产生冲突时必须以法律为重：“在法治时代，法律规范和其他一切社会规范相比较必须是至上的。这表明：当法律规范和其他社会规范

① “法律有确定性及普通性，在其适用时必须运用逻辑去推论，因而法律又有适用上的一致性，既是一致，必有例外的不能适合。道德规范本质上是具有个别性的，其是否合于规范，必须就个别的具体事件去衡量，绝不容以逻辑方法去推演。道德之可以逻辑方法推演者，应即成为法律，已不是道德；法律原则倘不用逻辑去推论而要顾到个别情况，则即丧失其确定性及普遍性，当然就不成其为法律”（王伯琦：《近代法律思潮与中国固有文化》，清华大学出版社 2005 年版，第 231~232 页）。

② ［美］劳伦斯·M. 弗里德曼：《法治、现代化和司法》，载《北大法律评论》1998 年第 1 期。

③ 参见［德］马克斯·韦伯：《经济与社会》（上），林荣远译，商务印书馆 1997 年版，第 238~251 页。

没有根本性地冲突时，即其他社会规范的存在并不违背法律规范的基本价值取向和基本精神时，法律规范和其他社会规范可以并存。否则，当法律本身是良法，并且其他社会规范与这种良法具有明显的冲突时，则应以法律规范为标准，取缔、改造、风化其他社会规范。”① 法律有很多优点乃是其他制度无法比拟的，如不带直接感情色彩或者集合了多数人的智慧，唯有体现共同意志的法律才能使各社会团体之间形成稳定而良善的秩序。因此，在现代社会或者说以“现代化”为目标的发展中社会，法律文化应当成为制度文化的核心内容。

三、法律文化对物质文化和精神文化的桥架功能

人具有物质和精神二象性，因此人既有物质需要又有精神需要。作为物质性存在，人必须依赖物质才能维系自己身体的健康和生命之延续。作为精神性存在，人有思考并追问宇宙万物、从事精神性活动使自身获得愉悦的自然冲动。因此，由人与他人结构而成的社会生活既包含了柴米油盐酱醋茶，也包含了诗书、歌舞与游戏竞技。“这两种生活既可以是纯粹个人的选择，也可以是组织化、系统化的规范内容，从而形成人们的集体行动与选择。”② 然而，自初民社会的村落和城邦开始，就已不存在纯粹意义上的个人物质生活和精神生活。人类文明之推进，就在于将分散的个体性物质生活与精神生活建构在有组织的规范生活之中。法律就是“规范”中最为重要的一环，以法律为规范导向的制度文化涵摄并沟通了人类日常的物质文化和精神文化，是物质生活和精神生活的规范总结，同时也是物质文化和精神文化的规范总结。从这个意义上讲，法律文化乃是架通物质文化和精神文化的主要桥梁。

物质文化乃是“反映人与自然的物质转换关系”的文化，它由“物化的知识力量所构成”（包括人类对自然加工时创制的各种器具），“是可触知的

① 谢晖：《“法律至上”论析》，载《求是学刊》1999 年第 6 期。
② 谢晖：《法律文化：沟通物质文化和精神文化的桥梁》，载《人民法院报》2011 年 12 月 16 日。

具有物质实体的文化事物，即人们的物质生产活动方式和产品的总和”。[①] 谢晖认为物质文化本身是一个规范性命题，也就是说人们日复一日、年复一年的日常物质生活本身就已经生成、复制和内涵着某种规范。而法律对物质文化的调整，就是将此种自觉性规范上升到制度层面。[②] 从古至今，人类的法律无不围绕着“利益分配”这一核心问题而展开。虽然地球上的自然资源从总体上看丰富而广博，但分布得极不平衡，且人对自然资源的利用水平和程度以自身的能力为限，由此导致人类相互之间常常处于一种“资源竞争”的态势中。人类需要物来维系自身的生存，然而，无论是一袋粮食、一件衣服还是一头耕牛，如果无法以大众普遍认可的方式来处理其归属权，就有可能成为众人竞相争夺的对象。人们为物之生产、归属和转让确立了一定的规则，不同地域和民族的规则可能相去甚远，由此产生了风格各异的物质文化。法律则对这些自觉性规则进行选择和整合，并最终将其上升为制度性规范。

法律对物质的“定分止争”之功能乃是社会正常运作的前提条件，慎到在两千多年前就对此作过惟妙惟肖的论述：“今一兔走，百人逐之。非一兔足为百人欲，由分未定也。分未定，尧且力屈，而况众人乎？积兔满市，行者不顾，非不欲兔也，分已定也。分已定，人虽鄙不争，故治天下及国，在定分而已矣。”[③] 可以说，“分未定”乃是一种面对物质匮乏、利益稀缺时人类竞相争执的野蛮状态，而“分已定”则是一种面对物质匮乏、利益稀缺时人类以规则平息争执的文明状态。“只要人类的物质生活是在交往中进行而不是纯粹的私人生活，则以制度规范的文明来防治无序‘逐之’的野蛮。”[④]

① 吴克礼编：《文化学教程》，上海外语教育出版社 2002 年版，第 65 页。

② “如果说人们日复一日的日常物质生活已经生成、复制和内涵着某种规范的话，换言之，如果说物质文化的说法本身已经是个规范命题的话，那么，法律对物质文化的规范和调整，就是把物质文化或规范的自发性存在，升华为制度的自觉性”（谢晖：《法律文化：沟通物质文化和精神文化的桥梁》，载《人民法院报》2011 年 12 月 16 日）。

③ 谢晖：《法律文化：沟通物质文化和精神文化的桥梁》，载《人民法院报》2011 年 12 月 16 日。

④ 谢晖：《法律文化：沟通物质文化和精神文化的桥梁》，载《人民法院报》2011 年 12 月 16 日。

以法律文化规训物质生活，就是提升物质文化的必然选择。自工业社会以来，人类的物质生产能力及水平取得了飞跃式发展，物质生产和分配过程中越来越复杂的分工与合作关系，要求我们必须更进一步地运用法律的规范性、统一性与利导性对此进行推进与保障。如果法律的控制链条断裂，那么人类的物质生活和利益分配也将面临失序之危险。正因为如此，法治秩序才成了不同国家共同追求的理想，国际社会也必须以国际法或冲突法为准，建立国家间、国际组织间、私人主体间跨国交往、交易的交往秩序。只有法律及法律文化的在场，物质生产活动中的分工与合作才有可能。法律一旦离场，混乱竞争中的野蛮和争执也将随之登场。

精神文化亦是一定物质文化基础之上的产物，它为法律文化提供舆论准备、精神动力以及智力支持。任何阶级想要创造或变革一种法律文化，总是要先塑造一定的舆论并宣传旧法律文化之落后与新法律文化之合理。作为精神文明首要因素的道德与法律文化有着剪不断、理还乱的牵连，且长期帮助法律充实自身内容。同样，某种精神文化要长期在社会取得统治地位，就必须借助法律文化的制度力量来清除异己、巩固权威。中华民族史上向来不缺乏文教传统，此种传统要求人们致力于提升个体修养，并以谦谦君子的德化为目标而就范于某种约定的文化状态。但很多时候，这种精神文化的追求是借助了制度化的法律才能得以真正贯彻和执行。例如，以儒家文化为核心的某些学术主张（如德礼教化）、学术经典（如四书五经）、文化追求（如“诗言志”“六艺”理论等）在古代社会曾与法律制度交融在一起，实际上具有法律规范之功能。举孝廉、科举制等的推行，更是精神教育法律化的典范。而“德主刑辅”“礼刑并用”，则是直接把道德这一精神文化核心内容纳入了法律规范之中，使得法律最终成为执行道德的工具或者说一整套德性体系。①

---

① 参见谢晖：《法律文化：沟通物质文化和精神文化的桥梁》，载《人民法院报》2011年12月16日。

法律在精神文化建设中的重要作用毋庸置疑。它是规范人们行为的强力手段，强制人们严格遵守社会公共生活准则。某些道德要求一旦通过法律形式予以确认，就同时成为人们在法律上的现实义务。不同于纯粹道德所要求的自省，法律的约束乃是一种无情、刚性与外在的约束。它可以将某种特定的精神文化从无形转化为有形，并强迫性地要求人们去接受和延续这一精神文化。“历史的镜像，可以映照出精神文化结构在制度中的得失。但以制度来结构、规范、诱导、默许和鼓励精神文化，使精神文化的发展体制化，或者借制度力量与法律推进，弘扬、发展、创新精神文化，则大体可以肯定。”① 我们不可以因为先祖曾在制度与教化中“罢黜百家、独尊儒术”，就否定法律对精神文化的规范、弘扬之功能，也不可以因为晚清科举考试的八股之风，就否定考试这一正当程序扩大、推行精神文化的现实功能。法律不仅可以通过惩罚的方式执行文化、道德，还可以通过默许、放任、诱导和奖励等方式助推学术、道德、科技和文艺的兴盛。例如，为了加强文化科技市场之管理，必定需要建立健全文化科技市场之法规，其中就包括完善知识产权的保护；为了弘扬正气、鼓励见义勇为之行为，就需要法律明确规定对此类行为的认定与奖励。法律将精神文化纳入自身的调整范围之中，使之从道德的自觉性规范上升为制度的强制性规范，极大地提升了精神文化的生命力，为精神文化在全社会中的具体实践提供了重要保障。所以，要真正推进与发展精神文化，就必须正视“制度—法律”对精神文化的涵摄与调整。

人类的物质生活与精神生活总是相伴相生：文人墨客一边饮酒，一边吟诗作画；渔翁樵夫一边捕鱼、砍柴，一边放声高唱……人类日常生活中的物质文化和精神文化本身内在地结为一个整体。然而，日常生活中物质文化和精神文化的此种结构或勾连，乃是一种基于人类本性的自发性结果，它必须

① 谢晖：《法律文化：沟通物质文化和精神文化的桥梁》，载《人民法院报》2011 年 12 月 16 日。

被上升到规范与制度之层面。法律或者以法律为规范前提的制度文化就是一种沟通两者，并将两者之结构上升为规范与制度的重要表现形式。人们将物质生活和精神生活的规定性抽象出来，升华为人们认同和遵守的法律规范，并使得二者在法律文化中实现理性的统一。经由法律的有效诱导、推动和规制，人们逐渐形成了依据法律而展开物质交往活动和精神沟通活动的自觉机制。法律是理性地沟通物质文化和精神文化的基本方式，它为物质文化和精神文化的规范化交流扩展路径，并最终为人类社会生活的文明化预设了一种基于生活本身的规范路线图。法律文化乃是架通物质文化和精神文化的主要桥梁，因此要强调文化兴国这一战略，就必须重点关注以法律为核心的制度文化建设。通过法律保障、规范、带动并促进物质文化与精神文化建设，才能最终全面展现文化兴国的要旨和目标。

第五章　文化法治的要素和结构

文化法治建设不仅要实证其所面临的问题，而且要从应然层面分析文化法治的要素及其结构。本章探讨文化法治的要素是为了弄清文化法治所欲追求的理想样态，而探讨文化法治的结构则是为了明晰文化法治各部分的关系。

对于法治的要素学者观点不一，大致有以下说法。法治的要素包括：形式要素、制度要素、理念要素、观念要素。[①] 一个成熟的法治国家至少应当具备以下几个方面的内容：第一，法律成为基础性和终极性的治理方式；第二，法治之法是良法；第三，国家权力受到法律有效规制；第四，有限政府和社会自治等。[②] 法治国家必然会有一些基本的共同要素：（1）法治国家的基本目的乃在于……使得法成为规范社会生活的唯一准则；（2）法治国家的法乃必须为良法；（3）公布一部宪法确立权力分立以限制国家权力的集中；（4）赋予并保证公民免受他人侵犯或国家非法干涉的基本权利；（5）确立普遍的司法原则，即国家和社会生活的任何行为与纠纷都可以通过司法的途径解决等。法治国家的特征包括宏观和微观两个方面，其中宏观特征包括民主完善、权力制约、权利实现，微观特征包括法律至上、法制完备、依法行政、司法公正等。[③] 各种价值倾向的法治（自由法治、形式法治、公正法治），在其内在规定性上有三点是共同的，也是至关紧要的：全面预设规则；预设的

① 孙国华、朱景文：《法理学》，中国人民大学出版社 2010 年版，第 181~185 页。
② 严存生：《法理学》，法律出版社 2007 年版，第 281~283 页。
③ 卓泽渊：《法理学》，法律出版社 2009 年版，第 369~383 页。

规则至上；独立的机关专司规则。这三点对其他国际层面的法治标准也同样适用。[①]

综观这些说法，其中无论是良法之治，还是法制完备，抑或全面预设规则，都可以被称为法治的规范要素，而无论是法律至上、法律终极，甚至包括限制权力、实现权利等都可以被纳入法治的观念要素。然而，规范要素和观念要素的完备并不代表法治的完备。除此二者外，我们还需要确证一套法治观念通过完备的良法之治是否存在完善的组织和人员予以实施，即法治的要素还包括主体要素。另外，即便有一套完善的规范体系形成威慑，主体也具有法治观念指导行为，但观念与行为之间是否一致也是制约法治的要素，因为法治乃是建立在理性的基础上的，但社会现实中人的行为并非全部是理性的。因此，法治的要素还要包括主体的行为要素。最后，应当指出的是，由于法治是建立在法律基础上的，无论法律是通过发现而确立的还是通过制定而创设的，都不可避免地带有局限性，这也就决定了法律在实然与应然之间存在某种差距，这就需要通过反馈机制查知这种差距，使实然的法律无限地接近应然极限。因此，法治的基本要素还应包括反馈要素。一言以蔽之，文化法治的基本要素应当包括规范要素、观念要素、主体要素、行为要素和反馈要素五个方面。本章第一节将对上述五个要素予以分析。

文化法治的结构是揭示文化法治内部组成部分之间关系的范畴，它包括两个维度：横向结构和纵向结构。横向结构所要揭示的是思想道德、文学艺术、科学技术、体育卫生等领域的文化法治；而纵向结构所要揭示的是文化法治的不同层次，既包括文化法治的整体性与分层性关系、体系性与分支性关系、国家性与地方性关系，也包括跨国文化交流中的外来文化与本土文化的关系。关于文化法治的横向结构和纵向结构，本章将在第二节、第三节论述。

---

① 郑永流：《法治四章——英德渊源国际标准和中国问题》，中国政法大学出版社 2002 年版，第 196 页。

第一节　文化法治的基本要素

文化法治的基本要素主要包括规范要素、观念要素、主体要素、行为要素和反馈要素。其中规范要素乃是文化法治的基础性要素，任何法治都是建立在法律基础上的，没有完善的法律作为基础，任何法治都不可能完满实现。而观念要素是保证法律完善的重要支撑，也是保证法律实现的主观要件，只有建立在科学立法基础上，法律才可能具备“全面预设”的品质，也只有通过依法执法、公正司法以及全民守法，法律才能够有效运行，法治才能够得以实现。当然，规范要素与观念要素总是密切联系的。某种规范总是依据某种法观念而产生的，而某种规范又总是能够产生某种法观念，可以说法律规范凝结着法律观念，二者都是属于“形而上”的思维产物。但是仅有形而上的要素并不能从“状态”上讲法治就实现了，法治从根本上说乃是一种状态，其必然要以“形而下”的东西作为支点。其中，无论是文化法治的规范要素还是观念要素都离不开立法者、实施者和守法者，因此，文化法治建设需要立法队伍、实施队伍以及民众素质作为动力，而它们则构成了文化法治的主体要素。法治作为一种状态，不仅仅是从观念层面上讲的，也不仅仅是从规范体系角度而言的，它是一种依法办事的状态，法治毋宁是从行为角度认识国家和社会治理的一种概念。这也就意味着法治不仅要具备规范要素、观念要素以及主体要素，还需要主体依据法律规范、法治观念作出行为。当主体的行为符合法律规范和法治观念时，我们则可以说实现了法治。但这只是理想意义上的法治，由于社会关系的纷繁复杂和时空变迁，以及立法者、实施者、守法者的有限理性，社会主体的行为往往与法律规范和法治观念相悖，也有可能出现法律本身的缺陷，包括法律漏洞、冲突、模糊以及过度调整等问题。这就需要通过反馈机制解决法治行为要求与现实主体行为的差距的问题，正如社会主义核心价值观所表明：法治只是一种理想或者价值追求，法治永远在路上，只有进行时，没有完成时。因此，除了规范要素、观念要素、主体要素之外，文化法治的基本要素还包括行为要素和反馈要素。

一、文化法治的规范要素

（一）文化法规范的权利义务分配性

文化法规范首先应当具有权利义务分配性，这是法规范与其他社会规范在调整手段上最为根本的区别。文化规范是多元的，既有风俗习惯、道德等社会规范，也有法律规范，它们都调整着文化现象。但是其他社会规范与文化法规范存在区别，我们可以从多个方面考量这些区别，包括是否明确，是否具有国家强制力，是否为正式调整，是否为第三方调整等。从明确性上看，文化法规范具有明确性的表达方式，而其他社会规范要么属于不成文的规范，要么缺乏明确性的规定。从强制力角度看，文化法规范属于法律，乃是国家制定或认可的规范，获得了国家强制力保障，而其他社会规范则依赖社会强制力，并不具有国家强制力特征。从调整类型看，文化法规范属于正式调整和第三方调整，其规范具有普遍约束力，可以反复被适用，并往往诉诸第三方调整，而其他社会规范则属于非正式调整，很多规范只是就事论事，往往不具有普遍约束力，属于个别性调整，也往往只是由纠纷双方自行调整。但是以上区别只是量上的区别，并不是本质性的区别。其他文化规范与文化法规范相比，只是存在明确性程度的差别、强制力程度的差别[①]以及二者均存在规范性调整和第三方调整的情形。就本质区别来讲，文化法规范具有权利

① “并不是指社会强制力弱于国家强制力。”参见［奥］埃利希：《法社会学原理》，舒国滢译，中国大百科全书出版社2009年版，第23页。

义务分配性表现形式，而其他文化规范并非如此。文化法规范以权利为本位，以义务为手段，通过权利义务的组合实现社会调整，其中无论是权利还是义务，都在法律规范中有着明确的表达。反观其他文化规范，无论是风俗习惯、道德还是宗教规范，虽然它们也以保障某种权利（力）为目的，[①] 但它们往往以义务性规范为主要表现形式，而其权利性规范形式不彰。因此，文化法规范最为本质的特征乃是具有权利义务分配性。文化法规范的权利义务分配性还需要从两个方面解读：一是应然层面的权利义务分配性；二是实然层面的权利义务分配性。从应然层面上讲，某些文化规范具有权利义务分配性，但由于没有被法律规范予以吸收或认可，这些文化规范是否可以成为法律规范，需要进行充分的论证，通过论证，这些规范可以成为法律规范，因而属于应然的文化法规范。从实然层面上讲，无论某些文化规范是否应当成为法律规范，只要这些规范没有被正式的法律予以吸收或认可，那么它们就不是文化法规范。这就是说，文化规范仅仅具有权利义务分配性并不代表它就是文化法规范，这还需要途经必要的程序使其上升为法律规范。

（二）文化法规范的良法性

在西方，亚里士多德最早提出了良法的概念，他认为，法治有两个方面的含义：已成立的法律获得普遍的服从；所服从之法乃是制定良好的法律。[②] 霍布斯认为："良法就是为人民的利益所需要而又清晰明确的法律。"[③] 在中国，关于良法的标准也有广泛的探讨。有学者认为，良法的标准包括价值合理性、规范合理性、体制合理性、程序合理性。[④] 还有种观点认为良法有三重标准：民主性、科学性、道德性。[⑤] 另有学者认为，良法标准包括：内容

---

① 谢晖：《法的思辨与实证》，法律出版社 2016 年版，第 92 页。
② ［古希腊］亚里士多德：《政治学》，吴寿彭译，商务印书馆 1981 年版，第 199 页。
③ ［英］霍布斯：《利维坦》，黎思复、黎廷弼译，商务印书馆 1985 年版，第 113 页。
④ 李龙：《良法论》，武汉大学出版社 2005 年版，第 71~73 页。
⑤ 赵震江：《法律社会学》，北京大学出版社 1998 年版，第 326~327 页、第 520~523 页。

上的规律性、价值上的正义性、形式上的科学性。[①] 上述观点往往将良法的标准定格在三个方面——法的价值、法的内容和法的形式，即法的价值要以道德为衡量，法的内容要以公共利益为标准，法的形式要明确、科学、无漏洞。笔者认为，良法的标准应当主要以价值衡量为标准，因为良法与否终究是一个价值判断。在这里，一个较为简便的判断方法就是看法律是否具有广泛的可接受性。因为可接受性概念包含了法律的众多标准，无论是价值合理还是内容合理，抑或形式合理，只要某一方面存在缺陷，法律的可接受性就受到影响，当这种影响达到一定程度时，人们便以“恶法”来给它贴上标签。另外，法律的良善与否不是立法者说了算，而是法律主体说了算。“子非鱼，安知鱼之乐”，任何人都不能越俎代庖为他人进行价值判断，法律主体基于其所享有的法律权利与其所承担的义务，自然有切己的价值判断。当他认为法律是良法的时候，自然会服从法律。当然，这种可接受性乃是主观上的可接受性，并不是客观上的服从性。也就是说客观上对法律的服从并不能证明法律的可接受性，即便不是良法，由于法律具有强制力和威慑力，人们也可能会基于某种压力而被迫服从法律，但他们并没有在内心接受这种法律。是以，判断法律的良善性的标准便可以从两个方面进行，首先是客观上看该法律是否被人们普遍地遵守，其次是主观上区分该法律到底是基于强制还是自愿而获得的遵守性。至于具体的文化法规范也应该从这两个方面进行检视：一方面要看文化法规范的守法程度，当文化法规范被普遍遵守时，文化法规范才具有良法的客观基础，从而文化法治才有实现的基础；另一方面要通过调查，研究这种守法现象的成因，如果是基于文化压制而形成的守法，那将只是文化法治的表象，只有建立在自愿遵守文化法规范的文化法治才是法治的本真。

---

① 李桂林：《论良法的标准》，载《法学评论》2000年第2期。

（三）文化法规范的规范性

文化法规范的规范性是指文化法规范必须具备规范性特征。法律的规范性特征是法律之所以为法律的基本要素之一，它包括以下几个方面：首先，法律规范的规范性表现为确定性。法律必须具备明确公开的性质，明确公开性是法律的基本属性之一，也是法律与其他社会规范的区别点之一。法律的确定性是法律能够被准确理解从而保证切实实施的前提，它包括静态和动态两个方面的内容。从静态上说，法律的确定性反对模糊和歧义，模糊和歧义将导致法律运行不畅，危害法律的实现。因此，立法者在表达法律规范时应当尽量做到语言精确、避免歧义。从动态上说，法律的确定性反对“朝令夕改”，并要求法律在相当一段时间内保持稳定，尤其是要限制法律溯及既往。其次，法律的规范性表现为抽象性。法律规范并不是为了调整某一具体法律关系而产生的，被法律所调整的主体并非特定的某个人或组织，而是某一类人。因此这决定了法律必须具有高度抽象的特征，或者说法律具有概括性特征，即法律具有“能为一般人的行为提供一个模式、标准的属性”。① 另外，法律的高度抽象性又决定了法律规范不同于其他社会规范的另一特征，即法律规范具有反复适用的特征。法律的抽象性要求立法者在立法过程中抽空事物的特殊性，并使用抽象性、概括性或者包容性的语言表达法律规范，而在具体的案件中对于某一事物的特殊性还原则交由执法者和司法者。再次，法律的规范性表现为法律的可预测性。法律的可预测性是指人们可以根据法律规范预测其行为是合法还是非法、有法律效力还是无法律效力以及行为后果如何。法律的可预测性以法律的明确性为基础，以法律的指引与评价作用为中介，为人们守法提供了可能与便利，也为人们的行为提供了安全与保障。最后，法律的规范性表现为法律规范何以为规范，即法律的规范性概念要回

① 卓泽渊：《法学导论》，法律出版社2007年版，第15页。

答的是法律的规范性究竟意味着什么，特别是它与道德规范性之间存在何种联系与区别。虽然在确定性、抽象性和可预测性方面，法律与道德等社会规范存在某种“程度上的”区别，但最为根本的区别在于法律的规范性具有“内在观点”，即人们不仅根据法律规范在事实上出现行为的趋同性，而且将法律规范作为一个标准而看待。① 这也就意味着，文化法规范不同于其他文化规范，它必须建立在内在观点之上，如果某一文化规范不具有承认规则、改变规则和审判规则，它就不是文化法规范。因此，除了立法之外，我们还需要根据内在观点和第二性规则理论考察文化法规范。总之文化法规范必须具备确定性、抽象性、可预测性以及内在观点，才能够发挥其应有的作用，以确保法律行为有明确的法律依据，使文化法治得以实现。

二、文化法治的观念要素

（一）科学立法观念

文化法治首先需要科学立法观念。这有两个方面的原因，一是立法乃是法律运行的起点和终点。法律运行包括立法、执法、司法和守法，其中立法是基础，没有立法执法便没有法律依据，司法也没有适用的依据，守法也就谈不上。二是文化立法不可或缺。从法律的实施角度看，文化法规范的渊源是多元的，表现为国家法、道德、习惯、风俗、政策等。其中，国家法乃是文化法规范的主要表现形式，而且在法律的适用中享有优先的地位。非制定法由于其文化法规范需要通过法律方法才能适用，并且由于判例在我国不具有普遍的法律效力，因此，即便通过法律方法适用的文化法规范并不能给予人们明确的指引，这就需要通过立法对这一部分文化法规范予以吸收。因此，无论是从制定法的效力还是从其与其他规范的关系来看，文化立法都是不可

① ［英］哈特：《法律的概念》，张文显等译，中国大百科全书出版社1996年版，第57~58页。

或缺的。

那么立法者应当具备的科学立法观念有哪些呢？学界大致有以下几种观点：“科学立法应当符合合理性、合法性、逻辑性三大标准。其中合理性标准包括：立法选择合理、立法内容合理、立法过程合理；合法性标准包括：形式合法、实质合法；逻辑性标准包括：立法同一、立法无矛盾、立法排中、立法理由充足。”① “立法的科学性包括：合宪性、合民意性、可操作性和合民族性。”② “科学立法科学性的构成要件包括：主体要件是立法权的专属性、主观要件是立法过程的有准备性、客体要件是立法事态的法调整性、客观要件是立法行为的程序性。”③ 笔者认为，立法的科学性应当同时考虑“立法”和“科学”，仅有立法不代表科学，同样，仅有科学也不代表符合立法规律。所谓科学立法就是要将法律科学地表达出来，即法律是内容，科学是手段。

因此科学立法的标准应当有二：法律标准和科学标准。相应地，立法者也就应当具有法律求真的观念和科学表达的观念。科学立法的法律标准就是要让立法者立一部真正的法律，包括合法性、合理性、道德性三大标准，合法性要求法律必须合宪、立法权限合法、不与上位法冲突、立法程序合法等；合理性则要求法律实质合理和形式合理，前者要求法律内容和目标符合事物的本性和规律，后者要求法律必须符合逻辑，协调统一，并具有可操作性；道德性要求法律必须是良法、善法，不得违反社会公认的价值观念、社会公德、正义观念。④ 科学立法的科学标准包括科学调研、科学论证和科学表达三个方面，即在立法之前要通过科学调研，论证立法的必要性、可行性，并通过科学、准确、无歧义的语言将草案表达出来，在经过广泛征求意见的基础上，对草案进行修改完善，最终诉诸表决和公布程序。

① 冯玉军、王柏荣：《科学立法的科学性标准探析》，载《中国人民大学学报》2014 年第 1 期。
② 汪全胜：《科学立法的判断标准和体制机制》，载《江汉学术》2015 年第 4 期。
③ 关保英：《科学立法科学性之解读》，载《社会科学》2007 年第 3 期。
④ 严存生：《法理学》，法律出版社 2007 年版，第 99~104 页。

（二）依法执法观念

执法有广狭二义，广义的执法泛指一切有权的主体（包括行政机关、司法机关）依照法定权限和程序实施法律的活动。洛克的分权理论中的执行权就是指这种意义，他认为行政权和司法权都属于执行权。狭义的执法是指行政主体依照法定职权和程序实施法律的活动。本节内容是从狭义上理解执法的，然而，即便是狭义的执法也存在两层含义，一是泛指行政主体行使行政权的一切活动，二是仅指行政主体将法律、法规运用于具体的人或事的活动。①

文化法治的实现离不开执法，主要原因是文化的属性决定了执法的必要性。文化的属性之一就是弱排他性。从宏观上说，无论是传统文化、现代文化，还是物质文化、精神文化，都是大众能够共享的文化，任何人分享文化，并不能排斥其他人共享文化，宏观文化的共享性导致了文化的弱排他性，这就无法实现私人对文化的保护，或者说私人对文化的保护存在正外部性，会产生极高的成本。这就决定了文化保护需要政府实施。从微观上说，无论是传统文化产品，还是现代文化产品，由于文化产品的易复制性，生产者的权利极易被侵害，这就需要行政手段予以规制。

那么行政机关应该具备何种执法观念呢？首要的就是依法执法观念，因为执法的前提就是有法律存在。这又包括两个方面，一是抽象行政行为要有法可依，二是具体行政行为要有法可依。对于抽象行政行为而言，最主要的是行政立法和行政机关制定规范性法律文件的活动。无论是行政立法还是行政机关制定规范性法律文件，都必须享有相应的权限，既不能无权而立法，亦不能越权而立法，同时还必须依照法定程序进行立法。对于具体行政行为而言，依法执法有三个方面的要求：一是执法主体要合法，包括执法主体具有执法资格、委托执法要有法律依据、执法人员要有执法资格等；二是执法

① 葛洪义：《法理学》，中国人民大学出版社2015年版，第194页。

权限要合法，不能越权执法；三是执法程序要合法，任何执法都必须在法定程序的约束之下进行。特殊情形下，当执法遇到自由裁量时，依法执法观念还应当包括合理执法，因为行政自由裁量的合理性乃是法律的要求。它要求执法行为符合立法目的，在正当性上考量拟作出的行政行为。

（三）公正司法观念

一般来说，法律运行是从立法开始的，它大致有以下四条运行路径：第一条是立法—执法—守法，第二条是立法—守法，第三条是立法—执法—司法，第四条是立法—司法。也就是说，法律目标的实现不一定以司法为手段，如果法律被依法执行，法律被遵守，那么法律目标就实现了。但是，无论是民法、刑法中的立法—守法路径，还是行政法中的立法—执法—守法路径，都会遇到障碍，造成纠纷，这就需要司法定分止争，因此，司法是保障法治实现的应然的最终环节，即法治的实现可能不依赖司法，但不可放弃司法环节。这也就决定了文化法治需要司法作为最后的保障。司法与执法不同，司法是专门的第三方适用法律的活动，而执法形成的是双方法律关系。这也就意味着，司法必须公正地适用法律，而执法是否公正依赖于法律是否公正，执法机关只需要根据执法原则进行执法即可。因此，司法更具有公正的品格。相应地，作为司法人员，法官就应该具有公正司法的观念。

所谓公正司法："其基本内涵就是要在司法活动的过程和结果中坚持和体现公平与正义的原则。""按照这条原则，以法官为代表的司法人员应该在审理各种案件的过程中正当、平等地对待当事人及其他诉讼参与人，应该在审理各种案件的结果中体现公平正义的精神。"① 那么，法官应该如何把握公正司法呢？从实体上说，法官应当以裁判结论公正为目的，在审判过程中要以事实为依据，以法律为准绳。但是，这里需要解决两个问题：一是何谓事

① 何家弘：《司法公正论》，载《中国法学》1999年第2期。

实？是客观事实还是法律事实？二是没有法律或者法律存在瑕疵又如何适用法律？对于第一个问题，司法者应当以法律事实为依据，而不是以客观事实为依据。因为案件的事实永远都是一种历史，而任何历史都不可能被完全复原，所有的证据都是值得怀疑的，因此程序法总是要为证据的资格以及证明力作出规定，只有符合证据资格并在证明力上达到某种法官确信的程度时，法官才会认定这一事实，但究竟这一事实是否为客观事实在所不问。对于第二个问题，法律欠缺或者存在缺陷，法官依然不得拒绝诉讼，他需要通过两种手段解决这一问题，手段之一是通过内部救济，即通过法律方法实现法律的适用，手段之二是通过外部救济，即通过法律之外的规范予以弥补法律的缺陷。即公正司法既包括依法司法，也包括法官在个案中对法律缺陷的救济。从程序上说，法官应当具有中立意识，严格遵守法定程序，平等地对待当事人。尤其是在文化法规范的适用上，司法者应当摒弃自己的文化观念或文化偏见，并尽量以当事人的文化观念看待他的行为。

（四）全民守法观念

文化法治要以全民守法为基石，全民守法所形成的依法办事的状态是文化法治实现的最终状态。这有两个方面的含义：一是从整个法的运行上讲，守法贯穿整个法律的运行过程。无论是立法、执法还是司法，它们的主体都必须遵守法律，法律才能够有效运行，如果立法不遵守宪法、立法法等法律规定，法律将会存在合法性瑕疵，不会被信仰，也不会具有绝对的权威，从而从源头上影响法律的运行。如果执法者、司法者不守法，那么法律在运行过程中将会出现功能异化。因此，全民守法是法律运行的基石。二是从守法之于法治的意义来看，法治是依法治理而不是被法治理，这意味着法治的实现不仅仅是要求有一套法律，并能够根据法律解决纠纷，更为深层次的要求是人们普遍守法，形成全民守法秩序，尽可能地避免纠纷。一个国家的法律，如果仅仅是能够处理纠纷，还不能达到法治的标准，只有人们形成普遍的法律信仰，将法律作为行为依据来看待，法治才可能得以实现。因此，全民守法是法治实现的最终指标。

全民守法要想形成，必然要和法律本身相联系，也就是法律需具备法治的规范要素才能被人们所遵守，这是全民守法的客观要件，关于这一点在法治的规范要素中已经探讨。这里所要谈及的是全民守法的观念，这是全民守法的主观要件。首先全民守法要求公权力机关及其人员守法。从社会契约来看，公权力机关必须遵守法律，否则根据社会契约公民亦可以不守法；从公权力的来源来看，公权力来源于法律授权，公权力机关的守法是法律的应有之义；从公权力的示范作用来看，公权力机关的守法具有示范作用，“只有一个人看到他的政府和公共官员尊敬法律为道德权威的时候，即使这样做会给他们带来诸多不便，这个人才会在守法并不是他的利益所在的时候，也自愿地按法律标准行事”。[①] 全民守法要求全民具有守法精神。何为全民守法精神，一个简便的判断标准就是权利意识，即认真对待权利。它包括两个方面的含义，一是认真对待自己的权利，二是认真对待他人的权利。[②] 前者要求主体珍惜、捍卫、及时主张自己的权利，否则，主体若总是放弃自己的权利，虽然没有出现纠纷，我们也只能说法治并没有实现，或者说并非基于守法而实现，而毋宁是容忍他人侵犯权利的客观结果。后者要求主体对他人的权利主张积极地回应，若他人的权利对应着自己的义务，则应该切实履行义务，若他人的权利主张并不合法，则应予以抗辩。

三、文化法治的主体要素

（一）立法队伍

立法是法治的基础，必须坚持科学立法，而科学立法必须有一支高素质

① ［美］罗纳德·德沃金：《认真对待权利》，信春鹰、吴玉章译，中国大百科全书出版社 1998 年版，“序言”第 21 页。

② ［日］川岛武宜：《现代化与法》，王志安等译，中国政法大学出版社 1994 年版，第 74 页。

的立法队伍作为支撑才能实现。在新时代背景下，人民不仅在物质上有所需求，而且越发在法治上有所需求。实现社会的公平正义、保障人民的法律权利、化解社会矛盾、解决社会纠纷，都需要在法律框架内进行。随之而来的是，社会对立法的要求越发高涨，立法者也越发认识到科学立法的重要性。因此，在新时代背景下，若欲缘法而治，必须通过法治队伍建设实现科学立法。至于文化法治的立法队伍，应当具备以下素质。

首先是具有较高的文化法规范的发现能力。法律不是被发明的，而是被发现的。它广泛存在于一定时期的社会纪律和自由之中，立法者要从纷繁复杂的社会规范中提取出文化法规范。这就要求立法者不仅要有较高的立法调研能力，还需要具备较高的文化法规范的识别能力。他需要具备在某一文化规范中识别出权利义务要素的能力，并能够判断该权利义务是否与法律的一般精神相违背。这就需要他具备双重角色，一是作为立法者或者“外来人”的角色，二是作为“文化持有者”的角色。也就是说他必须既能够“跳进去”——以文化持有者的眼光去理解文化规范，还必须能够“走出来”——以法律概念去解释该文化规范。

其次是具有较高的文化法规范的立法论证能力。当文化法规范被立法者所识别时，下一步就要论证是否需要立法予以成文化表达该文化法规范。这就需要立法者具备文化法规范的立法论证能力。一是需要论证立法的必要性，要充分考虑文化法规范的成文化的主体诉求，不成文化的文化法规范是否对人们的文化行为产生不利影响，以及这种不利影响的程度是否需要正式法予以回应。二是要充分论证文化法规范成文化的可行性，包括文化法规范是否能够体系化、逻辑化，该规范是否能够融进正式法律的权利—义务—责任—制裁逻辑结构中。

最后是具有较高的文化法规范的制定能力。当文化法规范被识别出来，并且存在合理的立法理由时，下一步就需要立法者将文化法规范制定出来。在这一过程中，他需要具备概念抽象能力、语言表达能力、法律规范体系化能力。即他需要将众多的文化概念抽象为法律概念，将众多的文化规范的逻辑转化为法律规范的逻辑，并且清晰、没有矛盾地表达出来。

以上三个要素是一般立法中立法者应当具备的能力，除此以外，由于立法本身就是一个体系，它需要在一般立法之外注意特殊性的立法。地方立法、民族自治地方立法、区域立法还需要突出某一地区、民族的文化特性。

（二）实施队伍

文化法治的实施队伍包括执法队伍和司法队伍，法治实施队伍的素质影响着法律的实施。这种影响表现为两个方面，一是较低的素质极易导致法律的功能异化，二是较低的素质导致法律功能不能有效实现。法律功能异化不是法律的局限性，后者属于法律的属性，即任何法律都有局限性，都有发挥作用的条件和范围，而法律的功能异化是指法律在实施中产生了与其本性不一致甚至相反的作用。[①] 较高的法治实施队伍的素质有利于实现法治队伍的自律，防止法律的功能异化。由于广义的执法包括行政立法，而行政立法主体的素质与前述立法队伍的素质并无太大差异，因此，这里的执法队伍主要是指在具体行政行为中的执法。又由于执法者作出具体行政行为属于法律的行政适用，与法律的司法适用一并组成了整个的法律的适用。因此，笔者在这里一并探讨法律适用者应当具备的素质。

首先，文化法治的实施队伍应当具备法律思维。法律思维包括两种思维形式：一是规范式思维，二是结果式思维。规范式思维是根据法律事实适用某种法律规范的思维形式，其中法律规范是大前提，法律事实是小前提。结果式思维是考量根据法律事实和法律规范作出的判决是否产生良好的社会效果，如果效果不好，就要修改规范，之后再进行法律适用。一般来说，规范式思维和结果式思维并不矛盾，因为一般情况下规范是结果式思维的产物，

① 严存生：《法理学》，法律出版社2007年版，第74页。

法律的实施者根据规范式思维适用法律即可。特殊情形下二者会发生矛盾，主要是规范所因应的环境发生了变化，此时，实施者如果一味地采取规范式思维，将可能导致个案的不公。因此，在特殊情况下，实施者应当采取结果式思维，通过判例完善先前的法律规范。

其次，文化法治的实施队伍应当具备掌握和运用法律方法的能力。任何法律规范都具有抽象性，在规范式思维下进行法律适用，意味着要将抽象的法律适用于具体的案件，法律规范乃是立法者所制定，实施者作为法律规范的读者，由于其与立法者有不同的前见，需要实施者对抽象的法律规范进行解释，即需要实施者理解并说明法律规范。另外，任何法律规范都可能存在语言上的模糊性，无论是立法者造成的模糊，还是实施者理解上的模糊，都需要实施者对法律规范进行解释。而当法律规范存在漏洞时，实施者必须能够通过法律发现、法律续造等方法寻找裁判规范；当需要处理不同法律规范之间的矛盾或者在多个法律规范中作出选择时，实施者还必须通过实质推理确定大前提。

（三）民众素质

民众素质即民众的法律素质，它是指公民所具有的法律意识、法律知识，以及运用法律的基本能力和技能的综合因素条件，是公民素质的基本组成部分，是现代法治社会公民的必备素质。[①] 它包括内外两个方面的内涵，其内在素质是民众具有较高的法律意识、崇尚宪法和法律权威、坚持法律至上理念、树立正确的权利义务观念以及怀有积极守法和自觉守法的心态。其外在素质表现为严谨的法律思维、丰富的法律知识、良好的法律行为、较强的法律实践能力等。民众素质是衡量法治成果的重要标志，也是形成法治社会的关键要素之一。因为依法治国必须同时具备两方面的条件：一是“硬性”的

① 侯书生等：《法治的力量》，红旗出版社2015年版，第110页。

法律法规的建立和法律制度的完善；二是“软性”的公民法律素质的不断提高。前者是前提，后者是关键。① 那么，公民的法律素质如何判断？公民的法律素质的表现是什么？公民的法律素质表现为何种状态才符合法治的要求？这就需要对公民的法律素质进行客观的量化，将公民的法律素质纳入科学的指标体系。②

第一，从社会调整手段上讲，公民的法律素质反映在社会调整手段的选择上，如果公民较多地使用法律手段解决纠纷，可以初步表明公民具有较高的法律素质，即公民的法律素质反映在公民使用法律手段与其他社会调整手段的比率上，这个比率越大，公民的法律素质就越高。但是这个比率可能忽视了法律规避的情形，即民众知晓法律知识和法律后果，但这种法律后果与诉诸其他手段相比不能给其带来更好的结果，他会选择规避法律，而法律规避却明显地表明了公民具有较高的法律素质，它是基于理性的选择。因此，这个指标仍然是粗糙的，它还需要下面一条指标作为辅助。

第二，从主观与客观的统一性上讲，公民的法律素质反映在公民的法律知识与法律实践上，我们可以假设既定的法律规范不变，以知法、用法以及知法与用法的比率等三个指标作为考量。也就是说，在一个法律规范的稳定期内，无论是知法还是用法，它们都只能从某一侧面单独反映公民的法律素质，一般来说，知法以用法为目的，用法以知法为前提，知法与用法存在正相关关系，知法与用法的程度越高，说明民众的法律素质越高。但是可能会存在以下两种情形，若存在知法而不用的情况，既有可能表明法律规避，也有可能表明用法能力不足；若存在用法而不知的情况，则表明了民众就像电影中的“秋菊打官司”一样对法律的盲目性选择，而非基于真正的信仰而选择法律。因此，知法与用法的比率也是反映民众法律素质的指标，其比率应当大于1，即知法量要大于用法量（用法量不重复计算）。在比率大于1的情

① 陈红、梁丽萍：《公民法律素质与法治社会建设》，载《理论探索》2005年第4期。

② 关保英：《公民法律素质的测评指标研究》，载《比较法研究》2011年第1期。

况下，由于用法是建立在知法的基础上的，用法比知法更能表明民众的法律素质，因此知法与用法的比率越低则民众的法律素质越高。

四、文化法治的行为要素和反馈要素

（一）文化法治的行为要素

规范要素为文化法治奠定了客观基础，观念要素为文化法治奠定了主观基础，主体要素为文化法治提供了队伍和人员支撑。但正如上文所言，法治始终是一种状态，借用刑法学的一个概念，它还必须有客观方面作为法治状态的表现。这里的客观方面可以简单归结为行为表现。言外之意，主体的行为与主体的观念并不能始终统一，主体的行为与规范的要旨也不能始终一致，只有当主体的行为符合法治要求，文化法治才能够实现。那么，文化法治需要人们表现出哪些行为特征呢？笔者认为这些特征可以简单归纳为三种：行为的合法性、合法行为的自觉性、合法行为的习惯性。

1. 行为的合法性。法律对行为的评价一般有三种结果：合法行为、违法行为、与法律无关的行为。合法行为是指行为人所实施的具有一定的法律意义、与法律规范内容要求相符合的行为。违法行为是指行为人所实施的违反法律规范内容要求、应受惩罚的行为。[①] 与法律无关的行为是指某一行为不具有法律意义，法律不对该行为进行评价，无所谓合法与违法。文化法治意味着主体要按照法律规范行为，其行为主要表现为合法行为。因为，违法行为极有可能表明主体故意违法或者主体不知晓法律，而无论是故意的违法还是对法律的无知，都不能符合法治的要求。另外，违法行为即便能够通过法律调整使受损的社会关系得以恢复，但这只能说明法律机制的良好运作，证明法律机制符合法治要求，而不能证明法治状态的形成。而与法

① 张文显：《法理学》，高等教育出版社 2011 年版，第 108 页。

律无关的行为由于其并不能反映主体对法律的认知与实践，该行为的多与少都无法说明法治状态如何。是故，文化法治的行为要素首先表现在主体行为的合法性上，其中行为的合法性与违法性的比率越大就代表法治程度越高。

2. 合法行为的自觉性。行为的合法性只是法治的行为要素最基本的行为要求，更高层次的要求则是合法行为的自觉性。所谓合法行为的自觉性是指主体是基于理性而作出的合法行为，它代表了主体的意志倾向于依法行使权利、自觉履行义务。为什么要给法治的行为要素设置这样一条标准呢？原因在于法治是主客观的统一，既要在客观上表现出主体依法办事，又要在主观上表现出依法办事的自觉性。如果主体的行为的合法性不是基于主体的理性选择，而是基于压力、强制被迫作出的，那么，这种合法行为的背后可能反映出法律规范在正当性上的欠缺，从而反映出法治的规范要素存在缺陷。因此，法治的规范要素与行为要素是密切联系在一起的，行为要素反映了规范要素，只有合法行为是建立在理性、自觉的基础上，才能够表明规范要素与行为要素的一致性，才能够表明二者符合法治要求。从合法行为的自觉性看文化法治，文化法治应当是权利诱导的法治而不是强力压制的法治，其中赋予主体法律权利并使得该权利成为主体理性的选择乃是文化法治的要义。而文化法治当然需要通过具有强制力的法律义务手段保障权利的实现，但这种强制力不是任意的、命令的，而应当是建立在理性的基础上，它应当促使主体通过理性选择而自觉履行义务。这也就意味着法律的强制力与法律权利、文化法治虽然存在相关关系，但并非绝对的正相关关系，并非法律的强制力越大就越能实现法律权利和文化法治。实质上，文化法治取决于强制力的梯度和威慑的边际。一方面强制力应当具有合理的梯度，使违法行为得到相应的威慑，既不能因强制力太小而产生威慑不足，亦不能因强制力太大而促使主体转向其他领域的违法。另一方面由强制力所产生的威慑，其边际威慑不能为零，一旦边际威慑为零，法律的强制力将无法威慑更大的违法行为。

3. 合法行为的习惯性。文化法治的行为要素最高层次的要求是合法行为的习惯性。这可以从两个方面解读。首先从文化法治的行为要素来看，文化法治必然要求行为在主客观上统一，即合法行为（客观表现）与合法行为的自觉性（主观表现）的统一。那么二者统一于哪里？在笔者看来，习惯将是二者统一的载体。合法行为的习惯性不仅表明主体的行为在客观上具有合法性，而且表明它是建立在合法行为自觉性基础上（详见后文）。因此，只要主体将依法行事形成习惯，按照习惯作出的行为则必然符合法治要求。其次从习惯的性质上讲，习惯乃是一种规范。主体依照习惯规范作出的行为往往是无意识的，即主体依习惯行事谈不上自觉与否，但习惯规范的产生却是主体“自觉”的产物。合法行为习惯规范的产生必须具备三个条件，一是合法行为的诱因性，二是合法行为的自觉性，三是合法行为的重复性。如果我们以主体知法为前提，那么某个合法行为的出现必然是主体基于某种诱因的选择，而当通过合法行为给主体带来利益时，主体便倾向于在以后类似的情形下自觉地作出合法行为，当合法行为一次次地重复出现，主体便会产生合法性行为习惯规范，并在以后类似的情形下无须再进行理性的考量与选择，直接合法地行为即可。因此，文化法治需要两类规范作为支撑，一是作为公共的规范的法律规范，二是作为个体规范的合法性行为的习惯规范。前者是文化法治实现的前提，后者是文化法治实现的保障。

（二）文化法治的反馈要素

文化法治存在两种状态，一种是静态的文化法治，另一种是动态的文化法治。静态的文化法治是对法治的规范要素、观念要素、主体要素和行为要素的判断，四种要素符合文化法治的要求，从静态和应然层面上说，文化法治就实现了。动态的文化法治是从实然层面和法治循环层面上讲的，它要揭示的是上述要素如果不能符合文化法治的要求怎么办的问题，以及当某一法治状态的社会环境发生变化时文化法治又如何适应这种变化。应当说，文化法治从来都不是静止的，它处于永恒的变动之中，它必须适应社会环境的不断变化，不断回应人们的文化诉求，这就要求文化法治必须具备反馈要素。一方面对某一相对稳定的社会环境中的文化法规范及其实施进行反馈，另一方面对文化法规范与社会环境的相应性进行反馈。因此，文化法治的反馈要素不可或缺，通过反馈要素，文化法治才能得以完善，才能根据社会环境实现新的法治状态。那么，文化法治的反馈要素包括哪些呢？既可以从法的运行上将反馈要素分为立法反馈、执法反馈、司法反馈和守法反馈，也可以从法的内容上将反馈要素分为对实体法的反馈和对程序法的反馈，或者分为对公法的反馈和对私法的反馈，甚至更详细地分为对各种部门法的反馈。但是，这里笔者的目的主要是对反馈要素的标准进行判断，而不是探究其分类。也就是说，笔者要探讨的是，无论是哪种分类，反馈要素应当具备什么性质才能符合实现文化法治的要求。鄙以为，文化法治的反馈要素应当从反馈主体、反馈内容和反馈机制上判断，包括主体的积极性、内容的切适性和机制的畅通性。

1. 文化法治反馈主体的积极性。文化法治的反馈主体十分广泛。从空间上来看，既有国内主体反馈，也有国外主体反馈，前者是本国的公民、法人或其他组织对文化法治的反馈，后者是本国以外的人或组织对本国文化法治的反馈；从法的运行来看，文化法治的反馈包括立法主体反馈、执法主体反馈、司法主体反馈和守法主体反馈，它们分别对各自所承担的法律运行的环节进行反馈；从法律规制的主体来看，文化法治的反馈既有法律主体的反馈，也有非法律主体的反馈，法律主体受法律规制，主要反馈规制自己的文化法律规范及其实施过程，非法律主体的反馈是不受某一文化法规范规制的主体对该法规范及其实施的反馈。无论是哪一种类型的反馈，其主体都应当具有积极性。文化法治不是一蹴而就的，在其发展过程中总会遇到这样那样的障碍，包括规范不完善、实施不畅通、观念尚缺乏、行为不合法等，这些障碍消除的前提就是要明确障碍所在，这就需要相关主体的反馈。而反馈又必须积极地作出，如果这些障碍被长时间地掩盖，将会延迟法治的完善，甚至导致法治走向错误的发展方向，久而久之，人们将会在错误的法治道路上形成制度依赖，继而再去纠正将花费巨大的成本。另外，主体的积极反馈反映着法治的观念要素，代表着人们具有更高的法治精神，法治不是法制，更不是专制，法治的达成需要人们对法治现状作出及时的评价，而不是选择沉默。因此，法治需要人们积极地反馈，唯有如此才能保证法治健康地完善与发展。

2. 文化法治反馈内容的切适性。那么，主体对文化法治又会反馈些什么呢？或者说主体应该对文化法治反馈哪些内容呢？这就涉及文化法治反馈的内容问题。文化法治反馈的内容往往取决于反馈主体。有的主体是站在法治的整体性上进行反馈，如立法反馈，而有的主体是对法治的某一特殊或者个别问题进行反馈，如司法反馈、执法反馈和守法反馈。整体性反馈注重应然的权利义务分配的公正性，个体性反馈注重实然的权利的保障性。而无论是整体性反馈还是个别性反馈，都需要具备切适性特征，即反馈者必须提出切适性的问题。那么，哪些问题属于切适性的问题呢？笔者不可能穷尽法治的切适性问题，在这里仅仅指出认为较为重要的一些问题。首先是关于文化法规范本身的问题。包括文化法规范的合法性瑕疵、体系结构不合理、存在漏洞等问题。其次是关于文化法规范的价值问题。包括文化法规范的价值目标不合理、文化法规范作用发挥受挫、文化法规范功能缺陷等。最后是关于文化法规范的实施问题。包括执法过程中存在的合法性与合理性问题、司法过程中的法律适用问题、守法中的法律规避问题等。总而言之，反馈者必须提出具有法治意义的问题，而不是对法治状态的埋怨、抱怨。但是，这些埋怨和抱怨必须受到重视，它们虽然不具有切适性，但具有反馈特征，而且往往是形成切适性反馈的前提。

3. 文化法治反馈机制的畅通性。文化法治的反馈并不是随意的，它需要依托一定的反馈机制。文化法治的反馈机制大致有两类，一类是关于立法的反馈机制，另一类是关于法律实施的反馈机制。前者主要是反馈者如何提出立法建议的机制，这又包括两个子机制，一是初次立法的民主机制，二是建议修改或者废除某一法律的机制，后者是反馈者如何提出完善法律建议的机制。无论哪种反馈机制都必须是畅通的，因为反馈机制的畅通与否，既影响着反馈主体的积极性也影响着文化法治的完善。判断反馈机制是否畅通主要有两个标准，一是反馈途径的多元性，二是反馈机制的效率性。反馈途径的多元性是指反馈者的意见能够通过多种途径被收集起来。反馈机制的这一特征能够提升反馈意见的收集速度，并且能够防范某一反馈途径闭塞情况的发生，实现反馈意见的全面收集。反馈机制的效率性是指反馈意见能够被及时处理以回应反馈者。反馈机制的这一特征能够确保反馈与回应之间的有效关联，提升反馈者的积极性。总之，反馈机制必须依托多元的反馈途径收集反馈意见，并能够及时处理这些反馈意见，才能够符合文化法治的要求。

第二节　文化法治的横向结构

一、道德思想视域的文化法治

道德是关于人们思想和行为的善与恶、美与丑、正义与非正义、公正与偏私等观念、原则、规范和标准的总和。[①] 它有两个方面的含义，一是个人道德，二是社会道德。个人道德是人的一种品质，这种品质无所谓好与坏，既包括正直、慷慨、善良等美德，也包括自私、吝啬等不良品质。社会道德

① 严存生：《法理学》，法律出版社2007年版，第145页。

是社会公认的道德规范，它包括两种：一是实然意义上的道德规范或者称之为“实证道德”，即社会成员接受和分享的道德规范；二是应然意义上的道德规范或者称之为“批判道德”，即用以批判社会制度和实证道德的道德原则。思想的概念可以从不同学科予以解读。语言学从词性的角度区分了作为名词的思想和作为动词的思想，前者指人的理性认识的结果或者特定的理论体系，后者指人的理性认识的过程。心理学认为思想是人的心理活动的结果，它受制于人的认知、情感、性格、能力等因素。笔者是从哲学角度上界定思想的，认为思想是人脑对客观事物的反映。思想有两种形态，一是个体化的形态，表现为一个个零散的个体思想；二是理论化的形态，理论化的思想是对客观事物进行理性认识并体系化的产物，是社会公认的具有指导意义的思想。

道德思想与法治的联系在于三个方面：一是在个体意义上，道德思想未必符合社会公认的道德观念和理论化思想，需要规制。二是在社会意义上，道德乃是一种公认的道德规范，而某种思想乃是社会公认的具有指导意义的理论体系，它们需要实然化。三是无论上述两者中的哪一种，依靠道德或者思想自身都无法实现，需要借助法律的力量。由于二者与法治的联系存在相似性，笔者将主要分析道德与法治的联系。

道德的法律化有广狭二义，广义的道德的法律化是指法律在其产生与发展过程中对道德观念、规范的转化、吸收与继承。狭义的道德的法律化是指通过立法将一定的道德观念和道德规范转化为法律规范的活动。① 道德之所以法律化，原因在于道德的法律化不仅必要而且可行。从必要性上说，首先，道德的局限性需要道德的法律化。道德的局限性主要表现为模糊性、弱强制性、标准不统一、应然性。道德的模糊性使得人们难以明晰道德规范，需要通过法律予以明确；道德的强制力主要依赖于信仰和自律，并不足以保证道

---

① 程明：《试论道德的法律化及其限度》，载《北京师范大学学报（社会科学版）》2007 年第 2 期。

德调整的自洽，需要借助法律的强制力；道德的标准并不统一，一个观念或者一个行为在不同的人看来会有不同的道德上的评价，一些人认为是道德的，另一些人则可能认为是不道德的，这需要借助法律统一道德标准；道德权利与义务具有应然性，仅凭自身难以“实然化”，需要借助法律将道德的应然权利义务转化为实然的权利义务。① 其次，法律需要道德力量的支持。“现代民主法治作为一种制度和机制，需要文化内核的支撑，需要道德文明的基础。”② 法律不仅是冰冷的规范体系，它还应当是良法，而法律的道德性是良法的重要品质之一。无论是中外还是古今，法律都需要借助道德的力量以维护自身的正当性。另外，道德始终是评价实证法的标准之一，实证法在无限接近自然法的过程中必然需要道德的评价作用。从可行性上说，道德可以法律化的理由主要有以下几个方面：第一，道德与法律价值追求的统一性。无论是道德还是法律，它们都是社会规范，它们虽然在形态和调整方式上有所不同，但二者都以追求社会正义为目的。第二，道德与法律本就存在某种重合，或者说道德在广义上已经法律化。在中国汉唐时期，纳礼于律，律外有礼，礼典、律典、礼俗习惯法三者相谐相辅，形成“礼法之治”。③ 法律和道德之间的界限不甚明朗。诸如禁止杀人、禁止近亲结婚、“矜老恤幼”“见义勇为”“拾金不昧”等既受道德调整也受法律调整。哈特说：“实证道德在很大程度上已经成为法律的一部分，因为没有哪个国家的立法者会制定与社会成员所分享的道德相抵触的法律。”④ 富勒则说道德有愿望的道德和义务的道德，其中义务的道德必须被遵守。⑤ 第三，道德法律化存在权利义务桥梁。无论是道德还是法律，二者规范的内容都是以权利义务体现的，二者的规范

---

① 王淑芹：《道德法律化正当性的法哲学分析》，载《哲学动态》2007 年第 9 期。

② 俞荣根：《法治中国与中国司法传统》，载《法治研究》2015 年第 5 期。

③ 俞荣根：《超越儒法之争——礼法传统中的现代法治价值》，载《法治研究》2018 年第 5 期。

④ 郑戈：《以法律实施道德的可能性及其局限——比较法视野下卖淫嫖娼的法律规制》，载《中国法律评论》2017 年第 1 期。

⑤ ［美］富勒：《法律的道德性》，郑戈译，商务印书馆 2005 年版。

都使用了“可以”“应当”等逻辑连接词，前者主要指代权利，后者主要指代义务。二者的权利义务特征使得道德可以转化为法律，其中，道德权利在法律中的转化形态为授权性规范，即通过法律赋予人们权利；道德义务在法律中转化为义务性规范（积极义务规范）和禁止性规范（消极义务规范）。[①]

由上可以说明，道德思想是受法律调整的，那么，它们又是如何被法律调整的呢？直观地讲，法律几乎是调整行为的，法律总是给主体一个明确的行为模式。这就意味着一般情况下法律不会直接调整道德思想，而是通过对行为的调整来实现对道德思想的调整。当然也存在直接调整道德思想的法律规范，诸如关于宗教信仰的规范，关于爱国的规定等，但这些规范要么是一种倡议性的规定，要么需要更为详细的规范予以规制，即通过详细的规定以明确什么样的行为符合宗教信仰规范、什么样的行为被界定为爱国，以及什么样的行为会受到惩罚，等等。然而，道德思想的法律化需要通过立法确定何种道德思想需要法律化，以及需要将道德思想以明确的法律形式表现出来，这仅仅是第一步，更进一步，它还需要通过法律的实施保障被法律化的道德思想的遵守。如果道德思想的法律化只是停留在立法层面，没有相关的执法措施相配合，抑或仅仅是倡议性的规范而不具有可诉性，那么道德思想的立法目的将不能实现。因此，从横向来看，道德思想的法治化乃是文化法治的一个领域，它是精神文化的法治化的重要表现。

二、文学艺术视域的文化法治

汉语是世界上最为复杂的语言之一，从“文学艺术”这四个字上就可以反映出来它的复杂性。可以将“文学艺术”解释成对“文学的艺术”的简称，即“文学”与“艺术”是修辞关系，其主体部分是“艺术”；也可以将“文学艺术”理解成“文学与艺术”，即“文学”与“艺术”是两个并列的词语，其中

---

① 郭忠：《道德法律化的途径、方式和表现形态》，载《道德与文明》2010年第3期。

"文学"和"艺术"是独立的，只不过省略了"与"这一连接词；还可以将"文学艺术"理解为一个具有整体性的概念。笔者在这里是从第二种意义上使用"文学艺术"的。其中文学是指由文字或语言所表现的作品，包括诗歌、散文、小说、戏曲等。[①] 艺术是指由非文字表现的作品，包括音乐艺术、舞蹈艺术、书法艺术、绘画艺术、雕刻艺术以及其他工艺性艺术形式。有时，文学与艺术密不可分，二者可能由同一载体表现，一种情形是某一载体上存在文学和艺术两种作品，如在一幅画上创作的一首诗；另一种情形是文学作品兼有艺术性特征，如书法作品《兰亭序》既是文学作品又是艺术作品。

文学艺术是一种客观的表现，反映着人的思想，属于由物质承载的非物质文化，它与法治的联系在于以下三个方面。

首先，文学艺术可以通过其特有的力量为法治服务。法律虽然需要国家强制力保障实施，但法治之法最好的实现方法却是自觉实现，它依赖于法律之外的力量的推动，其中文学艺术所具有的特殊力量就是其中之一。文学艺术对受众的思想与行为不具有强制力，但具有感召力、感染力、影响力，这种特殊的力量有利于法律的实施。对于文学作品而言，它与法律密切相关，无论是古代发动战争之前的"征讨檄文"，还是讼狱中的判决书，都极富文学性。它们不仅要使人们知晓理由何在，而且要通过艺术的感染力去凝聚共识。对于艺术作品而言，同样与法律联系紧密，无论是从"獬豸"的形象看法律的庄严性，还是从"龙"的形象看皇帝的神圣性；无论是从天堂绘画看众神的威仪，还是从地狱绘画看鬼神的狰狞；无论是从自由女神雕塑看法律的自由价值，还是从天平雕塑看法律的公正价值，它们都反映着艺术作品之于法律实施的作用。因此，法律总是通过文学艺术深化人们的法律信仰、提升人们的法律意识以及助力法律的实施。

---

① "文学的概念有广狭二义，广义的文学泛指一切文学作品，既包括文学的艺术性作品，如诗歌、戏曲、小说、散文等，也包括文学的理论性作品和鉴赏性作品等。狭义的文学仅指文学的艺术性作品，等同于"文学艺术"的第一种含义，即文学的艺术。"参见聂珍钊：《论"文艺"与"文学"概念的意义含混》，载《上海师范大学学报（哲学社会科学版）》2014 年第 1 期。

其次，文学艺术乃为人的精神生活所必需，需要通过法治促进其发展。人从来都是有两种存在，一是自然存在，二是精神存在，这两种存在决定了人需要两种食物供养：物质食粮（需要）和精神食粮（需要）。人的物质需要和精神需要是均衡发展的，一方面，物质需要是基础，精神需要要以满足人的物质需要为前提；另一方面，精神需要的满足能够激发人的创造力，从而创造更大的物质财富。文学艺术乃是人的精神需要的一种，它们不仅是创作者精神生活的反映，而且能够满足其他主体的精神需要。然而文学艺术的创作需要法治提供保障，历史证明，文学艺术的繁荣总是与法治的发展呈现正相关性。[①] 其中一个重要的原因就在于文学艺术作品的易复制性缺陷需要通过法律手段加以克服。从经济学上讲，文学艺术作品明显地存在正外部性，即它们所带来的社会收益明显大于生产者的成本，往往存在供给不足的现象；再加上文学艺术作品的易复制性，“研发者所得到的回报将非常低，很可能比该信息的社会价值低得多，因此，在其他条件不变的情况下，信息的研发将会受到不良影响而放缓”。[②] 为了刺激文学艺术作品的创作与生产，国家将不得不进行干预，或者提供奖励，或者赋予作者一种垄断权。而无论是奖励还是赋权，它们都需要法律予以规制，在法治的框架内进行，以确保作者的权利能够实现。

最后，文学艺术反映的思想具有多元性，需要通过法治保障其良性发展。前文已经阐明了文学艺术的特殊性力量，而正是由于这种力量的存在，法律将不得不对其进行干预。因为文学艺术所承载的思想具有多元性，不同的文学艺术作品反映着不同的思想，有的可以激发人的正能量，为社会谋福利，

① 文学艺术与法治的正相关性是从一般意义上讲的，总体来看，法治越完善文学艺术作品越丰富，但文学作品的繁荣并不代表都是精品，历史上也存在这样一种现象：法治越不完善，越容易促生文学艺术精品，尤其是批判类的文学艺术作品。原因是，文学艺术作品与人的精神追求也存在相关性。因此，考虑到文学艺术作品的类型，其与法治的关系并不是严格的正相关。

② ［美］斯蒂文·沙维尔：《法律经济分析的基础理论》，赵海怡等译，中国人民大学出版社2013年版，第122页。

而有的则具有负能量，徒增社会危害。古今中外无不重视对文学艺术的规制。在国外，从“苏格拉底之死”到“柏林焚书”，从“火烧布鲁诺”到“卢梭的流放”，无论它们是好是坏，都反映了文学艺术的法律规制。即便是现代社会，也存在对文学艺术的规制，但这种规制是建立在法治基础之上的，一种更为文明的文学艺术的过滤机制被建立起来。

综上，文学艺术与法治有着紧密的联系，一方面文学艺术为法治实施提供了特殊的力量，另一方面文学艺术需要法律规制以及需要借助法律的力量才能够得以发展和繁荣。如此，文学艺术的法治化乃是文化法治不可或缺的一环，它是道德思想的法治化的具体表现之一。

三、科学技术视域的文化法治

与文学艺术一词的使用一样，这里的科学技术指的是科学与技术。科学对应的英文单词是Science，源自拉丁文Scientia，从广义上讲，科学泛指一切学问和知识以及系统化的知识体系，包括自然科学和社会科学。自然科学是揭示自然现象、探索自然规律的知识体系，社会科学则是描述社会现象、探求社会发展规律的知识体系。无论是自然科学还是社会科学，它们都以科学的研究方法为手段，以揭示某种规律性为目的。狭义的科学仅指自然科学，它又分为两类，一类是揭示人之外的自然现象及其规律的学科，包括数学、物理学、化学等。另一类是揭示人的自然现象及其规律的学科，包括医学、生理学、卫生学等。技术对应的英文单词是Technology，源自拉丁文Technotia，广义上泛指技巧和方法，通常被界定为人类为满足生产和社会需要，利用自然规律，在改造和控制自然的实践中所创造的劳动手段、工艺方法和技能体系的总和。[①] 狭义的技术仅指为实现自然科学成果而使用的技巧和方法。笔者将此处的科学技术限定为狭义，并且仅仅指研究人之外自然现象的自然科

① 国家教委社科研究与艺术教育司编写组：《自然辩证法概论》，高等教育出版社1994年版，第255~257页。

学和技术，以区别前述文学艺术以及下文的体育卫生领域的学问和技术。

关于科学技术的性质，不同学者有不同的认识，有的主张科学技术属于经济领域，在探讨科学技术与法律的关系时，将其放在法律与经济范畴之中。① 有的主张科学技术属于文化领域，从而在法律与文化范畴之内探讨科学技术与法律的关系。② 还有学者将科学技术与政治、经济、道德并列，单独探讨科学技术与法律的关系。③ 笔者认为对科学技术的认识不能仅仅从功能上去界定，不能因科学技术能够促进生产力发展以及提升经济效率就将其放在经济范畴之中。从功能上界定科学技术，科学技术将会被分化而被置于不同的范畴之中，既可以因科学技术的物质性作用将其放置在哲学范畴，也可以因科学技术的效率性作用将其放置在经济范畴中。其实，科学技术本身属于文化范畴，它不仅对文化的发展与繁荣有决定性作用，更为重要的是，科学技术本身就是文化的内容之一。一方面，科学技术本身承载着文化，是非物质性文化的一种；另一方面，科学技术成果直接反映着文化，科学技术成果的丰硕与否反映了文化的繁荣与否。人们每当谈起中国有着悠久的历史和灿烂的文化时，总会在科学技术上费尽口舌以明证，华佗、张仲景，刘徽、祖冲之，郦道元、徐光启，墨子、毕昇，王祯、贾思勰，医学、数学、地理、科技、农学等名家都会如数家珍地捧出来。因此，科学技术是文化的内容之一。然而，证明了科学技术是文化不等于证明了文化法治包括科学技术的法治化，后者命题的证明还需要以下理由。

首先，科技繁荣依赖法治。科学技术与文学艺术的特性有些相似，它同样具有正外部性，其社会收益远远大于研发成本，而且同样存在易复制性。如果法律不给予研发奖励或者赋予研发者垄断权，研发者将缺乏研发激励。因此，科学技术的研发需要法律保护。现代社会一般都会通过法律赋予研发

① 严存生：《法理学》，法律出版社 2007 年版，第 130 页。

② 孙国华、朱景文：《法理学》，中国人民大学出版社 2010 年版，第 150 页。

③ 葛洪义：《法理学》，中国人民大学出版社 2015 年版，第 97 页；卓泽渊：《法学导论》，法律出版社 2007 年版，第 78 页。

者产权以激励科学技术的研发，只不过在科学与技术之间有所偏重，即对科学研发的激励往往诉诸奖励制度，而对技术的激励往往诉诸专利制度。另外，科学技术的繁荣还表现在科学技术成果上，这意味着科学技术需要转化为具体的成果，在这一转化过程中，法律起着至关重要的作用，法律既能够通过保障权利从源头开启这一转化过程，也能够通过整合资源为这一转化过程的实现奠定基础，还能够通过程序性规定确保这一转化过程的有序进行。因此，科技的发展与繁荣必然要建立在法治的基础上。

其次，价值中立需要法治。科学技术是第一生产力，既然是生产力，那么它代表的就仅仅是人之于自然的一种力量，无所谓好坏。或者说科学技术的高低仅仅表明其认识世界、改造世界的功能大小，而不是作用的大小。功能是应然的，作用是实然的；功能是中立的，作用是褒贬的；功能是客观的，作用是主观的。因此，科学技术本身是价值中立的。当科学技术作用于对象时，往往会产生不同的作用，既可能是积极作用，也可能是消极作用，这就需要法律对科学技术的应用予以规制，保障科学技术向着符合人们公认的价值方向应用。当然，除了法律之外，还有其他规范规制着科学技术的应用，如道德、伦理、政策等，但由于科学技术的负面作用危害极大，极有可能产生事关人类社会存续的危害，因此它需要由强制力最高的法律予以规制。

最后，科技规范呼唤法治。科技规范是调整人与自然关系的规范，科技规范的产生是基于人对自然现象因果关系的认识。在科学研究或者技术应用过程中，必须遵守科技规范，否则将会受到自然因果关系的惩罚。然而，自然的惩罚是如此之强大，不仅科技工作者会受到惩罚，甚至某个群体或者整个社会也会受到牵连。以至于人们不得不在自然惩罚之前设置一个缓冲地带，那就是通过法律惩罚促使人们遵守科技规范。因此，科技规范需要法律规范予以保证实施。另外，有一些科技规范已经转化成了法律规范，成为调整人与人关系的规范，主要表现为技术标准。这些技术标准的法律化仅仅是第一步，它不仅需要法律明确规定，同时也需要依法实施，因此，作为法律规范的科技规范也需要法治化。

总而言之，科学技术属于文化范畴，是文化的重要内容之一，它们与法治有着密切的联系，科学技术需要法治促进其发展繁荣，引领其发展方向，保障其规范的遵守，从而科学技术的法治化构成了文化法治的一环。

四、体育卫生视域的文化法治

体育的概念可以从三个语境下考察，一是在学科语境下，它是指一门隶属于教育学的独立的二级学科，即 Physical Education。此种语境下，“体育是在学校通过有选择的身体活动，对学生的身体发育和运动技能形成进行的有目的、有组织、有计划的教育”①。二是在日常语境下，它是指体育项目，表现为各种体育竞技活动，此种意义上的体育大致与英文中的 Sport 同义。三是在文化语境下，它是指一种以身体活动或者运动为载体的特殊文化表现形式，即“体育是以身体运动为基本手段促进身心发展的文化活动”②。笔者是从第三种意义上界定体育的，认为体育隶属于文化范畴，是以身体运动为主要表现形式的特殊文化，这种文化是通过后天的教育和训练而形成的。“卫生”一词最早见之于《庄子》，在古代，“卫生”并非单一词，而是一个动宾词组，“卫”为动词，“生”为名词，组合起来意为“养生”“保护生命”，卫生的这种含义一直延续到了 20 世纪。③ 出版于 20 世纪 20 年代的《中国医学大辞典》把“卫生”解释为“防卫其生命也”，表明“卫生”的含义在中国传统文化中历经千年未有明显变化。当今的《辞海》将卫生界定为：为增进人体健康、预防疾病，改善和创造合乎生理要求的生产环境、生活条件所采取的个人和社会的措施。④

前文已经阐明了科学技术的文化性质，关于体育卫生是否为一种文化可

---

① 韩丹：《论体育概念之研究》，载《体育与科学》2012 年第 6 期。

② 杨文轩、杨霆：《体育概论》，高等教育出版社 2005 年版，第 22 页。

③ 张子伊：《近代中国“卫生”概念之嬗变研究》，北京外国语大学 2013 年硕士学位论文。

④ 钱矛锐：《医事法与卫生法之概念比较与探析》，载《中国卫生事业管理》2012 年第 6 期。

以借由科学技术进一步证明。自然科学有两大类别，一类是研究人之外的自然现象，另一类是研究人自身的自然现象。体育卫生就是研究人自身的自然现象的，它通过对人的自然现象及其规律的揭示，指导人们增强体质、保护生命。因此，体育卫生隶属于自然科学，并因这种隶属性与科学技术一样承载着、反映着文化。具体来讲，体育的本质是一种身体运动，它通过各种体育项目显现出来，体育项目既是体育的手段，也是体育的表现，因此体育和体育项目是密不可分的。体育项目在发展过程中不仅延续了其强身健体的功能，而且发展了其展示功能、竞技功能、娱乐功能。展示功能使人之形体运动之美得以展现，竞技功能使人之形体运动之美得以比较，是展示功能之延续，娱乐功能满足人们对体育活动的精神生活需要，既表现在对观看他人体育表演的需求上，也表现在对自己体育活动的锻炼上。因此，体育无疑是文化的一种。卫生既可以是指个人卫生，也可以是指公共卫生，无论是个人卫生还是公共卫生，它们都反映着文化。无论是针对个人的“讲文明、讲卫生”口号，还是针对社会的“厕所革命”运动，它们都是文化现象。因此，体育卫生隶属于文化范畴是毋庸置疑的。

体育与法治的联系在于体育需要法治保障。可以从三个方面分说：一是体育规则需要借助法律的力量。体育规则大致有三种，第一种是构成体育项目的规则，如足球规则、象棋规则等；第二种是保障体育活动的规则，如场馆规则；第三种是促进体育事业发展的法律规则，如《体育法》。这里主要指前两种规则。如果借用法律规范的分类去看待体育规则，第一种体育规则是构成性规范，它先于体育活动或体育项目而存在，没有此种规则根本就不会产生体育项目。第二种体育规则是调整性规则，是为调整体育活动中的社会关系而制定的。无论是体育的构成性规则还是调整性规则，它们都需要借助法律的力量以保证体育规则得到遵守。二是体育事业和产业的发展需要法治保障。体育文化自我繁荣是非常缓慢的，因为它同样具有正外部性，存在供给不足的现象，这就需要借助外力以繁荣体育文化。这种外力主要是国家和社会的力量，前者支撑着体育事业，后者支撑着体育产业。由于体育事业依赖于国家力量，那么这种力量就必须建立在法律规制的基础上，以确保国家力量的合理使用。而由于体育产业依赖于社会力量，那么它就需要通过法律给予有效激励，将分散的社会力量整合起来，并对其进行规制。三是体育文化的价值性需要法律予以明确。类似于科学技术，体育的本质目的在于培养人的体质与能力，可以说体育也是生产力，它本身是价值中立的，需要通过法律抑制体育负面作用的发生，确保体育文化符合正确的价值观念。另外，某些体育活动可能有违公认的价值观念，或者异化为不符合公认价值观念的体育活动。前者如“斗兽”，后者如“赛马赌钱”。这就需要通过法律对这些现象进行规制。

卫生与法治的联系与体育与法治以及科学技术与法治的联系存在重合，不再详细说明，这里仅指出要点。首先，卫生事关人之生命，属于社会核心事业，需要法治保障。其次，卫生规范与科学技术规范一样，是调整人与自然关系的，只不过这里的自然是人之自然。无论是个人还是专门负责卫生的组织和人员不遵守卫生规范都可能会产生严重的自然后果，而由于这种自然后果是反映在人身上的，因此也会导致严重的社会后果。这就说明，卫生规范和科学技术规范一样，存在“罪责不相配”的问题，这就需要法律规范设置缓冲地带进行防范，即以某种适当的法律惩罚避免较为严重的自然惩罚。再次，虽然卫生带有好的价值观念，但作为名词的卫生代表的却是某种措施或者技术，而它们是价值中立的，因此，卫生同样需要法治确立正确的价值方向。最后，卫生事业和卫生产业需要通过法治促进其繁荣，在此不再赘述。

综上所述，体育卫生不仅反映着文化，它们亦是文化的内容，作为文化的体育卫生与法治有着密切的联系，因此，体育卫生的法治化构成了文化法治的内容之一。

五、诸视域文化法治的横向结构构造

道德思想视域的文化法治表现。首先是宪法对道德思想的确认。宪法对道德思想的确认在宪法序言和宪法条文中均有体现。《宪法》序言中指出："中国新民主主义革命的胜利和社会主义事业的成就，是中国共产党领导中国各族人民，在马克思列宁主义、毛泽东思想的指引下，坚持真理，修正错误，战胜许多艰难险阻而取得的。"《宪法》第24条规定："国家通过普及理想教育、道德教育、文化教育、纪律和法制教育，通过在城乡不同范围的群众中制定和执行各种守则、公约，加强社会主义精神文明的建设。国家倡导社会主义核心价值观，提倡爱祖国、爱人民、爱劳动、爱科学、爱社会主义的公德，在人民中进行爱国主义、集体主义和国际主义、共产主义的教育，进行辩证唯物主义和历史唯物主义的教育，反对资本主义的、封建主义的和其他的腐朽思想。"其次是法律对道德思想的保障与规制。《民法典》第1条规定："为了保护民事主体的合法权益，调整民事关系，维护社会和经济秩序，适应中国特色社会主义发展要求，弘扬社会主义核心价值观，根据宪法，制定本法。"说明整个《民法典》旨在弘扬社会主义核心价值观。不仅如此，《民法典》还在其基本原则中明确了具体的道德思想，包括平等、意思自治、诚实信用、公序良俗，等等。最后是"准法律"对道德思想的保障与规制。这里的"准法律"是指不具有立法权的主体制定的或者与具有立法权的主体一起制定的行为规范，主要表现为政党和社会团体制定的规章、条例、政策等。如《中国文艺工作者职业道德公约》《中国作家协会文学工作者职业道德公约》《新闻出版广播影视从业人员职业道德自律公约》，等等。

文学艺术视域的文化法治表现。首先是宪法规范。《宪法》第22条规定："国家发展为人民服务、为社会主义服务的文学艺术事业、新闻广播电视事业、出版发行事业、图书馆博物馆文化馆和其他文化事业，开展群众性的文化活动。国家保护名胜古迹、珍贵文物和其他重要历史文化遗产。"第

35 条规定："中华人民共和国公民有言论、出版、集会、结社、游行、示威的自由。"第 47 条规定："中华人民共和国公民有进行科学研究、文学艺术创作和其他文化活动的自由。国家对于从事教育、科学、技术、文学、艺术和其他文化事业的公民的有益于人民的创造性工作，给以鼓励和帮助。"其次是法律规范。文学艺术法律规范主要见之于《著作权法》，其目的之一在于通过保护文学艺术作品作者的著作权，鼓励有益于社会主义精神文明建设的作品的创作，繁荣社会主义文化。除了《著作权法》之外，《民法典》也有关于文学艺术的规定，其第 123 条规定："民事主体依法享有知识产权。知识产权是权利人依法就下列客体享有的专有的权利：（一）作品……"另外，《商标法》对艺术作品的创作也有间接的激励作用，《刑法》也对文学艺术有所规定。最后是法规、规章及司法解释。在行政领域行政法规、部门规章、地方性法规和地方政府规章都对文学艺术有所规定，这里主要简单列举前两种。行政法规如《著作权法实施条例》《计算机软件保护条例》《著作权集体管理条例》等，部门规章如《使用文字作品支付报酬办法》《著作权行政处罚实施办法》《计算机软件著作权登记办法》等。在司法领域，关于文学艺术的法律规范主要体现在司法解释中，如《最高人民法院关于审理著作权民事纠纷案件适用法律若干问题的解释》《最高人民法院关于审理涉及计算机网络著作权纠纷案件适用法律若干问题的解释》等。当然，除了上述两类规范之外，"与著作权有关的知识产权国际条约、我国与其他国家签订的有关著作权保护的双边条约，通过立法程序，也可以转化为我国著作权的法源"。①

科学技术视域的文化法治表现。科学技术法律规范主要有两类：一类是激励科学技术研发的规范，另一类是激励科学技术应用的规范，它们广泛存在于宪法、法律、法规、规章以及司法解释之中。《宪法》第 14 条规定，"国家通过提高劳动者的积极性和技术水平，推广先进的科学技术"。

---

① 刘春田：《知识产权法》，中国人民大学出版社 2009 年版，第 43 页。

第19条规定："国家……对工人、农民、国家工作人员和其他劳动者进行政治、文化、科学、技术、业务的教育……"第20条规定："国家发展自然科学和社会科学事业，普及科学和技术知识，奖励科学研究成果和技术发明创造。"第47条规定："中华人民共和国公民有进行科学研究、文学艺术创作和其他文化活动的自由。国家对于从事教育、科学、技术、文学、艺术和其他文化事业的公民的有益于人民的创造性工作，给以鼓励和帮助。"法律关于科学技术的规定主要见之于知识产权法领域，如《著作权法》《专利法》《科学技术进步法》《促进科技成果转化法》等。除此之外，《反不正当竞争法》《刑法》亦有相关规定。《反不正当竞争法》中关于商业秘密的规定以及《刑法》中的侵犯专利罪、侵犯商业秘密罪等，都对科学技术的研发产生激励。科学技术法规、规章则更为广泛，前者如《专利法实施细则》，后者如《专利优先审查管理办法》，在此不再详述。关于科学技术的司法解释，主要有《最高人民法院关于对诉前停止侵犯专利权行为适用法律问题的若干规定》《最高人民法院关于审理侵犯专利权纠纷案件应用法律若干问题的解释》《最高人民法院关于审理侵犯专利权纠纷案件应用法律若干问题的解释（二）》《最高人民法院关于审理专利纠纷案件适用法律问题的若干规定》等。

体育卫生视域的文化法治表现。首先是宪法对体育卫生的规定。《宪法》第21条规定："国家发展医疗卫生事业，发展现代医药和我国传统医药，鼓励和支持农村集体经济组织、国家企业事业组织和街道组织举办各种医疗卫生设施，开展群众性的卫生活动，保护人民健康。国家发展体育事业，开展群众性的体育活动，增强人民体质。"第45条规定："中华人民共和国公民在年老、疾病或者丧失劳动能力的情况下，有从国家和社会获得物质帮助的权利。国家发展为公民享受这些权利所需要的社会保险、社会救济和医疗卫生事业……"第46条规定："中华人民共和国公民有受教育的权利和义务。国家培养青年、少年、儿童在品德、智力、体质等方面全面发展。”其次是法律对体育卫生的规定。其中关于体育的法律规定主要见之于《体育法》，但在《教育法》《义务教育法》和《高等教育法》中也存在关于体育教育的规定。《教育法》第5条、《义务教育法》第3条、《高等教育法》第4条都明确规定了体育教育。关于卫生的法律规定较为繁杂，大致包括三个子类：一是预防性的规定，二是管理性的规定，三是救济监督性的规定。前者如《传染病防治法》《职业病防治法》等，中者如《药品管理法》《执业医师法》等，后者尚缺乏专门的立法，主要存在于前两者的规定以及《民法典》总则编、侵权责任编之中。最后是法规、规章和地方性法规对体育卫生的规定。我国的体育法规、规章是非常多的，现行有效的有《学校体育工作条例》等7部法规，《体育运动全国纪录审批制度》等32个部门规章，[①] 地方性法规和地方政府规章则更多，在此不再赘述。卫生法规、规章和地方性法规亦是如此，“我国现有与卫生相关的专门性法律15部、专门性的行政法规50部以及与之相关的地方性法规与部门规章近百部，内容涉及医疗、食品、药品、精神卫生及公共卫生等诸多领域”。[②]

第三节　文化法治的纵向结构

一、文化法治的整体性和分层性

文化法治的整体性与分层性是文化法治一对相联系的特征，也是文化法

① 参见《现行有效的体育行政法规、部门规章和规范性文件目录》，载国家体育总局网站，http://www.sport.gov.cn/n315/n331/n398/c782317/content.html，最后访问时间：2022年12月7日。
② 覃慧：《健康权视域下我国卫生法律体系建构的脉络》，载《医学与法学》2016年第2期。

治纵向结构的一种展现。整体性与分层性密不可分，明晰了分层性及各分层之间的关系，自然也就把握了整体性。因此，这里主要论及文化法治的分层性。专门研究文化法治的分层或层次的文献并不多见，目前主要存在“文化分层”理论和“法治分层”理论相关论述中。

对于“文化分层”，一般有两种语境。第一种语境是在探讨文化本身的层次结构时使用“文化分层”概念。这种研究视角将文化作为整体来看待，并不区分文化主体的文化差异性，而仅仅就文化本身进行解剖式研究，其目的在于揭示文化的内部结构（分层），因此，这种研究使用的是哲学式的“整体与部分”研究方法。关于文化有哪些层次，有学者比较了文化层次结构的模型，其中“同心圆模型”将文化分为两个层次、三个层次或者四个层次，两层次论是常见的“物质文化”和“非物质文化”层次或者类似的表述[①]，三层次论是在两层次论中又加上了“制度文化”，或者其他类似的表述[②]，四层次论是在三层次论上又加上了“行为文化”，表述为文化的器物层、制度层、行为层和观念层。[③] 除“同心圆模型”外，还有“文化陀螺模型”和“睡莲模型”等，但它们基本上属于“同心圆模型”的翻版，只不过更加重视文化观念层次的核心地位而已。还有学者在研究档案文化时指出了文化的三个层次——器物层、制度层和观念层，[④] 这是沿袭文化三层次理论的结果。第二种语境是在探讨不同文化主体的差异性文化层次时使用“文化分层”概念。这种研究视角建立在文化多元理论基础上，它注重对文化主体的文化差异性的研究，实际上是一种社会学研究，其目的有二，一是揭示不同主体间的文化差异性及其影响，二是研究造成主体间文化差异的原因，因此这种研究不同于哲学式的“整体与部分”研究，而是一种

① 相关表述有：实体文化和观念文化、外显文化和内隐文化、意识到的文化和意识下的文化等。

② 相关表述有：物质文化、观念文化和制度文化；物质文化、精神文化和文化价值；物质层、制度层和心理层。

③ 黄韫宏：《文化层次结构模型比较研究》，载《贵阳学院学报（社会科学版）》2013 年第 2 期。

④ 任越：《文化哲学视阈下档案文化层次问题研究》，载《档案学通讯》2016 年第 1 期。

社会实证研究。在这个意义上的文化分层研究较多，总体来看，他们基本上倾向于从社会阶层上来阐明文化的层次。有的学者采取二分法，将文化分为“上层文化”和“下层文化”，如美国学者雷德菲尔德将文化分为“大传统”和“小传统”①。有的学者采取三分法，将文化分为“上层文化”“中层文化”和“下层文化”，钟敬文认为上层文化即封建地主阶级所创造和享有的文化；中层文化即城市人民的文化，主要是商业市民所有的文化；下层文化即广大农民所创造和传承的文化。② 布迪厄则从资本的角度将文化分为“上层阶级的文化”“中间阶级的文化”和“下层阶级的文化”，前者对应支配阶级，主要是大资产阶级，中者对应中小资产阶级，后者对应无产阶级。③ 法学视野下的文化一般是从哲学角度理解的，这可以从法律文化的相关论述中得到印证。例如，刘作翔认为法律文化的架构分为深层结构和表层结构，其中深层结构包含法律心理、法律意识、法律思想体系三个层次；表层结构分为法律规范、法律制度、法律组织机构和法律设施四个层次。④

对于“法治分层”而言，学界虽然不存在语境上的差异，但是对于法治包括哪些层次，也存在分歧。吴玉章认为法治的层次应当包括三个方面即法律意义的法治、社会意义的法治和价值意义的法治。大致意思是法治首先是法律规范体系，其次是通过法律规范的调整形成依法办事的社会秩序，最后是依法办事成为人们的价值理念。而从他的《法治的层次》看，其结构表明法治的层次应当包括价值、制度和技术三个方面。⑤ 周晨认为法治的层

---

① 在大部分中国学者看来，中国的上层士绅文化或称精英文化，即相当于所谓的“大传统”；下层的民间文化或底层文化，即相当于所谓的“小传统”。参见黄国益：《钟敬文的文化分层理论研究》，载《民间文化论坛》2005 年第 3 期。

② 黄国益：《钟敬文的文化分层理论研究》，载《民间文化论坛》2005 年第 3 期。

③ 王寓凡：《布迪厄文化分层的理论逻辑和现实意义》，载《华中师范大学研究生学报》2016 年第 2 期。

④ 刘作翔：《法律文化理论》，商务印书馆 2013 年版，第 117~150 页。

⑤ 吴玉章：《法治的层次》，清华大学出版社 2002 年版。

次有二——工具的法治和信仰的法治。① 工具的法治就是将法治看作国之利器，信仰的法治就是让法律与法治成为人人认可的一种价值理念。秦强认为法治“是由层次结构不同但又高低依存四个部分组成的有机体，依据法治层次结构由低到高的顺序，法治依次表现为一种治理方式、制度形态、秩序状态和价值理念”。② 从上述观点来看，关于法治的层次亦有两层次论、三层次论和四层次论。两层次论将法治的层次分为工具层和价值层，三层次论将法治的层次分为法律层、事实层和价值层，四层次论将法治的层次分为工具层、制度层、事实层和价值层。

综合文化分层和法治分层相关论述，笔者认为文化法治的分层应当兼顾文化分层和法治分层，其中法治层次是文化法治层次的共性，而文化层次是文化法治层次的个性。那么，文化法治的层次究竟有哪些？笔者赞同刘作翔的观点，采用三分法将文化法治的层次划分为器物层、制度层和观念层。③ 如此划分，原因在于：首先，文化法治的层次不是在文化主体上划分的，即这里的分层仅仅针对的是文化本身，而不是社会阶层中的文化多元。其次，文化法治的层次必须建立在文化分层的基础上，这是文化法治层次与一般法治层次的不同之处，是文化法治层次个性的体现。无论是二分、三分，还是四分，文化都包括器物、制度和观念三个层次。但二分法将文化分为物质和精神两层则过于简化，忽略了主观的精神和客观的精神的区分，即观念和制度的区分；四分法将行为单列开来，难免画蛇添足，因为行为乃是法律规制的要素，其本身就被制度层次所包含。再次，文化法治的层次必须能融洽于

① 周晨、陈晨：《法治的层次性：工具与信仰》，载《中国海洋大学学报（社会科学版）》2006年第5期。

② 秦强：《法治层次论与法治发展模式》，载《北京工业大学学报（社会科学版）》2005年第1期。

③ “刘作翔从法律文化角度将文化分为观念层、制度层和器物层。其中，法律心理层次、法律意识层次、法律思想层次体现的是观念层；法律规范层次和法律制度层次体现的是制度层；法律组织机构层次和法律设施层次体现的是器物层。”刘作翔：《法律文化理论》，商务印书馆2013年版，第150页。

一般法治层次理论。综观上述关于法治层次的论述，三分与四分理论都赞成法治层次包括器物、制度和观念，而二分理论其实不过是三分理论的简化，不过是将器物和制度统合为工具层。四分法也不过是对三分法的进一步分解，即将制度层进一步区分为法律制度和社会事实，其实，法律制度和社会事实都是“制度事实”，二者因分享这一概念而可以被统合进“制度层”。最后，将文化法治的层次划分为器物层、制度层和观念层是文化法治发展规律的体现。中国文化法治的发展经历了器物法治、制度法治和观念法治的发展过程。器物法治主要是指洋务运动时期的“法治”，这一时期，无论是官僚实业、官督商办实业还是民族实业，它们都指向了大力发展器物，而清政府也都相继出台法律以支持国家实业振兴，因此，这一时期的“法治”主要是指器物层的法治。制度法治主要是指自戊戌变法及之后的制度革新历程，这一时期的文化法治聚焦在制度文化上，意图通过政治制度和法律制度的变革实现民族振兴。观念法治是指自五四运动以及新文化运动以来的民主、科学等观念的觉醒以及对传统法律文化的扬弃和超越。这一时期的权利观念、平等观念、独立观念等都获得了前所未有的发展。①

是故，文化法治是由器物文化法治、制度文化法治和观念文化法治所组成的整体。其中观念文化法治乃是文化法治的灵魂，也是文化法治最终得以实现的终极标志。制度文化法治主要包括两个方面，一是正式的法律制度，二是非正式的社会制度，制度文化法治首先要形成完善的正式法律制度，其次要合理规制非正式的社会制度。制度文化法治是实现文化观念法治的手段和途径，虽然我们承认观念的先导性，但这往往限于精英群体，若从整体看，观念文化法治必然要建立在大众对文化制度的吸收、消化、认可、信仰之上。器物文化法治是实现制度文化法治、观念文化法治的基础。倘若没有器物文化法治，任何文化都不可能有直观的表现，器物文化法治为制度文化法治提

① 王申：《法律文化层次论——兼论中国近代法律文化演进的若干特质》，载《学习与探索》2004 年第 5 期。

供了物质基础，也是观念文化法治的落脚点，即文化制度既要回应文化观念又要发展和保护文化器物。

二、文化法治的体系性和分支性

在学术研究中，经常会使用“体系”“体系化”和“体系性”概念，这里简单地阐明其各自的含义以及相互关系。关于“体系”，康德认为，所谓体系就是一个依据原则构成的知识整体。萨维尼则认为体系根源于哲学，判断是否为一个体系的标准是是否具有抽象性、无矛盾性以及是否避免了任意性和空洞性。[①] 也就是说康德的定义是描述性的，而萨维尼的定义是判断性的，前者给出了定义框架，后者给出了判断标准。综合来看，体系无外乎就是对事物的抽象性的整体性认识，它是对根据一定标准和原则对事物解剖为各个分支进行认识以及对各分支之间关系认识的结果。体系化与体系是紧密联系的一个概念，它的前提指向有一定联系但不成体系的事物，它的目的是通过一定的方法将不成体系的事物形成体系。因此，我们可以将体系化界定为基于某种目的和依据一定原则将若干相互联系的事物整合为体系的过程。但是体系化并不一定都能成功，它有赖于事物的体系性特质，倘若若干事物之间虽有联系但没有任何一个概念的体系性能够囊括它们，这些事物便不会被体系化，也就难以成为体系。可以说体系性是事物的一种属性，是事物体系得以形成的关键，也是体系化的必要条件。既然如此，那么文化法治的体系性就是文化法治的一种属性，是对文化法治体系属性的一种概括。这也就意味着，如果文化法治具有体系性就必然要考证文化法治是否为一个体系，而这里的关键是文化法治包含哪些分支才能说文化法治具有体系性，而判断的首要标准就是逻辑标准，包括无矛盾、无漏洞、无重复等。

学界对文化法治体系的研究多见于关于法治体系的文献上，专门研究文

① 宋美桦、张荣华：《新时代全面推进依法治国的体系化发展研究》，载《山东社会科学》2018 年第 6 期。

化法治体系的成果并不多见，而无论是法治体系研究还是文化法治体系研究都存在问题，主要反映在对体系的分支的划分上。先看关于法治体系分支的有关论述。有学者认为法治体系应当包括“法律规范体系”“法治实施体系”“法治监督体系”“法制保障体系”和“党内法规体系”。[①] 另有学者在赞同这种观点的基础上又有所拓展，即在上述“五个体系”中又解读出了第六个体系——法治理论体系。[②] 再看关于文化法治体系分支的有关论述。有学者认为文化法治体系应当包括“文化法律规范体系”“文化法治实施体系”“文化法治监督体系”“文化法治保障体系”。[③] 熊文钊的国家社会科学基金重大项目“文化法治体系建设研究”分为五个子课题，分别是文化法治的基本理论、文化法治的现状与问题、文化事业立法、文化产业立法和文化法治实施研究。可以看出熊文钊倾向于将文化法治分为立法和实施两个部分，其中立法又包括文化产业和文化事业两部分，实施又包括执法、司法、监督三个部分。[④]

因此，从学理上来解读《中共中央关于全面推进依法治国若干重大问题的决定》关于法治体系的结构的表述，应当将文化法治体系的分支划分为“两横三纵”，“两横”是指文化的国家法体系和文化的非国家法体系，“三纵”是指文化的国家法的实施体系、监督体系和保障体系。文化的国家法体系是文化法治的核心，其中完善的法律规范体系是国家法体系的前提要件，是文化法治的起点。高效的法治实施体系包括依法执法、公正司法和全民守法三个环节，它是文化法治得以形成的关键。严密的法治监督体系是文化法治得以实现的必要环节，缺乏监督的法治或者建立在不严密的监督体系上的

---

① 主张此种观点的学者有张文显、胡明、付子堂等。参见张文显：《统筹推进中国特色社会主义法治体系建设》，载《人民日报》2017年8月14日；胡明：《用中国特色社会主义法治理论引领法治体系建设》，载《中国法学》2018年第3期；付子堂：《建设新时代中国特色社会主义法治体系》，载《学习时报》2017年12月22日。

② 陈金钊、宋保振：《法治体系及其意义阐释》，载《山东社会科学》2015年第1期。

③ 蔡武进：《文化法治体系建设的价值及路径》，载《中国审计报》2015年7月29日。

④ 陈成：《国家社会科学基金重大项目文化法治体系建设研究》，载《民族教育研究》2017年第7期。

法治，终究是不完善的法治或者是有风险的法治。有力的法治保障体系是文化法治得以实现的力量支撑，无论是立法、执法、司法、守法、监督中的哪一个环节，都离不开人、物和组织的力量，这些力量将通过保障体系注入整个法治环节，助推法治的实现。文化的非国家法体系是文化法治得以完善的必要补充。法治是法治国家、法治政府和法治社会的统一体，国家法体系只是在国家、政府两个层面实现了法治，但这种法治还不完善，还需要法治社会予以补充。法治社会建设必然要面临非国家法与国家法的冲突与融合问题，这就需要国家法回应这些问题，一方面可以通过“吸纳挑战机制”将非国家法吸收其中，另一方面可以通过“拒斥挑战机制”将非国家法置于自治领域。[①] 总而言之，文化法治必须通过法律明确界定法“治”和自“治”的界限，将法“治”和自“治”一并统摄于法治框架之内。

三、文化法治的国家性和地方性

探讨文化法治的国家性和地方性必须明晰两组概念，一是文化的一般性和特殊性，二是法治的国家性和地方性。

文化始终是一般文化和特殊（纵向）文化的整体，每个国家都有自己的一般文化以区别于其他国家。每个国家又都存在特殊性的文化，这种特殊性体现在阶层、民族、地域以及信仰上，每个阶层都有自己特殊的文化，所谓“蓝领”“白领”不过是一种反映文化差异的标签；每个民族更是在长期的生产生活中形成了独特的文化，蒙古族的马头琴与长调、傣族的泼水、彝族的火把、藏族的唐卡等，无不反映了民族文化的特殊与多元；地域也是制约文化的重要因素，黄土高坡塑造了陕北民歌，江南烟雨促成了江浙小调，白雪皑皑堆积出东北二人转，竹林月光辉映出巴乌丝竹声。总而言之，文化既是

① 吸纳挑战机制和拒斥挑战机制是千叶正士在研究西方法时提出的两个概念，前者是指国家法（千叶正士称之为官方法）吸收非国家法（千叶正士称之为非官方法）对国家法的挑战，后者是指国家法放任非国家法对国家法的挑战。参见［日］千叶正士：《法律多元——从日本法律文化迈向一般理论》，强世功等译，中国政法大学出版社 1997 年版，第 50~53 页。

多元的又是一体的，文化多元是文化表现形式上的多元，文化一体是众多文化表现形式终归于文化本质。

同样，法治也是国家（意指中央）法治和地方法治的整体。无论是单一制政体还是联邦制政体都存在中央法治和地方法治。在我国，中央法治主要体现为中央层面的法律体系及其实施体系，包括宪法、法律、行政法规以及它们的实施。地方法治主要体现为地方层面的法律体系及其实施，包括地方性法规和地方政府规章以及它们的实施，它包括两个方面：一是地方为执行中央法律法规而制定的地方性法律规范；二是地方基于特殊性而制定的地方性法律规范。

另外，研究文化法治的国家性和地方性还必须厘清国家性和体系性、地方性和分支性的关系。文化法治的国家性是文化法治体系在政治国家意义上的体现。文化法治的地方性也不同于文化法治的分支性，前述谈及文化法治的分支性时将文化法治分为国家法体系和非国家法体系，显然与文化法治的国家性对应的文化法治的地方性应当在国家法体系内部去探讨，而不是将其置于非国家法体系。因此，文化法治的地方性是针对文化的国家法体系而言的，其主要目的是要探讨文化的地方法治问题，而不仅仅是地方文化的法治问题。[①] 也就是说文化法治的国家性和地方性应当在文化的国家法体系内部进行探讨，它是将文化法治体系分为国家法体系和非国家法体系之后又进一步对国家法体系进行二次划分的结果。

厘清了上述概念的关系，我们就可以探讨文化法治的国家性和地方性了。无论是国家的一般文化还是地方的特殊文化都需要法治，这一点是毋庸置疑的，然而需要指出的是，无论是一般文化的法治还是特殊文化的法治都存在一个文化法治的国家性和地方性问题。即文化法治在政治国家意义上呈现出

---

① 刘作翔认为当代中国法律文化整体结构中存在以适应现代化社会潮流的较为先进的制度性法律文化和以传统社会为根基的较为落后的概念性法律文化之间的冲突（参见刘作翔：《法律文化理论》，商务印书馆 1999 年版，第 264 页）。而前者与文化法治的国家性相关——适应现代化；后者与文化法治的地方性相关——着眼于传统（但要强调的是，其并不见得是落后的）。

"两横两纵"结构，所谓"两横"是指一般文化的法律体系和特殊文化的法律体系，所谓"两纵"是指一般文化和特殊文化的中央法律体系和地方法律体系。因此，一个完善的文化法治应当包括四个方面——一般文化的中央法治、一般文化的地方法治、特殊文化的中央法治和特殊文化的地方法治。其中文化法治的国家性反映在一般文化的中央法治和特殊文化的中央法治上，而文化法治的地方性反映在一般文化的地方法治和特殊文化的地方法治上。

一般文化的中央法治是指关于一般文化的宪法、法律、行政法规以及部门规章体系。这些规范的总体特点有二，一是在立法观念上，立法者倾向于将文化作为整体来看待。二是在调整对象上或者不对文化作出区分或者仅对文化作出横向区分，但并不在纵向上区分文化。例如，宪法对一般文化的调整往往仅使用"文化"字眼，或者对文化进行横向划分，对科学技术、文学艺术、体育卫生进行调整。法律也是如此，虽然我国还未制定"文化基本法"，但诸如《文物保护法》《体育法》等表明法律也只是在横向上区分了文化。这类规范之所以不对文化进行横向划分，原因在于它的普适性要求上，即从横向划分文化并对之调整并不违反这类法律的普适性要求。

特殊文化的中央法治体现在法律、行政法规和部门规章针对特殊文化的规定上。这里的特殊文化是从纵向角度理解的，即特殊文化反映在阶层、民族、地域和信仰等方面。对于特殊文化而言，中央法律一般不做全面规制，但由于一个国家的文化是由众多的特殊文化所组成的，因此中央法律也会对一些具有特殊性的文化予以规制，其中《非物质文化遗产法》就是特殊文化的中央法治的表现。从非物质文化遗产名录来看，其实绝大部分非物质文化遗产都是具有民族性、地域性、信仰性的文化。例如，"苗族民歌""彝族民歌""朝鲜族长鼓舞""藏族螭鼓舞"等，这些被定为国家级非物质文化遗产，反映了具有民族特色的文化的中央立法保护。而像"陕北民歌""高邮民歌""大别山民歌""酉阳民歌"等国家级非物质文化遗产又反映出具有不同地域特色的文化的中央立法保护。

一般文化的地方法治体现在地方性法律对中央法律的执行以及地方对一般文化的先行立法上。根据《立法法》第 73 条之规定："地方性法规可以就下列事项作出规定：（一）为执行法律、行政法规的规定，需要根据本行政区域的实际情况作具体规定的事项；（二）属于地方性事务需要制定地方性法规的事项。除本法第八条规定的事项外，其他事项国家尚未制定法律或者行政法规的，省、自治区、直辖市和设区的市、自治州根据本地方的具体情况和实际需要，可以先制定地方性法规。在国家制定的法律或者行政法规生效后，地方性法规同法律或者行政法规相抵触的规定无效，制定机关应当及时予以修改或者废止……"即地方立法可分为三大类，一是执行性地方立法，二是自主性地方立法，三是先行地方立法。一般文化立法首先体现在中央立法层面，但中央立法必须通过地方立法予以实施，因此，地方立法的执行性规范既保证了文化法律、行政法规的有效实施，也保证了文化法律、行政法规和地方性法规的统一，从而形成了完善的关于一般文化的法律规范体系。当然，也可能存在另一种情况，即法律和行政法规关于一般文化的规定存在遗漏或者尚未立法，而地方基于现实需要可就一般文化进行先行立法，作为中央立法的前奏，为中央立法提供了立法经验。因此，一般文化的地方先行立法也是文化法治地方性的重要体现。

特殊文化的地方法治体现在地方性法规、自治条例和单行条例对具有地方特色或者本地内具有民族特色的文化的规定上，其主要途径是通过自主性地方立法。特殊文化的法治化虽然在中央法治层面有所体现，但主要还是体现在地方法治上，因为地方最了解本地的特色文化，最明白本地民众的文化需求，也最清楚本地文化法治的重点。因此，《立法法》赋予了地方关于特殊文化的地方立法权。从《立法法》第 72 条可以看出，省、自治区、直辖市、设区的市、自治州都可以针对本辖区的特殊文化制定地方性法规。而从《立法法》第 75 条可以看出，自治区、自治州和自治县均可以根据当地民族的文化特点制定关于特殊文化的自治条例和单行条例。另从《立法法》第 74

条可以看出，经济特区所在地的省、市也可以制定关于特殊文化的法规，并在经济特区范围内实施。基于上述划分，显然我国关于特殊文化的地方法治形成了“四驾马车”，即一般地方性法规体系、自治条例与单行条例体系、经济特区法规体系和我国港澳台地区法律体系。

四、跨国交流中的文化法治

若将文化置于国际背景，显然某个国家或地区的文化都是特殊文化，人类文化就是由不同国家和地区的特殊文化所组成，所谓“只有民族的才是世界的”反映的就是这个道理。正如一个国家或地区内部的文化交流、碰撞与融合一样，国家间的文化也存在交流、碰撞与融合。国家间的文化交流既可能是显性的，即纯粹的文化交流，也可能是隐性的，即伴随着其他领域的交流而产生的文化交流。当你注意到中国的“国宝”到世界各地巡展时，你可以说这是显性的文化交流，而随着经济的全球化，中国出现了“肯德基”“德克士”“麦当劳”等快餐文化，你便可以感受到隐性的文化交流。无论是显性的文化交流还是隐性的文化交流，都可能存在文化的碰撞与融合问题。如我国的《西游记》在不同国家的反响不同，其中极个别细节甚至体现出中西文化的碰撞。还有就是我国《女儿情》和《枉凝眉》在部分国家广为传唱，一些外国歌曲如《喀秋莎》，也在我国脍炙人口，这体现的“音乐无国界”乃是文化交流最好的注脚。

法律作为制度文化的典型代表，更是存在国际间的碰撞与融合问题。於兴中提出了不同国家和地区法治的生成路径之不同：英国的法治孕育于盎格鲁—撒克逊人民源远流长的普通法传统，北欧法治传统是借鉴学习而来的，法国的法治则在很大程度上受惠于拿破仑的马靴和革命者的断头台，美国的法治在疯狂的宗教迫害和追求独立自由的解放运动中羽翼渐丰[1]。这意味着

① 於兴中：《法治东西》，法律出版社2015年版，第73页。

国际间的制度文化之间会形成冲击。同样是对罗马法的复兴，法国、德国、西班牙和英国对罗马法的吸纳就通向了不同的法制进路。[①] 千叶正士在研究法律多元时提供两个研究视角，一是国内视角的法律多元，二是国际视角的法律多元。关于国内视角的法律多元，他说："单一政治共同体中有不同的法律体系或文化。多元表现为多种形式。它可能是水平的，即亚文化或次体系有平等的地位或合法性。……也可能是垂直的，即它们按等级安排成'较高的'或'较低的'法律体系或文化。……多元也可能是文化的，政治的或经济的。"[②] 即国内视角的法律多元是一种"二重结构"——国家法和次级法律文化（非国家法）。关于国际视角的法律多元，他说，人类社会中国家之间共存有不同的法系，"在国家法和国际法律文化之间关系中所提出的是基于法律文化的另一种法律多元……我们就法律多元可得出概略的结论，它包含有次级法律文化、国家法和国际法律文化组成的三重结构，而不限于二重结构"。[③] 因此，在国际视野下，法律多元的结构从"二重"增加至"三重"，包括国际法律文化、国家法和次级法律文化。最后，千叶正士以"三重二分法"总结了法律多元，即"某个国家的法律由不同的官方法和非官方法组成，而每一种又分别由法律规则和法律原理、固有法和移植法构成。……每一个珍视自己固有文化的民族，都会通过改变这三种二分的组合和比例来保存其法律文化"。[④] 现代国家的法律都脱离不了继承和移植两大要素，因而在法的结构上呈现出固有法和移植法的二元划分，无论是法律全球化还是两大法系的融合都反映了这一点。

然而，包括法律在内的文化的国际交流有积极作用同时也存在问题。文化

① 何勤华：《西方法学史纲》，商务印书馆2016年版，第89~91页。

② ［日］千叶正士：《法律多元——从日本法律文化迈向一般理论》，强世功等译，中国政法大学出版社1997年版，第215页。

③ ［日］千叶正士：《法律多元——从日本法律文化迈向一般理论》，强世功等译，中国政法大学出版社1997年版，第223~224页。

④ ［日］千叶正士：《法律多元——从日本法律文化迈向一般理论》，强世功等译，中国政法大学出版社1997年版，第192页。

的国际交流的积极作用体现在以下几个方面：首先，文化的国际交流是多元文化被理解的前提。文化没有对与错的问题，只存在理解与不理解的问题。我们在这里就应包容这种文化的各自特性，因为无论是偏重人情还是信仰，在不同地域都有其各自的正当性。伽达默尔的“前见与理解”①、哈贝马斯的“沟通理性”② 以及吉尔兹的“文化阐释”③ 都可以证成这一点。因此，只有通过国际间的文化交流，才能通过沟通、阐释让人们理解文化的多元与差异。其次，文化的国际交流是文化输入的重要平台。通过文化的国际交流使文化得以理解只是一个前提，更重要的是要在理解的基础上如何取舍外来文化。现代国家基本上都不会故步自封、闭关锁国，而是对优秀的外来文化持开放态度，合理借鉴和吸收外来文化，而文化的国际交流为文化的引进提供了“多个卖家”。最后，文化的国际交流是文化输出的重要平台。文化不仅存在如何“引进来”的问题，同时也存在如何“走出去”的问题，这就需要通过文化的国际交流平台描述、展现、诠释本土文化，争取赢得众多“买家”或者在众多“卖家”竞争中“中标”。然而文化的国际交流也存在诸多问题，突出表现在文化霸权和文化殖民上。文化霸权总是将文化区分为先进与落后或者文明与野蛮的文化，总是把自己的文化标榜为先进或者文明的文化，而将其他文化标榜为落后或者野蛮的文化。这种文化观总是不想、不去、不屑理解其他文化，或者虽然理解但仍然以我为尊而将其他文化标签化、污名化，甚至认为文化总是向着自己所认定的文化进化的。文化殖民是文化霸权的具体实施，它可能是单纯的文化殖民，也可能是伴随着政治、军事、经济的霸权而实施的。而无论是哪一种文化殖民，它们都力图将多元的文化变成单一的文化，从而桎梏、僵化人类文化。

---

① ［德］伽达默尔：《真理与方法》，洪汉鼎译，商务印书馆2007年版。

② ［德］哈贝马斯：《在事实与规范之间——关于法律和民主法治国的商谈理论》，童世骏译，生活·读书·新知三联书店2003年版。

③ ［美］吉尔兹：《地方性知识：阐释人类学论文集》，王海龙、张家瑄译，中央编译出版社2003年版。

既然文化的国际交流既具有积极作用又面临着问题，这就需要法律保障其积极作用的发挥、抵御文化霸权和文化殖民。法律对文化的国际交流的作用不外乎三个方面：一是国内法和国际法促进文化的国际交流，二是国内法对外来文化的规制，三是国内法对本土文化输出的保障。首先，文化的国际交流既需要国内法支撑也需要国际法支持。一方面国内法要积极促进国际间的文化交流，为国际文化交流提供平台，保障必要的物资投入，并保障国际间文化交流的有序运行。另一方面国家要重视国际组织、区域组织以及国际法对促进文化交流的作用，既要积极加入文化交流的国际组织、区域组织，又要切实履行关于文化交流的国际条约、多边协议和双边协议。其次，国内法必须立足本土固有文化合理取舍外来文化。上文言及每个珍视固有文化的民族都会通过改变固有法和移植法的比例来保存其法律文化，其实不仅法律文化如此，所有的文化均是如此。每个国家的固有文化是这个国家的文化根基，且不说外来文化必须符合固有文化，最起码外来文化不能与固有文化相抵触，不能侵害固有文化。当然这里的固有文化是从褒义上来理解的，并不包括文化糟粕。对于一个国家的文化糟粕而言，合理吸收外来文化与之竞争未尝不是一种文化改良途径。因此，我们有必要将本土文化分为固有文化与文化糟粕，其中不与固有文化相抵触乃是取舍外来文化的最低标准，而在这个标准之下，引进外来文化不外乎就是要满足不同群体的多元文化需求以及改良本土文化。最后，国内法需要对文化输出给予保障。从文化产业上看，当前文化的国际贸易竞争愈演愈烈，保障文化出口不仅能够为国家带来直接的经济效益，带动国内产业结构优化，同时也有利于增加进口国对出口国文化的认同感，提升本国的文化影响力。从文化事业上看，虽然诸如文物巡展之类的文化输出不能带来较大的经济效益，但同样能够增加本国文化的国际认同感，提升本国文化的国际影响力。因此，国内法必须对文化输出给予必要的保障，一要通过完善的文化产权法体系保障文化输出者的权益，包括物权、债权、知识产权等，以保证文化产品的供给。二要通过完善的文化经济法体系对文化市场进行宏观调控，既要打造文化知名品牌，又要保障文化产品的多元化；既要培育文化跨国企业，提升国际竞争力，又要防止国内文化市场垄断现象的发生。三要通过完善的文化财税法体系促进文化输出，既要让文化企业享受到税收优惠政策，又要给文化事业单位提供财政资金支持。

五、文化法治的不同属性及纵向结构构造

这部分内容是对上述四部分的总结，故不再浪费笔墨，而是以“文化法治纵向结构图”表现如下。

（文化法治纵向结构图）

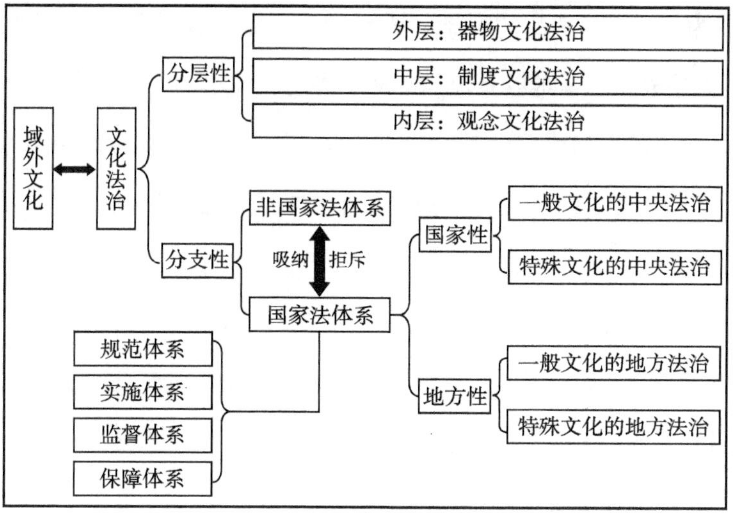

第六章　我国文化法治建设研究

“文”和“化”组成“文化”一词，出现在西汉以后，其本义可理解为“以文教化”，主要针对人们的思想品德、品性等进行教育、培养和陶冶，属于精神领域范畴。随着人们认知能力的提升以及认知需要的扩展，“文化”一词不断演化为外延更加宽泛的概念，要想精确界定“文化”是很困难的。同样，“文化法”的概念也是难以界定的，从学界对文化法的不同界定中可见一斑。

然而，这并不妨碍我们从功能角度认识文化法。从功能角度来说，文化法乃是保障文化权利之法，保障思想自由之法，推动文化创造之法，促进文化繁荣之法。正如巴金所言：“希望有一个‘文艺法’来保护自己”，“这样一来，文艺工作者就可以‘安全生产’，避免事故了”。[①] 通过法律保障文化权利，不仅是对人们思想意志自由的尊重，也是对思想之创造力的保护，更是对人们基本权利和文化繁荣发展的保障。

不过，当前我国并没有制定一部名为“中华人民共和国文化法”的法律，而是针对不同的文化部门制定专门的法律法规，如《文物保护法》《非物质文化遗产法》《著作权法》《公共文化服务保障法》等。之所以会出现这样的情况，概因文化法不仅调整“平等主体间文化交往活动的私法关系”，也调整“文化管理关系、文化权利保护关系”等国家文化治理权与公民文化自治权的公法关系。[②] 文化法可谓各法律部门调整文化领域社会关系的规范

① 巴金：《随想录》（第1集），人民文学出版社1986年版，第124页。

② 详细论述参见周叶中、蔡武进：《中国特色社会主义文化立法初论》，载《法学论坛》2014年第5期。

混合体。

调整对象的复杂性使得文化法具有公法与私法双重性质，决定了文化权利义务的复杂性，进而产生调整方式的多样性需求。为确保文化自主性发展和文化自由权利的实现，促进文化行政部门依法、有序管理文化事务，创造良好的文化法治环境，防止文化权利被侵害以及来自社会或个人对文化造成的破坏或威胁，文化法需要综合采用四种调整方式：放任（保障）性调整、导向性调整、制裁性调整和奖励性调整。本书第三章对此做了应然分析，但未指出文化法的调整方式问题。本章将指出，就当前我国出台的相关文化法律规范来看，我国当前文化法的调整方式还存在几个问题，包括放任（保障）性调整的保障不足、导向性调整的所指待明、制裁性调整的力度不够、奖励性调整的体系模糊等，需要在今后的文化法治建设中予以关注。

第一节 重视放任（保障）性调整的运用

我国文化法在规范社会关系过程中坚持国家利益、集体利益、社会利益优先于个人利益，是文化法治的基本要求。但这并不意味着我国文化法治忽视对个人文化利益的保障，文化自由涉及言论自由、学术自由、出版自由、艺术自由等公民基本权利，对这些自由的保障，不能仅依靠导向性调整和制裁性调整对行为主体科加义务和责任，更多地应适用放任（保障）性调整实现对公民各项自由权利的确认与保障。因此，在不侵犯国家利益、集体利益、社会利益的前提下保障个人的文化利益是我国文化法治的题中之义。但由于学理认识、立法技术、法律实施等多方面的原因，我国文化法律规范还存在轻视放任（保障）性调整而强化导向性调整和制裁性调整的问题，导致放任（保障）性调整的保障不足。

一、深化对放任（保障）性调整的学理认识

放任（保障）性调整指“主体根据自治的需要将法律权利规范贯彻、落实于其行动之中，因此，这一调整方式反对任何形式的外来干预”[①]。其对应的是法律赋予人们为或者不为一定行为自由的权利规范，体现的是“权利优位”“人权保护”等法律观念。放任（保障）性调整为权利主体划定广阔的自由空间，在这一空间范围内，凡是法律没有禁止或规定的，皆可以推定为权利，主体享有充分的自由选择权。行为空间的扩大自然带来思想空间的扩大，文化—精神权利在主体间的交往关系中得到充分的肯定与实现。文化—精神权利主要体现为主体思想、意志的自由表达，放任（保障）性调整通过给予思想、意志充分的自由空间和保障，发挥主体的自主性、创造性，相比其他调整方式具有促使权利主体主动实现自身文化—精神权利、节约权利实现成本的优势。然而，目前国内相关研究对法律的放任（保障）性调整方式存在一定的认知不充分，乃至轻视或忽略法律的放任（保障）性调整方式的现象。

暂抛开“放任（保障）性调整”这一法律调整方式不谈，当前学界即便是关于“法律调整”的相关论述都非常少见。对法律调整进行专门论述的主要以谢晖、公丕祥、黄建武、孙国华等为代表。[②] 在琳琅满目的《法理学》著作中仅有少数几部对“法律调整”设专章进行论述，而对于“法律责任”的专章论述则在诸多《法理学》著作中几乎无一缺席。对“法律调整”的认知匮乏和对“法律责任”的高度重视形成鲜明对比。那么在这些论及“法律

---

① 谢晖：《论法律调整》，载《山东大学学报（哲学社会科学版）》2003年第5期。

② 相关内容参见谢晖：《论法律调整》，载《山东大学学报（哲学社会科学版）》2003年第5期。谢晖、陈金钊：《法理学》，高等教育出版社2005年版，第220~227页；公丕祥：《法理学》，复旦大学出版社2002年版，第178~192页；黄建武：《论法律调整技术手段的选择——法与社会利益构成的关联分析》，载《哈尔滨工业大学学报（社会科学版）》2014年第3期；黄建武：《法理学教程》，法律出版社2006年版；孙国华：《法理学》，法律出版社1995年版，第134~142页。

调整”的著作和文章中，对“放任性调整”的认知又是怎样一个现状呢？2003年谢晖在其文章《论法律调整》中提出法律调整的四种方式：“放任（保障）性调整”“导向性调整”“奖励性调整”和“强制性（制裁性）调整”，并对此四种调整方式进行了细致的论述。他在著作和文章中直接明确“放任（保障）性调整”为法律调整方式的一种，其含义是指“主体根据自治的需要将法律权利规范贯彻、落实于其行动中。这一调整方式反对任何形式的外来干预，对权利规范的放任性调整乃是法律的一种绝对姿态”①。他的这一理论表达也体现在与陈金钊合编并于2005年出版的《法理学》教材中。当前我国多数学者并未使用放任（保障）性调整这一术语，而是赞同法律调整方式三分：允许、积极的义务和禁止。“允许”也可称为“授权”，是指赋予主体积极作出某些行为的权利。② 有的学者在其文章中所指出的法律调整的授权性调整方法，其实质与前述“允许”内涵一致，表现在立法上就是授予权利，进行权利立法。③ 学界对于“允许”“积极的义务”和“禁止”多数主张为法律调整方式，也有的称其为法律调整模式或法律调整方法。方式、方法、模式等学术用语的不统一，也是造成学界对“放任（保障）性调整”认知不清的原因之一。④

对比可见，“允许”这一调整方式可在一定程度上等同于“放任（保障）性调整”，但笔者认为其过于狭隘，可称为“狭义的放任（保障）性调整”。“允许”这一调整方式强调的是法律对主体权利的授予，在具体的法律规范

---

① 谢晖、陈金钊：《法理学》，高等教育出版社2005年版，第221~227页。

② 也有学者将“允许”解释为“赋予人们享有某种福利的资格和自己作出某些行为的自由”。黄建武：《论法律调整技术手段的选择——法与社会利益构成的关联分析》，载《哈尔滨工业大学学报（社会科学版）》2014年第3期。多数学者还是将其解释为“赋予主体积极作出某些行为的权利”，具体可参考阅读以下一些著作，孙国华：《法理学》，法律出版社1995年版，第230页；公丕祥：《法理学》，复旦大学出版社2002年版，第191页；黄建武：《法理学教程》，法律出版社2006年版，第141页。

③ 杨思斌：《构建社会主义和谐社会与法律调整方法的改进和创新》，载《当代世界与社会主义》2006年第4期。

④ 如杨思斌就在其文章中将其称为“法律调整的三种模式”。参见杨思斌：《构建社会主义和谐社会与法律调整方法的改进和创新》，载《当代世界与社会主义》2006年第4期。

中主要表现为“可以”条款，赋予主体依照法律规定从事一定行为的自由。“赋予”一词则隐含着权利之法律明确规定，法律规定、允许的为主体权利自由空间，法律没有明确规定但在实际交往生活中存在并践行的部分“权利”是否应受法律的肯定与保障？仅从“允许”调整方式来看不得而知。这些“权利”在自发行使、实现的过程中无须国家强制力的过多干预，但一旦发生权利侵害，这些“权利”能否得到国家法律的有效救济？如何救济？这些都将成为主体权利完满实现之藩篱。我们所指称的“放任（保障）性调整”赋予公民的权利，不仅包括国家法律规范以“允许”的方式赋予主体一定行为自由的权利，还包括在国家法律没有禁止或没有规定的广阔空间内，主体享有充分的权利实现之自由，只要其权利之自由行使不损害国家、集体或他人的合法权益即可。可见，“允许”仅调整主体之间因法律明确赋予公民权利之行使或实现而形成的法律行为；而我们所称的“放任（保障）性调整”，不仅包含法律规定了的主客体之间的交往关系过程，还包括法律不禁止（或未规定）之主客体间交往关系之过程。例如，《非物质文化遗产法》第 37 条第 3 款规定：“县级以上地方人民政府应当对合理利用非物质文化遗产代表性项目的单位予以扶持……”这一类条款对于政府相关部门来讲属于导向性调整，赋予其职责，虽然法律规范没有明确以“允许”“有……权”等规范词赋予被扶持对象一定权利，但事实上对于被扶持对象来讲在符合一定条件的情况下有要求政府给予扶持的权利，也有放弃该权利的自由，隐含着法律不明确规定的放任（保障）性调整。

公民权利意识的觉醒与逐步增强，不仅体现在公民对享有权利的认知内化于心，也体现在权利意识的行动外化，以及依照法律规定对权利的实现以及权利受到侵犯时寻求法律救济。但就目前来看，对放任（保障）性调整的认知还无法回应日益成熟的权利意识。尽管权利意识觉醒，惩罚性法律文化逐步转向权利法律文化，意识虽在不断变化、更新，但仍离不开传统的影响。谈及法律，首先出现在我们脑海中的词汇仍然更多的是“违法犯罪”“制裁”

“惩罚”或“强制”，“义务本位”观念和“官本位”观念仍然具有根深蒂固的影响。对放任（保障）性调整的认知欠缺在具体文化法律规范中主要体现为法律条文中大量出现的义务性规范、禁止性规范和对法律责任的专章规定，授权性规范则屈指可数，条文中充斥大量的“应当”“不得”“禁止”等条款，“可以”条款则寥寥无几。文化法治更多的是“政府之治”和“制裁之治”，强调文化管理部门对相关文化事务的管理、监督以及对违法行为的制裁，体现的是国家统治意志对公民权利的政治优位。文化法所调整和保障的文化—精神权利中蕴涵利益之隐蔽性造成大众缺乏对文化权益放任（保障）性调整的重视，甚至忽略其存在。而对公共利益和集体利益的重视与强调，使现行法律规定更多体现了作为国家公器的政府部门对文化事务的治理以及法律对个人权利的限制，法律调整偏重导向性调整和制裁性调整。放任（保障）性调整对权利的确认与保障，在权利实现过程中主要以自然而然的方式实现权利人的特定行为自由为常态，权利受侵害后产生的法律后果以及惩罚是作为权利实现的事后救济手段而出现的。因此放任（保障）性调整直接保障权利之实现，而导向性调整和制裁性调整则是权利实现的间接保障手段，是对权利的一种强制或“暴力”救济。权利的实现过程中多以合法为常态，以强制、“暴力”为反常，因此法律的调整方式也更应重视放任（保障）性调整。授权性规范意识的欠缺不仅不利于公民权利的行使与实现，更无法为受侵害的权利提供及时、有效的救济。文化法治需要利用放任（保障）性调整、导向性调整、制裁性调整和奖励性调整的综合作用实现对主体行为的规范、指导，促进主体文化—精神权利的实现与保障。

尽管放任（保障）性调整强调权利主体极大的自治、自由和自决空间，但放任不代表无限制。放任（保障）性调整排斥任何外来形式的干预，义务主体负有依法不予干涉的义务，但不代表权利主体可以为所欲为，权利人在行使权利时不得损害国家、集体或他人的合法权益。若人人之权利不受任何限制，拥有绝对自由，那么人人都是不自由的：你可以随意侵害他人，他人反过来也可以随意侵害你，如此循环，人人都处在侵犯他人和担心被他人侵犯的境地，自由便无从谈起。自由若没有限制，便无自由可言。放任（保障）性调整不代表绝对的自由，法律规范在给权利人提供权威性指引、赋予其自由的同时也应对其自由进行必要的限制：权利之自由行使不得损害国家、集体和他人的合法权益，放任（保障）性调整在赋予主体自由的同时也隐性地为其自由划定了边界，放任不等于放肆。

二、完善立法对放任（保障）性调整的制度设计

理念上对放任（保障）性调整的认知欠缺和忽视反映在立法上就是对放任（保障）性调整的制度设计不够，制度设计的缺位又会导致权利意识觉醒下主体权利受到侵害后无法得到及时、有效的救济。当前我国文化法治化过程中立法对放任（保障）性调整的制度设计存在的不足主要体现在以下几方面：立法对文化权利确认与保障的法律原则不明确；法律规范对权利的确认力度，放任（保障）性调整对应的权利性条款较少；权利行使条件、实现制度不完善；权利内容不清晰导致的责任缺失；权利救济制度不完善。制度设计的不完善直接影响放任（保障）性调整对权利的确认以及对权利行使、实现和救济的有效保障。

首先，明确文化权利确认与保障的法律原则。当前国内文化法律规范，更多的是在法律文本中以专门条款规定相应的立法目的，而缺乏对相关法律原则的明确规定。比如我国《电影产业促进法》第 1 条规定："为了促进电影产业健康繁荣发展，弘扬社会主义核心价值观，规范电影市场秩序，丰富人民群众精神文化生活，制定本法。"《非物质文化遗产法》第 1 条规定："为了继承和弘扬中华民族优秀传统文化，促进社会主义精神文明建设，加强非物质文化遗产保护、保存工作，制定本法。"法律原则是法律精神的集中体现，也是一部法律的灵魂，对法律规则的制定和实施具有重要的意义。

文化法的重要目的之一便是保障人们的文化权利、满足人们的精神文化需要，这一点从前述《电影产业促进法》的立法目的中也可窥见一斑。文化法也是对宪法赋予公民的文化—精神权利的具体实现，从这一层面来讲文化法具有权利法的特征。因此在具体法律文件中应体现对公民文化—精神权利的确认与保障原则，确立文化—精神权利在相关文化法律规范中的核心地位，为文化—精神权利的确认与保障提供原则支撑。

其次，提升法律规范对文化权利的确认力度。文化法因其所调整的文化活动、文化事业以及文化产业的特殊性，法律保障权益的原则是坚持公共利益优先于个人利益，体现在法律条文中则是相关文化法律规范更多地强调政府的管理职责和权力，对于一般行为主体（公民、法人和其他社会组织）则多是明确法律义务和责任，在明确其承担责任的同时没有明确其权利内容，权利导向不明晰，权利被隐藏在了义务和责任中。文化法以保障主体文化权利为本位，然而当前文化法律规范多是以“可以”条款对相关文化行政机关授予“职权”，以“可以”赋予权利的条款不多。如《文物保护法》第 35 条规定：“根据保证文物安全、进行科学研究和充分发挥文物作用的需要，……国务院文物行政部门经国务院批准，可以调用全国的重要出土文物。”此处所赋之“权”，体现为职权（权力）。另外，当前某些文化法律规范还存在将权利隐藏在鼓励性和倡导性的条款中而没有明确表达出来的现象。对于法律规范中一些鼓励和支持性条款，常被看作一种政策性规定或倡导性规定，其在某种程度上也可视为授权性规定而被纳入放任（保障）性调整方式之中。如《电影产业促进法》第 10 条第 1 款规定：“国家支持建立电影评价体系，鼓励开展电影评论。”从中可看出，国家对建立电影评价体系和进行电影评论行为采取鼓励和支持的态度，是对这些行为的一种倡导，同时也是一种赋权行为，行为主体可以选择建立电影评价体系、开展电影评论，也可以选择不如此行为；建立电影评价体系可以选择此种方式的评价体系也可以选择彼种方式的评价体系，行为主体具有广泛的自由选择空间。但这些权利却被隐含于鼓励性条款当中，权利表达不彰，法律规范对文化权利的明确确认与保障不明晰。因此，我国文化法应当在以下两个方面予以完善。第一，明确确认文化权利，扩充以“可以”赋予文化权利的规范。第二，对鼓励性和倡导性规范中的文化权利进行识别、立法考量、立法确认。

再次，完善文化权利行使条件和实现制度。法律对权利进行确认的目的是保障权利的实现。我国文化法律规范在对权利确认时采用不同的规范方式，除“可以”条款的规定外，还包括“有权……”“依法享有……”等。不同规范方式的权利确认条款应有不同的权利实现方式。对于“可以”条款，法律规定了一定的权利实现方式，如我国《文物保护法》第50条明确规定了文物收藏单位以外的公民、法人和其他组织可以收藏具体通过何种方式取得的文物，明确了主体实现文物收藏权利的具体手段。①《档案法》第16条第2款亦是明确规定档案的个人和集体所有者“可以向国家档案馆寄存或者出卖。严禁卖给、赠送给外国人或者外国组织”②。这类条款所确定的权利实现方式较为明确，可操作性较强。然而对于法律规范以“有权……”“依法享有……”等方式确认权利的条款，权利实现方式则并不明确。如《公共文化服务保障法》第50条第1款规定：“公民、法人和其他组织通过公益性社会团体或者县级以上人民政府及其部门，捐赠财产用于公共文化服务的，依法享受税收优惠。”本条赋予公民、法人和其他组织在特定情况下享有税收优惠的权利，然而对于享受税收优惠的种类、额度、方式等都没有具体规定，权利实现路径不明。另外，对于混合了奖励与授权双重属性的含有鼓励、支持、表彰、奖励等规范词的文化法律规范，在重点强调鼓励性特质外，也在某种程度上赋予公民、法人以及其他组织在特定条件下享有获得国家鼓励、支持甚至表彰和奖励的权利，对于这类权利也没有明确具体的权利实现方式。因此，文化法律规范应当在“有权……”“依法享有……”条款以及奖励性

① 参见我国《文物保护法》第50条。

② 参见我国《档案法》第16条第2款。

条款中明确文化权利的实现方式，给相关主体以明确的权利行使指引，对于依法由行政机关予另行规定的事项，应当运用委托性规范予以指引。

复次，完善法律责任规定。法律制度的实施需要以执行力为保障，授权性法律规范所赋予的主体权利之实现需要相应的强制力（制裁措施、法律责任）予以保障。当前我国出台的文化法律、法规中，一般都设有“法律责任”一章，但内容侧重规定对违反相关行政管理部门管理规定的追责，对侵犯公民、法人和其他社会组织文化权利的行为的追责条款还不能够满足对侵权行为的有效追责。以《公共文化服务保障法》为例，其法律责任一章共有六条，前五条（第58条至第62条）均是行政责任规定，涉及责令改正、行政处分、强制执行、行政处罚等。最后一条（第63条）规定了民事责任，但民事责任规定较为笼统，属于准用性规范，仅仅规定“违反本法规定，损害他人民事权益的，依法承担民事责任”。责任缺位一方面是文化权利内容的不明确导致的，更重要的是受法律部门思维的影响。文化法一般被认为属于行政法部门，在立法设计上主要规定的是行政责任。然而，文化法更应该被界定为社会法范畴，其兼有公私法性质，即使被界定为公法也并不排斥私法救济，公法与私法的划分只应存在于思维层面，而不应存在于立法实践中。文化法仅仅运用准用性规范将侵犯公民、法人文化权利的责任规定指引到民事责任中，无法给予权利主体明确的救济手段。对此，文化法应当在规定行政责任的基础上，完善民事责任相关规定，至少在法律责任一章中规定违反哪些条款应当承担民事责任。这既是完善行政法的需要，也是完善民法的需要。因为文化法既是行政法的渊源，也是民法的渊源。

最后，完善权利救济制度。权利救济制度是在权利受到侵害时，权利主体在法律允许的范围内寻求权利保护的路径，使权利人获得一定的赔偿或补偿，进而保护权利人的合法权益，属于事后救济。[①] 权利救济制度是权利实

① 文川、莫振豪：《基于政府责任的民办高校教师权利贫困问题研究》，载《浙江树人大学学报（人文社会科学版）》2013年第3期。

现的有力保障，无救济的权利不能称为完整的权利。权利的救济的方法主要包括私力救济、公力救济以及融合两者特征的社会救济。私力救济是权利主体在法定范围内依靠自身力量如通过自卫、自救、双方和解等行为救济被侵害的权利；公力救济是指主体在权利受侵害时诉诸国家公权力对被侵害权利实施的救济行为，包括司法救济和行政救济，前者指被侵权人行使诉讼权，请求人民法院依照诉讼法保护被侵害的权利，后者指权利主体请求相关的国家机关依法追究行政主体因行政违法或行政不当行为而造成的侵权责任，保护行政管理相对人的合法权益；社会救济则是融合了“公力”和“私力”的双重因素，主要方式为调解和仲裁。各种权利救济手段各有优势，共同致力于权利之保障。目前我国文化法律规范中与权利相对应的救济制度的不完善之处，一方面体现在一些文化权利没有明确规定对应的救济手段，使得权利被侵害时维权困难，如对于公民、法人和其他组织享有的接受国家或相关政府部门支持、表彰、奖励的权利，缺乏明确的救济手段规定。另一方面体现在现有法律规范中设置的救济手段多为行政救济，且救济制度多是对应行政职权（权力）的不当或违法使用行为。尽管我国文化法律规范强调政府对文化行为、文化事业、文化产业的管理，文化法领域对相关文化部门管理职权的规定占有很大比重，对政府行为侵权设置完善的救济制度，对公民、法人和其他组织文化权利的保护有至关重要的作用。但也不能因此忽略对公民、法人和其他组织文化权利的确认与保障，对司法救济重视程度不够在一定程度上意味着对法律赋予的文化权利的疏忽，而无法进入司法程序的权利不能算是完整的权利。当前我国文化法体现出来的对行政救济的偏爱、对司法救济的轻忽影响着文化权利的实现与保障。文化法的调整对象具有一定的特殊性，因此对文化权利的保障需要在借鉴其他部门法权利救济手段的基础上设置体现自身特色的权利救济制度。一方面，要明确司法救济的途径，以及司法救济与行政救济的关系，理顺管辖问题；另一方面，要强化社会救济的运用，依托社会组织解决相关的争端，节省行政、司法资源，提高纠纷解决效率。

三、加强行政对放任（保障）性调整的设施保障

放任（保障）性调整强调权利的赋予，确认主体享有的文化权利以及在法律规定范围内主体享有充分的权利自由，反对任何外来的干预。对权利的确认、授予以及保障不仅应体现在立法上，而且应体现在行政机关对其提供的设施保障方面。行政对放任（保障）性调整的设施保障可理解为行政机关为了主体文化权利之享有、行使与保障而建立的相关机构、组织、建筑等，主要是指为了权利之充分行使提供机会和可能性的保障设施。这方面的保障设施又可细分为两部分，其一是指国家为了保障文化权利的充分享有与实现以及为了公共利益进行文化事务管理而专门设置的文化服务与管理机构；其二则是指国家为了促使公民充分参与文化活动和享受文化—精神利益而设置的用于提供文化服务的建筑物、场地或设备等，如具有公益性质的图书馆、博物馆、文化馆（站）、科技馆、老年活动中心、青少年宫以及乡镇（街道）和村（社区）基层综合性服务中心等公共文化设施。

放任（保障）性调整强调的是对文化权利的确认和保障，在行政保障设施方面首先体现为国家为了保障文化权利的充分享有与实现以及为了公共利益进行文化事务管理而专门设置的文化服务与管理机构，实践中主要体现为各种行政登记、审批、许可等机构。如对于专利权的授予与管理，设置国务院专利行政部门负责对专利申请的受理和审查，并对符合条件者依法授予专利权①，以及专利权的转让登记等其他一些登记许可事项，而在省、自治区、直辖市人民政府设置专利工作部门来专门负责本行政区域内的专利管理工作；又如为了对著作权进行保护和管理设置专门的著作权行政管理部门，为了文物保护需要设置各级文物行政部门等。这都是为相关文化权的享有和保护提供的行政设施保障。从当前我国的文化行政部门来看，从中央到地方分别设

① 参见《专利法》第3条。

置了相应的代表国家进行文化事务管理的专门机构，从中央到地方按层级依次有文化部、文化厅、文化局、文化站等，在横向上又有相应层级的文化广电新闻出版局（以下简称文广新局）、知识产权局、文物局、科技局等不同领域的行政机构，形成了较为完备的文化部门管理体系，为公共文化服务与文化事务的系统管理提供了有效的管理体制。这些文化部门在受上级同一系统部门管理的同时还要受到本地区党委和政府的直接管理，形成“归口管理和条款结合”的管理体制。[①] 因文化事务所涉内容不同而分为不同的管理机构，如在县级针对不同的文化管理事务设置文化局、广电局、新闻出版局、文物局、体育局、教育局、科学技术局、知识产权局等，文化事务被分割为多个不同部分由专门的部门进行管理，一定程度上有利于专事专管，提高管理质量；文化综合体制的改革也促使一些地方政府机构将文化局、广电局和新闻出版局整合为文广新局，并形成文化市场综合执法局进行统一执法，有助于文化市场的统一管理。从前述我国文化事务管理体系来看，当前我国文化管理体制正在日趋完善，但仍存在管理体制过于分散，没有形成文化事务综合统一管理的“大文化部门”的问题，文化事务办理仍分散于诸多部门，没有充分体现便民服务的宗旨，也容易造成各部门各自为政，对于一些定性模糊的文化事务易发生互相推诿现象，从而影响行政效率，进而影响文化行政机构对文化权利的充分保障。因此，应当树立“大文化部门”思维，在时机成熟时改革文化管理行政机构，优化文化管理部门体系，明确各部门之间的权属。

文化权作为一种主观权利，既包括依法不受国家和其他法律主体任意干涉的内容，也包含要求国家提供必要的设施以保障文化权利的充分享有与实现，国家提供必要设施保障的义务主要体现在为了促使公民充分参与文化活动和享受文化—精神利益而设置用于提供文化服务的建筑物、场地或设备等。我国于 2016 年颁布实施的《公共文化服务保障法》为公共文化权利的充分

---

① 李媛媛：《深化文化行政管理体制改革问题探析》，载《科学社会主义（双月刊）》2017 年第 5 期。

享有和实现提供了法律依据和保障，该法对“公共文化设施”设置专门条款予以规定：“本法所称公共文化设施是指用于提供公共文化服务的建筑物、场地和设备，主要包括图书馆、博物馆、文化馆（站）、美术馆、科技馆、纪念馆、体育场馆、工人文化宫、青少年宫、妇女儿童活动中心、老年人活动中心、乡镇（街道）和村（社区）基层综合性文化服务中心、农家（职工）书屋、公共阅报栏（屏）、广播电视播出传输覆盖设施、公共数字文化服务点等。”① 该法所列公共文化设施覆盖地域从城市到农村，受益主体从青少年到老年，涉及内容包括图书、文物、美术、科技、体育、广播电视等，这些都为权利主体充分、自由享有文化权利提供了设施保障，基本体现了文化受益主体、受益地域范围与受益内容的广泛性。然而，在实践中存在的一些问题，削弱了对公民文化权利实现的保障功能，主要表现为文化设施发展在空间上存在差异。首先，文化设施发展在地区间存在差异。一般而言，公共文化设施发展与经济发展水平直接相关，公共文化设施在东部、中部、西部存在落差，在省会城市，一般的市、县之间存在落差。其次，文化设施发展在城市与乡村之间存在差异。城市的公共文化设施明显优于农村的文化设施。文化设施发展的差异性在一定程度上影响了公民的文化权利的实现以及文化素质的提升。但也应看到，中西部地区以及农村并不缺少地方文化、历史文化遗产，甚至在典型意义上可以说中西部地区的地方文化、历史文化遗产并不亚于东部地区，乡村的也未必弱于城市的。因此，解决文化设施发展不均衡的问题就可以从两方面入手。一方面，要通过行政手段加强中西部以及农村的公共文化设施建设，包括提高政府对文化设施建设的资金投入、通过税收货币政策鼓励企业建设公共文化设施等，另外，要借助科技手段做好文化普及与传播，建立文化电子资源共享平台，满足经济欠发达地区和乡村的文化需求。另一方面，要通过行政手段加强中西部以及农村的地方文化、

① 参见我国《公共文化服务保障法》第14条第1款。

历史文化挖掘、保护、开发与利用，打造地方文化、历史文化产业，以地方文化、历史文化产业带动公共文化设施发展。当然在公共文化设施建设中要坚持“好钢用在刀刃上”，不能搞“一刀切”，要把有限的行政投入用在人们真正的文化需要上，杜绝“形象工程”，这对乡村而言尤其重要。乡村的文化设施建设要结合当地的生产生活和文化传统，一个习惯了蹲在黄土堆上吃着面听秦腔的人并不愿意把戏台子改成歌剧院。

这也就意味着，我们必须正确看待文化设施发展在空间的差异性。不能武断地或想当然地认为东部地区有的文化设施西部地区也得有，城市有的文化设施农村也得有。文化设施建设是以满足地域内人们的文化需要为宗旨，以当地人们的文化传统、文化旨趣、文化功能为考量确定文化设施的种类，以当地的人口、经济等为基础确定文化设施的规模。在理论上我们可以分出“现代文化”与“传统文化”、“普适文化”与“地方文化”等，但在价值考量上没有高低之分，只有“满足需要与否”“文明与否”之别。只要文化设施满足了一定时期内人们的文化需要，并且在价值上是文明的，当地的文化建设就可以说是成功的。不过，随着经济的发展、文化的交流与变迁，人们的文化需求是发展的，文化设施建设是随着人们文化需求的发展而发展的。因此，文化设施的行政保障必须坚持三个原则，一是需要性原则，即文化设施建设必须满足当地人们的文化需要；二是发展性原则，即文化设施建设必须紧跟当地人们文化需要的发展；三是文明性原则，即文化设施建设不能违反一般的文明要求。

第二节　明确导向性调整的所指

导向性调整对应的是法律规范中的义务性规范，包括依据法律规定主体必须做出某种行为和不得做出某种行为两种行为规范模式。在学界，主体必须做出某种行为的规范模式又被称为命令性规范，在法律文件中常表达为“应当……”“有……义务”等，如我国《非物质文化遗产法》第5条第1款规定：“使用非物质文化遗产，应当尊重其形式和内涵”，《文物保护法》第7条规定：“一切机关、组织和个人都有依法保护文物的义务。”主体不得作出某种行为的规范模式又被称为禁止性规范，在法律规范中常表达为“禁止……行为”“不得……”等，如我国《非物质文化遗产法》第5条第2款规定：“禁止以歪曲、贬损等方式使用非物质文化遗产”，《文物保护法》第27条第2款规定：“地下埋藏的文物，任何单位或者个人都不得私自发掘。”命令性规范一般通过规定主体“必须或应当为某种行为”发挥导向功能，禁止性规范既可通过肯定语式规定“禁止……行为”，也可通过规定主体“不得为某种行为”的否定语式来达到其导向功能。对命令性规范的违背是“应为而不为”，对禁止性规范的违背则是“不应为而为之”。导向性调整主要关涉的是义务的履行，主体行为取向比较明确、具体，在当前文化法律规范中占主导地位。关于导向性调整方式，当前我国文化法治需要注意以下三个问题：一是对导向性调整的学理认知有待加强，二是导向性调整的具体场域有待进一步明确，三是禁止性规范和强行性规范之间的权衡与抉择问题。

一、导向性调整学理认知的深化

导向性调整方式是文化法运用最多、占比最大的调整方式，文化法治建设需建立在对导向性调整的学理认知基础上。常见的法理学教材将法律调整方式分为允许、禁止和积极的义务，对于“允许”我们在前文已经讨论过，不再赘述。“禁止”一般指“要求人们承担不为一定行为的义务，在我国法律文件中代表性的规范语言表达形式为‘禁止’‘不得’”①，“积极的义务”

① 黄建武：《论法律调整技术手段的选择——法与社会利益构成的关联分析》，载《哈尔滨工业大学学报（社会科学版）》2014年第3期。还可参考阅读以下一些著作，孙国华：《法理学》，法律出版社1995年版，第230页；公丕祥：《法理学》，复旦大学出版社2002年版，第191页；黄建武：《法理学教程》，法律出版社2006年版，第141页。

指“要求人们做出某种行为，使其承担做出某种积极行为的义务。在我国法律文件中代表性的规范语言表达形式为‘应当’‘必须’‘有……义务’”①。导向性调整对应规定主体必须做或者不得做某种行为的义务规范模式，可进一步区分为命令性规范和禁止性规范。命令性规范主要是规定主体必须和应当做出一定的行为，通过一种肯定性语式来引导主体行为，以此使得主体的行为取向清晰、明确，在法律文件中表现为主体“应当”“必须”为一定的行为或主体“有……义务”为一定行为，等同于前述“积极的义务”。禁止性规范则是在法律上规定主体不得为一定行为或禁止为一定行为，是一种否定性导向，这一行为导向内容亦清晰、明了，主体一旦违反就要承受否定性的法律后果。禁止性规范虽是对人们行为自由的一种限制乃至禁锢，但其也是必不可少的：为行为划定边界，保证人人不越界，是社会有序的必然要求。法律通过规定主体必须为一定行为或不得为一定行为的方式为主体的行为取向提供较为明确的指引、引导，并对违反法律规定的必为行为和不应为行为科加法律责任②，促进义务的积极、有效履行。可见，我们所谓之导向性调整包含了前述三种法律调整方式中的“禁止”和“积极的义务”。

“导向”，可理解为引导的方向，宽泛地讲，法律规范中的任何内容都具有对主体行为的导向功能。放任（保障）性调整所引导的是公民享有某些权利和自由，包含一定的导向功能，授权性规范给出的是一个自由范围，在此范围内公民具有较大的选择自由，可以选择为一定行为或不为一定行为，可以选择行使权利或可以放弃，甚至可以将权利转赠他人等。禁止性规范所引导的是主体不得为某行为，只有遵从这一禁令没有其他选择；命令性规范所引导的是主体必须或应当为特定行为，在此范围内亦没有其他选择。由此可

---

① 黄建武：《论法律调整技术手段的选择——法与社会利益构成的关联分析》，载《哈尔滨工业大学学报（社会科学版）》2014 年第 3 期。

② 因违反禁止性规定和命令性规定而产生的法律责任在一定程度上也是法律对其行为科加的额外义务。但这一类型之“义务”与合法行为产生的义务负担不能同一而论。

见，之所以将禁止性规范和命令性规范统称为导向性调整是因为这类规范对主体行为的导向功能明确、具体，该调整方式下的主体行为具有较强的确定性。如《文物保护法》第 27 条第 2 款规定："地下埋藏的文物，任何单位或者个人都不得私自发掘"，该条款明确禁止任何单位和个人对地下埋藏文物的私自发掘，对法定行为主体的行为导向明确具体，一目了然，即不得私自发掘，如果违反规定就要承担相应的法律责任；再如《非物质文化遗产法》第 31 条明确规定了非物质文化遗产代表性项目的代表性传承人应当履行的四项义务，法律义务清晰、具体，义务人必须履行，如果无正当理由不履行则要承担相应的法律后果。而放任（保障）性调整对主体行为虽有一定的引导功能但强调的是对主体权利与自由的确认，如《非物质文化遗产法》第 14 条规定："公民、法人和其他组织可以依法进行非物质文化遗产调查"，该条强调的是公民、法人和其他组织在法定范围内的自由与权利，既可以进行非物质文化遗产的调查，也可以不进行非物质文化遗产的调查，权利的行使与否主体可以自由选择；再如我国《著作权》中规定的公民享有对其著作的修改权，著作权人对其著作享有的修改权既可以选择行使也可以选择不行使，还可以选择授权他人行使，尽管也体现了对主体行为一定的导向作用，但权利主体享有极大的选择自由。放任（保障）性调整虽然对主体行为亦具有一定的导向作用，但其导向的行为方式具有多样化，更强调保障主体在法定范围内的选择自由。由此可见，导向性调整所具有的对行为主体明确、具体的引导作用与放任（保障）性调整存在巨大差别，导向性是禁止性规范和命令性规范的主要特点，强调对主体行为的明确引导功能，而放任（保障）性调整对应的授权性规范则主要强调法定范围内主体的自由与权利，二者侧重点不同，因此，对于导向性调整方式所对应的法律规范应做限定理解，即主要包含禁止性规范和命令性规范。

另外，与放任（保障）性调整关涉权利规范不同，导向性调整注重义务规范对主体行为的指引作用。权利意味着自由，义务带来责任和对自由的限制。法律权利是法律赋予主体实现特定利益的选择自由，“意味着某种个人取向，更符合人们追求个体利益的动机”①；法律义务则是法律出于对主体利益与他人、集体或国家利益的衡量而强加给主体必须为或不得为的一种行为“负担”，体现法律在特定情形下对个人利益的抑制和对公共或集体利益的积极促成。正因为如此，人们对于权利表现出热衷的追逐与积极的实现，而对于义务则表现出消极、怠慢执行。例如，在我国当前的司法实践中存在的一个很大的问题便是法院判决执行难，尽管全国各级法院针对“老赖”的整治各出奇招，针对执行难问题也建立了很多相应的配套制度，如将执行判决情况与个人信用挂钩等，但执行难问题依然顽固存在。笔者接触的一位基层法院执行庭助理法官也曾讲到，在其接触的案件中，存在较多的情况是被执行人明确有执行能力，但仍然要等到强制执行时才履行其义务，人们对义务的消极执行态度可见一斑。导向性调整作为与义务规范相对应的法律调整方式，在明确义务内容、促进义务实现方面具有重要作用。导向性调整通过赋予主体不得为或必须为的义务，防止为了私利而危害个人、集体或公共利益的行为，最终造成人人自危的局面；通过引导人们“对他付出”和“对他歉抑”②，维护他人、集体和公共利益，进而维护每个人的利益，实现社会交往利益的多赢。

二、导向性调整的具体场域的明确

导向性调整对应法律规范中的义务规范，即禁止性规范和必为性规范，是“法律对主体能做什么和不能做什么的明确指令”③，文化法领域导向性调整的两种法律规范——必为性法律规范和禁止性法律规范表述的关键词为

① 谢晖：《论法律调整》，载《山东大学学报（哲学社会科学版）》2003年第5期。

② 谢晖：《论法律调整与社会管理创新》，载《西北大学学报（哲学社会科学版）》2013年第1期。

③ 谢晖：《论法律调整与社会管理创新》，载《西北大学学报（哲学社会科学版）》2013年第1期。

“应当”“必须”和“不得”“禁止”。尽管从广义上来讲，法律规范中的内容都对主体行为具有一定的指令、导向功能，但导向性调整所强调的指令、导向功能具有明确性，区别于其他法律规范对主体行为的选择性指令、导向功能。在选择性指令引导下主体的行为取向具有一定灵活的选择空间，如授权性规范中，法律规定公民对其作品享有著作权，对于这一权利公民可以依法行使，也可以不行使，也可以依法授予他人行使；再如奖励性规范中，法律规定公民向国家捐赠档案的，档案馆应当予以奖励，① 这一规定对公民的行为有一定的导向、指令作用，即鼓励公民向国家捐赠档案，但这一导向或指令具有选择性，公民可以选择捐赠也可以选择不捐赠，行为主体可自由选择。而在确定性指令下，主体必须遵循，不得违背，否则就要承担相应的法律后果：“应当”“必须”指令下，意味着主体必须完成法律规定的相应行为，强调的是“作为”，若主体违反指令不为某行为，就要承担相应的不利后果，如广播电台播放他人未发表的作品，应当取得著作权人的许可，并支付报酬，如果某广播电台在未经他人许可的情况下播放他人未发表的作品，就要承担侵权的法律责任；②“不得”“禁止”指令下，意味着主体不能从事某行为，强调的是“不作为”，若主体从事了法律禁止的行为，就要承担相应的法律后果，如《文物保护法》第 25 条第 1 款规定：“非国有不可移动文物不得转让、抵押给外国人”，法律明确指令行为主体不得从事将非国有不可移动文物转让、抵押给外国人的行为，如果主体从事了转让、抵押中任一行为即构成违法，将要承担不利的法律后果。放任性调整和奖励性调整的主要目的不在于指令主体行为，而在于赋予主体行为自由，在二者所指向的选择性指令下主体对自己的行为可以自行决定，具有较大的自由选择空间；导向性调整指向的明确性指令对主体行为产生明确具体的导向，主体必须按照

① 我国《档案法》第 16 条第 3 款：“向国家捐赠档案的，档案馆应当予以奖励。”

② 我国《著作权法》第 46 条第 1 款：“广播电台、电视台播放他人未发表的作品，应当取得著作权人许可，并支付报酬。”

法律指令从事一定行为或不得从事一定行为，没有灵活选择空间，更不能向法律指令的相反方向行事，否则就要受到法律制裁。导向性调整的适用场域区别于放任性调整和奖励性调整①，更适用于需要对主体行为给予相对确定指引的法律关系中。

“必须”“应当”表达的是主体必须完成某种行为，是主体所应承担的积极作为的法律义务，对应必为性法律规范，体现“对他付出”的行为要求。获得一定利益是人们交往行为的主要目的，当然这一利益不一定是即时发生的。在与他人交往过程中，不仅要关注自身利益，也要关注他人在交往中的利益获得情况，若交往关系中仅是一方获利，利益分配失衡，则交往行为很难持续下去。当然，利益分配均衡不只是表现在某一交往过程，而是在整个社会交往过程中实现利益均衡分配。必为性法律规范指令下的行为主体履行一定的积极作为，是利益给出一方，他人或社会则是利益获得方，但是在他人作为这一法律关系义务主体的情况下，原本的行为主体则转变为获利的“他人”一方，利益就是在这种我对他付出、他对我付出的情况下实现均衡发展的，比如《公共文化服务保障法》中规定公众在使用公共文化设施的时候，应当遵守公共秩序，爱护公共设施，② 该法在赋予公众享有使用公共文化设施权利的同时，使其承担遵守公共秩序、爱护公共设施的责任，这里主体履行相应的义务是为了维护他人和社会利益的需要，公民在行使权利的同时负担一些必为行为以保障他人享有的使用公共文化设施的权利能够充分实现，任何人遵守公共秩序、爱护公共设施的行为都是对他人和社会利益的维护。违反公共秩序、破坏公共设施，既是对他人权益的毁损，也是对公共利益的破坏，危害社会安定，个人利益也无法保障。个人只要处于社会交往关系之中，就会被结构于自身利益、他人利益、社会利益交织的复杂的利益之

---

① 制裁性调整是对违反导向性调整如何惩戒的具体措施，其适用场域与导向性调整区别显著，在此不对二者区别进行赘述。

② 我国《公共文化服务保障法》第 26 条：“公众在使用公共文化设施时，应当遵守公共秩序，爱护公共设施，不得损坏公共设施设备和物品。”

网中，如果仅关注个人利益得失，无视他人利益、社会利益，不能做到“对他付出”，便会被他人和社会孤立、背弃，除非身处荒无人烟的孤岛，否则只要与他人共处，便不可避免存在交往行为，“对他付出”则是这其中的交往准则。“对他付出”中的“他”包括他人或社会，“社会”又可理解为集体或公共。由此可见，导向性调整中“必须”“应当”所代表的必为性法律规范强调为了维护他人或社会利益而指令主体作出一定行为，体现主体对社会或者他人应尽的责任和价值付出，主要适用于为了维护他人或社会利益的需要而指令行为主体必须为特定行为的场域。

“不得”“禁止”表达的是依据法律规定主体不能从事某行为，如果违反法律规定，从事某行为，则要受到法律的制裁，体现的是主体应承担的消极不作为的法律义务，对应禁止性法律规范，体现“对他歉抑”的行为要求。“不得”“禁止”规范性条款的存在是法律对特定行为的否定性评价和禁止性指令，行为主体可以从法律规范条文中明确行为的界限，为自己行为提供清晰的导向。“对他歉抑”也是社会交往中不可缺少的行为方式之一，人们的社会交往活动不仅需要对彼此利益予以关注，为他人利益而付出一定的代价，实现利益的相对均衡发展，也需要在交往中对他人利益予以尊重和保障，为了他人或社会利益节制自身行为，实现他人或社会利益的满足。“对他歉抑”表征人们对自我行为的约束以尊重、保障他人或社会利益。如果在实际交往中主体都各行其是，随心所欲，仅顾个人利益，实现自身利益的最大化，那么最后的结果可能是人人自危，任何人的利益都无法得到保障，彼此尊重才是有序交往的前提，这一前提要求的是对自身行为的克制，每个人的克制都是对他人或社会利益的尊重与保障，也是实现他人对自身利益的尊重与保障的前提，人人克制，社会交往行为才能实现共赢。“不得”“禁止”体现的就是要求主体克制自身行为，实现对他人或社会利益的维护，进而也是实现对自身利益的维护。因此，“不得”“禁止”条款主要适用于为他人或社会利益而对主体行为进行限制的领域。如出版者依照法律有关规定使用他人的作品，不得侵犯作者的署名权、修改权、保护作品完整权和获得报酬的权利。① 此规定便是出于尊重和保障著作权人的相关利益而对使用他人作品的相关主体科加不作为的法律义务，即“克己为他”。再如，《著作权法》第4条，著作权人行使著作权，不得违反宪法和法律，不得损害公共利益……，《档案法》第23条第1款：“禁止买卖属于国家所有的档案。”《非物质文化遗产法》第5条第2款：“禁止以歪曲、贬损等方式使用非物质文化遗产”，《文物保护法》第34条第3款：“考古发掘的文物，任何单位或者个人不得侵占”等类似条款在文化法领域占有很大比重，体现的便是为了国家或社会公共利益而对主体行为做出的某些禁止性规定，为国家或社会公共利益而约束特定主体行为。实际上通过对个人行为的克制以实现他人或社会利益的满足，也是对个人利益的满足，如国家利益的享有者实际上是每个公民，对国家利益的保障就是对个人利益的保障。文化法领域因其调整对象的特殊性以及利益受众多为社会公众，而且强调政府出于对公共利益的维护而担负的服务与管理职责，因此更多的禁止性规范体现的即是通过对个体行为的禁止性指令以维护国家、集体或社会公共利益。

由此可见，因立法者立法意图、目的以及所要保护利益的侧重点不同，导向性法律规范的表达方式亦有细微差别。首先，导向性调整亦体现为禁止性法律规范和必为性法律规范，主要适用于为主体设定为或者不为的义务，为行为主体提供明确的行为导向，什么是必须或应当做的，什么是禁止或不得做的，一目了然。其次，导向性调整适用于为了他人或社会利益而要求主体“对他付出”和“对他歉抑”，总体上表现为，为了他人或集体利益而要求主体主动做出一定利益牺牲或者抑制未来利益的获得，也就是一定程度上为他人或社会公共利益而牺牲自身一定的既得利益或未来潜在可得利益。可

① 我国《著作权法》第31条规定：“出版者、表演者、录音录像制作者、广播电台、电视台等依照本法有关规定使用他人作品的，不得侵犯作者的署名权、修改权、保护作品完整权和获得报酬的权利。”

见导向性调整更多地适用于偏重公共利益价值取向的情形。文化法领域更是如此，禁止性法律规范和必为性法律规范的大量存在更多是为了维护国家、集体或社会公共的文化—精神利益而对主体设定不为或必为义务，体现特有的价值期待与选择。

三、禁止与强行之间的权衡与抉择

必为性法律规范表现为法律强行要求主体必须或应当做出某种行为，对主体设定强行性作为之义务，是对主体行为的一种主动、强行干预，体现法律规范对主体行为的强行性指令；禁止性法律规范则表现为法律禁止或要求主体不得从事某行为，体现法律规范对主体行为的禁止性指令。尽管二者同为导向性调整对应的法律规范类型，体现法律规范为主体行为设定义务、明确行为导向以及立法者的集体或公共价值取向特性，但二者所体现的规范性程度、约束力以及所保护的法益等仍存在细微不同，在立法中要注意的是二者的权衡与取舍体现着不同的价值取向。

第一，必为性法律规范的代表性规范词为“应当”和“必须”，尽管都体现强行赋予主体为某种行为的义务，但二者适用场域也存在一些细微的差异。在必为性法律规范中，以“应当”为标志词所引导的法律规范，在强调主体应为一定行为的同时，又体现出法律指令对主体提出的一定的价值期许。如《非物质文化遗产法》规定对非物质文化遗产进行调查时，应当征得调查对象的同意，尊重被调查对象的风俗习惯，[①] 在为行为主体设定相应义务的同时体现出尊重民族习惯的价值取向，也期望行为主体在行动过程中按照这样的价值期许来行事。“应当”不仅强调法律上的必为性，而且包含了“理应如此”和倡导性的意味。如法律规定对于推荐列入国家级非物质文化遗产代表性项目名录的非物质文化遗产项目进行的评审工作应当遵循公开、公平、

① 《非物质文化遗产法》第16条：“进行非物质文化遗产调查，应当征得调查对象的同意，尊重其风俗习惯，不得损害其合法权益。”

公正的原则。[①] 在对评审工作设定必须遵守的原则的同时也包含了理应如此的公平正义观念的价值倡导。以“必须”为标志词所引导的法律规范，则具有较“应当”更加强烈的命令意味，体现主体必须为某行为，否则将要承担不利后果。如《文物保护法》第 21 条第 4 款规定：“对不可移动文物进行修缮、保养、迁移，必须遵守不改变文物原状的原则。”可见“必须”引导的法律规范不仅是明确强令主体为一定行为，而且是必须做到，为命令式规范，行为主体没有选择的自由空间。对比发现，“应当”和“必须”所引导的法律规范，存在以下细微区别：“必须”引导的法律规范命令意味更强，具有更强的约束力，主体行为没有选择的自由空间；而“应当”引导的法律规范，对主体行为亦具有强行指令的导向作用，但因其常带有一定的“理应如此”和价值倡导的含义，往往强制性较“必须”要弱，“应当”引导的法律规范为主体行为提供了一定的选择空间，如《公共文化服务保障法》第 15 条第 2 款规定：“公共文化设施的选址，应当征求公众意见……”，[②] 这里法律规定公共文化设施的选址应当征求公众的意见，但对以何种方式征求公众意见、多大范围内征求公众意见等没有具体规定，操作上存在较大的自由空间（尽管自由选择空间小）。而且在例外情形下可以不为“应当”要求的行为，而“必须”则一般不存在例外情况。正如有的学者指出的“‘应当’句式可以包容但书条款，‘必须’从语气上排除了例外的可能”[③]。

对于“应当”和“必须”在法律规范中的用法，学界有对其进行的专门论述，代表性的学者如周赟，他在其著作与文章中对“必须”和“应当”在日常生活中的一般语义和特征进行了详细的论述，并考察了二者在立法实践

① 我国《非物质文化遗产法》第 22 条：“国务院文化主管部门应当组织专家评审小组和专家评审委员会，对推荐或者建议列入国家级非物质文化遗产代表性项目名录的非物质文化遗产项目进行初评和审议。初评意见应当经专家评审小组成员过半数通过。专家评审委员会对初评意见进行审议，提出审议意见。评审工作应当遵循公开、公平、公正的原则。”

② 我国《公共文化服务保障法》第 15 条第 2 款：“公共文化设施的选址，应当征求公众意见，符合公共文化设施的功能和特点，有利于发挥其作用。”

③ 王波：《“应当”及相关用词在法律中的意义诠释》，载《法律方法》2016 年第 1 期。

中的用法，最后得出结论：作为立法虚词，主要层面上二者是一致的，都属于广义上的“应当”，在立法中“必须”并没有像日常生活中的用法那样具有唯一性或者不可选择性；二者差别在于“必须”引导的指引语气比“应当”更加强烈，另外“‘必须’作为限定语时还可以用来表达一种客观情势上的‘必要’，而‘应当’则总是意味着立法者的某种价值判断或期许”。[①] 因此周赟主张除了保留“必须”在表达一种客观情势上的必需之外，应用“应当”代替“必须”以保证立法用语的统一性。王波对“应当”和“必须”的意义进行了区分，他指出“‘必须’的语气更为强烈，它特别强调实施者的独断性，以及接受者服从的绝对性。其次，‘应当’体现了与决定性理由的关联”。“‘应当’句式可以包容但书条款，‘必须’从语气上排除了例外的可能。”[②] 钱锦宇提出“必须遵守法律规范”是基础规范的核心要素以及初级规范的基本要素，也反映出“必须”一词的权威性。[③] 鉴于“必须”与“应当”所具有的细微差别，一些学者主张在立法中用“应当”代替“必须”的看法有一定的合理性，这种可替换性反映了二者之间的差别：不过，纵使二者在立法中的适用场域在很多情况下可以替换，但毕竟仍有一定的差别，二者虽皆是法律对主体行为的强行指令，大的范围内适用场域相同，但在细微之处仍有各自的价值取向，不能因为法律用词的统一性而牺牲准确性。

第二，禁止性法律规范的标志性规范词主要为“禁止”和“不得”，其所引导的法律规范体现主体不得为一定行为的禁止性指令，是对主体科加不作为的法律义务，要求主体为了他人或社会公共利益而对自身行为进行克制，意味着法律规范对特定行为的否定性评价和禁止性指令，主体必须服从，否则就要承担相应的法律后果。尽管“禁止”和“不得”引导的均是对某种行

① 详细论述参见周赟：《论作为立法用虚词的“必须”——主要以“应当”为参照》，载《苏州大学学报（哲学社会科学版）》2013 年第 1 期。

② 王波：《“应当”及相关用词在法律中的意义诠释》，载《法律方法》2016 年第 1 期。

③ 参见钱锦宇：《法体系的规范性根基——基本必为性规范研究》，山东人民出版社 2011 年版，第 132~153 页。

为的禁止性指令，但出于对不同法律主体和法益的侧重，二者在具体立法中的应用也表现出一定的差别。如《非物质文化遗产法》第5条第2款规定："禁止以歪曲、贬损等方式使用非物质文化遗产。"《文物保护法》第25条第1款规定："非国有不可移动文物不得转让、抵押给外国人。"从以上两个条文中可以看出"禁止"和"不得"引导的是法律规定主体不能为的行为，如果主体违反规定便要承担相应的法律责任。但是仔细研究会发现，运用"禁止"这一规范词的法律条文可完整化为"法律禁止任何人（行为主体）以歪曲、贬损等方式使用非物质文化遗产"。运用"不得"这一规范词的法律条文可完整化为"对于非国有不可移动文物，任何人（行为主体）不得转让、抵押给外国人"。可见在运用"禁止"的法律条文中主语为"法律本身"，在保证非物质文化遗产不受歪曲、贬损的同时，突出了法律的权威；而运用"不得"的法律条文的主语则是法律禁为行为的发出者，在规定法律规范禁为行为以保证非国有不可移动文物流失的同时，突出的是禁为行为的发出者，此种法律规范以行为主体为主语，为主体行为提供了清晰、明确的行为导向和法律依据。①

可见，以"不得""禁止"规范词为代表所引导的禁止指令和以"必须""应当"规范词为代表所引导的强行指令，在立法中存在各自侧重的价值取向。禁止指令强调为了他人或社会公共利益而对主体行为的压制，禁为一定行为。强行指令则是强调为了他人或社会公共利益而强令主体必为一定行为。二者都是给行为主体科加一定的法律义务以保障他人或社会公共利益。但在具体要求的行为方式上不同，一个强调不作为，一个强调积极作为。强行，指向必为要求，为了他人或社会公共利益而强行要求主体做出一定行为，是主体一定的"对他付出"的贡献精神，具有促使高尚道德形成的作用，在为主体设定明确必为的行为导向外还包含有立法者对行为主体一定的价值期望，

---

① 相关论述可参见魏治勋、陈磊：《法律规范词的语义与法律的规范性指向——以"不得"语词的考察为例》，载《理论探索》2014年第3期。

体现的是法律规范对特定行为的肯定性评价和积极倡导。行为主体对法律强行要求的必为行为在特定情况下有一定的自由选择空间，起到保证义务（责任）被积极履行的规范作用。禁止，指向禁为要求，为了维护他人或社会公共利益而为行为主体设定明确的禁止性指令，体现主体“对他歉抑”的行为指向，所规定的是主体的行为底线，体现“最低限度道德”。禁为行为的指令要求行为主体的绝对服从，主体除了抑制自己的行为外没有可选择的自由空间，主体负担的义务为消极不作为，不为便无义务（责任），是对法律所规范的社会秩序的维护。规范法律秩序的建立既需要一定情况下的主体行为，也需要一定情况下的不为，二者适用场域不同，体现的价值取向不同，对社会秩序的维护功能不同，因此对二者的抉择要综合考虑、衡量利弊。

在文化法方面，对于强行和禁止该如何取舍？应依据不同文化领域法律规范侧重保护法益的不同进行调适。在公民文化活动领域，公民文化权的主要内容包括进行科学研究以及文艺创作的权利以及文化成果受保护的权利，同时还应包括公民享受国家提供的精神文化产品和公共文化服务的权利等，这一领域注重公民文化利益之满足，侧重对主体文化权利自由行使的保障，更多关注的是私益，为了促进公民文化权利的最充分实现，应明确权利行使的最低限度，在明确必要的禁止行为之外赋予主体充分行使权利的自由，即强调“对他歉抑”，在不损害他人或社会公共利益的前提下给予公民享有文化权利以最大的尊重和自由空间。文化事业领域强调的是为了公民文化权利的实现国家所承担的提供精神文化产品和公共文化服务义务以及为了公共利益而对相关文化活动进行的管理职权，体现的是促进公共文化权利的充分享有与实现，具有公益性目的，强调对相关文化部门管理职权的约束以及履行相关职责以满足公民的文化参与、受益权利，同时还强调公民在享受文化权益的同时兼顾他人和社会公共利益，履行相应的注意义务，因此应侧重运用强行规范，在明确主体相关义务的同时体现一定的公共利益倡导，即以规范词“必须”“应当”引导的必为性法律规范促使政府部门积极履行职责，合理、合法行使职权，引导公民在行使自身权利的同时践行“对他付出”的奉献精神。文化产业是从事文化产品生产和提供文化服务的经营性行业，盈利性是其区别于文化事业的最明显特征之一，注重在兼顾社会利益的前提下实现经济效益的最大化，文化产业的繁荣需要自由的市场空间，因此文化产业领域也应像文化生活领域一样在侧重规定禁止条款的情况下赋予市场主体较为自由的选择空间，即侧重通过禁止规范为行为主体设定必要的限制，明确主体权利界限。另外文化产业尽管强调经营性、盈利性特点，其终极目的仍是实现人们精神—文化需要的充分满足，因此也应注重强行规范的价值倡导作用，引导文化市场主体在注重经济利益的同时兼顾社会公共利益。

第三节 提升制裁性调整的力度

制裁性调整是在合法权利受到侵害时，或义务人不履行法定义务的情况下，权利受侵害者或权利人诉诸法律支援，法律强制赋予相应的主体承担其行为所引起的不利法律后果，属于事后救济的一种方式。制裁性调整既是放任性调整的“防火墙”，防止合法权益被侵害，也是放任性调整和导向性调整的“系统修复助手”，对侵权行为以及违反义务性规范和禁止性规范行为科加法律责任，回应社会对公平正义的期待，实现社会危害预防的效果。对于制裁性调整，尽管目前我国文化法规范中几乎都设“法律责任”专章进行规定，但在实际操作中，对日常违法行为的制裁力度不够，仍需加强；有关权力违法的相关规定较笼统，权力的责任体系不完善；另外由于文化领域相关法律关系涉及面广，违法主体来自不同领域的不同群体，违法行为类型多样、违法行为严重程度各有差异等，这些问题都制约着“违法必究”的实践能力及实现程度。

一、加强对日常违法行为的制裁

违法行为是指行为人在故意或过失的主观过错前提下，违反现行法律规定、危害法律所保护的社会关系的行为。按照违法行为的严重程度，可将其分为一般违法行为和犯罪行为，犯罪行为是指违反刑法规定，应该受到刑罚处罚的行为。“日常”一般理解为“平时的，经常的”，“日常”强调生活中经常发生、比较常见的事情或行为，而犯罪行为则属于严重的违法行为，是对法律所保护法益的严重危害行为，如果这样的危害行为是日常的经常性的行为，那么我们的权利将时刻处于可能被严重侵害的危机之中，权利得不到保障，人人自危，法律所维护的社会相对有序状态也将不复存。因此，“日常违法行为”应排除犯罪行为。“日常违法行为”主要是指一些生活中比较常见的轻度违法行为，具有危害程度低，社会危害性小的特点。当然，在实践中日常违法行为与犯罪行为之间并非具有不可逾越的鸿沟，有时仅仅因违法情节程度的加重，日常违法行为便有滑向犯罪行为的可能，如对于生活中常见的侵犯著作权的行为来讲，我国《刑法》规定以营利为目的，未经著作权人许可，复制发行其文字作品，违法所得数额较大或者有其他严重情节的，处三年以下有期徒刑或者拘役，并处或者单处罚金；违法所得数额巨大或者有其他特别严重情节的，处三年以上七年以下有期徒刑，并处罚金；[①] 这里并非只要以营利为目的、复制发行未经著作权人许可的文字作品就构成侵犯著作权罪，还要根据情节轻重程度确定犯罪与侵权的问题。根据最高人民法院相关的司法解释，“违法所得数额较大”适用于个人是指违法所得数额在 2 万元以上，适用于单位指违法所得数额在 10 万元以上；[②] 因此如果某人未经著作权人同意发行其文字作品，没有其他严重情节，违法所得少于 2 万元，

---

① 参见《刑法》第 217 条。

② 参见最高人民法院《关于适用〈全国人民代表大会常务委员会关于惩治侵犯著作权的犯罪的决定〉若干问题的解释》第 2 条。

对其只能按一般违法行为追究其侵权责任而不构成犯罪，只有当违法所得数额在 2 万元以上才能将其定罪为侵犯著作权罪。可见，“日常违法行为”违法情节轻微，社会危害性小，在社会生活中较为常见。“千里之堤，毁于蚁穴”，单一日常违法行为虽具有较小的社会危害性，但因其具有频发性，发案率高，且有常态化趋向，综合起来对法律所维护社会秩序则具有极大的危害性，因此，相较于犯罪行为，对日常违法行为的有效追究与制裁对于维护健康有序的法治秩序同样重要。

日常违法行为的特点使得对其进行有效的追究和制裁本就困难重重，再加上文化法领域所具有的自身特殊性使对日常违法行为的追究变得更加困难。文化领域日常违法行为主要有以下几个特点：第一，违法主体的复杂性。我们身处于一个由文化符号组成的意义世界，任何个人和组织都有接触文化的机会和需要，都可能成为文化领域日常违法行为的主体，比如对于侵犯著作权的违法行为，既可以是个人对他人著作权的侵犯，也可以是作为单位的出版商对著作权的侵犯；侵权主体可以是中国公民也可能是外国人等。随着网络在人们生活中应用的日益普及，侵权主体还可以是来自网络虚拟世界的“网民”。由于我国文化法律体系中更多地偏重政府部门的文化管理职能，如文物保护法、非物质文化遗产法等更多体现的是行政性法律关系，反倒是发生于平等主体之间的民事法律关系所占比例较少，主要体现在著作权法和侵权行为法之中，因此，文化领域日常违法行为主体还会更多地涉及行政主体的违法行为。可见，日常违法行为主体具有广泛、众多且杂乱的特点。第二，文化领域日常违法行为既涉及横向的平等主体之间的违法行为，如有的个人贩卖盗版书籍、影像制品等；也涉及纵向的行政主体与行政相对人之间的行政法律关系，如文化主管部门的个别工作人员在进行非物质文化遗产调查时侵犯调查对象风俗习惯的，违法行为产生在行政主体与其相对人之间。随着网络的应用，文化领域日常违法行为不仅扩大了发生的场域，更是在违法方式上花样百出。以往的日常违法行为多体现在现实生活中，如对于贩卖盗版书籍而言，以往多是在实体书店售卖，现如今到实体店买书的人越来越少，更多的是通过网络进行购买，而且随着数字化的发展，电子书籍方便携带、随时随地阅读的优点也使得更多的人选择购买电子书籍，网络版权问题日益严重，著作权侵权方式不只是以往的贩卖盗版书籍，也体现为如今的贩卖未经授权的电子书籍。日常违法行为发生场域的不断扩大也使得违法方式更具多样性。例如，新兴的网络直播平台，在给每个网络用户提供向大众展示自我才能、特点的同时也存在个别传播低俗、暴力、色情等与社会善良风俗相悖的有害信息的现象，危害人们的精神健康；再如发生在网络世界中的各种“口水战”，不同观点的各方针对某一事件发表自己的看法本是言论自由的基本内容，但是常会出现一些不理智的网友仅仅是为了在争辩上战胜对方而不择手段，甚至捏造事实进行人身攻击，使得网络言论自由演变成“网络暴力”，网络言论自由变为网络侵权行为，“一个人挥舞胳膊的自由止于别人鼻子的地方”，网络言论自由亦应有其边界。文化是精神世界的产物，文化领域的日常违法行为造成的损害包括物质利益和精神利益两个方面，对于物质利益的损害比较直观，对于精神利益的损害则较难察觉和把握。从边际成本与边际收益理论上讲，对日常违法行为进行制裁的边际收益是递减的，而其边际成本是递增的，因此，要想杜绝日常违法行为是无法做到的。但文化法治必须对日常违法行为采取“零容忍”，坚持防微杜渐、露头就打，形成对日常违法行为制裁的高压态势。这有三个方面的理由：第一，坚持“零容忍”可有效防止“破窗效应”，遏制日常违法行为向违法犯罪行为升级，如果法律对日常违法行为制裁不力，可能会给潜在的违法者一种逃脱法律制裁的“暗示”，从而继续从事违法行为或者实施更为严重的违法犯罪行为。第二，坚持“零容忍”是“取法乎上”，只有在法治态度上旗帜鲜明地制裁日常违法行为，才有可能在实践层面获得良好的社会效果，如果在法治态度层面都不能做到对日常违法行为“零容忍”就意味着“取法乎中”，那么在法治实践层面就可能“故为其下”，就没有获得良好社会效果的可能。第三，对严重违法行为（犯罪行为）处以刑罚能够起到较好的惩治犯罪，产生直接的社会效应，如对犯罪行为的威慑作用，对被害人及其家属的安抚、补偿作用以及教育感化犯罪人和社会大众等，实现公平正义，但实际生活中犯罪行为的存在毕竟为少数，更多的是日常违法行为。日常违法行为频繁地发生在人们的身边，人们可以具体感知其存在，对日常违法行为的制裁使违法者及其他违法者或潜在违法者直接感受到法律的威慑作用和公平正义在现实社会中的存在，法律在人们生活中产生直接社会效应的同时，也影响着人们对类似违法行为的态度。对日常违法行为的整治成效直接影响着普通大众对法律的信仰以及对公平正义的看法。因此，应加强对日常违法行为的制裁力度，增强人们的法治信心。

二、完善权力的责任体系

权力一方面可体现在不同社会团体或阶级的统治与被统治、命令与服从的关系状态中，如统治阶级利用其手中的权力发号施令，将自己的阶级意志强加在被统治阶级身上，并对被统治阶级的行为进行支配以实现自己的意志。这种权力具有阶级性。另一方面权力还体现了社会分工、合作的特点，为了实现利益最大化和资源的优化配置，人们彼此之间分工合作，各司其职，通过出让一部分个人权利，将权力赋予特定的组织、集体或个人，以维护社会分工合作的有序进行，实现利益最大化，这种权力来源于个人权利的让渡，源自社会契约，源自人们的同意和授权。在我国，权力的性质更倾向于第二种权力，权力源自平等主体制定的契约，强调国家的权力属于中华人民共和国国民，国家立法、司法、行政机关只是代表公民行使权力。尽管强调主权在民，国家权力在根本上属于人民，但是权力的实际行使者是立法、司法和行政机关，权力的所有者与行使者相分离：权力的所有者是全体公民，权力的直接拥有者、执行主体则是国家机关及其工作人员。

文化法治需要建立在权力合法行使的基础上，需要在立法上完善权力的法律责任体系，原因在于：

首先，法律责任是权力控制的需要。权力具有对他人权利、利益的支配作用，为避免权力拥有者对权力的滥用，权力必须受到法律的控制，必须通过法律授权权力才可产生，因此，在权力领域坚持“法无授权即禁止”原则，这与权利领域的“法无禁止即自由”原则形成对照。反之，若权力不能被法律有效控制，那么在权力运行过程中就可能表现出“法无授权则自由”的趋向，权力可能被肆意扩大，挤压权利空间。孟德斯鸠指出：“一切有权力的人都容易滥用权力，它是万古不易的一条经验。有权力的人们使用权力一直到遇有界限的地方才休止。……从事物的性质来说，要防止滥用权力，必须以权力约束权力。”① 可见，尽管权力的行使乃是维护社会公共利益的必要，同时也是权力必不可少的保障手段，但是作为手段的权力必须受到控制。权力的控制手段是多样的，以权力制约权力是权力控制的手段之一，如西方的分权制度与中国的人民代表大会制度都是控制权力的手段，这里没有高下之分，只有切适与否。当一个国家的权力分工体系基本定型之后，那么权力就需要第二个控制手段——权责统一，即有多大的权力就应当承担多大的责任，以责任督促权力的合法行使。可以说权力分工是权力控制的框架，而法律责任是权力控制的内核。文化行政管理部门行使权力对文化领域进行依法管理是文化法治的重要一环，它既是维护文化公共利益的需要，也是保障个人文化权利的需要，因此文化法治需要以法律责任对文化行政管理部门的权力进行控制。

其次，法律责任是法律的内容之一。长期以来，传统法学一直认为法律的内容就是权利和义务，并没有在法律的内容中析出权力和责任来。其中一个重要的原因在于学界普遍认为权力源于权利，权力是经权利让渡产生的，

① ［法］孟德斯鸠：《论法的精神》，张雁深译，商务印书馆1961年版，第154页。

而责任源于义务，是违反义务的不利后果。这种认识并不符合法律的实际，也没有抓住法律的核心特征，其实法律的内容呈现出“权力—权利—义务—责任”结构。理由在于：（1）权利—义务关系主要体现在私法领域，并不能涵盖全部的法律关系，尤其是不能涵盖公法中的公权力与私权利之间的关系，另外，即使在私法领域也存在公权力与私权利之间的关系。（2）学界认为权利义务互相依存，离开权利，义务就不存在，然而权利与义务互相依存的命题[①]并不成立，因为，义务不仅对应权利，而且对应权力，权利—义务仅是法律关系的一个方面，除此之外还存在权力—权力关系和权力—义务关系。（3）权利—义务关系忽略了责任，没有将责任置于法律内容中，而实际上法律责任一直是法律的重要内容：从早期法律来看，无论是立法还是司法都以责任（制裁）为中心；文明的进步要求法律设置一个制裁的缓冲，只要正确、及时履行义务就免予承担责任，义务就被提炼出来，法律的责任中心模式便由此转向“义务—责任”模式；近代以来，随着权利意识的增强以及权利本位的价值转向，权利被凸显出来，“义务—责任”模式便被“权利—义务—责任”模式所取代；在法律发展过程中，法律责任的地位并没有降低，其一直是法律的最终保障，缺少了法律责任，法律就会与其他社会规范发生混淆。[②] 既然权力和责任是法律的重要内容，而权力与责任具有统一性，那么权力的责任规定在立法中就需要予以明确，这对文化法而言亦是如此。

最后，法律责任是建设法治政府、法治社会的需要。当谈论到“权力”一词，我们联想到的是国家、政府及其工作人员等，一旦个别人员违法行使其手中的权力，就可能产生三大危害。直接的危害是侵犯行政相对人的合法权益，如侵犯行政相对人的专利权等；次级的危害是侵犯公共管理秩序，即不合法地行使权力必然导致行政管理混乱；最终的危害则是降低公权力部门

---

① 沈宗灵：《法理学》，北京大学出版社2009年版，第66页。

② 参见胡平仁：《法理学》，中南大学出版社2016年版，第40、41、211、212页。

的公信力。中国特色社会主义法治坚持法治国家、法治政府、法治社会一体建设，文化法治建设亦不例外。若法律不能对权力进行有效控制，不能将权力装在制度牢笼内，个别人员一旦违法行使权力将直接影响法治政府建设，因为依法行政是法治政府的重要内涵。除此，官为民楷模，个别人员违法行使权力所导致的公权力部门公信力的降低，又可能会进一步影响全民守法，不利于法治社会建设。因此，法治政府和法治社会建设需要对权力予以控制，而正如上文所言，通过法律责任对权力进行控制是权力控制的内核，那么我国的文化法治建设就需要建立完善的权力责任体系。

文化法因其调整对象的特殊性，文化领域的法律规范多体现政府管理职能，政府职权在文化法相关法律文件中被普遍呈现，正因如此，文化法建立完善的权力责任体系便显得尤为重要。然而，当前我国相关文化法律规范对权力的责任规定还存在不足，主要表现在两个方面：

第一，部分文化法律规范对权力的责任规定过于笼统。当前我国部分文化法律规范对权力的责任规定多用“依法给予处分”概括。例如，《非物质文化遗产法》第 38 条规定：“文化主管部门和其他有关部门的工作人员在非物质文化遗产保护、保存工作中玩忽职守、滥用职权、徇私舞弊的，依法给予处分。”第 39 条规定：“文化主管部门和其他有关部门的工作人员进行非物质文化遗产调查时侵犯调查对象风俗习惯，造成严重后果的，依法给予处分。”《文物保护法》第 78 条规定：“公安机关、工商行政管理部门、海关、城乡建设规划部门和其他国家机关，违反本法规定滥用职权、玩忽职守、徇私舞弊，造成国家保护的珍贵文物损毁或者流失的，对负有责任的主管人员和其他直接责任人员依法给予行政处分；构成犯罪的，依法追究刑事责任。”采取概括式规定有一定的好处：一方面，概括式规定增强了法律适应社会发展、延缓法律滞后的能力；[①] 另一方面，概括式规定保证了立法的严谨性，

---

① 法律为适应社会发展、延缓法律滞后，采取了多种手段。包括使用抽象概念、适用法律原则、进行法律解释、诉诸其他法源等。概括式规定仅是手段之一。

能够为法律适用确立包容性的裁判依据。但概括式规定的弊端也不能忽视，其中最主要的弊端就在于缺乏明确的指引。一方面，对潜在的违法者而言，根据“依法给予处分”只知道会受处分，但不知道受什么处分，大有“刑不可知则威不可测”的意味。根据边际威慑理论，处分必须有一个科学的梯度，各种处分的边际威慑相等才能实现威慑的均衡和效益的最大化。“依法给予处分”表述不能实现有效威慑，无法给潜在的违法者以明确的指引。另一方面，“依法给予处分”必须结合《公职人员政务处分法》才能确定具体的处分，但这需要对文化法律规范的具体性与行政处分的一般性进行勾连。这意味着文化法关于权力的责任规定并没有体系化，而是分散在其他法律法规中，权力责任规定的分散性降低了行为指引的明确性，对潜在的违法者而言，如不具备较强的法条阅读能力，亦不能明确具体的处分，甚至会出现错误的行为指引。

第二，个别文化法律规范对权力的责任规定较为狭窄。这里所谓的狭窄是指文化法律规范对权力的责任规定在主体、行为以及后果等方面做了进一步的限定，即只有特定主体、实施了特定行为或者出现了特定后果才承担责任。对主体作出限定的如《文物保护法》第 78 条，该条规定“公安机关、工商行政管理部门、海关、城乡建设规划部门和其他国家机关，违反本法规定滥用职权、玩忽职守、徇私舞弊，造成国家保护的珍贵文物损毁或者流失的，对负有责任的主管人员和其他直接责任人员依法给予行政处分；构成犯罪的，依法追究刑事责任。”本条将责任主体限定在“负有责任的主管人员”和“其他直接责任人员”上，只有主管人员和具体的承办人员才是适格的责任主体，并且只有“有责任”的人员才承担责任。[1] 如此规定就将间接人员、协助人员等排除在了权力的责任主体之外，而无论是直接人员、间接人员、协助人员都应当是适格的法律责任主体，只要违法行使权力都应当承担相应

① 这里的“有责任”应理解为“有职责”，而不应理解为“有法律责任”，否则将会导致“有法律责任的人员承担法律责任”这样的同义反复。

的法律责任。对行为作出限定的如《非物质文化遗产法》第 38 条，该条规定“文化主管部门和其他有关部门的工作人员在非物质文化遗产保护、保存工作中玩忽职守、滥用职权、徇私舞弊的，依法给予处分”①。本条将产生责任的行为限定在“玩忽职守、滥用职权、徇私舞弊”上。仔细对照《公职人员政务处分法》可以发现，引起行政处分的行为不限于“玩忽职守、滥用职权、徇私舞弊”。质言之，若非玩忽职守、滥用职权、徇私舞弊之行为，其责任之追究只能依据政务处分规定而不能依据文化法之规定。如此，文化法就只能诉诸一般性规定而不能根据自身的特殊性追究相关人员的法律责任，即无法精准地追究法律责任。对后果作出限定的如《非物质文化遗产法》第 39 条规定，该条规定“文化主管部门和其他有关部门的工作人员进行非物质文化遗产调查时侵犯调查对象风俗习惯，造成严重后果的，依法给予处分”。本条在法律责任的构成上附加了“造成严重后果的”，言外之意，若非造成严重后果，即使在调查时侵犯了调查对象的风俗习惯，亦无须处分。如此规定，不甚合理。原因在于侵犯调查对象风俗习惯之后果的严重与否既取决于调查者的行为表现也取决于被调查群体的行为反应，若调查者之行为未严重侵犯风俗习惯，那么其后果是否严重则取决于被调查群体的行为反应。若被调查群体的行为反应较为激烈则可能引起严重的后果，受到处分；若被调查者的行为反应较为平缓则可能不会引起严重后果，不受处分。权力的责任之认定应根据其行为及其严重程度而定，岂能豁然地取决于被调查群体的行为反应？因此，本条不宜附加“后果”条件，而应依据行为及其情节认定责任。

针对上述文化法律规范对权力的责任规制之不足，笔者给出如下建议：(1) 有关文化的规范性法律文件可在概括规定权力的责任基础上，通过研究法律规定的权力内容，对具有文化领域特殊性并且在一般行政责任规定中

① 对行为作出限定的法条较多，一般用“滥用职权、玩忽职守、徇私舞弊”加以限定，除《非物质文化遗产法》第 38 条外，上文之《文物保护法》第 78 条亦有如此限定。

不易明确的权力之责任，增设具体的规定。(2) 在制定具体的责任时，要坚持“罚责相应”，综合考量权力大小、行为情节、危害程度等，设置科学的威慑梯度。(3) 审慎地规定权力的责任主体，在规定一般责任主体基础上，需要进一步规定特殊主体的责任时，才能限缩责任主体的范围，否则应以“工作人员”涵盖“主管人员”“直接人员”等。(4) 结合引起文化法责任的行为和引起一般行政责任的行为，取消“玩忽职守、滥用职权、徇私舞弊”这样的笼统规定，对构成权力责任的行为要件作出类型化的规定。(5) 研判“后果”作为权力责任的构成要件的合理性，一般情况下应以“行为”及其情节作为权力责任的构成要件，“后果”实际上已经包含在了“危害”这个责任的构成要件之中，其可作为定量判断的依据而不宜作为定性判断的依据。

本节主要指出了部分或个别文化法律规范对权力的责任规定较为笼统、狭窄问题，并提出了完善建议，但权力的责任体系之完善不限于此。责任规定的笼统与狭窄只是笔者认为的两个重点问题，除此，责任之规定还存在义务与目的杂糅、为自己制定责任等问题，在此仅仅点出，不再详细阐述。义务与目的杂糅如《公共文化服务保障法》第15条，该条规定：“县级以上地方人民政府应当将公共文化设施建设纳入本级城乡规划，……公共文化设施的选址，应当征求公众意见，符合公共文化设施的功能和特点，有利于发挥其作用。”在本条中，引起责任的义务有二，一是选址应当征求公众意见，二是选址应当符合公共文化设施的功能和特点以及有利于公共文化设施发挥作用。两个义务实际上是义务与目的关系，前者是直接的义务，后者是直接义务的目的，当直接义务与其目的放在一起时，责任就难以判断了。是违反直接义务就产生责任呢？还是违反直接义务并且未达到其目的时才产生责任呢？不甚明了。立法应对二者进行剥离，分别设置义务，如此才能明确责任的构成。为自己制定责任是立法分工的结果，因文化法的渊源由宪法、法律、法规、规章等组成，其中行政立法占比较大，即“执法者做了立法者的事，执法者既是规则的制定者，又是规则的执行者”①，行政部门为自己制定法律责任在所难免。对此，我国文化法治建设需要发挥立法监督的作用，保证法律责任制定的合法、合理。

第四节 完善奖励性调整的体系

我们所谓奖励性调整特指“以国家或政府的名义对模范遵守、践行高尚道义行为的奖励性措施”,② 对应法律规范中的奖励性规范。奖励性调整将法律和社会高尚道德勾连起来，是法律对高尚道德的倡导，也是对公民道德境界提出的新的希冀。语言是思想之表达，其始终受到历史、文化的影响与制约。注重法律的奖励性调整方式是权利观念的更新与道德意识的提高所要求的时代内容。文化法更加侧重对人类文化—精神领域进行法律调整，调整对象的特殊性促使奖励性调整应和放任（保障）性调整、导向性调整、制裁性调整一道，成为法治社会治理方式和管理方式的利剑。当前奖励性调整主要存在以下几个问题：现有研究强调更多的是法律对权利、义务的明确以及对违法行为的制裁，即更多地强调导向性调整和制裁性调整，对于奖励则是从文明建设或道德建设的角度进行考察③，理念上尚未把奖励自觉纳入法律范畴；理念上的缺位反映在立法上则是尽管法律规范中有个别奖励性条款，但尚未建立完善的法律奖励体系，使得法律规范中的奖励性条款具体操作不明确，流于形式；理念缺失进而导致实践中对奖励性调整的轻视，没有建立专门的奖励机构，奖励性调整仅停留在倡导性、口号性层面。

① 黄虚峰：《文化产业政策与法律法规》，北京大学出版社 2013 年版，第 74 页。

② 谢晖：《论法律调整》，载《山东大学学报（哲学社会科学版）》2003 年第 5 期。

③ 谢晖：《论法律调整与社会管理创新》，载《西北大学学报（哲学社会科学版）》2013 年第 1 期。

一、在理念上将奖励自觉纳入法律范畴

“奖励”分为物质奖励和精神奖励，通常可理解为“通过给予一定的荣誉或物质来达到激励、鼓励的目的”。我国古代法律传统多表现为“重刑轻民”，刑法是古代法律的重点，不过综合运用奖励和惩罚两种方式实现对社会秩序的规范作用在我国亦古已有之。法家学说体现了强烈的国家主义法律观和对刑罚的重视，“法者，宪令著于官府，刑罚必于民心”①，但同时也强调赏罚结合的法律调整方式，“圣人为之国也，壹赏，壹刑，壹教”②；我国古代讲究的“恩威并施”，亦是在强调综合运用奖励和惩罚两种方式来规范人们的交往行为。尽管如此，我国固有的“法即为刑”的传统仍影响至今，谈起法律，更多地表征为“义务”“责任”“制裁”“惩罚”等，奖励则很少被认为与法律有所牵连，即便有，也是从道德层面上去看待对高尚道德行为的奖励措施。惩罚是对违法行为施加的一种额外义务，通过外在强制的方式规范社会交往行为，可看作一种反面激励，通过这一外在力量，主体为或者不为一定行为是迫于压力。而奖励则是对社会赞赏行为的一种正面激励，更能促进主体的自觉主动行为，促进高尚道德在法律调整下的实现。奖励和惩罚是相对应存在的，二者共同构成对社会行为的激励措施。

富勒把道德划分为“义务的道德”和“愿望的道德”，③“义务的道德”基本上就是我们通常所讲的法律调整的最低限度的道德，而“愿望的道德”则对应我们的高尚道德。法律可以通过强制性力量如惩罚、强制执行等措施来要求主体执行法律要求的底线道德、义务道德，对这类道德的维护是社会有序发展的基础，底线道德是每个社会主体必须做到也能够做到的。但法律不能强人所难，亦即不能强制要求每个人都是圣人、都是高尚道德的践行者，

---

① 《韩非子·宪法》。

② 《商君书·赏刑》。

③ ［美］富勒：《法律的道德性》，郑戈译，商务印书馆2005年版，第7~8页。

如法律不能强制人们在遇到地震时选择舍己救人，遇到歹徒时见义勇为，更不能要求从事考古工作者一定要在考古发掘工作中作出重大贡献[①]，即便法律通过强制力量推行高尚道德，其效果也可想而知，严重者或可能遭到抵制乃至被推翻。“法律是最低限度的道德”，强调法律调整所否定的行为是对最低限度道德的突破，是违背最低限度道德的行为，若依此便认为法律仅调整最低限度的道德，这其实是对法律的误解，忽视了法律也可以通过奖励将高尚道德纳入其调整范围。文明社会、法治社会的向前发展要求人们道德素质的不断提高，虽然法律无法也不能强制人们实践高尚道德，但可以通过奖励措施来实现对人们践行高尚道德行为的鼓励和引导。文化法因其调整对象为文化—精神领域的社会关系，惩罚方式于其中有其存在的价值，必不可少，但奖励的运用使得人们心中“好人有好报”的报偿心理得到回应，在肯定人们高尚道德行为的同时又进一步促进人们对高尚道德的践行。然而当前我们对奖励特有作用的忽视使我们在理念上没有把奖励纳入法律调整范畴，不仅奖励这一方式在普通民众心中没有被纳入法律调整方式的范围之内，从当前主流的法理学著作中亦可见大多学者们也未自觉将奖励视为法律调整的方式之一。在探讨法律调整方式时，学者们更多的是将法律调整方式概括为三种：允许，积极的义务和禁止，未给予奖励应有的法律调整方式之地位。在法律调整对象主要是行为这一主流认识的支配下，强调法律调整方式以外部调整为主，法律调整的是人们的外在行为。“对于法律来说，除了我的行为以外，我是根本不存在的，我根本不是法律的对象，我的行为就是我同法律打交道的唯一领域”[②]，受马克思这段话的影响，学界对法律调整方式的误解，加剧了法律对意识、高尚道德调整的无力感，忽视了法律可以借助奖励对价值观、道德意识进行诱导，进而将规范力量和个人能动性结合起来调整人们在意志

① 我国《文物保护法》第12条规定对在考古发掘工作中作出重大贡献的单位或个人，由国家给予精神鼓励或者物质奖励。具体内容参见《文物保护法》第12条。

② 《马克思恩格斯全集》（第40卷），人民出版社1966年版，第16~17页。转引自庞正：《论法律调整的内在局限性及其与道德调整的协调发展》，载《社会科学战线》2002年第6期。

支配下的外部交往行为。法律可以像道德一样不止调整人们的外部行为，也可以借助奖励机制作用于人们的内心世界，引导内心动机的选择，进而实现内在调整与外在调整的完美结合。

关于法律调整的上述观念体现在立法上则表现为立法理念重视义务性规范和制裁性规范，与奖励方式相对应的奖励性规范则屈指可数，且多为口号性、宣传性条款，缺乏可操作性。如在文化法领域，在《档案法》《公共文化服务保障法》《文物保护法》《非物质文化遗产法》和《著作权法》五部法律中关于奖励措施的规定仅有《档案法》《公共文化服务保障法》《文物保护法》中的27个条文涉及奖励措施。而在这27个涉及奖励措施的条款中仅有4条明确规定对特定行为给予奖励①，其余则仅仅是规定对某些行为的“鼓励和支持”②，如《非物质文化遗产法》第9条规定：“国家鼓励和支持公民、法人和其他组织参与非物质文化遗产保护工作。”③ 对于“鼓励和支持”条款是否应属于奖励的调整方式呢？前面我们讲到“奖励”是指通过给予主体一定的名誉或物质进而达到激励、鼓励主体从事某行为的一种调整方式，其目的在于引导主体从事体现高尚道德的行为。奖励的内容主要应该包括三个方面：“累积的模范道德行为，突出的模范道德行为和部分义务道德。”④ 反观“鼓励和支持”条款，法律“鼓励和支持”的这部分行为一般对公共福利有增益作用，对于主体而言并非其法定义务，其可以选择为或者不为，“不为”并不会带来负面后果或评价，“为”则需要付出相应的代价，

---

① 这些条款包括：《档案法》第9条第2款、第16条第3款，《文物保护法》第12条，《公共文化服务保障法》第13条第2款。这里仅列举法律中包含的奖励条款，不涉及行政法规、部门规章、地方性法规等法律文件中的规定。

② 参见《文物保护法》《非物质文化遗产法》《公共文化服务保障法》。但在行政法规、部门规章、地方性法规等法律规范性文件中亦有相关规定，在此不予一一列举。

③ 参见《非物质文化遗产法》第9条。

④ 谢晖：《论法律调整与社会管理创新》，载《西北大学学报（哲学社会科学版）》2013年第1期。

是一种自加义务行为和高尚道德行为（奉献精神）。① 如公民从事国家鼓励的非物质文化遗产的保护工作，势必要付出相应的劳动、精力、物质财富等，经营性文化单位提供免费或者优惠的公共文化产品和文化活动，② 也是对自身可得利益的减损，体现的均是自愿承受一定对己的不利义务而增益社会福利的奉献精神，是一种践行高尚道德的行为。法律对这类行为规定鼓励和支持措施，也是对人们高尚道德行为的引导。奖励分为精神奖励和物质奖励，鼓励和支持便是对此类行为的肯定，是一种精神上的激励措施。因此，“鼓励和支持”条款在学理上既是一种政策性规定也应属于奖励的调整方式，但当前法律规定仅仅是口号性、宣传性的规定，国家鼓励和支持的行为，并未规定相应的具体鼓励、支持措施，实质上仅仅是将奖励作为一种道德鼓励方式，没有真正将其上升为法律调整方式之一种。

当前法律调整主要是通过规定违法行为承担相应的法律责任，利用人们趋利避害的利益选择机制来促使行为人选择合法行为，法律调整的制裁、惩罚理念在人们心中根深蒂固地存在，而通过奖励的方式来引导人们践行高尚道德行为的观念则尚待发掘。然而我们在强调制裁性调整方式的存在符合趋利避害的利益选择机制时，忽视了奖励性调整亦符合趋利避害的选择机制。奖励措施的存在使得行为人在作出选择时增加了一种选择的可能，是选择合法行为，获得当然的权利之利得，还是选择违法行为承担否定性法律后果——法律责任，抑或选择高尚道德行为获得名誉或物质利益的奖励。奖励的存在同样符合行为人趋利避害的选择机制，也将人们的道德选择（不仅指低级道德，更包括对高尚道德的选择）纳入法律调整范围。法律规范不仅应惩罚明确，奖励分明亦是实现社会正义的有效手段。不再仅从道德建设层

① 谢晖：《论法律调整与社会管理创新》，载《西北大学学报（哲学社会科学版）》2013 年第 1 期。

② 《公共文化服务保障法》第 29 条第 2 款规定：“国家鼓励经营性文化单位提供免费或者优惠的公共文化产品和文化活动。”

面去看待奖励，而是将其纳入法律视野，将其纳入法律调整方式，是实现社会治理法治化的内在需要。

二、在立法上建立完善的法律奖励体系

奖励性调整的目的是通过对特定行为给予一定的精神或物质奖励引导行为主体对高尚道德行为的选择，通过利益驱动机制鼓励法律关系主体舍己利他，给予精神或物质奖励也是对这种利他主义支配下的行为的一种报偿措施，实现“好人有好报”的社会心理与社会正义的满足。奖励措施将高尚道德行为纳入法律调整范畴，有利于社会良好风尚的形成。理念上对奖励这一调整方式的忽视表现在立法上仅有少量的概括性奖励条款，没有建立完善、配套的法律奖励体系，奖励性调整方式无法实现其应有的对人们文化—精神领域的有效规范与激励。概览当前文化相关立法，放任（保障）性调整、导向性调整和奖励性调整散落在具体法律文件的前面章节中，对于违背导向性调整和放任（保障）性调整的制裁性措施（制裁性调整）则一般在附则前设专章规定，但对于奖励性调整相对应的具体奖励措施则只字未提，“轻奖重惩”思想显现无遗。

我国《宪法》第 20 条规定：“国家发展自然科学和社会科学事业，普及科学和技术知识，奖励科学研究成果和技术发明创造。”第 42 条第 3 款规定：“……国家提倡社会主义劳动竞赛，奖励劳动模范和先进工作者。国家提倡公民从事义务劳动。”① 这些规定构成了建立法律奖励体系的宪法依据。当前我国专门的奖励性法律规范以国务院颁布的《国家科学技术奖励条例》为主要代表，奖励措施主要体现、适用于在科学技术领域作出贡献的行为，而其他领域对于奖励性调整方式的规定则仅限于概括性规定，如《公共文化服务保障法》第 13 条第 2 款规定：“对在公共文化服务中作出突出贡献的公民、法人和其他组织，依法给予表彰和奖励”，诸如此类的概括性奖励条款在文

① 参见《宪法》第 20 条、第 42 条。

化法领域普遍存在，造成实践中缺乏可操作性，文化法领域完善的法律奖励体系还未真正建立。完善的法律奖励体系不仅是高尚道德行为的引导，也是对法律奖惩体系的完善，不仅有助于行为主体选择社会肯定的良好行为方式，更有助于对违法行为的克制与削减。例如，我国文化部公布的 2016—2017 年度文化市场十大案件中主要涉及网络游戏、网络表演、网络动漫等网络文化领域违法违规行为，如四川某网络科技有限公司提供含有禁止内容的网络游戏产品和服务案件，经调查该案当事人提供含有宣扬赌博内容的网络游戏，违反了《网络游戏管理暂行办法》第 9 条的规定，四川省文化市场稽查总队依据《网络游戏管理暂行办法》第 30 条的规定，依法吊销当事人《网络文化经营许可证》。此类案件中，法律责任方式主要为行政处罚，亦即运用制裁性调整方式，但对违法行为的惩罚、制裁力度偏弱，能否有效制止此类行为之再发生我们并不抱乐观的态度。这样的制裁措施仅能制止某一具体违法行为，或仅能在一段时间内压制某一类违法行为的频发，但较难取得长期有效的社会效果。如果引入奖励性调整方式，通过给予举报违法行为的人员一定物质奖励或精神鼓励，又或者给予模范遵守相关法律规范的主体相应的表彰，扩大其社会影响力，使其在获得一定利益（并非只是物质利益，也包括精神利益的获得）的同时，增强其维护社会良好风尚的高尚道德情操，如此，既能促使全社会行动起来对违法行为进行打击、遏制，也能提高民众的道德责任感，增强社会责任性，实现对主体行为与道德的双向调整。奖励与惩罚是对应存在的，应综合运用奖励性调整与制裁性调整，奖惩分明，完善法律调整机制。

现行法律规范中，奖励性调整主要是通过对公民的特定行为给予奖励，进而实现对社会高尚道德行为的引导。然而，法律奖励具体措施的不完善造成当前奖励性调整无法充分发挥其对高尚道德行为的有效调整。除系统性奖励规范的缺失外，法律奖励体系的不完善主要还表现在以下几个方面，需要加以完善。

第一，执行奖励的主体不明确。及时有效地对被奖励行为主体进行奖励要求明确的奖励执行主体，主体明确是提高奖励性调整公信力的必要条件。明确奖励执行主体才能避免执行奖励过程中的互相推诿、懈怠以及判别不当执行主体，也才能在奖励无法实现或不完满实现时为应受奖励者提供明确的救济渠道。然而，目前我国文化法相关规范对于奖励执行主体的规定则不够明确，缺乏可操作性。有些法律条文规定了明确的奖励执行主体，如《档案法》第16条规定，档案馆应当向国家捐赠档案的所有者予以奖励；有些则笼统规定为国家，如《文物保护法》第12条规定对做出特定行为的单位和个人，由国家给予精神鼓励或物质奖励，尽管在《文物保护法实施条例》第6条中将“国家”细化为“人民政府及其文物行政主管部门、有关部门”，仍无法实现主体的明确性；有些更是直接规定为“依法给予奖励”，如《公共文化服务保障法》第13条第2款规定对在公共文化服务中作出突出贡献的公民、法人和其他组织，依法给予表彰和奖励。执行奖励主体的不明确性使得应受奖励的主体利益无法得到及时有效的满足，削弱了奖励性调整法律规范的公信力。因此，文化法应进一步明确执行奖励的主体。

第二，奖励的形式与内容较为模糊。目前我国文化法律规范主要是规定对特定行为给予奖励、鼓励和支持，但对于奖励、鼓励和支持的具体内容、措施规定不明确，奖励执行机关无明确的法律依凭，仅靠自由裁量，被奖励者及其他社会大众无权也无法有效参与，公平、正义的实现仅靠一家之言。法律规定的奖励形式分为物质奖励和精神奖励两种，何种情况下适用精神（荣誉）奖励，何种情况下适用物质奖励，何种情况下应结合适用两种奖励形式，奖励是否需要像国家对科学技术方面的奖励措施一样根据情况分为不同的等级等这些问题都需要有相应的规定予以明确。

第三，奖励措施、具体操作程序不完善。首先，缺乏明确的对被奖励行为进行评定、确认的标准。实行奖励需要对被奖励行为进行评定、确认，对应受奖励行为的认定、明确是实施奖励的前提，当前法律规范仅规定对某一行为可适用奖励调整，但行为的具体构成要件有待进一步明确以增强可操作性。如《公共文化服务保障法》第 13 条第 2 款规定对在公共文化服务中作出突出贡献的公民、法人和其他组织，依法给予表彰和奖励，这里对“突出贡献”应如何认定缺乏明确、可操作的具体标准，应明确评定标准，综合评定。其次，奖励认定主体与执行主体是否有必要分开，如设立对奖励的宏观管理、指导部门和日常工作部门（如专门的奖励办公室）对应受奖励行为进行认定、确认；奖励结论以及奖励建议的得出是否有必要吸收社会人士的意见等问题亦模糊不定。另外，由于奖励调整方式所调整的道德行为内容有别，奖励制度也应体现一定的差异性：对于累积的模范道德行为，行为主体长期模范地做某件事，具有难以考察的特点，如对认真执行文物保护法律、法规，保护文物成绩显著的行为，需要长期的考察才能得出结论，所以法律对这类道德模范行为的奖励不可能实现经常性、普遍性，只能是选择性的奖励；而对于突出的模范道德行为，因其多是基于某一次事件、某一行为，如为保护文物与违法犯罪行为斗争而身受重伤，为了国家利益而自愿使自身利益受损的，这类道德行为，取证容易，易发现，且具有较大的社会影响力和道德示范作用，因此对于此类道德行为应及时给予奖励，明确奖励程序，使奖励常态化，明确法律对这类道德行为的肯定，引导人们对高尚道德的追求；而对于部分义务道德，尽管做出的行为是其职责所在，履行的是法律义务，不过鉴于这类义务的履行与主体生命、健康的付出有很大的关联，或者义务的履行是对他人、社会、国家巨大法益损失的挽回，或者给共同体带来了巨大的荣誉和利益，义务道德的奖励调整必须设定严格的法律条件，否则极易导致滥用奖励措施。

第四，缺乏与奖励措施相配套的罚则与救济制度。奖励调整方式的有效实行需要一定的保障措施，如物质奖励的经费来源问题。奖励措施作用的有效发挥以及建立一套完善的法律奖励体系同样还需要相应的罚则作保障。在奖励措施的运用过程中明确相关主体的权利与义务（职责），对违法行为加以追责才能真正实现奖励性调整对高尚道德的有效规范、引导作用。法律规范中的奖励性条款授予了相关部门具有根据情况给予特定行为主体一定荣誉或物质奖励的权力，特定行为主体在实施某些法律倡导的行为之后有获得一定荣誉或物质奖励的权利，但没有规定相关奖励授予部门以及应受奖励之行为主体在行使权力或权利的过程中所应承担的责任和义务。如对于奖励授予部门在奖励过程中的不作为、拖延、徇私舞弊、滥用职权等规定相应的惩罚；对于被奖励者存在欺骗等其他不正当手段骗取奖励的是否应撤销奖励、追回奖金还是在撤销奖励、追回奖金的基础上再额外承担一定的不利后果等，在相关法律文件中并未体现。明确奖励措施的罚则才能更好地运用奖励措施调整人们行为。对于奖励机关的不当或违法行为除了应设立相应的罚则以外还应提供有效的救济渠道。应获奖励主体的权利受到侵害时可采取的救济渠道有哪些？是否可通过行政复议或行政诉讼进行维权？这些都应该由法律规范明确规定。

第五，奖励调整方式的监督机制缺位。目前法律规范关于奖励措施仅仅规定相关政府部门的权力，但对于这种权力的监督主体、监督方式等则缄默无语，对奖励结果作出的具体过程何者具有监督的权力缺乏相应规定。执行奖励之主体、程序以及执行主体不履行奖励或不恰当履行奖励职责的后果规定不明确甚至是没有相关规定，相关罚则以及监督制度的不完善等问题，极易造成奖励性调整仅停留在形式规定层面，无法真正起到对社会价值的有效引导作用。权利或权力的合法行使离不开监督，有效的监督机制可以遏制权力（权利）滥用，奖励措施的实行涉及的是荣誉或物质奖励，利益的驱使极易导致腐败，因此监督必不可少。

三、在法律实践上建立专门的奖励机构

奖励措施在法律层面的落到实处，不仅需要理念上将奖励纳入法律调整方式之中，从法律层面审视奖励性调整方式，进而建立完善的奖励法律体系，

而且要求在实践中建立专门的奖励机构，真正实现奖励措施作为调整人们行为的法律方式之一，使奖励措施的实现合法化、正规化、秩序化、常态化。

在我国，治安管理处罚权由公安机关集中行使，刑罚权从其产生到具体执行则是由公安机关、看守所、监狱、社区矫正组织、法院等组成一个完整的刑罚机构体系。奖励作为与惩罚相对应存在的一种法律激励措施，立法上仅仅是一些概括性规定，实践中也缺乏相应的专门机构负责奖励的评定、执行工作。通过建立专门的奖励机构，赋予奖励机构一定的自由裁量权，使之对奖励的具体评定、执行措施具体化，实现奖励性调整的可操作性。法律规定对于为特定行为的主体，有关部门应当给予奖励，说明这种情况下为特定行为之主体有获得奖励的权利，有关部门则负有给予奖励的责任。然而奖励机构的缺失意味着义务主体的不明确，义务主体不明确，权利行使受阻，有权获得奖励的主体便无法主张权利。奖励机构的缺失也意味着奖励评审标准、具体执行措施的不完备，奖励无法落到实处。因此，应通过设立奖励机构，明确奖励设置、评定和授予程序以及相关的罚则，即明确对法律倡导和鼓励的不同类型道德行为的奖金额度、荣誉等级、申报部门、评定部门及其标准、审定执行主体以及在此过程中相关主体对其所为不法行为的责任等，完善奖励的具体操作程序，为被奖励主体打开维权大门，切实保障奖励主体权利之充分享有，提高奖励性规范的社会公信力，真正实现奖励所具有的对高尚道德行为的导向作用。通过明确奖金额度和荣誉等级，明确对行为主体的奖励力度，不仅为执行机构提供操作便利，也使获奖主体明确自己的权利。明确奖励的申报、评定、执行部门及其标准，社会组织和个人亦可以向其推荐候选人，扩大被奖励主体范围，促使更多值得被奖励主体获得应有的报偿，为社会树立更多的榜样，起到对高尚道德行为引导功能的常态化，也减轻相关部门自己发现应受奖励行为的繁重负担。明确申报、评定、执行部门也是明确社会监督的对象，杜绝决定奖励与否仅靠有关机关一家之言的“奖励垄断”现象，充分地发挥社会监督作用。明确奖励过程中的相关罚则，即被奖励主体通过不当行为或不法行为获得奖励时奖励机构可对其执行相应的撤销奖励、追回奖金以及使其承担其他不利后果的权力。申报、评定、执行主体在申报、评定、执行过程中存在弄虚作假、徇私舞弊、滥用职权等不法行为时应受到相应的处罚等，明确相关主体的权利和义务以及救济方式，才能保障真正应受奖励行为获得奖励，不法投机行为得到有效抵制，使奖励作为法律调整人们行为的方式之一不再只是停留于口号宣传层面，而是成为在实践中真正发挥引导高尚道德行为的法律调整方式。

专门奖励机构的设立是建立一个完善的法律奖励体系必不可少的组成部分，也是奖励成为未来法律调整方式的重要组成部分的前提条件。在科学技术奖励领域，国家和地方政府设立专门的奖励委员会、评审委员会负责对科学技术奖的评审工作，专门的奖励机构的设置使得我国科学技术奖励工作得以依法有序开展，使获奖者得到合理公平的奖励与肯定，激发获奖主体更大的创造力。而实践中其他文化法领域专门奖励机构的缺失使得原本缺乏可操作性的奖励性条款更加无法实现有效引导人们高尚道德行为的目的。科学技术领域奖励机构的设置或可为其他领域奖励机构的设置提供参考与借鉴。

文化—精神权利的实现一方面排斥国家非法干预的情况是对法律放任（保障）性调整的呼唤，另一方面国家提供保障又是文化—精神权利得以实现的外部条件，是对思想自由、精神自由、文化自由权的必要“防火墙”，防止自由被侵害。导向性调整强调他人或公共价值取向以及制裁性调整侧重对于违背导向性调整的惩戒功能对于文化—精神权利之保护亦必不可少。奖励性调整方式则与制裁性调整强调的“反面激励”不同，它更加强调对高尚道德行为的“正面激励”，通过给予物质或精神奖励、鼓励、支持等手段促使主体积极主动履行法定义务或为法律所倡导的高尚道德行为，实现对权利之维护从被动到积极主动的转变。四种法律调整方式各有优势，相互补充，共同构成法律调整的完整体系。

虽然，当前我国文化法治体系还有待完善，相关部门法律文件亟待出台，但审视现有法律文件，分析其调整方式之不完善之处，为后续法律、法规之制定提供借鉴和改善意见，更具现实意义。文化法构成的复杂性决定着文化法律调整方式的多样化。“以中国‘文化宪法’为‘金字塔顶’，中国文化法律体系将形成一个多层级的复杂体系”，具体包括“文化宪法”“文化公法”“文化私法”“文化经济法”这样一个复杂的体系。[①] 文化法调整的法律关系的广泛性和复杂性，调整对象的复杂性决定着其调整方式不应是对笔者前述四种调整方式之某种的偏爱，而是应该综合利用四种调整方式，形成“法律调整的网状结构”[②]，促进文化健康、繁荣发展。

① 周刚志：《论中国文化法律体系之基本构成》，载《浙江社会科学》2015年第2期。

② 杨思斌：《构建社会主义和谐社会与法律调整方法的改进和创新》，载《当代世界与社会主义》2006年第4期。

图书在版编目（CIP）数据

文化法治基本理论研究／谢晖等著．—北京：中国法制出版社，2023.2

ISBN 978-7-5216-3252-1

Ⅰ.①文… Ⅱ.①谢… Ⅲ.①文化事业-社会主义法治-研究-中国 Ⅳ.①D922.164

中国国家版本馆 CIP 数据核字（2023）第 024390 号

责任编辑：孙　静　　　　封面设计：杨泽江

文化法治基本理论研究

WENHUA FAZHI JIBEN LILUN YANJIU

著者/谢晖等

经销/新华书店

印刷/北京虎彩文化传播有限公司

开本/710 毫米×1000 毫米　16 开　　　　印张/ 21　字数/ 273 千

版次/2023 年 2 月第 1 版　　　　2023 年 2 月第 1 次印刷

中国法制出版社出版

书号 ISBN 978-7-5216-3252-1　　　　定价：68.00 元

北京市西城区西便门西里甲 16 号西便门办公区

邮政编码：100053　　　　传真：010-63141600

网址：http：//www.zgfzs.com　　　　**编辑部电话：010-63141787**

市场营销部电话：010-63141612　　　　**印务部电话：010-63141606**

（如有印装质量问题，请与本社印务部联系。）